La Patrie Française
AU XIXᵉ SIÈCLE

Professeur à l'École professionnelle catholique
Lauréat de l'Institut
Ancien élève de l'École des Hautes-Études

LA
Patrie Française
AU XIXᵉ SIÈCLE

PRÉFACES

De MM. François COPPÉE et Jules LEMAITRE
de l'Académie française

INTRODUCTION

Par M. l'abbé Léon MORANCÉ
Aumônier du Prytanée militaire

CINQUIÈME ÉDITION

PARIS
RENÉ HATON, LIBRAIRE-ÉDITEUR

AU

LIEUTENANT-COLONEL MARCHAND

Commandeur de la Légion d'honneur.

Sympathique hommage
au vaillant et grand patriote.

Paris, 8 septembre 1900.

F. B.

PRÉFACES

Paris, Juillet 1900.

Mon cher confrère,

Je commence par vous féliciter d'avoir, — en ces moments troublés où l'internationalisme paraissait de mode dans un certain monde, — écrit un livre sur la PATRIE FRANÇAISE.

Il est certain que nous autres, catholiques, nous croyons en une patrie où règneront toujours la paix et la justice, en une patrie qui n'aura ni frontières, ni limites et qui ne connaîtra pas non plus le progrès ou la décadence, car elle sera infinie et elle sera éternelle.

Si l'histoire ancienne et moderne pleine du tumulte des batailles, si le spectacle de toutes les nations formidablement armées pour les guerres de l'avenir ne nous permet pas de nous déclarer, selon l'expression de Schiller, citoyens du monde, nous espérons tous être un jour citoyens du Ciel.

Voilà la seule façon, à mon humble avis, de nous déclarer internationalistes : La République universelle n'est pas de ce monde.

En ces derniers temps, la France a été calomniée dans ce qu'elle a de plus cher, dans son armée, et cela par les manœuvres scélérates d'une race orgueilleuse qui n'a pas de patrie, elle, qui est éparse à travers le monde, et qui voudrait y établir le plus abject des despotismes, le plus honteux de tous les cultes : celui du Veau d'or.

Certes, les bons Français ont cruellement souffert de ces injures et de ces mensonges et leur patriotisme s'en est exalté, mais il n'est devenu ni étroit ni injuste.

Notre généreux pays n'en reste pas moins fidèle à ses habitudes d'hospitalité, à son amour de la paix, à son désir d'une entente cordiale entre les peuples, et il en donne aujourd'hui une preuve éclatante dans cette Exposition universelle, pour laquelle il a demandé à toutes les nations le concours de leur travail et de leur génie.

Nous y avons tous admiré, il y a quelques jours, le pacifique spectacle de ces drapeaux divers de tant de nations, groupés en faisceaux fraternels.

Nous les honorons et nous les respectons tous, mais, après les heures douloureuses que nous venons de vivre, il en est un seul, parmi ces drapeaux, qui ait tout notre dévouement, un seul pour qui nous soyons prêts à tous les sacrifices, un seul que, s'il le fallait, nous défendrions jusqu'à la mort.

En exprimant en toute liberté ces sentiments, je ne manque pas en cela à la loi de l'Évangile. Elle nous ordonne de nous aimer, mais elle ne nous interdit pas les préférences, et de même que nous aimons notre mère plus que toutes les autres femmes, nous aimons notre patrie mieux que les autres patries.

Laissez-moi dire, en terminant, mon cher confrère, que si je salue tous les drapeaux, j'adresse un baiser d'amour au drapeau français (1).

FRANÇOIS COPPÉE.

(1) Parlant d'un pèlerinage projeté à Paray-le-Monial, M. François Coppée s'écriait un jour :

« Au début du vingtième siècle, nos maîtres éphémères ne songent qu'à crier au monde entier : « Amusez-vous ! Jouissez ! » Quel contraste imposant, quelle solennelle antithèse dans ce chœur de voix chrétiennes qui nous appelleront à la prière et, pendant cette fête d'un jour, nous feront souvenir des choses éternelles.

» Sans doute, tous les peuples seront représentés à Paray-le-Monial : *Laudate Dominum omnes gentes.* Le ciel catholique est la seule patrie universelle. Cependant je souhaiterais que, pendant ce pèlerinage, une voix émue et puissante demandât à ces chrétiens de toutes les nations une pensée pieuse pour la France et leur rappelât que, dans son histoire quinze fois séculaire, elle a souvent fait le geste même de Dieu.

» Un drapeau comme le nôtre n'est humble que devant l'Éternel. Inclinons-le aux pieds du Christ et qu'une nouvelle bénédiction tombe sur lui des mains clouées sur la Croix. »

Voici maintenant les quelques belles lignes que M. Jules Lemaître a bien voulu écrire spécialement pour mettre en tête de ce livre :

LA PATRIE

Mai 1900.

. . . .

« *Nous portons en nous-mêmes comme une image vaste et détaillée de toute la France dans l'espace et dans le temps, de sa terre, de ses campagnes, de ses fleuves, de ses villes; de son esprit et de ses mœurs; de la suite de ses grands hommes, de ses grands héros, de ses grandes actions; une image géographique, historique et morale de la patrie, image si inséparablement liée à notre intelligence et à notre cœur que l'idée de sa diminution ou de sa déchéance nous est douloureuse et même insupportable.....*

JULES LEMAITRE. »

INTRODUCTION

> Il y a beaucoup de choses que nous savons mal
> et qu'il est très bon qu'on redise.
> VAUVENARGUES.

Il y a une chose qui garde dans l'humanité un prestige toujours ancien et toujours nouveau, et qui reçoit du suffrage de l'Univers entier la couronne d'une popularité vraiment immortelle, une chose dont le nom seul fait vibrer dans les âmes les cordes les plus profondes et, en certaines heures plus solennelles, les exalte et les électrise ; une chose dont il importe d'autant plus de se faire une idée parfaitement exacte et d'avoir une notion bien définie, qu'il en est aujourd'hui par le monde des imitations sincères et des contrefaçons menteuses ; cette chose, c'est le *Patriotisme*.

Mais le Patriotisme porte dans son nom celui de Patrie. Donc, pour bien comprendre un sentiment dont la puissance est si grande et le prestige si éclatant dans les chaires chrétiennes, comme dans les forums et du haut des tribunes, il faut tout d'abord savoir ce que c'est que la *Patrie*, et pourquoi, rien qu'à prononcer ce nom, notre cœur s'émeut, notre âme tressaille, et le sourire s'amène à nos lèvres?

La Patrie, est-ce le soleil qui a éclairé, la lumière qui a embelli le Ciel, qui a réjoui nos premiers jours? La Patrie est-ce la verdure de nos prairies, les moissons de nos champs, les fleurs de nos jardins? La Patrie, est-ce l'eau de nos fleuves, le cristal de nos fontaines, les flots de la mer qui endormaient notre enfance de leur vague murmure? La Patrie, est-ce la plaine qui se déroula sous nos premiers regards, le coteau qui borna nos premiers horizons? Est-ce la majesté de nos montagnes, la grâce de nos collines, la beauté de nos vallons? La Patrie, enfin, est-ce le spectacle du ciel qui a couvert et le spectacle de la terre qui a porté notre berceau? La Patrie, n'est-ce pas le foyer où un père chéri nous prenait sur ses genoux et où une mère plus chérie encore nous pressait contre son cœur? N'est-ce pas le clocher du village et l'Église où nous avons prié sous les yeux émus du vieux prêtre qui nous avait baptisés et préparés à notre première communion? N'est-ce pas le souvenir des lieux où nous avons travaillé, pensé, souffert? N'est-ce pas la fidélité qui nous enchaîne aux traditions des ancêtres, *le regret qui nous attache au gazon sous lequel reposent les ossements de nos aïeux*, et l'illusion qui nous fait suivre sur le sable la trace des pas de ceux que nous avons aimés?

Conception touchante et juste, mais partielle, vous dira le philosophe. Passez outre; étendez les limites jusqu'aux bornes extrêmes qui marquent les possessions du peuple auquel vous appartenez; du levant au couchant et du nord au midi, allez jusqu'aux frontières lointaines, étendez l'horizon, élevez vos pensées : ce vaste pays qui renferme dans son sein des cités fameuses, de riches industries, de puissants arsenaux, de savantes écoles et de brillantes académies... c'est la Patrie!

Mais nous ajouterons à notre tour : cela est insuffisant, et forme plutôt, pour nous l'encadrement de la Patrie que la Patrie elle-même. Où est le lien qui, de toutes les parties éparses, fait un tout invisible? Regardez! Le pâtre des Pyrénées tient au Rhin comme si le grand fleuve arrosait ses pâturages et il pleure nos provinces perdues!... Le pêcheur de l'Armorique arme le bras de son fils, pour défendre les Alpes qu'il n'a jamais vues ; et le plus humble paysan des montagnes part joyeusement pour garder des rivages dont il ignore le nom ou pour venger, sur des plages lointaines, la fortune et l'honneur de compatriotes inconnus !... Pourquoi ? Ah ! pourquoi ! C'est que dans ce que nous venons de dire il y a plus que nous n'avons dit. Nous avons montré simplement le corps de la Patrie, et non pas son âme.

Or, c'est l'âme surtout qui nous attire, nous attache, nous séduit, nous retient et nous entraîne, parce que c'est dans l'âme que résident essentiellement la force, la grandeur, la vertu et la vraie beauté !

Donc, cherchons l'âme de la Patrie. Où est-elle ? Allons au fond de l'idée sociale.

La société n'est pas seulement pour nous un bien, une cause de progrès et de lumière, une condition essentielle de perfectionnement, elle est une *nécessité*. Ce serait une grave erreur de croire avec quelques philosophes modernes, que la société est *volontaire* et le résultat d'un *contrat*. Non, la Société, est d'institution divine, comme l'écrivait naguère, dans une instruction pastorale superbe, Monseigneur Fulbert Petit, archevêque de Besançon ; elle découle de la nature et de la faiblesse de l'homme investi de la faculté de communiquer sa pensée, et obligé de recourir à ses semblables. « L'existence de la Société ne dépend point du consentement de l'homme, dit Balmès, elle n'est pas son ouvrage ; une nécessité impérieuse exige que la société existe, sans quoi le genre humain serait inévitablement détruit. »

Cette *sociabilité* qui est en lui, comme un germe que tout développe, fait de l'homme un être susceptible d'établir des relations fraternelles avec tous les hommes. Mais, dans l'ordre pratique et concret, l'application de ces dispositions naturelles se limite et se détermine par des circonstances de naissance, de famille, de temps, de lieux et de faits primordiaux. Par suite de ces causes secondaires, des groupements s'établissent qui forment « une *Nation* sous le rapport de la communauté d'origine, un *Peuple* sous le rapport de la communauté de territoire, un *État* sous le rapport de la communauté des lois et de gouvernement. »

'La société attire l'homme ; ses passions l'en éloignent, parce qu'elles nuisent à l'union et troublent la paix ; ses vertus l'en rapprochent et l'y ramènent, parce qu'elles servent et perfectionnent l'ordre social.

Quelle est l'origine de cette loi ?

Dieu, Créateur de l'homme, a laissé tomber sur son front le souffle qui fit de lui une âme vivante.

Auteur de la société, le même Dieu a créé la Patrie, en mettant au cœur des hommes le souffle d'amour fraternel qui les relie ensemble. Il a pétri de ses mains le ciment indestructible destiné à unir, en un monument admirable, les pierres vivantes qui sans cela seraient gisantes, éparses et brutes, comme les matériaux sans honneur d'une ruine primitive, débris plus misérables que ceux de la Babel des champs de Sennaar.

L'âme de la Patrie, c'est ce qui rattache et vivifie ce que nous avons énuméré : c'est le *mens agitat molem*, l'esprit qui anime tous les organes ; qui maintient dans son unité le principe de son mouvement, de son activité, de son progrès ; qui illumine sa physionomie et burine dans l'histoire son caractère. L'âme de la Patrie, c'est la loi commune et protectrice qui régit, dans la paix et la vertu, les individus et les familles ; c'est le lien des citoyens qui, « réunis par des sentiments fraternels et des besoins réciproques, font de leur force respective une force commune dont la réaction sur chacun d'eux prend le caractère bienfaiteur de la Paternité. »

L'âme de la Patrie, c'est le moteur du dedans, j'allais dire ce principe de gravitation intérieure qui pousse l'homme vers l'homme, et qui constitue la société comme une extension de la famille où les devoirs et les droits de la justice et de la charité, solidairement répartis entre chacun des membres d'une nation civilisée, font de tous les citoyens, égaux devant la loi comme devant Dieu, un peuple de frères. L'âme de la Patrie, enfin, c'est cette communauté de destinées temporelles qui crée une réversibilité inévitable des joies et des épreuves, une réaction continuelle, de l'honneur ou de la honte de tous, sur chacun des membres de la grande famille nationale.

Voilà l'âme de la Patrie !... Saluons-la, en passant, comme la grande œuvre de Dieu et le grand honneur de l'homme ! La Patrie ainsi envisagée, corps et âme, ce n'est plus, uniquement, un territoire circonscrit entre des frontières fixées par la nature ou déterminées par les hommes ; c'est un ensemble très complexe qui comprend tout un peuple avec les générations passées, les générations présentes, les générations à venir ; avec ses institutions, son histoire, ses traditions, ses gloires et ses malheurs ; un peuple avec ses origines, son caractère et son éducation ; avec ses doctrines, ses mœurs, sa littérature et ses arts ; avec sa fierté, ses conquêtes, les réserves accumulées de ses vertus, de ses dévouements et de ses sacrifices ; un peuple, enfin, avec ses foyers qu'il respecte, ses tombes qu'il vénère, ses héros qu'il admire ou ses saints qu'il invoque, tout cela résumé dans ces trois choses sacrées entre toutes : sa religion, son indépendance et son drapeau !

Cette définition donnée de la Patrie, il s'agit maintenant de savoir ce que le *Patriotisme* doit être et ce qu'il doit faire dans ses rapports avec elle. On l'a dit, et rien n'est plus vrai : *aimer, respecter, servir* la Patrie et tout ce qui est de la Patrie, voilà ce qu'il faut pour constituer dans ses principaux éléments un patriotisme sincère. Notre cœur doit être attaché au cœur de la Patrie, par un amour saintement passionné, comme le cœur d'un fils au cœur d'une mère ; car, dans un sens vrai, la Patrie est une mère, et la langue populaire a consacré cette appellation : *les Enfants de la Patrie.*

Cet amour est le produit le plus naturel et le plus spontané de notre humanité, telle que Dieu l'a faite. Il est dans la destinée des êtres créés que la vie s'attache aux lieux où elle est née, et où, comme l'arbre, elle a poussé ses premières racines. L'attachement à la Patrie est donc, en toute vérité, un attachement naturel et l'amour qui nous y attache, un amour spontané ; il vient et grandit tout seul au foyer : c'est l'une des plus suaves fleurs que fait éclore le cœur humain, embaumant de ses parfums la vie naissante et, avec elle, tout ce qui croît sur le même sol et s'épanouit au même soleil.

Cet amour de la Patrie explique pourquoi l'exil peut devenir un insupportable supplice. Arrachés aux champs paternels et transportés à Babylone, les Juifs refusaient de se livrer à la joie. Ils suspendaient leurs harpes silencieuses aux branches des saules tristement penchés sur les rives de l'Euphrate et ils pleuraient. Et quand les vainqueurs disaient : « Chantez-nous les cantiques de Sion ! », ils répondaient en secouant la tête, au milieu de leurs larmes : « Comment pourrions-nous chanter, quand la Patrie est captive ! » Mais ce sentiment a pris chez nous une intensité que n'ont pas connue les anciens.

A Cologne, en 1870, des soldats français de toutes armes avaient été entassés dans un hôpital confié à des religieuses de France. L'un de ces infortunés languissait depuis de longs jours sur sa couche ; en vain on l'entourait des soins les plus délicats ; faible et triste, il dépérissait rapidement. « Mais, mon enfant, lui demande-t-on un jour, vous manque-t-il quelque chose ? Que pourrions-nous vous donner et que vous faudrait-il ? — La France », répondit l'exilé ; et il retomba dans son accablement.....

Mais l'amour ne va jamais sans le respect. Entre ces deux admirables sentiments, l'union est si intime, que leur séparation n'est pas plus admissible, dans le culte public de la Patrie, qu'elle ne l'est au foyer, dans le culte domestique de la paternité et de la maternité ; et dans la Patrie, ainsi que dans la famille, tout véritable amour engendre le respect, comme le respect y sauvegarde l'amour.

Oui, moi, fils de la noble et grande France du XIXe siècle, je fais de la vénération de cette mère auguste la meilleure part de mon amour ; je mets, sans réserve aucune, mon patriotisme à la respecter moi-même et à la faire respecter par les autres ; je suis hautement fier et jaloux de sauvegarder, autant que je le puis, tout ce qui l'honore, l'embellit, la célèbre et l'illustre dans son passé comme dans son présent : les affections pures et saintes, les croyances et les traditions vénérables, le souvenir des tristesses et des joies, des épreuves et des gloires nationales, les tombes de ses grands hommes, de ses apôtres, de ses soldats et de ses héros, les autels du Dieu de Charlemagne, de saint Louis, de Jeanne d'Arc et de Napoléon.

Anathème donc à ces *pseudo-patriotes* qui prétendent condamner la France à ne commencer qu'avec eux-mêmes, et qui ne craignent pas d'abaisser, sous le poids de leur mépris, tout ce qui, de siècle en siècle, depuis plus de mille ans, a fait l'honneur de ma Patrie !

Toutefois, hâtons-nous de le remarquer, pour que le patriotisme soit complet et surtout efficace, avec l'amour et le respect de la Patrie, une troisième chose est nécessaire : le *service* de la Patrie. Et ce qui le constitue, c'est la force et l'énergie ; non pas, certes, l'énergie du corps, la force des bras, mais l'énergie de l'âme, la force de la volonté, en d'autres termes, la *virilité*. Déjà, Périclès parlant des citoyens morts en défendant Athènes, disait : « Que les survivants ne se bornent pas à pleurer et à discourir : qu'ils agissent ! C'est en agissant pour la Patrie qu'on accroît sa puissance et qu'on prouve son amour pour elle. » Telle fut la pensée qui créa au moyen âge l'institution célèbre de la Chevalerie. L'auteur de la grande épopée de Charlemagne caractérisait dans la poésie et la légende le sentiment universel de cette magnifique expression guerrière du patriotisme pendant les siècles de fer, lorsqu'il mettait sur les lèvres de notre Roland cette parole mélancolique et fière : « Il faut savoir pour son pays souffrir grands maux, endurer chaud et froid, perdre de son sang et de sa chair. »

C'est aux jours où Israël est menacé par d'innombrables ennemis que les Machabées font entendre ces cris de guerre, ces accents immortels du patriotisme : « Nous combattons pour notre vie et pour nos lois et Dieu brisera, sous nos yeux, la puissance de nos ennemis. Donc ne les craignez pas : *Vos autem ne timueritis eos.* Prenez vos armes, soyez les fils de la vaillance ; demain matin, soyez prêts pour le combat, car il vaut mieux mourir dans la guerre que de voir la destruction de notre peuple et de toutes les choses saintes : *Quoniam melius est nos mori in bello quam videre mala gentis nostræ et sanctorum.* »

C'est à l'heure où la France envahie par les Anglais, vendue par des traîtres, abandonnée de ses chevaliers, de son roi, et près de s'abandonner elle-même, faisait entendre à Orléans la dernière protestation de son patriotisme et comme le dernier battement de son cœur ; c'est alors que la *Bonne Lorraine* se lève, quitte son troupeau, son village, sa famille et qu'elle va, inspirée de Dieu, combattre, souffrir, mourir, pour délivrer, racheter et sauver la Patrie.

C'est quand l'armée française, surprise et écrasée par le nombre, reculait devant ses ennemis que nos soldats luttaient avec héroïsme et ramenaient à nos étendards la victoire depuis si longtemps indocile.

Plus tard, en des temps plus sombres encore, nos armées se reformaient après la défaite, pour ainsi dire sous le feu de l'ennemi. Sans espoir de succès, elles s'efforçaient d'arrêter les flots des envahisseurs, de disputer pied à pied le sol de la Patrie et elles pouvaient redire cette parole du courage malheureux : *Tout est perdu fors l'honneur*. Les jours de défaite et de désolation, la France forte, prête pour toutes les luttes, ne les reverra pas ; mais, si, désireuse de la paix et ne provoquant personne, elle était de nouveau menacée, pour la défendre — et la défendre jusqu'à la mort — nous serions tous debout, d'une frontière à l'autre.

*
* *

Le *Patriotisme militaire* impose donc le magnifique devoir d'être prêt à répandre tout son sang. « Mon âme est à Dieu et ma vie à la France », disait un soldat illustre. Mais ne vous y trompez pas : si vous voulez multiplier cette race de héros qui sacrifient leur vie comme un honnête homme paie une dette, enseignez la croyance à l'âme immortelle et au Dieu rémunérateur des grandes actions.

Est-ce que les héros de l'antiquité n'étaient pas déjà le fruit d'une foi religieuse à l'immortalité ? Est-ce que le patriotisme, chez eux, était séparé de la religion ? Relisez l'histoire. Pour n'en rappeler qu'un fait entre mille, écoutez cet épisode :

Les Lacédémoniens sont en guerre. La patrie est menacée.

Léonidas avec trois cents hommes est chargé de défendre le défilé célèbre des Thermopiles. Un traître livre à l'ennemi un passage secret. Léonidas fait jurer à ses soldats de mourir jusqu'au dernier sans lâcher pied. Ils tombent, en effet, les uns après les autres, écrasés par le nombre et non point vaincus. Et, de sa main ensanglantée, Léonidas, avant de rendre le dernier soupir, écrit sur le rocher la phrase impérissable : « Passant, va dire à Sparte que nous sommes morts pour la défense de ses *Saintes Lois !* » Entendez-vous ? Ils sont morts en héros, mais *religieusement*, pour défendre de « *Saintes Lois*. » Voilà ce que produit la religion, même lorsqu'elle est fausse. Comment ferait-elle moins, pourquoi ne ferait-elle pas plus et mieux quand elle est vraie ?

Si la foi ne nous affirmait pas l'existence d'un monde meilleur et si l'espérance ne nous en ouvrait pas le seuil, comment renoncer à celui-ci ? Quand pour un homme la vie se montre belle, l'avenir plein de promesses, le présent entouré de bonheur ; lorsque son existence entière semble à l'abri des orages, faut-il un courage ordinaire pour quitter généreusement le foyer domestique, la famille qui pleure... peut-être la femme dont on est le seul soutien et les enfants dont on est tout l'espoir ? Faut-il ne point regarder *au-delà* pour déposer, au seuil de la maison de ses pères, toutes ses espérances de jeunesse et d'âge mûr et n'emporter que son épée.

L'homme élevé par l'Évangile est habitué à ne jamais estimer sa vie plus que son devoir et son honneur. Mais il a été nourri dans l'estime et l'amour du sacrifice ; une mère croyante a fixé le premier regard de l'enfant vers le ciel, éternelle Patrie des vaillants ; autour de son berceau, des voix douces et graves ont murmuré pieusement les grandeurs de la Patrie et les célestes récompenses accordées au dévouement. C'est l'éducation religieuse et la grâce qui font les âmes fortes et qui préparent les cœurs de héros !

Est-ce que les Charles Martel, les Godefroy de Bouillon, les Louis IX, les Jeanne d'Arc, les Duguesclin, les Turenne ne sont pas la preuve de cette affirmation ? Lamoricière, dont la bravoure fut légendaire, était pénétré de cette vérité pratique, quand, avec le superbe dédain qu'il apportait dans le combat et avec la chaleur d'une grande âme, il écrivait à un de ses camarades libre-penseur : « Que veux-tu avec tes livres et tes discours? Tu veux détruire le christianisme, le déshonorer, l'étouffer dans la boue? Mais as-tu au moins quelque chose à mettre à sa place? Qu'est-ce que tu as?... Tu as du nouveau, dis-tu? Mais, tiens ; je préfère de beaucoup le vieux au nouveau. Le vieux, c'est Dieu ; le nouveau, c'est l'assertion sans preuve. Le vieux, c'est la morale en action ; le nouveau, c'est la morale en l'air. Le vieux fait des hommes, des citoyens, des héros ; le nouveau ne fera jamais que des furieux, des malheureux, des enragés et des sauvages ! »

Il avait raison, le grand capitaine. Dieu s'est appelé « l'Ancien des jours » et c'est Dieu, c'est le Catholicisme en son nom qui font les héros ! Vous pourriez retrouver des preuves de cette assertion tout proches de nous encore. Au milieu de nos malheurs et de nos désastres, il y a eu des rayons qui ont éclairé nos jours les plus sombres. D'où nous sont venues ces consolantes compensations?...

Des élans de foi.

C'est un habile et valeureux général, un ancien ministre de la guerre, qui écrivait, il y a quelques années, dans son testament ces belles paroles : « *Le soldat, plus qu'aucun autre, se sent sous la main de Dieu, et il a besoin de croire à une autre vie pour accepter virilement l'idée du sacrifice.* »

Je ne le conteste pas : le sentiment de l'honneur, la force de la discipline, l'ardeur et l'énergie de la volonté, l'entraînement de l'exemple, l'ivresse du combat, la nécessité de vaincre ou de mourir peuvent inspirer et soutenir le courage, mais il le faut partout et toujours, sans exception et sans réserve, il le faut parfois à un degré auquel ces mobiles humains ne peuvent atteindre. Une puissance supérieure est donc nécessaire : la certitude des récompenses éternelles proportionnées à la grandeur du sacrifice. Aucune inspiration n'égale cette inspiration, et une armée qui serait tout entière dominée par ces espérances deviendrait en vérité une armée de héros.

Enfin qui donc oserait prétendre qu'il ne doit pas exister par-delà la mort une différence essentielle entre le soldat qui tombe en accomplissant son devoir, entre le chef qui est frappé à la tête de ses troupes qu'il électrise par sa bravoure, et le lâche qui meurt dans une fuite honteuse, ou le traître qui livrerait à l'ennemi l'honneur et le drapeau de la France.

C'était en 1870.

Le soleil de Coulmiers avait fait resplendir, un jour, de l'éclat d'autrefois, nos étendards humiliés. Sur tant de ruines refleurissait l'espérance. Peut-être encore la Patrie couvrirait son front meurtri sous des palmes de gloire. Étonné de ne plus vaincre toujours, l'ennemi reculait enfin. On disait qu'à Paris nos troupes victorieuses avaient brisé les lignes de fer qui les tenaient bloquées. Elles venaient à nous ; nous allions les rejoindre et nos soldats confiants osaient croire au succès.

Le 1er décembre, la bataille commence avec acharnement. D'Orgères à Poupry, la plaine est en feu. Devant Goury, nos hardis bataillons, refoulés deux fois, dans ces champs où rien ne les abrite, défient la mitraille. L'ennemi s'alarme des coups qui le déciment ; il va céder, quand des renforts opportuns lui ramènent la confiance et l'avantage. Nos troupes, en reculant, ne cessent de jeter partout l'effroi.

A Nonneville, c'est de Luynes que sa joyeuse ardeur entraîne. La mort l'atteint, quand il court au combat. Mais ses mobiles, intrépides et fermes, veulent venger son noble sang. Leurs carrés pesants couvrent à leur tour d'éclairs les régiment bavarois.

Dans Loigny, la lutte n'est ni moins vive ni moins meurtrière : c'est là qu'elle sera la plus longue, avec ces héroïques soldats du 37e de marche qui, pendant sept grandes heures, défendront ses murs croulants. Loyalement fidèles au poste où dès midi Jauréguiberry les avait enchaînés, ils soutiennent jusqu'à la nuit close, une lutte sans espoir et sans issue. Le vainqueur, pour en avoir raison, recourt à l'incendie ; sur eux pleuvent les obus ; quatre-vingts pièces du plus fort calibre sèment le carnage dans leurs rangs, et comme si ce rempart ne suffisait pas, comme s'il avait peur de ce seul régiment, Mecklembourg, en capitaine habile, fait signe à ses réserves d'accourir.

Rien ne saurait ébranler l'audacieux courage des soldats du

37e. L'amiral leur avait donné cette consigne : tenir jusqu'à la dernière extrémité. Jamais consigne ne fut ni mieux comprise ni mieux gardée.

Je ne sais vraiment que louer davantage, du patriotisme qui leur fait braver la mort, ou du sang-froid avec lequel ils défendent leur vie. Contemplez-les quand l'incendie, plus encore que les balles, les a tous resserrés dans l'étroite enceinte du cimetière. Jamais fut-il plus navrant spectacle? Quelle bataille eut aussi lugubre théâtre ?

Au dehors, les lueurs sinistres des maisons en flammes, le fracas des toits qui s'effondrent, les grondements sourds du canon qui tonne, le bruit confus d'une fusillade ininterrompue; au dedans, les cadavres qui s'amoncellent, les cris désespérés, les plaintes affreuses des blessés, dont l'église est pleine, répandent sur cette scène une indicible horreur. N'importe, ils résistent encore, abrités par les arbres et les tombes ; nos vaillants ne cèdent qu'à la mort... Près de Villepion reste l'espoir. Là, sont postés les *Zouaves Pontificaux* : descendants des croisés ou fils de laboureurs et d'ouvriers sans fortune et sans nom, — mais tous nobles ! — eux non plus ne faibliront pas. Naguère couverts de gloire à Montana, ils sont venus pour la plupart de Rome captive, offrir, comme *Volontaires de l'Ouest*, à la France vaincue, leurs armes redoutées et le reste de leur sang.

Soudain, vers huit heures, un coup de canon retentit, suivi bientôt de plusieurs autres et d'une intense mousqueterie. La bataille du 2 décembre, où devaient s'immortaliser les Zouaves Pontificaux, venait de commencer.

Le parc de Goury, enlevé d'abord par nos troupes, fut repris par les Allemands vers midi, après un combat acharné et grâce à l'arrivée d'une de leurs divisions sur le théâtre de l'action. Les nôtres durent céder au nombre et battre en retraite, non sans avoir subi des pertes sensibles.

A cet instant critique du combat, survient le commandant du 17e corps, le général de Sonis. D'un coup d'œil prompt, il voit le danger et décide aussitôt, pour sauver l'honneur de nos armes et donner à ses troupes la satisfaction de coucher sur le champ de bataille, de reprendre Loigny aux Prussiens. Mais le temps presse, car la nuit, nuit d'hiver sombre, brumeuse, glaciale, arrive, et le général n'a sous la main qu'un régiment de marche.

Il va droit à lui et, par quelques rudes et encourageantes paroles, il cherche à l'enlever. Inutiles efforts : ces malheureux soldats, jeunes, inexpérimentés, voyant le feu presque tous pour la première fois, couchés à terre depuis plusieurs heures et décimés par les projectiles allemands, sont absolument inertes. Désespéré, le général de Sonis pense que l'exemple d'une poignée de braves pourra peut-être les entraîner. Courant alors vers les Zouaves Pontificaux qui venaient d'entrer en ligne, il s'adresse au colonel de Charette et lui dit avec feu : « Ces hommes refusent de me suivre ; venez, colonel, montrons-leur ce que peuvent des chrétiens et des hommes de cœur. » Puis se tournant vers les zouaves, d'une voix vibrante, il s'écrie : « Vivre la France ! En avant ! »

«Merci, général, répond le commandant de Troussures, vous ne pouviez nous mener à meilleure fête. »

Où nous conduisez-vous? A la mort ? — A la gloire !

Ils sont déjà loin dans la plaine. Les mobiles des Côtes du Nord, ces dignes enfants de la vieille Armorique, les francs-tireurs de Tours dont le courage fut un titre d'honneur pour la ville où s'organisait la défense nationale, ceux de Blidah justement fiers d'être placés ici sous les ordres d'un chef connu et vénéré de leurs rivages, et qui ont mêlé le sang de la colonie algérienne au sang de la mère Patrie, les appuient et les suivent.

La bannière des Volontaires de l'Ouest flotte en avant des bataillons, dans cette Beauce orléanaise — la Beauce des grands blés et des grandes batailles — où flotta jadis celle de Jeanne d'Arc, la Vierge libératrice. Toutes les deux ont porté dans leurs plis la fortune de la France. Si toutes les deux n'ont pas connu la victoire, toutes les deux brillent à jamais d'un immortel éclat...

Sous les feux meurtriers qui se croisent, nos braves, en rangs serrés, sans même répondre aux coups, s'avancent à pas rapides. Voici le bois où l'ennemi les attend. En un bond, ils arrivent. Tout tremble sous le choc de leurs baïonnettes. Tout cède à leur élan vainqueur. Franchissant les cadavres, Charette et ses zouaves se précipitent à l'assaut du village; mais vainement s'efforce-t-il de rompre ces lignes bardées de fer ; vainement, toujours suivi des siens, touche-t-il à l'entrée de cette fournaise. On se heurte aux murs crénelés des jardins et des fermes, on essuie les feux convergents de la mousqueterie prussienne ; du coin des rues, du haut des toits, de l'embrasure des fenêtres, des portes entr'ouvertes, siffle sur les assaillants une grêle de balles. Trois fois s'incline l'étendard des zouaves, couvrant de ses plis ensanglantés le héros qui le porte, trois fois un autre héros le relève. De Verthamon, qui sert de cible à la mitraille allemande, tombe le premier et tend en chancelant la bannière à Fernand de Bouillé qui la saisit et s'affaisse, quelques minutes après, foudroyé par un éclat d'obus ; son fils, puis Traversay, puis Cazenove de Pradines la relèvent l'un après l'autre : ils sont renversés. Dans ce pêle-mêle affreux, le général de Sonis a la cuisse brisée. M. de Troussures est mortellement atteint. Charette, dont le cheval était tombé percé de coups, conduisit à pied la charge jusqu'au village, où il fut blessé lui-même.

On emporta finalement les premières maisons de Loigny et quelques-uns s'y retranchèrent. Mais les Prussiens, qui, à la vue de cet ouragan, avaient appelé leurs dernières réserves, revenaient alors de leur surprise et comptaient les assaillants. Des masses ennemies arrivèrent, débordant les zouaves de tous côtés. Le colonel ordonna la retraite : elle se fit pas à pas, sous un feu terrible et à bout portant. Du village jusqu'au petit bois, le sol fut jonché de zouaves, et le reste ne se sauva qu'à la faveur de la nuit qui tombait. Les Prussiens n'osèrent les poursuivre.

Le colonel de Charette, épuisé par sa blessure, vint s'asseoir là, sur le bord du fossé Son frère, blessé comme lui, Ferron, Vetch et quelques autres, gisaient auprès, plus navrés de la défaite que de leurs souffrances. Des zouaves s'empressèrent autour de leur chef, et essayèrent de l'emporter. Il refusa : « Non, mes amis, dit-il, non : à quoi bon vous faire tuer? Je suis bien ici, et vous, allez encore vous battre pour la France !... » Ces malheureux débris se retirèrent lentement vers Patay, emmenant ce qu'ils pouvaient de leurs blessés : un brave, le sergent Le Parmentier, rapportait l'étendard, teint du sang de quatre victimes et devenu désormais pour les zouaves le souvenir et l'emblème du plus pur sacrifice. Des quelques volontaires qui étaient entrés dans Loigny, les uns s'échappèrent pendant la nuit, les autres se firent tuer, et l'on vit l'un deux, après avoir tiré toutes ses cartouches, se jeter à genoux pour recevoir le coup de la mort...

Telle fut cette charge de Loigny, désormais célèbre comme celles d'Inkermann et de Palestro. Elle eut aussi gagné, n'en doutons pas, une victoire, si deux bataillons seulement avaient secondé ce sublime effort.

Avant la bataille de Sonis avait dit « *Demandons à Dieu qu'il nous fasse la grâce de savoir mourir, comme doit finir un chrétien : les armes à la main, les yeux au ciel, la poitrine à l'ennemi et en criant : « Vive la France ! »* Et il ajoutait : « *En partant pour l'armée je me condamne à mort. Dieu me fera grâce s'il le veut ; mais je l'aurai tous les jours dans ma poitrine, et vous le savez, le bon Dieu ne capitule jamais, jamais !* »

Tous les chrétiens qui le suivaient furent dignes de leur chef L'ennemi les admira. Et, à ceux d'entre eux qui survécurent, en les licenciant au mois d'août 1871, le ministre de la Guerre adressa ces paroles : « L'armée vous remercie par ma voix ! »

De Sonis était tombé dans la mêlée, un bras brisé, une jambe emportée par un éclat d'obus. Perdu dans la neige, entre deux sillons, sous un froid glacial, quinze heures s'écoulèrent dans un abandon lugubre, dans un silence morne, interrompu seulement par les cris des blessés et le gémissement des mourants. Le lendemain, il fallut panser le pied droit gelé et amputer la jambe gauche. Et pendant que la foi et l'énergie du chrétien, bénissant Dieu de l'associer à ses souffrances, arrachaient aux assistants des larmes d'admiration, l'héroïsme du soldat se trahissait par ce mot sublime : « *Coupez ma cuisse, si cela est nécessaire, mais laissez-en ce qu'il faut pour que je puisse monter à cheval et servir mon pays.* »

Après un tel exemple, que puis-je ajouter qui démontre mieux ce que, dans ces lignes, je voulais démontrer ? J'ai dit ce que c'est que la Patrie devant l'humanité, et ce que c'est que le patriotisme devant la Patrie ; et j'ai essayé d'exposer, par la force des choses et le témoignage des faits, ce que la Religion, et très spécialement le Catholicisme, est devant l'une et l'autre.

.

Concluons.

Vous souvient-il de la scène émouvante dans laquelle Jésus-Christ, avant de confier définitivement à saint Pierre sa mission, voulut lui donner l'occasion d'expier son triple reniement et d'affirmer sa fidélité future ? « Pierre, m'aimez-vous ? — Oui, Seigneur, je vous aime. — Pierre, m'aimez-vous plus que ceux-ci ? — Seigneur, vous savez que je vous aime. — Vraiment, Pierre, vous m'aimez ? C'est-à-dire, vous m'aimez plus que les autres ? — Pierre fut contristé de cette insistance, et toutefois il affirma de nouveau : — Seigneur vous savez bien que je vous aime !... » Si, comme le Christ à son Apôtre, la France nous demande : « M'aimez-vous ? » Il faut que, sans forfanterie et sans hésitation, nous puissions répondre « : O France, ô Patrie, ô mère, oui je vous aime. — M'aimez-vous plus que ceux-ci et ceux-là ? — Oui, nous, chrétiens, nous vous aimons plus que les autres ; car nous avons, pour vous aimer comme eux, tous les motifs qu'ils ont ; et, pour vous aimer plus qu'eux, nous avons des moyens et des secours qu'ils n'ont pas. » Montrez, nous vous le demandons, la vérité de cette loyale affirmation.

A force de dévouement, de désintéressement et de générosité, sachez prouver à la France que votre cœur lui appartient tout entier, et qu'elle peut vous demander tous les sacrifices. Quand une fois, par votre abnégation, vous aurez convaincu le pays qui hésite encore, la confiance que méritent la vérité et la vertu vous reviendra sans réserve.....

Que votre patriotisme soit toujours sincère, actif et généreux. Multipliez les efforts et les œuvres. Ne comptez pas ce que vous donnez, et ne regrettez que de ne pouvoir donner davantage.

Aimez votre Patrie au prix de ce qui vous coûte le plus : sacrifiez-lui vos idées personnelles, vos préférences, vos intérêts, tout enfin, hors la conscience et le devoir.....

Il n'y a pas seulement le patriotisme militaire du soldat qui meurt pour défendre l'intégrité du territoire, l'indépendance du Pays ou l'honneur du Drapeau ; il y a aussi le patriotisme civil et religieux du prêtre, du citoyen, du magistrat. Dans une querelle qui menaçait de compromettre la paix et l'unité nationale, Bossuet avait été ardent et vif. Loui XIV, qui l'avait soutenu, lui demanda un jour : « Qu'auriez-vous dit, si je m'étais déclaré contre vous ? — Sire, répondit l'immortel évêque, il y allait de l'intérêt de la Religion et de la France, j'aurais crié dix fois plus fort ! » A ce moment-là, résister au grand Roi était peut-être plus difficile que d'aller mourir à la frontière.

A une autorité qui prétendait imposer à la justice une décision contraire au droit, un magistrat célèbre disait : « La Cour rend des arrêts et non des services. » Et un citoyen illustre, injustement chassé de son pays, répondait à un ami qui l'engageait à entrer dans un complot : « Ma Patrie a pu avoir des torts envers moi, cela ne me justifierait jamais de manquer d'égards envers elle ! » Voilà le patriotisme chrétien dans la noble austérité d'une conscience droite. Agissons ainsi. C'est la vertu des citoyens qui fait la force et la grandeur d'un peuple.

Le vrai patriotisme nous dit encore d'espérer : *Sursum corda !* en haut les cœurs ; regardons le ciel plus que la terre, et, en travaillant, en nous dévouant à toutes les heures, considérons l'avenir plus que le passé. Sans doute, les écroulements ont fondu sur nous et les épreuves se sont accumulées, laissant dans nos âme un deuil ineffaçable. Mais si j'en crois les illustres consolateurs des nations malheureuses, tels que Salvien et saint Augustin, « c'est bien de ces chocs formidables que Dieu fait jaillir la lumière, et, par ces profonds déchirements, qu'il fait sa rentrée sur la scène et dans les cœurs. »

N'allons pas répéter aux générations qui entrent dans la vie présente ce que le grand poète de la vie future écrivait au-dessus de la porte de son enfer : « *O voi ch'intrate, lasciate ogni speranza !* » Abandonnez tout espoir de rénovation et d'avenir. La Nation qui, depuis des siècles, a produit tant de héros, qui, à l'heure où j'écris, envoie l'élite de son admirable armée dans l'extrême-Orient, pour châtier un pays où les lois essentielles des Etats ont été odieusement violées et pour défendre la Civilisation, et la Foi, cette Nation — La France ! — ne périra pas !...

Elle a traversé bien des crises qu'on avait cru mortelles. Morcelée par la féodalité, elle est devenue le royaume de Philippe-Auguste et de saint Louis ; ruinée et livrée à l'Anglais par cent ans de guerre, elle a retrouvé avec Jeanne d'Arc l'unité, la confiance et la gloire ; aux guerres de Religion elle a fait succéder les splendeurs du grand siècle, et aux plus grands bouleversements qu'il y ait eu sur terre, des triomphes qui ont étonné l'Univers.

Croyons à cette vitalité de la France, et, à genoux sur les cendres de ses meilleurs enfants, tombés sur toutes les routes, à l'ombre de son drapeau, promettons-lui ne ne pas désespérer d'elle. Quand Dunkerque nous fut rendu sous Louis XIV, un Anglais s'écria en quittant nos rivages : « *Nous reviendrons, Messieurs.* — *Non !* lui fut-il répondu, *vous ne reviendrez pas, tant que nous servirons Dieu mieux que vous.* »

Ils ne reviendront pas, ni eux ni d'autres, je l'affirme, la main sur le cœur et sur l'histoire de la Patrie !

Et ma foi ne fait que suivre ma raison au lieu de l'entraîner, en criant avec le poète :

Sur les mondes détruits je t'attendrais encore !

LÉON MORANCÉ,

Aumônier du Prytanée Militaire,
Aumônier du 4ᵉ corps d'armée en cas
de mobilisation,
Missionnaire Apostolique.

PAGES PRÉLIMINAIRES

> Si Athènes a rayonné par le génie de ses poètes, de ses historiens, de ses orateurs et de ses artistes ; si Rome a brillé d'un éclat agricole, politique, militaire et juridique, la France, elle, a toujours été l'apôtre des idées les plus généreuses, le champion des plus nobles causes. La France, aussi bien sous l'ancienne monarchie que depuis l'ère nouvelle, car il y a des esprits superficiels et étroits pour couper en deux l'esprit de la patrie et pour faire de la France une parvenue d'hier, a toujours été au premier rang des nations.
>
> PAUL DESCHANEL.

> L'amour de l'Église ou de la religion et l'amour de la patrie s'accordent merveilleusement dans les âmes, parce que l'un et l'autre ont Dieu pour auteur.
>
> LÉON XIII.

Ce livre que tout le monde pourra lire, n'en a pas moins été écrit tout spécialement pour la jeunesse chrétienne.

Je n'ai certes pas eu la prétention, en ces modestes pages, d'écrire toute l'histoire de France au dix-neuvième siècle. Tel n'a pas été d'ailleurs mon but, j'ai voulu, simplement, parler ici surtout de la *Patrie Fran-*

çaise au point de vue patriotique et religieux, faire un choix de récits, de faits et d'anecdotes historiques relatifs à la France chrétienne pendant le siècle qui vient de terminer son orageuse course.

Après avoir parlé de l'amour de la Patrie, du culte du Drapeau, j'ai voulu narrer quelques-uns de nos grands faits d'armes, quelques actions héroïques de notre chère armée française, indiquer les silhouettes de belles physionomies de soldats.

Puis, j'ai abordé la question religieuse, parlé du Concordat, montré — et j'y ai insisté, — montré, dis-je, le patriotisme du Clergé de France, son rôle, ses martyrs aux tristes jours, la persécution des sectaires.

Puis, j'ai encore longuement parlé de l'Enseignement chrétien, des luttes dont il a été cause à travers le siècle, de *l'union intime du Patriotisme et de l'Éducation religieuse* et de la Liberté de l'Enseignement.

Je dois ajouter que ces pages ont été écrites avec mon cœur. J'ai cherché à faire passer, dans l'âme de ceux qui me liront, un peu des sentiments de patriotisme, de foi et d'amour qui m'animent lorsque je songe à la France. Si j'ai réussi à le faire, ce sera pour moi un grand bonheur.

Paris, 15 août 1900.

FRANÇOIS BOURNAND.

LA PATRIE FRANÇAISE

AU XIXᵉ SIÈCLE

CHAPITRE PREMIER

LE PATRIOTISME ET LA PATRIE FRANÇAISE

> La patrie ! Il est des gens dont la haine religieuse va jusqu'à souhaiter que la France soit rayée de la carte du monde. Le progrès de l'humanité exige, disent-ils, la mort du catholicisme ; or, la France a le catholicisme dans le sang, et elle ne cessera d'être catholique qu'en cessant d'exister ; il faut donc que la France disparaisse. J'ai entendu ce raisonnement. Pour nous, qui croyons au progrès de l'humanité par le catholicisme, nous aimons passionnément et nous voulons conserver puissante et rayonnante cette haute et glorieuse personne morale qui s'appelle la France et qui est encore, grâce à Dieu, la première des nations catholiques. Tel est notre culte de la patrie française.
>
> Abbé GAYRAUD.

Le siècle qui vient de finir. — A l'aurore d'un nouveau siècle. — Les causes du mal. — Il faut que la France redevienne chrétienne. — La Patrie ! — Le devoir des écrivains catholiques. — Le clergé et l'armée. — L'idée de patrie. — Belle page nationaliste. — Le patriotisme. — Le drapeau. — Nos chères trois couleurs. — En 1814. — Aux Invalides. — Émouvant souvenir. — Les légendes du drapeau. — Le drapeau des zouaves. — A Metz. — Le 28 octobre 1870. — Un récit. — Souvenir de Lorraine. — « La France, on l'aime toujours ! » — François Coppée. — Le régiment qui passe. — A Notre-Dame de Liesse.

Un siècle vient de finir et nous voici à l'aurore d'un nouveau. Que sera le vingtième siècle pour la France et le catholicisme ? Redoutable problème.

Le dix-neuvième a été un siècle de tristesses et de grandeurs, un siècle de défaillance et d'héroïsme, peut-être un siècle d'expiation marqué par Dieu. Et c'est pour cela, peut-être, qu'il nous faut espérer.

> Lorsque sur le sillon l'oiseau chante à l'aurore,
> Le laboureur s'arrête et, le front en sueur,
> Aspire dans l'air pur un souffle de bonheur.
> Ainsi nous consolait ta voix fraîche et sonore,
> Et tes chants dans les cieux emportaient la douleur (1).

Ces beaux vers du poète français n'expriment-ils point, dans leur tendre et ravissante harmonie, la poésie des commencements.

Au moment où le siècle nouveau est à son aurore, humide encore de sa fraîche rosée matinale, à l'horizon vaporeux et indécis des âges, le penseur, le philosophe lui aussi, modeste laboureur des idées, s'arrête un instant ému et recueilli, et aspire dans l'air pur, tout rajeuni, comme un souffle radieux de douce espérance.

Mais pour pouvoir espérer en l'avenir, pour travailler avec confiance à la grandeur de la France, il faut connaître les leçons du passé, regarder derrière soi sans crainte ni fausse honte, relire aussi bien les mauvais feuillets de l'histoire que les bons, regarder avec soin les plaies pour pouvoir en trouver les remèdes.

La France durant ce siècle a eu de beaux jours de gloire, d'admirables pages d'histoire et elle aurait fini dans une splendeur sans nom, si nombre de ses enfants ne s'étaient pas adonnés au culte du Veau d'or, reniant si malheureusement Dieu et la Patrie.

« Incapable de regarder du côté du ciel, s'écrie le R. P. Feuillette, l'âme humaine s'est jetée éperdument sur la matière, elle s'est faite son esclave, immolant à ce

---

(1) Alfred de Musset.

fétiche toutes ses gloires et ses grandeurs ; et alors nous assistons à ce spectacle d'une société prise de vertige, affolée, qui se précipite sur tout ce qui peut lui donner le bien-être, le confort, le plaisir et la jouissance. Le spectacle des triomphes de l'agiotage est venu allumer dans les cœurs tous les feux de la cupidité et démoraliser les masses, qui, elles aussi, rêvent de fortune sans travail ; la richesse, elle, est devenue l'objet de tous les désirs, l'aspiration de toutes les carrières, la garantie de tous les honneurs, elle est devenue l'objectif premier, pour ne pas dire unique, dans les questions d'avenir et de destinée ; elle est aujourd'hui la royauté qui domine le monde ; elle est la divinité à laquelle s'adressent tous les hommages : elle reçoit le culte de l'homme public, elle incline devant elle les plus fiers blasons, elle exerce même ses droits de vasselage sur des têtes couronnées, et elle opprime sous ses monceaux d'or la dignité, la conscience et l'honneur. »

C'est le cas de répéter les paroles du poète, de cet Alfred de Musset, qui mourait du besoin de croire :

Dors-tu content, Voltaire, et ton hideux sourire
Voltige-t-il encore sur tes os décharnés ?
Ton siècle était, dit-on, trop jeune pour te lire ;
Le *nôtre* doit te plaire, et *tes hommes* sont nés.
Il est tombé sur nous, cet édifice immense,
Que de tes larges mains tu sapais nuit et jour...
. . . .
. . . .
« Pour qui travailliez-vous, *démolisseurs stupides*,
Lorsque vous disséquiez le *Christ* sur son autel ?
Que vouliez-vous semer sur sa divine tombe
Quand vous jetiez au vent la céleste colombe,
Qui tombe en tournoyant dans l'abîme éternel ?
Vous vouliez pétrir l'homme à votre fantaisie,
Vous vouliez faire un monde, — eh bien ! vous l'avez fait,
Votre monde est superbe et votre homme est parfait ;
Les monts sont nivelés, la plaine est éclaircie ;

Vous avez sagement taillé l'aube de vie ;
Tout est bien balayé sur vos chemins de fer ;
Tout est grand, tout est beau ; mais on meurt dans votre air. »

. . . .

Oui, la France est malade, elle souffre dans tout son être physiquement et moralement ; néanmoins, quoique gisante, elle donne des signes de vitalité dont ses vainqueurs eux-mêmes s'étonnent et s'inquiètent, craignant de retrouver chez elle, quoique sous des symptômes un peu différents, ce fonds d'énergie dont ils étaient eux-mêmes animés, quand un de leurs généraux disait à un de ceux de Napoléon : « Sachez que quand un peuple est résolu de s'affranchir de la domination étrangère, il le peut toujours. »

Sans doute la France se relèvera, mais ce ne sera qu'à la condition de bien connaître, avant tout, la cause de son mal. En étudiant de près les symptômes de notre état, on leur trouve des causes nombreuses mais qui peuvent se ramener à quatre : la mollesse, le sensualisme, l'insubordination et l'incrédulité, causes incontestables.

De la connaissance des causes du mal découle logiquement le remède. Ce remède, comme le mal lui-même, se résume en un mot : *Christianisme !* C'est parce que la France avait cessé d'être chrétienne qu'elle a succombé ; pour se relever, *il faut qu'elle redevienne au plus tôt chrétienne* et que l'amour de Dieu et de la Patrie trouve une place dans toutes les âmes françaises !

> A l'arrière du grand transport en quarantaine
> Qui, dans le soir tombant, semble presque endormi,
> Un point ténu, que l'œil ne perçoit qu'à demi...
> Un hochet, animé par la brise incertaine...
>
> Une chose à la fois puérile et hautaine...
> Un jouet enfantin, gros comme une fourmi...
> Un peu de bleu, de blanc et de rouge, parmi
> Les splendeurs du couchant où fuit la mer lointaine.
>
> Un rien, pour qui l'on va vers l'Orient, là-bas,
> Aux terribles pays d'où l'on ne revient pas;
> Un rien pour qui l'on meurt, un rien pour qui l'on prie;
>
> Un rien qui semble tout aux fils d'un même sang...
> Un rien que l'on salue avec l'âme, en passant...
> Une toile... une loque... un chiffon... *La Patrie!*
>
> Jacques NORMAND.

A l'heure actuelle, il y a des forcenés qui ne veulent plus de patrie ou qui rêvent d'une soi-disant patrie universelle.

Ah ! ceux-là, il faut les mépriser de toute la puissance de son âme. Ils sont bien coupables, ce sont des criminels, ou des fous, des insensés.

La Patrie ! leur cœur n'a donc jamais battu à ce mot ? Ils n'ont donc jamais tressailli à la vue des trois couleurs flottant au vent.

Mais retirer du cœur humain l'idée de Dieu et l'idée de Patrie, c'est faire de l'homme une brute, c'est le ravaler bien bas.

Devrait-on avoir jamais assez de paroles pour parler de la Patrie bien-aimée et assez de gestes d'amour pour le drapeau, son emblème sacré ?

Ah ! laissez-moi en tête de ce livre vous parler un peu de la *France*, c'est-à-dire de la *Patrie*, car jamais, peut-être à la fin de ce siècle et au commencement du nouveau, elle n'a besoin de plus d'amour, de plus de tendresse, car elle a été honnie, calomniée, insultée, et de même qu'un fils défendrait sa mère chérie qu'on insulte, *nous autres écri-*

vains catholiques, nous devons faire respecter la France, attirer vers elle toutes les tendresses, tous les dévouements, car nous savons qu'elle nous est doublement chère, puisqu'elle est la « *Fille aînée de l'Église* (1). »

∗
∗ ∗

Il y a aujourd'hui deux grandes forces en France qui représentent plus que jamais la nation : le *Clergé* et l'*Armée*. Le clergé qui reste la grande école de l'idéal et de l'esprit de sacrifice et de dévouement, et l'armée qui est aussi *notre espoir* et que nous ne saurions entourer de trop de sollicitude, car elle reste la grande école de la discipline et du respect. La valeur d'un soldat ne consiste pas seulement dans son instruction professionnelle, qui doit être aussi développée que possible ; elle réside encore et surtout dans ses qualités morales. Obtenons de celui qui est appelé à défendre le drapeau de vouloir bien mourir ; tout est là !

Les qualités morales, c'est la Religion qui les enseigne. Or ces vertus du clergé et de l'armée sont des vertus essentielles sans lesquelles on ne saurait fonder ni famille, ni société, ni État ; ce sont des vertus sans lesquelles, malgré la plus savante organisation, on ne sau-

---

(1) « Voulons-nous que les peuples soient vertueux ? Commençons donc par leur faire aimer la patrie : mais comment l'aimeront-ils, si la patrie n'est rien de plus pour eux que pour des étrangers, et qu'elle ne leur accorde que ce qu'elle ne peut refuser à personne ? Ce serait bien pis, s'ils n'y jouissaient pas même de la sûreté civile, et que leurs biens, leur vie ou leur liberté fussent à la discrétion des hommes puissants, sans qu'il leur fût possible ou permis d'oser réclamer des lois.

» Alors, soumis aux devoirs de l'état civil, sans jouir même de l'état de nature, et sans pouvoir employer leurs forces pour se défendre, ils seraient, par conséquent, dans la pire condition où se puissent trouver des hommes libres, et le mot de « Patrie » ne pourrait avoir pour eux qu'un sens odieux ou ridicule. »

J.-J. Rousseau.

rait défendre la Patrie. La Patrie ! à cette heure où l'*internationalisme* s'efforce d'en détruire jusqu'à l'idée, en prépare le démembrement, il est bon d'en donner une fois de plus la définition.

⁂

À quel moment le mot « Patrie » a-t-il commencé à être prononcé en France ?

C'est ce que nous apprend une très curieuse étude signée d'un érudit, M. Henry Houssaye.

Le terme n'est pas d'une origine bien ancienne, c'est Jeanne d'Arc qui le dit au roi, le suppliant « de la mettre à l'œuvre et que la Patrie serait bientôt soulagée. »

Avant il n'était question que de France, et l'idée synthétisée par ce titre ne représentait exclusivement que le patrimoine des maîtres qui se succédaient en notre pays alors si divisé.

On peut dire que le Patriotisme n'est né que de l'époque de la Pucelle d'Orléans, à partir de l'instant où elle prit en main l'étendard fleurdelisé (1).

Après elle, le mot sacré fut prononcé par Bayard mourant, s'adressant à Bourbon :

(1) C'était fini : l'Anglais régnait. — Dans Notre-Dame
Saint Georges et saint Denis portaient son oriflamme ;
Un double cercle d'or ceignait son front royal,
Et dans ses plis pourprés son manteau triomphal
Mêlait les lis de France aux genêts d'Angleterre.
. . . .
D'un côté les soldats, les magistrats, les prêtres,
De l'autre, abandonnés, laissant
A tout pas de leur fuite une trace de sang,
Gibier traqué dans l'ombre où la terreur l'effare,
Sous l'épée du chasseur qui sonne la fanfare,
Quelques désespérés... quelques femmes en pleurs...
. . . .
Alors, une bergère entra dans Vaucouleurs...

(DACHÈRES.)

« Il n'y a pas de pitié à avoir de moi qui meurs en homme de bien, dit le héros. Mais j'ai pitié de vous qui servez contre votre prince, votre patrie et vos serments. »

A partir de ce moment, l'idée de « Patrie » commença à germer dans le cœur de la nation, et c'est cette idée qui fit de Henri IV ce roi populaire qui avait pour lui le pays, et contre lui tout ce qui avait intérêt au morcellement de la France.

Au temps du poète Ronsard, le sentiment germe partout; Baïf remarque que « la Patrie est un beau mot »; Du Bellay dit : « Le devoir en quoi je suis obligé à ma patrie »; l'auteur de la *Satyre Menippée* exalte « la nation françoise comme la plus généreuse, la plus brave et la plus impatiente de la domination étrangère. » Enfin le mot *patriote*, qui avait jusqu'alors le sens de *compatriote*, est employé pour la première fois avec la signification qu'il a aujourd'hui. « Ce maître eschevin, dit Carloix, mourut en bon et vrai patriote. »

Colbert avait pour devise : « Souvent pour le roi, toujours pour *la Patrie*. »

Corneille, Pascal, Bossuet, Fénelon, La Bruyère emploient le mot patrie. Saint-Simon dit que Vauban « était patriote. » L'Académie française, dans la première édition du *Dictionnaire* (1694), donne comme exemple au mot Patrie : *Servir la patrie, défendre la patrie, mourir pour la patrie, le devoir envers la patrie est un des premiers devoirs.*

En 1769, un avocat nommé Rossel publia une histoire de France en six volumes sous le titre de : *Histoire du Patriotisme français*. On lit dans la préface : « Il n'y a pas un Français qui n'ait au fond de l'âme l'amour de la patrie. C'est l'histoire même des Français qui m'en a convaincu. »

Et le peuple de France s'habitua peu à peu ainsi, jusqu'à la grande éclosion marquée par l'ère de 89, à cette merveilleuse unité patriotique dont chaque épreuve nouvelle a, depuis, montré la force indestructible.

Et bien indiscutablement juste apparaît cette conclusion dont M. Houssaye a couronné son étude : « Autrefois, la Patrie n'était qu'un instinct, un sentiment, un devoir auquel on manquait sans trop de honte. Aujourd'hui, c'est une religion, c'est un culte fervent et jaloux dont les dissidents sont justement tenus pour des criminels » (1).

*
* *

Nombreux sont les écrivains qui ont rendu un hommage à la *Patrie*, qui ont voulu faire comprendre la grandeur de ce mot, montrer tout ce qu'il signifiait, tous les sentiments qu'il pouvait faire naître au cœur de l'homme.

Voici tout d'abord une belle *page nationaliste* due à un de nos plus grands écrivains chrétiens (je dis chrétien, car un chrétien seul pouvait écrire une page aussi belle). Elle est de Chateaubriand et s'intitule l'*Amour de la Patrie* :

L'Amour de la Patrie.

« L'instinct affecté à l'homme, le plus beau, le plus moral des instincts, c'est l'amour de la Patrie.

» Si cette loi n'était soutenue par un miracle toujours subsistant et auquel, comme à tant d'autres, nous ne faisons aucune attention, les hommes se précipiteraient dans les zones tempérées en laissant le reste du Globe désert. On peut se figurer quelles calamités résulteraient de cette

---

(1) « La France est le pays de toutes les surprises. Rappelez-vous de quel abîme l'ont tirée Duguesclin et Jeanne d'Arc. C'est au moment où on la croit la plus abattue qu'elle se relève avec le plus de noblesse et de hardiesse. Nous sommes revenus de la guerre de Cent Ans, nous sommes revenus de Waterloo. Nous reviendrons de Sedan. »

Alfred MÉZIÈRES,
de l'Académie française.

réunion du genre humain en un seul point de la terre. Afin d'éviter des malheurs, la Providence a, pour ainsi dire, attaché les pieds de chaque homme à son sol natal par un aimant invisible.

» Les glaces de l'Islande et les sables embrasés de l'Afrique ne manquent point d'habitants.

» Il est même digne de remarque que plus le sol d'un pays est ingrat, plus le climat en est rude, ou, ce qui revient au même, plus on a souffert de persécutions dans un pays, plus il a de charmes pour nous : chose étrange et sublime qu'on s'attache par le malheur, et que l'homme qui n'a perdu qu'une chaumière soit celui-là même qui regrette davantage le toit paternel ! La raison de ce phénomène, c'est que la prodigalité d'une terre trop fertile détruit, en nous enrichissant, la simplicité des biens naturels qui se forment de nos besoins; quand on cesse d'aimer ses parents parce qu'ils ne nous sont plus nécessaires, on cesse, en effet, d'aimer sa patrie.

» Tout confirme la vérité de cette remarque. Un sauvage tient plus à sa hutte qu'un prince à son palais, et le montagnard trouve plus de charme à sa montagne que l'habitant de la plaine à son sillon. Demandez à un berger écossais s'il voudrait changer son sort contre le premier potentat de la terre. Loin de sa tribu chérie, il en garde partout le souvenir; partout il redemande ses troupeaux, ses torrents, ses nuages. Il n'aspire qu'à manger du pain d'orge, à boire le lait de la chèvre, à chanter dans la vallée ces ballades que chantaient aussi ses aïeux. Il dépérit s'il ne retourne au lieu natal.

» C'est une plante de la montagne, il faut que sa racine soit dans le rocher; elle ne peut prospérer si elle n'est battue des vents et des pluies; la terre, les abris et le soleil de la plaine la font mourir...

» Pour peindre cette langueur d'âme qu'on éprouve hors de sa patrie, le peuple dit : « *Cet homme a le mal du pays.* » C'est véritablement un mal, et qui ne peut se guérir que par le retour. Mais pour peu que l'absence ait été de quelques années, que retrouve-t-on aux lieux qui nous ont vus naître ? Combien existe-t-il d'hommes, de ceux que nous y avons laissés pleins de vie ? Là, sont des tombeaux ou des palais ; là, des palais ou des tombeaux ; le champ paternel est livré aux ronces ou à une charrue étrangère, et l'arbre sous lequel on fut est abattu.

» On dit qu'un Français, obligé de fuir pendant la Terreur, avait acheté, de quelques deniers qui lui restaient, une barque sur le Rhin ; il s'y était logé avec sa femme et ses deux enfants. N'ayant point d'argent, il n'y avait point pour lui d'hospitalité. Quand on le chassait d'un rivage, il passait sans se plaindre à l'autre bord ; souvent poursuivi sur les deux rives, il était obligé de jeter l'ancre au milieu du fleuve. Il pêchait pour nourrir sa famille, mais les hommes lui disputaient encore les secours de la Providence. La nuit, il allait cueillir des herbes sèches pour faire un peu de feu, et sa femme demeurait dans de mortelles angoisses jusqu'à son retour. Obligée de se faire sauvage entre quatre nations civilisées, cette famille n'avait pas sur le globe un seul coin de terre où elle osât mettre le pied : toute sa consolation était, en errant dans le voisinage de la France, de respirer quelquefois un air qui avait passé sur son pays.

» Si l'on nous demandait quelles sont donc ces fortes attaches par lesquelles nous sommes enchaînés au lieu natal, nous aurions de la peine à répondre. C'est peut-être le souris d'une mère, d'un père, d'une sœur ; c'est peut-être le souvenir du vieux précepteur qui nous éleva, des jeunes compagnons de notre enfance ; ce sont peut-être les soins que nous avons reçus d'une nourrice, d'un domestique âgé, partie si essentielle de la maison ; enfin ce sont les circonstances les plus simples, si l'on veut même, les plus triviales ; un chien qui aboyait la nuit dans la campagne, un rossignol qui revenait tous les ans dans le verger, le nid de l'hirondelle à la fenêtre, le clocher de l'église qu'on voyait au-dessus des arbres, l'if du cimetière, le tombeau gothique : voilà tout. »

On ne saurait non plus trop rappeler la noble définition qu'a faite de la patrie Émile Souvestre, romancier de beaucoup de talent, injustement délaissé aujourd'hui. En ce temps de désespérant pessimisme où rien ne reste debout de ce qui fut notre foi, nos enthousiasmes et notre idéal, il est réconfortant de relire de pareilles choses.

. . . .

« Tu n'as jamais pensé peut-être à ce qu'est la Patrie ? C'est tout ce qui t'entoure, tout ce qui t'a élevé et nourri, tout ce que tu as aimé. Cette campagne que tu vois, ces arbres, ces jeunes filles qui passent là en riant, c'est la patrie ! Les lois qui te protègent, la joie et la tristesse qui te viennent des hommes et des choses parmi lesquels tu vis, c'est la patrie ! La petite chambre où tu as vu autrefois ta mère, les souvenirs qu'elle t'a laissés, la terre où elle repose, c'est la patrie ! Tu la vois, tu la respires partout ! Figure-toi, mon fils, tes droits et tes devoirs, tes affections et tes besoins, tes souvenirs et ta reconnaissance, réunis tout cela en un seul nom, et ce nom sera la patrie ! »

Un autre écrivain de talent, un homme de rare courage, M. Ernest Judet, développe ainsi la même idée. La citation me semble topique et surtout belle :

« La Patrie est loin d'être un principe qui s'écroule, un mot destiné à devenir vide de sens. Sa puissante signification s'accentue, et son rôle commence seulement dans l'Histoire du monde, au lieu de s'effacer et de disparaître. Le siècle qui a le premier défini les ressources infiniment fécondes de l'*association* se donnerait à lui-même un étrange démenti s'il méconnaissait la vigueur des formidables associations qui se nomment des patries.

» Elles sont, elles seront de plus en plus et durant de longues années le véhicule indispensable, le lien fondamental en dehors duquel il n'y aurait ni civilisation, ni humanité, rien que confusion et anarchie. C'est sous leurs divers drapeaux, encore bien vivants, que la concurrence admirable des plus vastes familles humaines s'exerce au bénéfice de l'espèce et de sa future unité. Ces fraternités fragmentaires sont l'avant-garde de la fraternité universelle, encore dans les limbes indécises d'un lointain avenir.

» Gardons nos patries, gardons notre Patrie avec un amour jaloux et une solidité intangible. Gardons ce qui la garde, l'armée, qui est nous-mêmes. Être un sans-patrie ou agir comme un sans-patrie, c'est un attentat, mais c'est avant tout une manifestation de monstrueuse sottise.

» Demandez à l'Angleterre si elle n'a pas construit son empire en s'inspirant de cette pensée tonique plantée dans l'âme de tous ses concitoyens, que l'intérêt de l'Angleterre est l'intérêt du premier comme du dernier des Anglais. Demandez à l'Allemagne si son hégémonie n'est pas née de l'obstination farouche avec laquelle tout Allemand, durant ce siècle, a voulu ses frontières ; si son culte en apparence étroit n'a pas fait toute sa grandeur, si la conservation de sa supériorité redoutable n'est pas le fruit de cette permanente sagesse.

» Donc, jusqu'à nouvel ordre et surtout en face des menées qui nous enveloppent, qui tendent à nous diviser, restons fidèles à ce symbole d'union indissoluble. Ne versons pas sottement du côté des vains mirages et des ténébreuses subtilités ; ne soyons pas les adversaires de notre bien à la recherche d'un mieux prématuré, trompeur et absurde par l'impossibilité de le réaliser. Restons sur le terrain des larges compréhensions, de la bonne santé et de la bonne discipline nationale. »

Je trouve aussi une superbe définition de la Patrie dans un discours prononcé par M. le comte Gardès :

« Le patriotisme, s'écrie-t-il, mais c'est le sanctuaire auguste où viennent les nations heureuses consacrer leurs triomphes et leurs victoires, et c'est aussi le dernier refuge et l'inviolable asile des peuples mutilés.

» C'est la flamme sublime en qui tout se conserve, tout se féconde et tout se purifie. C'est la flamme immortelle par qui tout peut être renouvelé, ranimé et ressuscité. Et tous nos devoirs d'hommes, et tous nos devoirs de citoyens et tous nos devoirs de chrétiens même se peuvent résumer en un seul : travailler pour la Patrie ; et tous nos sentiments, comme en une fournaise ardente, viennent s'absorber, se fondre et s'exhaler en un seul : l'amour de la Patrie.

» La Patrie, en effet, ce n'est pas seulement un lambeau d'univers découpé entre des fleuves et des montagnes...

» *La Patrie, c'est le sol chéri où Dieu a placé notre berceau.* C'est le coin de terre où, sous l'ombre protectrice du clocher béni, reposent nos amis et nos proches. C'est le foyer où, sous les embrassements maternels, nos yeux se sont ouverts à la clarté, et nos âmes se sont épanouies à la lumière. La Patrie, enfin, c'est la France, toute la France — la France à travers les âges — avec ses traditions accumulées de foi, de vaillance et d'honneur, avec son patriotisme de gloires et de triomphes, — hélas ! aussi de douleurs et de revers, la France avec l'intégralité de son territoire, la France avec tous ses héros, qu'ils soient soldats, explorateurs ou missionnaires, — la France avec ses rudes marins, brisés à toutes les fatigues et prêts à toutes les luttes, la France, enfin, avec son armée, sa belle armée, sa grande, sa généreuse, sa sainte armée, impassible et fière sous le flot des injures venimeuses et des outrages impuissants.

» Et voici qu'aux souffles généreux et patriotiques qui frémissent sur mes lèvres et frissonnent dans ma poitrine, je crois voir frémir aussi et frissonner tous les drapeaux qui m'entourent et semblent faire flotter sur nous l'âme même de la Patrie. Drapeaux glorieux qu'a chantés Lamartine parce qu'ils ont fait le tour du monde, drapeaux symboliques que des malheurs immérités nous ont rendus sacrés !. Drapeaux tricolores, dont les trois couleurs forment un tout indivisible et dont nous ne souffririons jamais qu'on arrache ni le bleu, ni le blanc pour en faire la hideuse loque rouge qui présida jadis aux massacres révolutionnaires, et que les sans-patrie voudraient élever à nouveau au-dessus des luttes fratricides de la rue; drapeaux tricolores dont nous saurons encore rajeunir et glorifier les couleurs en allant les planter sur les murs de Metz reconquis et en les ramenant triomphants de la frontière, blancs de poussière, bleus de poudre et rouges de sang... »

Écoutons aussi Yian Nibor, le poète des matelots qui, sur nos bâtiments, a fait plus d'une fois vibrer nos cœurs à l'unisson.

Maint'nant, p'tit Parisien, écoute
C' que c'est qu' la Patrie, mon garçon ;
Ouvr' l' oreill', n'en perds pas un' goutte,
Et r'tiens ça comme un' bonn' leçon :

La Patrie, amis ! la Patrie !
Rud's matelots et jeun's moussaillons,
C'est l' sol, qu'avec idolâtrie
Parc' qu'il nous vit naîtr', nous foulons.

C'est la femm', la mèr' la grand'mère,
Les p'tiots, qui nous attendent là-bas,
La vieille église et l'vieux cimetière
Où pus d'un d'nous n' moisira pas.

C'est un gros bourg, c'est un' montagne :
C'est Paris pour toi, mon p'tiot blond ;
Pour les Bretons, c'est la Bretagne,
Et pour les Toulonnais, Toulon.

Mais, lorsqu' arriv' l'heur' de la guerre,
Tout's les p'tit's patri's devienn'nt sœurs,
Pour sout'nir la Franc' Patri' mère,
Avec tout c' qu'ell's ont d'fenseurs.

> Quand l' moment d' la bataille éclate,
> Pus d' blague ent' Mocos et Bretons,
> Car tous ont du sang écarlate,
> Pour s'abatt' côt' à côt', comm' des lions.

Le 7 mai 1899, M. Godefroy Cavaignac prononçait, à Romilly, le beau discours suivant sur l'*Idée de la Patrie* :

« On a dit, s'écria-t-il, que ce que l'on concevait bien s'énonçait clairement, on pourrait dire aussi que l'on n'éprouve pas le besoin d'énoncer longuement ce que l'on ressent fortement : et je ne pense pas que Jeanne d'Arc ait jamais réfléchi longuement sur la justification philosophique de l'idée de Patrie.

» Lorsque la notion du patriotisme s'est obscurcie en France, — et cela est arrivé plusieurs fois dans le cours des siècles, — et lorsque cela est arrivé ce fut toujours aux heures les plus malheureuses, aux heures de décadence, — que dis-je, lorsque la notion du patriotisme s'est obscurcie dans l'esprit de ceux qui avaient pour mission de diriger la nation, elle a trouvé dans le cœur du peuple, dans la foi populaire, des réveils immanquables, et chacun de ces réveils a reporté la France du fond d'une décadence apparente sur les sommets où nous la voulons placer.

» A la fin de la guerre de Cent Ans, à l'époque où Jeanne d'Arc est apparue, les hauts barons de ce temps, les ducs de Bourgogne et la maison de Lorraine, allaient demander indifféremment aux rois de France ou aux rois d'Angleterre l'investiture des provinces françaises, et, dans le déchirement des querelles intestines, il semblait que l'idée de nationalité et l'idée de patrie, à peine encore formées, fussent près de disparaître et de s'éteindre.

» Et à une époque plus récente, alors que déjà l'unité française était faite et cimentée, durant tout le dix-huitième siècle, à la fin du dix-huitième siècle surtout, l'idée de patrie, le sentiment de fierté nationale a semblé disparaître du sol de la France. La France, qui avait pendant longtemps imposé sa domination à l'Europe entière, acceptait avec indifférence la diminution de son prestige et de son influence, elle acceptait même avec placidité ses défaites.

» C'était l'heure où le roi des intellectuels du dix-huitième siècle — d'intellectuels qui du moins savaient imposer à l'Europe entière la domination largement répandue et presque exclusive de l'esprit français — c'était l'heure où Voltaire échangeait avec Frédéric II, qui venait de mettre en déroute l'armée française à Rosbach, des plaisanteries douteuses sur les soldats du roi très chrétien.

» A l'une et à l'autre de ces deux époques, au quinzième siècle comme au dix-huitième, la notion du patriotisme semblait éteinte, ou, du moins, s'il subsistait encore quelques sentiments des intérêts de la collectivité française, le patrotisme français avait perdu de ce caractère qui fait qu'il est bien nôtre, ce caractère de dignité intangible et de chevaleresque fierté qui porte, jusque dans notre façon de concevoir le patriotisme, le caractère de notre individualité nationale.

» A l'une comme à l'autre de ces époques, le déclin de l'idée de patrie a coïncidé avec le déclin de la nation elle-même ; soit que l'amour de la patrie ayant faibli, la nation se soit trouvée moins forte pour maintenir son rang dans le monde..... Mais...., nous sommes de ceux qui ne se résignent point à la décadence, même passagère, et nous pensons que nous avons payé assez cher, au prix des désastres de 1870, le droit d'être patriotes même avec excès, même avec passion.

» Et l'image du passé éveillant comme invinciblement l'image de l'avenir, l'émotion des souvenirs communs, suscite l'émotion de ces espérances communes qui flottent dans les plis du drapeau. »

Après vous avoir parlé de la Patrie, laissez-moi vous parler maintenant de son emblème sacré, du Drapeau, de nos chères *Trois Couleurs*.

Il n'y a pas longtemps, à l'occasion de la remise d'un drapeau à la 240e section des vétérans des armées de terre et de mer, M. Cavaignac a prononcé à Bessé-sur-Braye, dans la Sarthe, les paroles suivantes :

« Aux heures douloureuses que nous traversons, il est utile de rappeler ce que représente le drapeau. Pour les anciens comme vous, le drapeau représente le devoir accompli, le sang versé, les sentiments de devoir et d'abnégation qui font le patriotisme. Pour les jeunes gens, il est l'image du devoir à accomplir. Pour tous les Français, il est l'emblème respecté de souvenirs communs, souvenirs qui ont pu être douloureux peut-être, mais honorables même dans la défaite. Il est enfin l'emblème de nos espérances communes. »

. . . .

De même que les Romains ne déclaraient pas la guerre avant d'avoir consulté les augures et fait des sacrifices aux dieux, de même le drapeau était béni par les évêques et consacré au Dieu des armées, pour l'intéresser à la bonne cause (1) qu'on défendait les armes à la main. Au retour, après avoir chanté un *Te Deum*, on suspendait dans Notre-Dame de Paris les drapeaux conquis, comme hommage à sa protection visible. La nef de notre vieille basilique était tapissée de ces glorieux tro-

---

(1) « Le patriotisme français est nécessairement chrétien, L'histoire tout entière le prouve surabondamment, car il est né avec Clovis, il a grandi avec Charlemagne ; il s'est épanoui dans la sainteté avec saint Louis. Mais il me semble que c'est Jeanne d'Arc qui lui a imprimé ce caractère. Oui, le patriotisme français a reçu le baptême de la vocation divine dans les visions de la pucelle de Domrémy ; le baptême de sang sur les champs de bataille de la sainte guerrière ; le baptême du feu sur le bûcher de la martyre de Rouen. »

(Abbé F. BELLEVILLE, chanoine-aumônier militaire).

phées. En 1693, le maréchal de Luxembourg, se rendant au *Te Deum* de Notre-Dame en l'honneur de ses victoires, et ne pouvant percer la foule, le prince de Conti, faisant allusion au nombre de drapeaux dont le maréchal avait décoré l'église, s'écria en parlant au peuple :

— Faites place, laissez passer le tapissier de Notre-Dame !...

Lorsqu'en 1814, l'heure fatale de la défaite sonna pour la France, l'ennemi, maître de Paris, courut aux Invalides reprendre les nombreux drapeaux témoins de leur honte, conquis sur tous les champs de bataille par les héroïques soldats de la République et de l'Empire. Le maréchal Serrurier, alors gouverneur des Invalides, en apprenant, le 30 mars, l'entrée de l'ennemi dans Paris, ne songea qu'à une chose : sauver nos reliques nationales des mains sacrilèges qui venaient voler à la France ses titres de noblesse. Il les brûla.

Un soir, les vieux compagnons d'armes du grand capitaine assistèrent, les yeux pleins de larmes, à ce lugubre auto-da-fé. Ils s'inclinèrent pieusement autour de ce bûcher fatal en murmurant l'hymne national avec le refrain : « Vive l'Empereur Ier ».

Le maréchal y mit le feu en détournant la tête, et quand les flammes eurent dévoré une partie de ces vieux témoins de tant de courage et d'héroïsme, on jeta dans le brasier l'épée du grand Frédéric.

Voici ce que me racontait un jour un ami (1) :

« En 1880, alors que je fis une visite au tombeau de l'Empereur, un de ces vieux invalos, — comme les appelle le gavroche parisien, — raconta, dans son langage énergique, cette scène historique. Il me raconta même qu'il poussa le fanatisme jusqu'à manger des poignées de ces cendres sacrées. Il me raconta qu'on porta religieusement ces scories à la Seine, en face le pont des Invalides, et

---

(1) E. Loze.

trente-cinq ans plus tard, — en l'année 1849, — en fouillant notre grand fleuve parisien, les mariniers étonnés retirèrent de l'eau des hampes à moitié brûlées, des fers de lance tordus.

» Le vieux débris des guerres de la République et de l'Empire, à qui j'offrais avec plaisir le verre de mon amitié respectueuse, sur la terrasse d'un café de l'esplanade des Invalides, me raconta, en tortillant sa moustache poivre et sel, un émouvant récit personnel. Blessé à la jambe, il tomba dans les mains d'un chirurgien ennemi qui voulut le panser. Le brave avait eu l'énergie de faire lui-même son premier pansement ; il refusa avec obstination les soins du médecin ennemi. Un aide-major français se présenta. Le troupier tendit la jambe. Le médecin déroule le linge qui l'entoure. Il découvrit du bleu d'abord, du blanc ensuite, du rouge enfin. C'était le drapeau du régiment, dont le valeureux combattant avait dérobé la possession à l'ennemi ! »...

Ces légendes du drapeau sont bonnes à rappeler à la jeunesse de nos jours. *Je le répète, ce qu'il faut, c'est ceci : croire en Dieu et aux trois couleurs. Voilà seulement, voilà ce qui doit nous sauver.* Et alors de quel éclat souverain ne rayonnera pas la belle France ! En fixant le drapeau tricolore, le petit soldat chrétien puise dans ses plis toutes les vertus qui sont l'honneur de l'espèce humaine : le calme dans le malheur, la persévérance stoïque, la fermeté d'âme, une résolution d'airain et avec la volonté de ne jamais désespérer.

Que d'héroïsme on avait pour défendre l'emblème sacré.

Je me souviens que parmi les œuvres exposées au Salon de 1898, je crois, on remarquait un tableau militaire très émouvant, *Le Baptême du Feu*, dont l'auteur, M. Monge, mettait en scène un épisode de l'historique du 2ᵉ zouaves.

Cet épisode mérite d'être raconté ici. Voici la narration qu'en a donné l'*Historique du Régiment :*

« Le 2ᵉ zouaves partait pour la très périlleuse expédition

de Milianah. A la première étape, au sortir de Blidah, le gouverneur fit arrêter la colonne et, faisant former le carré, remit à son chef, le lieutenant-colonel Cavaignac, le drapeau du régiment.

» Le carré fut ensuite rompu, et le drapeau remis au sous-lieutenant Rosier de Linage, premier porte-drapeau des zouaves; sept jours après, le 3 mai 1841, les zouaves étaient engagés devant Milianah avec les réguliers d'Abd-el-Kader. La lutte était terrible, et, depuis plusieurs heures, la fusillade faisait rage. « Cessez le feu », cria tout à coup le colonel. Les zouaves, étonnés redressèrent leurs armes et se retournèrent vers leurs chefs. Les Kabyles tiraillaient toujours. « Ouvrez le ban! » Les clairons et tambours se mirent à sonner et à battre. « Au drapeau. » La mâle et retentissante sonnerie retentit. Les Arabes, surpris eux-mêmes, arrêtèrent un instant la fusillade. Le sous-lieutenant Rosier de Linage sortit alors le drapeau de son étui, et, pour la première fois, la soie aux trois couleurs flotta au vent de la bataille. Puis, s'avançant fièrement de vingt pas vers la ligne arabe, le porte-drapeau leva en l'air l'emblème de la patrie, et attendit, immobile, en face de l'ennemi. Un hourra prolongé sortit des poitrines des zouaves, auquel répondit, du côté de l'adversaire, une salve furieuse. La grêle des balles vint s'abattre autour du jeune officier qui, par miracle, ne fut pas touché ; mais le drapeau fut troué en vingt endroits. Puis, lentement, le porte-drapeau reprit sa place dans la ligne de combat. C'est ainsi que le drapeau des zouaves reçut le baptême du feu. »

On pourrait écrire cinquante volumes rien qu'en citant les actes héroïques, les superbes faits d'armes accomplis pour la défense du drapeau. Je veux seulement, encore ici, citer un seul fait qui s'est passé lors de la guerre de 1870-1871.

Metz venait de se rendre et l'ordre avait été donné de

remettre à l'ennemi les drapeaux des régiments de France. A ce sujet, je détache la page suivante du livre du capitaine Burker et consacré au 4ᵉ régiment de zouaves :

. . . .

« *27 octobre.* — ... A trois heures du soir, un ordre de l'armée du Rhin, signé : Bazaine, prescrit à tous les chefs de corps de faire porter le lendemain 28 octobre, à l'arsenal de Metz, leur drapeau ou étendard et d'en faire la remise au directeur de cet établissement qui est chargé de les brûler.

» Les officiers du régiment, immédiatement mis au courant de la situation, expriment au colonel et au lieutenant-colonel leurs craintes et leurs angoisses.

» Leur drapeau ! Nul ne peut s'arrêter à cette pensée qu'on le rendra aux Prussiens, et cependant les assurances qu'on donne que cela ne sera pas, ne calment les appréhensions de personne. Que de cruels sacrifices demandés en un même jour à cette vaillante armée, si désireuse, si prête à tout tenter pour sauver son honneur...

. . . .

» *28 octobre.* — Journée mémorable ! A midi, le colonel Giraud, pensant ne pas pouvoir éluder les ordres du maréchal, mande l'adjudant major de service, capitaine Corréard, et lui prescrit de commander une escorte de sous-officiers pour accompagner à l'arsenal de Metz le drapeau dont lui et le porte-aigle devront faire la remise.

» Le porte-aigle n'est pas au camp. Le capitaine Corréard, bouleversé par l'ordre qu'il reçoit, traduit de nouveau au colonel, dans un langage ému, les sentiments, les désirs, les intentions du régiment entier. Le colonel n'a pas besoin d'être convaincu : il lutte péniblement contre son patriotisme, qui lui dit de garder cet emblème sacré, et contre son devoir de soldat, qui lui dicte l'obéissance passive à l'ordre reçu.

» L'heure pourtant approche et le temps presse.

» Le drapeau vient d'y être apporté au milieu d'un cortège sans cesse grossissant d'officiers, de sous-officiers et de zouaves, qui se pressent pour le contempler une dernière fois. L'exaltation est à son comble. Des voix ardentes s'élèvent pour demander que le régiment, groupé autour de son aigle, s'enfonce comme un coin d'acier dans les lignes ennemies et y fasse sa trouée.

» — Nous faire tuer tous plutôt que de rendre notre drapeau ! — s'écrient ces vieux braves si maltraités par la fortune ; beaucoup d'entre eux pleurent comme des enfants. Le désespoir est dans toutes les âmes, se lit dans tous les yeux.

» La plupart des officiers se retrouvent chez le colonel en un véhément conciliabule. Chacun sent que l'instant est décisif, car l'escorte qui a ordre d'emporter le drapeau est là : comme le sacrificateur, elle attend sa victime. Personne n'ajoute foi aux assurances du maréchal de le faire brûler et tous entendent le sauver. Quelqu'un émet cette opinion si juste, — de suite approuvée et appuyée par tous les autres, — que si le drapeau ne doit être porté à l'arsenal que pour être détruit, nuls ne méritent plus l'honneur d'accomplir cette douloureuse mission que ceux auxquels la garde en a été confiée.

» Le colonel, qui jusqu'à présent n'a résisté que faiblement, se laisse facilement entraîner par ce courant de volontés si énergiquement, si unanimement manifestées ; et le capitaine Corréard étant, sur ces entrefaites, venu rendre compte que les officiers du 3° grenadiers se refusaient également à abandonner leur étendard, il donne lui-même le signal de l'immolation. L'aigle est dévissée par le porte-drapeau Coste. Le pied sur lequel sont gravées les initiales du régiment est martelé et enterré ! La cravate est répartie entre le colonel et les officiers supérieurs. La soie est mise en pièces et les morceaux distribués comme des reliques aux officiers présents pour qu'une parcelle en soit remise aux absents et autant que possible aux sous-officiers. Ce n'est pas sans une poignante émotion que l'on mutile cet insigne sous lequel les zouaves ont si souvent marché. Et cependant, à la pensée que ce trophée manquera au triomphe de l'ennemi, un sentiment de profond soulagement remplit tous les cœurs. Il semble qu'on ait échappé à un désastre, et que c'est à des funérailles qu'on vient d'assister... »

Je crois inutile d'ajouter un commentaire à cet émouvant et palpitant récit.

*
* *

Et George Sand n'avait-elle pas raison, le jour où elle écrivait que les *soldats français étaient des héros*?

« Oui, disait-elle, oui, des héros, tous ces petits hommes, pâles encore, mal équipés, tous ces petits Français dont le corps agile tient si peu de place au soleil, mais dont l'élan miraculeux soulève parfois le monde.

» Enfants de l'atelier ou de la charrue, ils s'en vont les yeux encore humides des pleurs du départ. — Eh! mon Dieu, oui! Quitter sa mère, sa fiancée, son champ, ses amis! Quel déchirement, hélas! — Que de gêne chez nous où notre travail faisait tant de besogne! Nous reviendrons estropiés, si nous revenons! — Oui, voilà ce qu'on disait hier; mais aujourd'hui le drapeau flotte et le clairon sonne! On se hâte, on s'élance, on arrive; on sent déjà l'odeur de la poudre, il s'agit d'être des héros! Eh bien, la belle affaire! Nous y voilà, car nous sommes nés comme cela. Adieu les faiblesses et les attendrissements.

» Il faut se battre? Bien, allons! Cela n'est pas difficile, et, chose étrange, c'est une ivresse qui monte au cœur. Qui est-ce qui pleure? Qui est-ce qui tremble parmi nous? Personne, voyez! Nous avons le sac sur le dos, nous sommes soldats, nous chantons, nous sommes fiers, nous sommes beaux, le baptême du sang va laver tout : et l'égoïsme du paysan, et la gaucherie naïve du conscrit, et la gaieté française du jeune artisan des villes, et même l'inconduite de quelques-uns qui n'étaient bons à rien, disait-on, et qui rachètent ici leurs écarts et leurs fautes par un courage de lion. Oui, ici, tout est vite effacé. Le dévouement ennoblit tout. Tenez ! la mort vole sur nos têtes ; tous, nous l'attendons de pied ferme, et ceux qu'elle emportera laisseront un nom purifié par le feu.

» Enfants, vous avez raison. Hier, vous étiez des hommes comme les autres, c'est-à-dire peu de chose ; aujourd'hui, vous voilà bénis, relevés, et le dernier d'entre vous est déjà mille fois plus que l'indifférent qui se croise les bras et qui raille... »

*
* *

Puisque je suis sur le chapitre de la Patrie, de l'amour que la France inspire, je tiens beaucoup à donner le récit de ce que me racontait tout dernièrement un de nos confrères et amis, M. Adolphe Brisson.

Nous causions de la Lorraine, de cette Lorraine où j'ai passé quelques années de mon enfance. M. Adolphe Brisson me dit qu'il l'avait visitée et qu'on y aimait toujours la France, et voici ce qu'il me conta :

« Il y a deux ans, comme je revenais des bords du Rhin, je voulus visiter la ville de Metz que je n'avais jamais vue. J'y arrivai à une heure avancée de la nuit et j'eus toutes les peines du monde à trouver une chambre dans un hôtel. Nous étions au fort de la saison et les voyageurs affluaient. Je me heurtai d'abord à un portier rude et malhonnête, qui me mit dehors avec ma malle sans me donner aucun renseignement. J'en fus réduit à vagabonder par les rues à la recherche d'un gîte. Je réussis enfin à me loger dans une méchante auberge ; je venais de m'endormir, écrasé de sommeil et de fatigue, quand un bruit me réveilla. Des soldats, se rendant à l'exercice, défilaient sous ma fenêtre. Le rythme agile et robuste de leurs pas croissait peu à peu, puis s'affaiblissait, puis s'évanouissait insensiblement. C'était un effet de théâtre. Je me rappelai les mauvais vers de *Faust* :

> ... Le jour est levé,
> De leurs pieds sonores
> J'entends les chevaux frapper le pavé.

» Cinq minutes ne s'étaient pas écoulées qu'une nouvelle troupe s'avançait. A dater de ce moment, il me fut impossible de fermer les yeux. De brefs commandements se succédaient et toujours le choc des talons de fer sur la chaussée... Ces hommes, que je n'apercevais pas, marchaient avec un ensemble merveilleux ; les jambes se levaient et s'abaissaient comme obéissant au signal d'un chef d'orchestre. Je résolus d'assister à leurs manœuvres. Je m'habillai à la hâte et je sortis.

» Il me sembla que je débouchais dans un vaste camp retranché ! La vieille cité, qui avait autrefois une physionomie cordiale et débonnaire, avec ses maisons aux toits pointus, ses rues étroites, ses enseignes pittoresques, disparaissait sous un appareil militaire formidable ; le flot des casques à pointe, des casquettes rondes et des pantalons de treillis la submergeait. On éprouvait, à contempler ce spectacle, une sensation infiniment pénible d'oppression, d'écrasement. J'eusse voulu m'y arracher, repartir sur l'heure. Et pourtant une invincible curiosité me retenait. J'avisai un fiacre qui passait à vide et demandai au cocher de me conduire aux endroits intéressants.

» — Ça va, me dit-il.

» Il mit dans ces simples mots une intonation joyeuse et familière dont je fus frappé. Je le regardai. Il avait cinquante ans environ, et son visage respirait la bonne humeur. Pendant la promenade, il ne fut pas pour moi un simple automédon, mais un guide, un conseiller, un ami, s'arrêtant, me prodiguant les avis utiles, me contant des anecdotes, s'aventurant sur le terrain de la statistique.

» — Ah! monsieur, notre pauvre ville est bien déchue de sa splendeur! A mesure que la population militaire augmente la population civile diminue. Depuis dix ans, nous avons perdu quinze mille âmes. La vie n'est pas plaisante ici, vous savez!

» Il me mena au cimetière, où s'élève le monument consacré aux soldats français morts pendant le siège. Et, tandis que j'en déchiffrais l'inscription, des crépitements de fusillade retentissaient aux alentours. C'étaient les troupes de la garnison qui s'exerçaient à la cible. Il y avait entre le sifflement meurtrier des balles et le silence du champ de repos un contraste dont j'eus le cœur bouleversé. Mon cocher remarqua l'émotion qui, sans doute, était peinte sur mes traits. Il eut la discrétion de ne la plus troubler par ses bavardages. Lorsque nous fûmes revenus à notre point de départ, je le payai. Alors il s'approcha et murmura à demi-voix :

» — Voulez-vous me faire un grand plaisir?

» — Certes, mon brave !....

» — Permettez-moi de vous serrer la main.

» Et comme pour s'excuser de sa hardiesse, il ajouta :

» — En 1870, je me suis battu... de votre côté...

» Vous m'en croirez si vous voulez, mais j'ai senti une larme me picoter la paupière. »

« Le lendemain, je me rendais aux environs de Metz, chez le curé du village de X... (on comprendra que je ne le désigne pas plus clairement). Je ne connaissais pas cet honorable ecclésiastique, mais j'avais en poche une lettre qui m'introduisait auprès de lui. Je le trouvai dans son jardinet, devisant avec un Frère Capucin, un jeune vicaire et un vieillard, que je sus être depuis un dignitaire de l'Église et qui revenait de Chine, où il avait rang d'évêque.

» La glace fut vite rompue. Au bout d'un quart d'heure,

j'étais dans cette maison comme chez moi. On m'interrogeait avidement sur les hommes et les choses de Paris. Je répondais de mon mieux à ces questions, où je devinais une ardente sympathie. Et malgré ma résistance, M. le curé me retint à déjeuner. Il s'était absenté deux minutes, pour conférer avec sa gouvernante, et je pensais bien que ce colloque devait avoir pour cause ma soudaine arrivée.

» Je ne me trompais point. La bonne vieille avait allumé ses fourneaux et nous avait cuisiné un repas exquis. Tous les poulets de la basse-cour y avaient passé, ainsi que toutes les prunes du jardin. Enfin, elle avait dévalisé l'épicier et le boulanger de la commune. Elle était rouge comme braise quand elle vint nous annoncer que le repas était servi. Des fleurs ornaient la nappe ; leurs parfums se mêlaient à de saines et appétissantes odeurs de thym, de lavande et de pot au feu. M. le curé alla quérir sur la cheminée un flacon poudreux qu'il déposa avec mille précautions devant nous.

» — Ceci, nous dit-il, est un petit vin que j'ai récolté ici-même, avant la guerre. Ce n'est donc pas du vin allemand.

» Il déboucha la bouteille et l'avança de mon côté. Je lui fis signe de servir l'évêque que son âge et son caractère désignaient à nos respects. Mais il repoussa ma main :

» — La France d'abord ! s'écria-t-il.

» Et la liqueur vermeille s'épanouit dans mon verre.

» Cette fois la petite larme ne s'arrêta pas au bord de ma paupière. Elle tomba. »

. . . .

On le voit, une fois qu'on s'est pris à l'aimer, la France, on l'aime toujours !

*
* *

On a beau faire, quelques énergumènes seuls pourraient parler contre le drapeau et l'armée.

Écoutez toujours, c'est le doux et patriotique poète François Coppée qui parle. Il nous montre le *Régiment qui passe !* (1)

> Par un temps de boue et de glace,
> Le peuple, toujours enfantin,
> Regarde un régiment qui passe
> Devant la porte Saint-Martin.
>
> C'est un régiment de la ligne,
> Astiqué comme aux anciens jours ;
> Le tambour-major, d'un air digne,
> Précède les petits tambours.
>
> Deux officiers qui, pour les suivre,
> Maintiennent leurs chevaux au pas,
> Au delà des saxhorns de cuivre
> Dominent les fronts ; et là-bas,
>
> A travers la brume incertaine,
> Tels des pavots dans les épis,
> S'avance la foule lointaine
> Des chassepots et des képis.
>
> Pour les soldats, le populaire
> S'est en grande hâte rassemblé ;
> Un flot de gamins accélère
> Sa marche à leur pas redoublé.
>
> La troupe passe calme et gaie,
> Comme elle irait sous les obus,
> Devant les gens qui font la haie
> Et l'encombrement d'omnibus.
>
> Chacun l'accompagne, on s'arrête ;
> Et l'on voit emboîter le pas,
> L'ouvrier tirant sa charrette,
> Ou portant son fils sur ses bras.

(1) Édouard Detaille, le grand peintre militaire français, a fait d'après ces vers un bien joli tableau que la gravure a popularisé.

> Et, rêvant déjà la bataille,
> Tous sont heureux naïvement,
> Car toujours la France tressaille
> Au passage d'un régiment (1).

* * *

En parlant de la patrie et du devoir militaire, il me revient encore à la mémoire un précieux souvenir.

Il date de septembre 1899.

Au cours d'un voyage dans le département de l'Aisne, j'eus le plaisir de retrouver à Liesse, installé à deux pas de l'église Notre-Dame-de-Liesse, un ancien aumônier militaire de mes amis qui avait pris part à la guerre de 1870-71, où il avait été blessé (au combat de Forbach), et naturellement nous avons causé de l' « Affaire ». Il m'a dit d'ailleurs, en termes émus, tout l'écœurement qu'il ressentait au sujet des attaques contre l'armée qu'il avait appris à aimer alors qu'elle défendait le sol sacré de la patrie.

Il s'est élevé avec énergie contre les *intellectuels*, les grands esprits du jour, suivant le mot à la mode, qui osent déclarer que la discipline c'est l'abrutissement et qui veulent remplacer la formule chère à Gambetta par « l'armée voilà l'ennemi ! » qui n'est qu'un pastiche et un blasphème.

Tout en causant, nous feuilletons des journaux et des brochures, et nous avons eu la chance de retrouver parmi eux le texte d'une belle conférence sur le *Devoir militaire*,

---

(1) « Je n'ai rien d'un homme d'action, et aujourd'hui, en y réfléchissant, je crois même que j'aurais fait un médiocre troupier. Cependant j'ai conservé le goût des choses de l'armée, et, quand un régiment passe, malgré mes cinquante-deux ans, je marque le pas, pendant un moment, à la batterie des tambours. Ce n'est là que l'impulsion naturelle de ma race, l'instinct commun à tous les Français. »

FRANÇOIS COPPÉE.

faite à la fin de l'année 1898, à l'École de Saint-Cyr, par M. Émile Boutroux, professeur de la Sorbonne. Nous sommes tombés, cette fois, sur un intellectuel qui est un brave homme.

Dans sa conférence, il a déclaré que la science militaire n'était pas tout, que c'était une *force morale* qui était l'élément prédominant. Je cite d'ailleurs l'auteur : « Or, cette force morale, c'est, si on la considère dans sa source, la plus haute, la *foi en une idée*, l'attachement à une cause que l'on croit juste et grande, ou encore l'amour de la gloire et de l'immortalité, c'est-à-dire d'un mot le cœur humain lui-même, dans les sentiments qui lui sont le plus essentiels ». C'est ainsi que, suivant M. Boutroux, la défaite de Waterloo a été causée surtout par la démoralisation de l'Empereur à son arrivée en Belgique.

Examinant le cas de l'armée nationale telle qu'elle existe aujourd'hui, M. Boutroux nous dit : « Le fait que le militaire est en même temps citoyen, et cela sous un régime politique de libre discussion, n'a rien changé à la formule du devoir : *Le devoir militaire n'a pas changé, parce qu'il ne peut changer*... Et plus loin, il ajoute en parlant de la discipline : « Du reste, la discipline militaire n'est pas simplement obéissance passive, elle est en même temps intelligence et dévouement.

» C'est l'homme même, s'employant tout entier, avec zèle et avec amour, à la réalisation de la tâche qui lui est confiée. »

On a souvent parlé de la Patrie ; pour ma part, je ne me souviens pas d'avoir vu une description aussi nette, aussi précise, aussi belle que celle que nous a donnée M. Boutroux :

« La Patrie, aujourd'hui, c'est, dans tous ses éléments, tant matériels que moraux, le patrimoine que nous ont légué nos pères et que nous devons transmettre à nos descendants.

» C'est le sol, et ce sont les gloires et les malheurs

passés, ce sont les hauts faits militaires, les conquêtes navales, sociales et politiques. Ce sont les épreuves, les douleurs, les tâches et les espérances communes. C'est la langue et les lettres, les arts, la science et la civilisation créés et accrus par nos ancêtres.

» Ce sont les héros en qui l'âme du peuple s'est concentrée, qui ont exprimé ce qu'il y a en lui de plus pur et de plus grand, dont le génie, le dévouement, l'exemple continuent à envelopper la nation d'une influence tutélaire.

» Ce sont les maximes qui expriment les principes des hommes d'action, qui résument les réflexions des penseurs. Tout cela c'est un devoir de le conserver et de l'accroître... »

Voilà certes des paroles qui feraient plaisir à tous ceux dont le cosmopolitisme n'a pas gangrené l'âme, et ma visite à Notre-Dame-de-Liesse m'a porté chance puisqu'elle m'a permis de retrouver et de reproduire dans ce livre cette belle leçon morale de patriotisme.

CHAPITRE II

AUX DÉBUTS D'UN SIÈCLE

> « O France, ô ma patrie, ô nation unique, tu as démontré à tout l'univers ce que tu es capable de faire quand des têtes bien organisées dirigent tes conseils et commandent tes armées. »
>
> (*Mémoires* de ROCHAMBEAU.)

L'armée française. — Sous le premier empire. — Quels chefs et quels soldats! — Beaux exemples. — Lasalle. — La charge de Wagram. — Un récit du général baron Fririon. — Murat. — Lettres et souvenirs. — Le maréchal Oudinot, duc de Reggio. — Le courage. — A Wilna. — La retraite de Russie. — Le général Drouot. — « Le plus beau jour de ma vie a été le jour de ma première communion ». — Napoléon. — Masséna. — « Ah! le brave homme! » — « Où est Drouot? » — Le général Curely.

Raconter l'histoire de l'armée française depuis un siècle c'est raconter un siècle d'héroïsme.

L'Armée Française! mais, à ces mots, l'Étranger tressaille, car, où est-elle la grande ville qui n'ait vu, naguère, flotter dans ses murs le drapeau aux trois couleurs?

Quels chefs et quels soldats!

Quelle épopée que celle de ces vaillants soldats du premier Empire!

Quel beau livre on pourrait écrire en racontant leur histoire anecdotique.

Je voudrais, ici, donner quelques récits, montrer quelques-unes de ces belles figures héroïques, de ces physionomies de braves, de ces acteurs de ces scènes gigantesques, car nous nous sommes souvent demandé comment étaient taillés les êtres extraordinaires qui n'ont pris aucun repos entre ces deux dates, 1792 et 1815, dont le corps et le cœur furent assez trempés pour dompter tour à tour la victoire et la défaite, pour durer dans la fatigue et le danger perpétuels, comme l'élément naturel d'une énergie maintenant inexplicable, parce qu'elle serait sans emploi.

Nous avons pensé que montrer un peu de la vie de tels hommes, c'était faire œuvre de patriote.

Ces soldats étaient, d'ailleurs, des Français comme nous : la civilisation industrielle a changé nos mœurs, mais non transformé notre race ; en lisant les pages souvent si vibrantes des exploits guerriers, qui nous enlèvent comme un sonore appel de clairon, nous reconnaissons nos pères ; elles auront de l'écho dans notre jeune armée.

A la fin du siècle dont elles ressuscitent les débuts, elles ne sont ni amoindries, ni refroidies. Elles arrivent à propos ; car si la guerre continue n'est plus heureusement ni dans nos goûts, ni dans nos besoins, la nécessité de savoir la faire est suspendue sur nos têtes.

Et, sans réclamer le renouvellement des prodiges, des hauts faits d'armes dont l'histoire nous lègue l'impérissable souvenir, la France aura peut-être, un jour, besoin de faire un effort suprême pour défendre son indépendance et son existence. Et, pour être prêt, pour avoir au cœur le feu sacré, il est nécessaire de se souvenir des beaux exemples de gloire que nous ont laissés nos pères.

*
* *

Qui ne connaît Lasalle, dont le nom est intimement mêlé à l'histoire des hussards ?

Lasalle fut, à la fois, le plus séduisant des jeunes hommes de son époque, le plus soudard des capitaines de Napoléon et le plus adroit des courtisans. Le sénateur Raederer le rencontre, en 1809, à Burgos :

— J'ai vu là, écrit-il, le général Lasalle avec ses grandes culottes à la mameluck, et la pipe à la bouche.

Voilà le troupier; veut-on connaître l'homme ?

En 1796, la division commandée par Masséna tenait garnison à Vicence; Lasalle était alors capitaine au 1er régiment de hussards; son avancement n'avait pas été très rapide jusqu'alors, et ce brillant officier n'attendait qu'une occasion pour se distinguer. Il n'ignorait pas que Bonaparte tenait à connaître les numéros des régiments qui faisaient partie de l'armée autrichienne. Sur ces entrefaites, Masséna fut obligé d'évacuer la ville de Vicence, où les Autrichiens firent leur entrée sans coup férir.

La division française, dont Lasalle faisait partie, s'était retirée à six lieues environ de Vicence; une grande revue qui devait être passée par Bonaparte lui-même était annoncée pour le lendemain et l'on ajoutait que le général en chef voulait reprendre l'offensive. Lasalle n'hésita pas. Il réunit vingt-cinq cavaliers de son régiment, traverse la ligne des vedettes autrichiennes, dépasse les avant-postes, pénètre dans Vicence en suivant des sentiers escarpés, cache sa troupe dans une écurie d'un faubourg et, sans être aperçu par les soldats autrichiens, parcourt la ville, visite les avant-postes et, à quatre heures du matin, quand l'aube met une teinte rose aux cimes neigeuses des Apennins, Lasalle se souvient enfin qu'il doit parcourir 30 kilomètres pour rejoindre l'armée française. Il quitte la ville, saute à cheval, rallie sa petite troupe et... au détour du premier chemin en campagne, tombe en plein sur une patrouille d'Autrichiens. Mêlée générale ! les coups de pistolet sèment l'alarme ; un escadron accourt, Lasalle et ses vingt-cinq cavaliers chargent toute une division, passent sur le corps de quatre régiments de cavalerie, enlèvent dix chevaux et débouchent enfin dans la plaine de Verbenna au moment même où Bonaparte passait en revue les troupes d'Augereau et de Masséna.

A la vue de Lasalle, monté sur un cheval autrichien qu'il conduit à l'aide d'un licol, Bonaparte fronce le sourcil et demande des explications :

— J'arrive de Vicence, répond le capitaine de hussards.

Et le voilà qui, sans se troubler, donne au général en chef les détails les plus précis sur la situation de l'armée autrichienne. Bonaparte fut si content qu'il conféra, sur-le-champ, à Lasalle le grade de chef d'escadron : la fortune souriait à l'audacieux soldat.

Quelques années plus tard, Lasalle était fait prisonnier à Brescia. Conduit auprès du vieux maréchal Wurmser, qui commandait l'armée autrichienne, le jeune général français salue cet ennemi justement réputé pour son courage et pour sa courtoisie. La conversation s'engage ; Wurmser s'enquiert de Bonaparte, de cet adversaire dont les exploits l'inquiètent et dont la réputation grandit chaque jour ; il demande quel est son âge :

— L'âge de Scipion quand il vainquit Annibal !

Cette réplique n'était-elle pas charmante ? Quant au soldat que fut Lasalle, faut-il rappeler qu'il avait débuté en chargeant à la tête de 150 hommes, à la bataille de Rivoli, tout le corps d'armée du général autrichien Ockay ? Cette charge téméraire décida du succès de la journée.

Il devait finir par la charge de Wagram ; atteint d'une balle dans le front, il tombait en héros devant ses soldats qui l'adoraient et qui le vengèrent avec acharnement.

Quelques mois avant de mourir ainsi, Lasalle disait au général Thiébaut, son ami :

— J'ai assez vécu à présent. Pourquoi tient-on à vivre ? Pour se faire honneur, pour faire son chemin, sa fortune. J'ai trente-trois ans ; je suis général de division, et l'empereur m'a donné cinquante mille livres de rente. Tout cela, c'est assez. Je puis mourir demain !

Et, de fait, il avait parcouru une éblouissante carrière, depuis le soir de Rivoli, où Bonaparte, apercevant Lasalle debout près d'un tas de drapeaux pris à l'ennemi, lui criait :

— Couche-toi dessus! tu l'as bien mérité !

Jusqu'au jour où, ayant traversé la vie sans en connaître les amertumes, en ayant goûté toutes les ivresses sans en apprécier les déboires, il se faisait tuer à cent pas en avant de ses escadrons. Plus heureux que ses camarades, il n'a pas vu les désastres de 1815. Il était bien de cette race d'hommes qui ont émerveillé le monde et qui l'ont séduit par le cœur en même temps qu'ils le soumettaient par les armes.

Quels hommes étaient ces chefs et ces soldats intrépides, d'une bravoure à toute épreuve.

Je prends encore au hasard, comme exemple, dans quelques souvenirs du général François-Nicolas Fririon, un récit qui nous montre une preuve de sang-froid et de rare intrépidité.

C'était après la prise de Stokeran et d'Hollabrunn, alors que le 4ᵉ corps marchait sur Znaym (1).

— J'étais, dit le général, aux avant-postes, occupé à faire exécuter les ordres du maréchal (Masséna) que sa chute de cheval forçait à rester dans sa calèche; nous étions peu loin de Znaym, et nous marchions sur cette ville, lorsque j'aperçus une forte colonne de grenadiers hongrois qui en sortait, s'avançant en masse vers le pont de la Taya, et repoussant nos tirailleurs.

Inquiet de la position du maréchal que ce mouvement précipité pouvait faire tomber entre les mains de l'ennemi,

---

(1) Peu de temps auparavant, Masséna avait demandé, dans une conversation avec l'empereur, qu'on lui donnât pour chef d'état-major le général Fririon. (Consultez notre ouvrage : *Les Mémoires du général baron Nicolas Fririon*, qui sont en préparation et paraîtront prochainement. — 1900.)

je rassemblai tout ce que je pus trouver de soldats disponibles de la division Legrand, j'en formai deux pelotons, et je me mis à leur tête afin de marcher contre l'ennemi, de l'arrêter s'il était possible, au moins de le retarder ; je fis, en même temps, prévenir le maréchal Masséna de la position dans laquelle je me trouvais. J'attaquai avec résolution la colonne hongroise, mais, bientôt, succombant sous le nombre, je fus renversé de cheval et jeté sur le pont. Les Hongrois étaient tellement ivres, qu'ils oublièrent qu'ils avaient des baïonnettes. Ils nous frappaient, mes braves soldats et moi, de leurs crosses de fusils... La pluie, tombant à torrents, avait mis les armes hors d'état de faire feu. Déjà les Hongrois m'avaient pris mon cheval et s'apprêtaient à me dépouiller, lorsque, conservant tout mon sang-froid, je vis nos cuirassiers s'avançant sur le pont pour nous dégager. Masséna, qui avait jugé le danger auquel j'étais exposé, avait oublié ses douleurs et s'était fait donner un cheval pour se mettre à la tête du régiment que commandait le général Lhéritier. Engagé comme je l'étais sur le pont de la Taya, sur le point d'être tué ou d'être fait prisonnier par l'ennemi ; d'un autre côté, exposé à être écrasé par nos cavaliers, je pris un parti désespéré et me précipitai dans la rivière. Je gagnai le bord et montai le cheval d'un chasseur qui se trouvait auprès de moi et m'empressai, tout meurtri que j'étais, d'aller prendre part à la brillante charge que fit le général Lhéritier. Une grande partie de la colonne autrichienne fut sabrée ou faite prisonnière, et j'eus le bonheur de reprendre mon cheval. Le maréchal Masséna, qui me croyait tué ou fait prisonnier, me serra dans ses bras en me revoyant à ses côtés et me dit avec toute l'effusion d'un cœur reconnaissant :

« — J'ai voulu, mon cher général, m'acquitter avec vous. »

Ces hommes qui paraissaient endurcis, ces soldats héroïques chez lesquels on a voulu voir les séides fanatiques du plus insatiable des conquérants furent, au contraire, des philosophes sachant pertinemment ce qu'ils faisaient, et souvent même, ce furent des sceptiques. Mais, chose curieuse aussi, ces agents soi-disant inconscients furent de véritables observateurs pénétrants ; ces sabreurs étaient des penseurs, des hommes de cœur, et, ce qui était plus curieux encore, des natures souvent délicates et même profondément impressionnables. Beaucoup étaient des philosophes sans le savoir ; impassibles, calmes, froids, mais discernant le bien du mal, jugeant les hommes à leur valeur (1).

*
* *

Plusieurs de ces guerriers ont écrit des souvenirs, laissé des mémoires, envoyé des lettres curieuses à ceux qu'ils aimaient. Souvent, sous cette enveloppe un peu rude, il faut voir quel esprit, quel cœur était caché. L'existence en dehors de la famille, la vie des camps loin de la patrie avaient développé chez eux, à un degré extrême, la manie du foyer, ils en rêvaient, ils pensaient à ceux qu'ils chérissaient. Marbot, lieutenant, au moment de traverser le Danube, ne recule pas devant un péril extrême, mais il songe à sa mère et il la recommande à l'empereur. Voyez cette lettre si charmante de naturel, de sentiment, d'esprit, écrite par un jeune capitaine de vingt-trois ans, Faré. Il écrit à sa mère devant un feu de bivouac, sans préparation aucune de la plume, ne songeant pas que d'autres, plus tard, liront cette missive. C'est d'Anspach, qu'il écrit cette délicieuse lettre, où se peint un état d'âme qui était commun à beaucoup de ses camarades :

— ... « Parlons plutôt de mon futur mariage. Mes projets sont toujours les mêmes, subordonnés pourtant aux cir-

(1) Lorsque, par exemple, le commandant Parquin disait de Murat que c'était « un général en chef de cavalerie qui est toujours habillé en tambour-major », il parlait en observateur, en philosophe même, en même temps qu'il écrivait en historien.

constances. Je crois fermement qu'il n'est pas de bonheur, au retour de l'âge, sans une femme et des enfants : ce sont, alors, à peu près, les seuls liens qui nous attachent à la vie, et celui qui ne les a point, doit, ce me semble, fort peu tenir à l'existence... Le célibataire qui n'a rien à aimer, rien qui l'aime, doit tout voir, autour de lui, froid et glacé; aucun charme n'égaye ses vieux jours, et il descend dans la tombe, déjà mort depuis longtemps et avec la triste persuasion que personne ne le regrettera. Le mariage, il est vrai, a aussi ses vilains côtés, mais rien n'est parfait en ce monde et, de deux maux, il faut choisir le moindre. Ne craignez pas, de ma part, un mauvais choix, je serai, peut-être, au contraire, très difficile. Jeunesse, bonne réputation, amabilité, fortune, ne se trouvent pas tous les jours. C'est encore un des plaisirs de l'espérance. En attendant l'événement, on peut bien douter de toutes les qualités de celle qu'on se destine. J'aime beaucoup les Allemands et les Allemandes, je n'ai qu'à me louer des uns et des autres, mais je pense, comme vous, qu'il faut, pour être heureux, finir ses jours dans le pays où l'on est né. *Je suis Français, je veux vivre et mourir en France*; je prendrai donc une Française, à moins que le petit dieu aveugle ne me joue un de ses tours, ce que je ne crois pas, car je suis d'un naturel peu porté aux grandes passions. Pour en revenir aux Allemandes, ce sont de bien bonnes et braves femmes, mais elles ont, par ci, par là, quelques défauts qui ne m'accommoderaient guère. Vous voyez que je suis un homme de précaution et que je prévois tout, car je compte bien n'avoir jamais besoin de ma philosophie (1). »

Que dites-vous d'un jeune officier qui écrit, ainsi posément, à deux pas de l'ennemi ?

*
* *

Nous trouvons, dans les *Mémoires de la duchesse de*

(1) *Lettres* de Faré.

Reggio, le récit d'un trait de courage moral du maréchal Oudinot.

Il avait été blessé d'une balle en traversant le bois de Zamski.

« L'on emporta, comme on put, à travers la bataille qui continuait, dit la narratrice, l'illustre blessé qui avait perdu la parole, mais non la connaissance. La triste nouvelle parvint à l'empereur qui se trouvait non loin de là. Il ordonna de suite qu'on mit toute sa faculté chirurgicale et médicale à la disposition du blessé et lui envoya son fils Victor qui était alors, vous le savez, dans les chasseurs de la garde. Le triste convoi parvint sans accident à l'ambulance, et tandis que les Desgenettes, les Boyer, s'empressaient autour du maréchal, tandis que son fils consterné et ses aides de camp pleins d'alarmes étaient groupés autour de lui, M. Capiomont, chirurgien en chef du 3ᵉ corps, fendant la presse, vint réclamer son privilège en disant qu'à lui seul appartenait le droit de traiter son général en chef. Le maréchal refusa d'être attaché. Pils lui donna une serviette à mordre, et l'opération commença. Vainement le bistouri parcourut six à sept pouces de profondeur, il n'atteignit point la balle qui ne fut jamais extraite.

» Le blessé ne s'était affaibli ni physiquement, ni moralement, il avait entendu tout ce qui se disait autour de lui à voix basse, et, notamment, ce propos du docteur Desgenettes :

» — S'il vomit, il est mort.

» Cet accident ne se produisit point et l'on put, enfin, poser le premier appareil. Mais, hélas ! tout aussitôt il fallut mettre en mouvement le martyr pour l'éloigner au plus vite du champ de bataille. Il fallait entreprendre, par un froid horrible et des dangers de toute nature, un voyage de près de cent lieues. »

Il faut lire, dans les *Souvenirs de la Maréchale*, la suite de ces terribles aventures, l'essai de résistance à Wilna, la retraite forcée par suite du brusque départ de l'empereur, les dangers, les fatigues sans nombre, les tristesses de la route, les luttes sans gloire, tandis que l'escorte de vingt cuirassiers fond, pour ainsi dire, sous le froid et la neige, le pêle-mêle effroyable des troupes, les horreurs d'une guerre sans merci, les angoisses d'Oudinot, quand il apprend la perte totale de son artillerie, les efforts surhumains de la maréchale qui dispute à la mort son héros mutilé, la vaillance de l'aide de camp Le Tellier qui supporte, malgré une cruelle maladie, les rigueurs d'une affreuse température et dirige habilement la voiture de son chef à travers les obstacles et les embarras de toute nature, les douleurs et les périls innombrables qui fondent sur ces malheureux et, enfin, leur arrivée à Berlin, le 1er janvier 1813, où ils trouvent, pour leurs étrennes, le sinistre vingt-neuvième bulletin de la Grande-Armée qui confirmait la catastrophe (1).

Quelles luttes et quels hommes ! Nos aïeux étaient des géants, au moral comme au physique, auprès de nous.

Marbot parle quelque part du *plaisir affreux* qu'il ressentait à rester volontairement dans un poste épouvantablement bombarbé, « à courir, çà et là, avec les artilleurs dès qu'un projectile tombait, à revenir ensuite avec eux aussitôt qu'il avait éclaté et que ses débris étaient immobiles ».

---

(1) N'est-ce pas ici le moment de rappeler ce fait qui nous a singulièrement frappé ? C'est celui où la maréchale, à la recherche de son époux, cherche à faire relever sa voiture enfoncée dans les sables de Kowno, et où elle entend tout à coup un des aides de camp de son mari, l'officier Jacqueminot, lui dire, en parlant de l'empereur : « Oh ! cette ambition dévorante qui nous conduit ainsi au bout du monde, qui désorganise toutes les existences et paralyse tous les projets, où nous mènera-t-elle ? Nous sommes tous à bout... Je ne sais qui de nous verra la France ! » Celui qui parlait ainsi était cependant un soldat aussi brave qu'enthousiaste. La maréchale a dû se rappeler souvent cette protestation isolée qui s'élevait subitement dans la nuit sombre, au milieu d'une contrée perdue, et qui lui présageait, bien avant l'incendie de Moscou, les revers de Napoléon.

Ce *plaisir affreux*, ce goût du défi, cette tranquillité poussée jusqu'à l'ironie, devant les manifestations les plus accomplies du génie de destruction, ce mépris de la mort se joignaient à une ambition effrénée, à une émulation sans limites, et, aussi, à un sentiment fanatique du devoir pour transformer l'humanité d'alors. Élevé à cette école, nourri de cette foi brûlante, Marbot proteste contre l'assertion philosophique du général Reynier qui avait dit :

— Nous naissons tous timides ; ainsi le veut la nature et l'intérêt de notre conservation.

Lui répliquait :

— Cela n'est pas vrai : le courage est inné et la peur artificielle.

Renversement de point de vue qui déroute les psychologues de profession, qui passerait pour paradoxe ou fanfaronnade dans une autre bouche. Pourtant, Marbot se bornait à noter ce qu'il découvrait en s'étudiant lui-même, ce que tous ses émules confirmaient, ce qui était la loi vivante et le dernier mot du credo militaire.

Ne nous hâtons pas trop de crier à l'impossible. Une telle conviction n'entre jamais d'un seul coup dans la substance et la moëlle de milliers d'hommes, elle ne s'improvise pas. Sous le premier Empire, elle devint une religion, mais elle remontait loin.

Ces hommes d'une telle trempe avaient cependant un véritable culte pour Napoléon.

Un prêtre de Nancy exprimait un jour au général Drouot son étonnement de lui voir professer une aussi grande admiration pour l'empereur Napoléon. Le général répondit :

— Monsieur le curé, je vais vous raconter une scène dont j'ai été témoin et qui fera comprendre ce que vous nommez mon admiration. Le soir d'une grande victoire, Napoléon recevait dans sa tente les félicitations de ses généraux. « Sire, dit l'un d'eux, c'est le jour le plus heureux de votre vie. — Non, s'écria l'empereur, non, général. —

Un autre général prononça le nom de Montenotte; un troisième rappela le 18 Brumaire, un autre Marengo. — Non, disait toujours Napoléon. Enfin deux ou trois maréchaux s'écrièrent : Austerlitz ; le couronnement, la naissance du roi de Rome. — Non, messieurs, répéta l'empereur. Alors, d'une voix grave, il dit : Le plus beau jour de ma vie a été le jour de ma première communion. » Les généraux gardèrent le silence. Un seul sentit une larme glisser dans sa paupière, c'était Drouot. L'empereur s'approcha et lui tendit la main (1).

De nos jours, nous avons de la peine à comprendre, tout en l'admirant, la valeur de ces guerriers et leur manière de faire la guerre. Mais c'est, qu'aujourd'hui, les conditions de la guerre sont bien changées.

— De nos jours, a dit M. Arthur de Ganniers (2), les campagnes les plus longues sont cependant trop courtes pour que, pendant leur durée, les officiers et les soldats contractent des habitudes spéciales ; la guerre est aujourd'hui une exception, une anomalie dont on sent la durée éphémère : on y demeure malgré tout le soldat du temps de paix.

Sous le premier Empire, les choses se passaient autrement. L'état de guerre était la règle ; la paix, l'exception ; et, encore, cet état de paix comprenait-il des cantonnements à l'étranger, des occupations de provinces ou de places fortes dans des pays soi-disant alliés, mais, en réalité, contenus seulement par la force.

Aussi l'état de guerre est-il la situation véritable dans laquelle il faut envisager le soldat du premier Empire, si l'on veut obtenir sa physionomie exacte, son portrait d'après nature.

Un jour, entre deux batailles, on se trouvait par hasard en congé à Paris, à Lyon, à Perpignan, et, brusquement,

---

(1) Général Ambert.
(2) Le *Correspondant*, 10 octobre 1894, p. 74.

on recevait un ordre de rappel qui vous enjoignait d'être dans quinze jours en Espagne, en Autriche ou en Prusse. On partait en maugréant, car tous ces sabreurs demeuraient généralement, et en dépit de quelques fredaines, de bons époux, de bons fils, des pères de famille exemplaires. On s'en allait le cœur serré et la larme à l'œil, mais on n'avait pas plus tôt franchi la frontière, l'on n'avait point sitôt rejoint son régiment que, cédant au mouvement, à l'activité, à la fièvre de cette vie nouvelle, on ne songeait plus qu'à se déplacer, à s'agiter, à se battre, à vivre largement quand le cantonnement était plantureux, à trouver d'autres dédommagements quand l'existence matérielle était précaire.

Aux armées, le *service*, c'est-à-dire la façon d'exécuter les règlements conformément aux prescriptions de l'ordonnance et aux ordres des chefs, était généralement très relâché. On comprend, d'ailleurs, un tel état de choses par la raison qu'à la guerre, les mesquineries du service de caserne tendent à disparaître et que, d'autre part, le défaut forcé de surveillance amène nécessairement des abus et le relâchement de la discipline.

La masse des officiers et des soldats vivait au jour le jour, sans préoccupation ni même occupation d'aucune sorte, sauf celle de l'existence matérielle. Et cette existence était bien extraordinaire.

L'Allemagne, ou pour mieux dire la zone centrale de l'Europe, c'est-à-dire le pays compris entre le Rhin, le Pô, la mer du Nord et la Vistule, est la terre classique de la guerre. Depuis des centaines, des milliers d'années, on s'y rencontre, on s'y heurte, on s'y choque à des intervalles divers, mais presque toujours aux mêmes endroits. Et chez ces populations, envahies à périodes fixes, fréquentes, chez ces peuples habitués plus qu'aucun autre à supporter les misères de l'invasion, les charges de l'occupation, il s'est créé un atavisme particulier. Avec le respect absolu, presque la vénération de la force brutale que vous trouverez chez tout véritable Allemand, vous rencontrez encore ce fatalisme, cette résignation, qui acceptent sans murmurer les exactions, les humiliations les plus violentes. Et ce n'est pas assez dire « sans murmurer ». L'Allemand, non seulement ne se plaint pas de ce qui ferait le désespoir d'une autre race, par exemple d'une occupation de janissaires qui boivent son meilleur vin, prennent son lit le plus moelleux, font pis encore ; il finit par trouver un certain charme à ce rôle d'aubergiste malgré lui. Il devient généralement l'ami de son hôte, et ce dernier, pour peu que l'occupation dure quelque temps, s'insinue tellement dans la maison, qu'il devient l'être indispensable et qu'on lui demande, lorsqu'il s'en va, de revenir le plus tôt possible.

« Le caractère jovial, franc et ouvert des Français leur conciliait facilement l'amitié des Allemands, qui sont généralement sérieux. Malgré les haines de peuple à peuple, il était rare qu'une heure après son arrivée, le soldat français qui voulait faire un peu de frais, ne fût aussi bien vu de son hôte que s'il en avait été connu depuis dix ans... Et puis, on leur avait tant dit, tant répété que les Français étaient des diables, que, lorsqu'ils avaient affaire à des gens bien élevés, rien n'était épargné pour témoigner la joie qu'ils éprouvaient... Presque partout, en Allemagne, je fus bien reçu ; presque partout on m'a prié de revenir si le hasard m'en donnait l'occasion (1). »

On n'est pas plus aimable.

***

La bataille de Wagram nous fournit encore quelques traits d'héroïsme.

Peu après la bataille d'Essling, Napoléon, n'ayant à

---

(1) Elzéar Blaze, p. 93.

s'inquiéter que de l'Autriche (1), résolut de franchir le Danube une seconde fois. Mais il voulut avoir réunis sous sa main tous les corps d'armée qui étaient échelonnés du Danube à l'Italie. Les armées d'Italie et d'Allemagne durent opérer un mouvement sur Vienne et se réunir pour prendre bientôt, au pied du plateau de Wagram, une éclatante revanche d'Essling.

Masséna, blessé, ne pouvant se tenir debout, s'était fait porter en calèche sur le champ de bataille, ayant à ses côtés son fils et ses aides de camp parmi lesquels se trouvait Marbot.

Entre Masséna et le fleuve, l'Archiduc, précédé de soixante canons, avait apporté des masses considérables et Masséna s'attendait à une déroute. Napoléon lui faisait dire :

— Tenez bon, la victoire est gagnée.

En effet, Macdonald, suivi d'Eugène et de l'infanterie de la garde, fondit sur les Autrichiens et leur fit perdre une lieue de terrain.

L'incomparable vaillance de Macdonald arrachait, pendant la bataille de Wagram, cette exclamation à Napoléon qui le voyait charger et enfoncer les masses ennemies :

» Ah ! le brave homme ! (2)

---

(1) En effet, la situation de la Russie et de la France, au lendemain de Wagram, était la même qu'aujourd'hui, avec cette différence, toutefois, qu'à cette heure, la sincérité est la même du côté des deux alliés, que, dans leur cœur, ne réside qu'une aspiration, celle de consolider la paix européenne, tandis qu'au lendemain de l'entrevue d'Erfurth, Napoléon ne rêvait que nouvelles conquêtes, basées sur une insatiable ambition.

(2) Rappellerons-nous, chose incroyable, que le héros de Wagram, Macdonald, demeura en disgrâce pendant une partie de l'Empire, fut nommé maréchal seulement en 1809, presque malgré Napoléon, alors que tant d'autres qui ne le valaient pas, certes, à bien des titres, avaient eu le bâton dès 1804.

Et, cependant, en 1815, alors que tant d'autres eurent la lâcheté d'accabler un homme qui avait été leur bienfaiteur, ce fut Macdonald, duc

C'est à un des moments les plus critiques de la bataille de Wagram que se distingua le général Drouot qui commandait alors un régiment d'artillerie de la garde. A un moment, l'empereur s'élança au galop sur la ligne de bataille et dit à haute voix :

— Où est Drouot? Allons les pièces de la garde! Drouot, écrasez les masses de l'ennemi, jetez dans les colonnes dix mille boulets.

Drouot conserve son sang-froid et réunit cent pièces de canon. C'est une batterie gigantesque d'une demi-lieue de front. Le feu est épouvantable, l'air est frémissant, la terre tremble et le ciel se voile sous les nuages de fumée.

C'est la foudre avec ses éclairs et ses déchirements. Drouot descend de cheval, tire sa montre et dit :

— Onze heures ; nous avons le temps.

Il va de pièce en pièce, encourageant les soldats, donnant ses ordres aux officiers, rectifiant le tir. Un biscaïen le blesse au pied droit, il chancelle et tombe dans les bras d'un artilleur. Le chirurgien panse la blessure, et Drouot, ne pouvant se chausser de sa botte, continue sa marche le pied dans un bandage. Cette artillerie eut à soutenir les terribles charges de la cavalerie autrichienne. Lorsque les escadrons se précipitaient avec furie sur les canons, Drouot rompait son silence habituel pour crier :

— Allons, enfants, ripostez vivement !

Drouot tira sa montre une seconde fois, il était une heure. Macdonald formait la fameuse colonne serrée, Drouot vint à lui et prononça ces paroles :

— Dans une heure, le prince Charles battra en retraite.

de Tarente, qui prit avec le plus de fermeté la défense des droits de Napoléon vis-à-vis des alliés ! qui le traita avec plus d'égards, plus de déférence !

— Duc de Tarente, lui disait alors l'Empereur, je vous ai mal connu. On m'avait prévenu contre vous ; j'ai comblé tant d'autres qui m'ont abandonné, délaissé, et vous, qui ne me devez rien, vous m'êtes resté fidèle...

L'ennemi eut 13,000 morts ou blessés et perdit 9 drapeaux et 40 pièces de canon.

L'une des batteries d'artillerie de Drouot, qui était le matin servie par 80 hommes, n'avait plus le soir qu'un officier et 10 soldats. L'artillerie française tira 82,000 coups de canon (1).

Une fois le centre des Autrichiens rompu par Macdonald, Masséna reprit l'offensive contre leur droite, rentra dans Aspern, et, à trois heures la victoire était complète.

Le lendemain, Macdonald recevait de Napoléon le bâton de maréchal.

***

La retraite de Russie, cette retraite que nous ont racontée tant d'historiens et tant de mémoires, que nos peintres militaires, Meissonier et Bellangé, ont rendue populaire, nous fournit encore de beaux exemples et nous montre ce qu'au milieu d'un désastre, sans précédent, valaient encore les soldats de France.

Lisez encore dans les *Mémoires du général Lejeune* (2) le curieux épisode suivant qui constitue, dans sa simplicité, un des plus beaux exemples de stoïcisme militaire que relatent les annales des guerres du premier Empire.

— Beaucoup de Français, dit le général Lejeune, se noyèrent pendant la campagne de Russie. Les puits, dans les villages, étaient sans rebords, à fleur de terre. En arrivant de nuit, les hommes tombaient dans ces puits et, rarement, il se trouvait quelqu'un à portée de les secourir. J'ai vu plus de dix puits très peu profonds, sur l'eau desquels flottaient les victimes qu'ils avaient reçues.

» A l'aspect de ces misères, beaucoup de malheureux, perdant courage, se suicidaient, et souvent, nous enten-

---

(1) Général Ambert.
(2) Tome II.

dions partir, à côté de nous, les coups de fusil au moyen desquels ils abrégeaient leurs souffrances. D'autres, au contraire, criblés de blessures, restaient pleins d'énergie.

» Fatigué de la marche, je m'étais assis sur un tronc d'arbre, à côté d'un beau canonnier récemment blessé. Deux officiers de santé vinrent à passer ; je les priai de visiter sa blessure. Au premier aperçu, ils dirent :

» — Il faut faire l'amputation du bras.

» Je demandai alors au canonnier s'il serait disposé à la supporter :

» — Tout ce qu'on voudra, répondit-il fièrement.

» — Mais, dirent les officiers de santé, nous ne sommes que deux ; il faudrait, monsieur le général, pour opérer cet homme, que vous eussiez la bonté de nous aider.

» Et, voyant que leur proposition me souriait fort peu, ils se hâtèrent d'ajouter qu'il suffisait que je permisse au canonnier de s'appuyer sur mon dos pendant l'opération, que je ne verrais pas.

» Alors, j'y consentis ; je me mis en posture, et je crois que cela me parut plus long qu'au patient lui-même. Les officiers de santé ouvrirent leur giberne ; le canonnier ne proféra ni une parole, ni un soupir ; je n'entendis, un moment, que le petit bruit de la scie et, peu de secondes ou de minutes après, ils me dirent :

» — C'est fini ! Nous regrettons de n'avoir pas un peu de vin à lui donner à boire pour le remettre de l'émotion.

» Il me restait une demi-fiole de malaga que je ménageais en n'y touchant, de loin en loin, que goutte à goutte ; je la présentai à l'amputé, qui était pâle et silencieux.

» Ses yeux aussitôt s'animèrent et tout d'un trait, il me la rendit complètement vide.

» Puis en me disant :

» — J'ai encore loin, d'ici à Carcassonne, il partit d'un pas ferme que j'aurais eu peine à suivre. »

Quand les débris de la Grande-Armée arrivèrent à Wilna « espèce de cohue, semblable à une légion de réprouvés », un officier, nommé Roche, demeuré dans cette ville, en fut tellement saisi d'horreur qu'il trépassa. C'était épouvantable. Pour survivre, il fallait une étrange volonté de vivre. « Un Italien, le plus gai et le plus drôle des hommes, raconte Planat, avait eu les orteils des deux pieds gelés avant le passage de la Bérésina. A Smorgoni, la gangrène s'y mit, et il ne put plus supporter aucune chaussure ; tous les soirs, en arrivant au gîte, il coupait avec un couteau la partie gangrenée et enveloppait ensuite soigneusement le reste de ses pieds avec des chiffons, et, tout cela, avec une gaieté qui navrait le cœur. » A Wilna, il ne lui restait plus guère que les deux talons. Il trouva de la paille, du feu, du linge, des vivres ; il en mourut. « L'exaltation nerveuse qui soutenait tant de malheureux depuis quarante jours, et qui leur faisait supporter des fatigues et des souffrances inouïes, les abandonna à Wilna, et ils ne purent en sortir. » Le général Sorbies, de l'artillerie de la garde impériale, petit homme maigre, jaune, à figure revêche et repoussante, avait revêtu son plus bel uniforme et abandonné ses bagages. Il faisait son étape sans manteau ni fourrure, trottant sur un petit cheval polonais, et armé d'une longue perche qui lui servait à écarter les traînards dont la route était encombrée ; tout en trottant, il criait : Place ! place ! et chacun se rangeait machinalement. Planat parle encore du capitaine Drechsel, qui fit toute la campagne avec une jambe de bois. A côté de ces vieux reîtres « soigneux de se conserver », Narbonne représente l'énergie élégante et chevaleresque de l'ancienne armée royale. Il avait cinquante-six ans et il emmenait dans sa voiture une créole, madame Solon. « Coiffé à l'oiseau royal, il se faisait poudrer tous les matins au bivouac, souvent assis sur une poutre, par le plus vilain temps, comme s'il eût été dans le plus agréable boudoir. » — « Il me raconte les histoires les plus amusantes, écrit Castellane ; il est du petit nombre d'hommes de cœur dont le courage augmente en proportion de nos désastres. »

A la fin, les tristes débris qui restaient de la Grande-Armée j'étaient morcelés en une infinité de groupes qui n'obéissaient plus à aucune direction. Il n'y avait plus de discipline ; dans les mêmes rangs, les chefs étaient confondus avec les soldats et, seul, l'instinct de la conservation parvenait à rassembler ces hommes éperdus et à leur donner encore assez de force et d'énergie pour lutter contre l'ennemi et la rigueur du climat. Bientôt, ces groupes, eux-mêmes, s'égrenaient le long de la route démesurée et éternellement blanche. Les plus faibles s'étendaient sur la neige et y attendaient la mort dans un sombre désespoir (1).

> Il neigeait, l'âpre hiver fondait en avalanche,
> Après la plaine blanche, une autre plaine blanche,
> On ne connaissait plus les chefs, ni le drapeau !
> Hier, la Grande-Armée, et, maintenant, troupeau.
>
> . . . .
>
> ... Les grenadiers, surpris d'être tremblants,
> Marchaient pensifs, la neige à leur moustache grise.
> Il neigeait, il neigeait toujours. La froide bise
> Sifflait sur le verglas, dans des lieux inconnus,
> On n'avait pas de pain et l'on allait pieds nus...(2).

Victor Hugo, dans l'*Expiation*, a dépeint, en un vers, cet effondrement. Ici, le poète se rencontre avec le soldat, l'historien :

> Hier, la Grande-Armée, et, maintenant, troupeau.

Le passage de la Bérézina nous coûta plus d'hommes que la bataille de la Moskova (3).

(1) Dans un tableau du musée de Versailles, le peintre Philippoteaux nous montre un de ces épisodes ; un jeune soldat mourant est protégé des Cosaques par un cuirassier, lui aussi étendu sur la neige.
(2) Victor Hugo. *Expiation.*
(3) Un autre narrateur, Le Tellier, aide de camp du maréchal Oudinot, a raconté ainsi à la duchesse de Reggio cet épisode de la retraite :

Au moment du départ de Molodeczen, le froid sévit encore avec plus d'intensité.

Il y eut 37° au-dessous de zéro.

— Quiconque ne l'a pas vu, dit le général Curely, ne peut s'en faire une idée ; depuis le matin, vers les 10 heures, jusque vers 3 ou 4 heures du soir, l'armée formait une colonne de 7 à 10 lieues de longueur sur toute la largeur d'une chaussée ordinaire. Vers les 3 à 4 heures de l'après-midi, elle disparaissait, chaque individu quittant la grande route pour prendre des chemins de traverse conduisant à des villages plus ou moins éloignés sur la droite ou sur la gauche, s'y couchait et vivait comme il pouvait. Aussitôt que l'arrière-garde voyait l'armée se disséminer, elle faisait halte et prenait position pour empêcher autant que possible l'ennemi d'aller troubler le repos de ces malheureux... »

— On pouvait à peine, dit le docteur Larrey, se tenir

« Et pourtant, répétait avec rage le jeune homme, nous n'avons jamais été vaincus par l'ennemi. Nous n'avons cédé que sous l'empire du froid et de la faim ; mais, quant aux Russes, chaque fois que, durant la retraite, nous faisions volte-face, nous les battions. Lorsqu'il fut question d'établir dans la Bérézina, à moitié gelée, les fondations de ce pont historique, seule planche de salut qui nous fût offerte, à la voix de leur chef, ces hommes de résolution et de devoir s'enfoncèrent en silence dans l'eau, n'interrompant leur travail que pour détourner d'eux les énormes glaçons qui menaçaient de les couper comme aurait fait une lame. Ils enfonçaient les pieux, base de l'édifice, et frappaient jusqu'au moment où ils sentaient la mort les saisir. Aucun ne remontait, mais il en descendait d'autres pour compléter l'ouvrage. Ouvrage d'un jour qui doit laisser un immortel souvenir ! Depuis longtemps, privée d'une nourriture quotidienne, l'armée souffre cruellement. Votre mari, et par conséquent son état-major, se ressentent de cette pénurie, mais le pire est peut-être encore l'absence de gîtes sous cette température infernale. Sans autres ressources que nos manteaux, depuis longtemps, nous couchons dans la neige ; heureux quand, auparavant, nous avons pu trouver place aux feux de bivouac, qui envoient plus de fumée que de chaleur à ceux qui se pressent pour s'en approcher. Nous revenons en guenilles. »

debout, et celui qui perdait l'équilibre tombait frappé d'une stupeur glaciale et mortelle.

— Ces malheureux, dit encore Curely, la tête égarée par la faim et la souffrance du froid, apercevaient un feu à trente ou quarante pas ; ils s'arrêtaient, étendaient les mains pour se chauffer comme s'ils eussent été près du feu, et, tout à coup, tombaient morts.

Des régiments entiers disparaissaient. Un corps d'armée, le 3e corps, qui, à l'entrée de la campagne, se composait de dix mille hommes, était réduit à cent trente hommes en tête desquels marchait un tambour de ce corps d'armée. Ce corps n'avait plus, pour le commander, qu'un colonel, le colonel de Fézensac dont le magnifique régiment avait été réduit à trente-deux hommes !

Le 14 décembre, l'armée traversa le Niemen. On était en Prusse et, par suite, sauvé.

La guerre de 1812 était terminée. Celle de 1813 n'allait pas tarder à commencer.

La cruauté de cette campagne terrible, de cette guerre néfaste, ne doit pas nous faire oublier la gloire si belle qu'elle a répandue sur la France et ses soldats. Ces guerriers ont porté sur ces terres lointaines d'Europe le nom de France comme une semence immortelle.

N'est-ce pas le moment de rappeler ici cette stance d'un beau poème qui semble répandre sur ce passé la vive lumière de l'histoire :

> Voilà que, sur ce bord de frontière lointaine,
> Le laboureur poussant sa charrue avec peine,
> Fait résonner le soc sur des restes humains,
> Des javelots rouillés, d'énormes casques vides,
> Et, mesurant leur masse à ses forces timides,
> Admire la grandeur des ossements romains (1).

Ceci ne corrige-t-il pas l'horreur de tous ces souvenirs guerriers ?

(1) Charles de Pomairols. *Regards intimes*. Paris, 1895.

CHAPITRE III

QUELQUES SOUVENIRS MILITAIRES

Quelques souvenirs. — Un récit de Mgr de Ségur. — Une revue de Napoléon. — Le sergent Noël. — Le sous-lieutenant Noël. — Le capitaine Noël. — Un type militaire. — Un porte-aigle de la Grande-Armée. — « La croix ? — L'as-tu méritée ? ». — Napoléon et le hussard. — Ce qu'il manquait à ces soldats. — Le maréchal Ney. — Cambronne à Waterloo. — 52! victoires.

Quelque part, dans une de ses chroniques (1), Mgr de Ségur nous rappelle une situation d'un intérêt saisissant, où se trouve résumé, dit-il, dans un trait historique, ce que l'armée française eut de plus grand dans le commandement, de plus héroïque dans l'esprit de discipline et d'abnégation. Ce trait du grand Napoléon, nous ne l'avons vu raconté nulle part.

« A la dernière des revues que Napoléon passa, à la fin de janvier 1814, il remarqua, dans un régiment de ligne, un soldat qui, vieux déjà, ne portait que les insignes de sergent... Ce sous-officier avait de grands yeux qui brillaient comme deux flambeaux sur un visage bronzé par vingt campagnes.

---

(1) *Nos Soldats.*

» L'Empereur lui fait signe de sortir des rangs. A cet ordre, le cœur du vieux brave se trouble, une vive rougeur couvre ses joues.

» — Je t'ai déjà vu quelque part, lui dit Napoléon, mais il y a longtemps. Ton nom ?

» — Noël, Sire.

» — Je connais plusieurs Noël, mais ce n'est pas toi. Ton pays ?

» — Enfant de Paris.

» — Est-ce que tu n'étais pas en Italie avec moi ?

» — Oui, Sire, au pont d'Arcole, vous savez...

» — C'est juste, interrompt l'Empereur ; je te connais maintenant. Et tu es devenu sergent ?

» — A Marengo, Sire.

» — Mais depuis ?

» — Depuis rien, Sire.

» — Tu n'as donc pas voulu entrer dans ma garde ?

» — Au contraire, c'était tout ce que je désirais, car j'étais à Austerlitz, à Wagram... mais...

» — Eh bien ?

» — Eh bien ! rien du tout, et voilà.

» — Cela ne me surprend pas, fit Napoléon en fronçant le sourcil. As-tu déjà été proposé pour la croix ?

» — Toutes les fois, Sire.

» — Nous allons voir ça tout à l'heure ; retourne à ton rang.

» Napoléon appelle le colonel et s'entretient avec lui à voix basse. Des regards lancés de temps à autre sur Noël, prouvaient qu'il était l'objet de la conversation.

» C'est fini. L'Empereur savait à quoi s'en tenir ; il a devant lui un de ces braves soldats, comme il les aimait, esclaves de la discipline, intrépides devant l'injustice ou l'oubli.

» Il rappelle le vieux sergent :

» — Tiens, lui dit-il en lui tendant sa croix et l'attachant lui-même sur la poitrine de Noël ; il y a longtemps que tu l'as méritée, car depuis longtemps tu es un brave.

» Ce n'est pas tout ; à un signal du colonel, les tambours battent un ban. Le silence règne sur toute la ligne, et le colonel, présentant au régiment le nouveau chevalier de la Légion d'honneur, s'écrie d'une voix forte :

» — Soldats, au nom de l'empereur, reconnaissez le sergent Noël comme sous-lieutenant dans votre régiment.

» Noël croit rêver. Il regarde l'empereur, il voudrait se jeter à ses genoux ; mais la physionomie impassible de Napoléon le retient : ce n'est pas une grâce qu'il fait, c'est un acte de justice qu'il accomplit.

» Sur un nouveau signe du souverain, le colonel agite son épée au-dessus de sa tête pour faire battre les tambours et s'écrie de nouveau :

» — Soldats, au nom de l'empereur, reconnaissez le sous-lieutenant Noël comme lieutenant dans votre régiment.

» Du coup, le vieil enfant de Paris manque de tomber à terre. Sa vue s'obscurcit, ses yeux qui, depuis vingt ans, n'ont pleuré qu'une fois en apprenant la mort de sa mère, se mouillent de larmes, ses lèvres s'agitent, mais il ne peut articuler une parole.

» Enfin, après un troisième roulement de tambour, il entend son colonel crier d'une voix plus forte encore :

» — Soldats, au nom de l'empereur, reconnaissez le lieutenant Noël comme capitaine dans votre régiment.

» Napoléon imprima alors à son cheval un léger mouvement, et, suivi de son état-major, il continua sa revue, après avoir jeté un regard sur le pauvre Noël qui était tombé inanimé dans les bras de son colonel.

» Le grand capitaine avait fait acte de grand justicier. »

*
* *

Nous trouvons un autre bel exemple de courage et de

type militaire du premier Empire dans cet intéressant récit de notre confrère et ami Jean Drault :

« On n'a point assez parlé, dans les journaux, de la mort d'un certain Jacques Robard, meunier des environs d'Abbeville : c'est qu'on ignorait peut-être que cet honnête homme, qui ne fit jamais de scandale autour de lui, était le descendant de Pierre Robard, porte-aigle de la Grande-Armée.

» Et c'est peut-être le moment de mettre en évidence cette physionomie d'un des mille héros que Napoléon découvrait tous les jours dans les rangs de son armée et qu'il eût voulu pouvoir récompenser tous.

» Robard était simple soldat aux hussards de la garde. Au milieu d'une revue passée par l'Empereur, il sort du rang, présente le sabre, à la stupéfaction de ses chefs et de ses camarades, et salue Napoléon.

» — Que veux-tu ?... lui demanda l'empereur.

» — La croix ! sire !

» Napoléon ne broncha pas, il était habitué aux brusqueries de ses grognards, qui étaient souvent causées par l'injustice ou l'oubli. Et cela est bon à rapprocher de l'attitude de certains colonels d'aujourd'hui, qui fichent impitoyablement au clou le soldat qui leur adresse la parole, *sans passer par la voie hiérarchique.*

» — La croix ?... Et l'as-tu méritée ? demanda Napoléon.

» — Jugez-en, sire !

» Et Pierre Robard montra son bras couvert de chevrons en disant :

» — Depuis 1792, j'ai été à toutes les affaires, et mon sabre est ébréché à force de taper sur les ennemis de mon empereur !

» — Bien !... dit l'empereur.

Et d'un coup d'œil, il interrogea le colonel de Robard, qui déclara :

» — Sire, la conduite de ce brave soldat est excellente ; c'est un vaillant.

» L'empereur, comme il le faisait toujours, pour doubler la valeur de la récompense, détacha alors sa propre croix et la remit au hussard.

» — Es-tu content, Robard?...

» — Oui, mon empereur !

» — Mais pourquoi n'as-tu pas de grade ?...

» — Mon empereur, j'ai mal au pouce !

» Avoir *mal au pouce*, dans l'ancienne armée, signifiait *ne pas savoir écrire*.

» L'empereur dit :

» — Je te paye un maître d'écriture ; si tu as fait des progrès quand nous nous reverrons, nous te nommerons brigadier.

» Pierre Robard ne revit l'empereur qu'après Iéna. Il avait la tête bandée et était couvert de sang.

» Il se présenta après la bataille, sans plus de façons que la première fois.

» — Qui es-tu ?...

» — Pierre Robard, mon empereur, le hussard à qui vous payez des leçons d'écriture.

» — Ah ! ah ! Et tu as fait des progrès ?...

» — Des progrès, mon empereur ? Et quand donc ?... Depuis que je ne vous ai vu, vous nous avez laissés à cheval toute la journée. Pas un instant de repos, pas même le temps de dormir !... Et j'ai manqué, par-dessus le marché, d'avoir la tête coupée d'un coup de sabre par ces Prussiens de malheur !... Allez donc apprendre à écrire au milieu de tout ce tintouin !

» Napoléon riait de bon cœur.

» — Ne te désole pas, Pierre Robard, je te fais porte-aigle dans ma garde et officier de la Légion d'honneur ! Laisse là l'écriture !

» Le hussard rayonnait.

» — Oh ! mon empereur !... Le coucou que vous me confiez, l'ennemi ne l'aura jamais !...

» Il tint sa parole.

» Pierre Robard mourut en 1816, à Paris, au Val-de-Grâce, de douleur et de rage, en apprenant que les Russes entraient dans la capitale.

» Et dire qu'ils furent des milliers, les héros obscurs du caractère de Pierre Robard!... »

*
* *

Si vous voulez encore savoir ce que valaient les chefs d'une telle armée, lisez, raconté par M. Henry Houssaye, l'un des incidents les plus tragiques de la bataille de Waterloo, à l'heure de la déroute :

« Ney, à pied, tête nue, méconnaissable, la face noire de poudre, l'uniforme en lambeaux, une épaulette coupée d'un coup de sabre, un tronçon d'épée dans la main, s'écrie avec rage au comte d'Erlon, qu'entraîne un remous de la déroute :

» — D'Erlon, si nous en réchappons, toi et moi, nous serons perdus!

» Le maréchal ressemble moins à un homme qu'à une bête furieuse. Ses efforts, durant tout ce jour, ont excédé l'énergie et les forces humaines. Jamais, en aucune bataille, aucun chef, aucun soldat ne s'est tant prodigué. Ney a surpassé Ney! Il a conduit deux fois à l'attaque l'infanterie de d'Erlon, il a chargé quatre fois sur le plateau avec les cuirassiers, il a mené l'assaut désespéré des grenadiers de la garde. Il court maintenant à la brigade Brune, seule troupe de ligne qui se replie en bon ordre, et qui est d'ailleurs réduite à l'effectif de deux bataillons. Il arrête les soldats et les jette encore une fois contre l'ennemi en criant :

» — Venez voir mourir un maréchal de France!

» La brigade, vite rompue, est dispersée. Ney se cramponne à ce fatal champ de bataille. Puisqu'il n'y peut trouver la mort, il veut du moins ne le quitter que le dernier. Il entre dans un carré de la garde avec le chef de bataillon Rullière, qui a pris l'aigle du 95ᵉ, des mains mourantes du lieutenant Jothod-Durutte ; le poignet droit coupé, le front ouvert, tout sanglant il est emporté par son cheval dans une charge de cavalerie ennemie ; il galope au milieu des Anglais jusqu'à la Belle-Alliance.

» A chaque pas, des hommes trébuchaient sur les cadavres ou tombaient sous les balles. Tous les cinquante mètres, il fallait faire halte pour reformer les rangs et repousser une nouvelle charge de cavalerie ou une nouvelle attaque d'infanterie. Dans cette héroïque retraite, la garde marchait littéralement entourée d'ennemis, comme à l'hallali courant, le sanglier parmi la meute. Il y avait contact si étroit que malgré les bruits multiples du combat, on se trouvait à portée de la voix.

» Au milieu des coups de feu, des officiers anglais criaient de se rendre à ces vieux soldats. Cambronne était à cheval dans le carré du 2ᵉ bataillon du 1ᵉʳ chasseurs. Le désespoir au cœur, étouffant de colère, exaspéré par les incessantes sommations de l'ennemi, il dit rageusement :

» — La garde meurt et ne se rend pas !

» Peu d'instants après, comme il allait atteindre avec son bataillon les sommets de la Belle-Alliance, une balle en plein visage le renversa sanglant et inanimé (1). »

*
* *

N'est-ce pas le cas de citer ces beaux vers sur *Waterloo*, de notre grand et immortel poète, Casimir Delavigne :

    Ils ne sont plus, laissez en paix leur cendre !
    Par d'injustes clameurs ces braves outragés,
     A se justifier n'ont pas voulu descendre !
        Mais un seul jour les a vengés !
        Ils sont tous morts pour vous défendre.

(1) Extrait de « 1815 ». — Perrin, éditeur.

Les coursiers frappés d'épouvante,
Les chefs et les soldats épars,
Nos aigles et nos étendards
Souillés d'une fange sanglante,
Insultés par les léopards,
Les blessés mourant sur les chars,
Tout se presse sans ordre, et la foule incertaine,
Qui se tourmente en vains efforts,
S'agite, se heurte, se traîne,
Et laisse après soi dans la plaine
Du sang, des débris et des morts.

Parmi des tourbillons de flamme et de fumée,
O douleur ! Quel spectacle à mes yeux vient s'offrir !
Le bataillon sacré, seul devant une armée,
S'arrête pour mourir.

C'est en vain que surpris d'une vertu si rare,
Les vainqueurs dans leurs mains retiennent le trépas !
Fier de le conquérir, il court, il s'en empare !
« La garde, avait-il dit, meurt et ne se rend pas. »
On dit qu'en les voyant couchés sur la poussière,
L'ennemi, l'œil fixé sur leur face guerrière,
Les regarda sans peur pour la pemière fois (1).

(1) Vous pourrez toujours dire que si Napoléon n'était que le vainqueur d'Austerlitz et d'Iéna, il n'y aurait pas de « *légende napoléonienne* », et qu'en réalité c'est Waterloo qui l'a comme sacré pour nous. Sa légende est née du sein de la défaite, comme presque toutes les légendes nationales, qu'il semble que l'on ait inventées, ou qui se soient formées d'elles-mêmes, pour protester au nom de l'idée vaincue contre la basse religion du succès. Et c'est pourquoi, si je ne puis former de vœux qu'il apparaisse un nouveau Napoléon parmi nous, si j'en forme même de contraires, je n'ai cependant pas peur de voir se propager la légende Le premier devoir de la solidarité nationale est de nous ranger dans la détresse autour de ceux dont la gloire, en des temps plus heureux, a rejailli sur nous; et, regardons-y bien, n'est-ce pas là tout ce que nous verrons dans cette évocation ou plutôt cette multiplication de l'épopée napoléonienne par le livre, le journal et l'image? (F. Brunetière. *Discours à l'Académie française*, 12 décembre 1893.)

Rappelons en terminant que sous Napoléon Ier :

Les armées françaises, de 1792 à 1815, ont remporté cinq cent vingt et une victoires, dont quatre-vingt-quatorze en batailles rangées.

Les Autrichiens ont été battus 233 fois.
Les Espagnols, 112 fois.
Les Russes, 54 fois.
Les Prussiens, 42 fois.
Les Alliés, 48 fois.
Les Anglais, 32 fois.
Total : cinq cent vingt et une victoires.
Une victoire par jour.

*
* *

Mais, pourquoi ces armées finirent-elles par être vaincues, pourquoi n'établirent-elles rien de durable, malgré tant d'héroïsme ?

C'est qu'il manquait au plus grand nombre de ces soldats, fils de la Révolution, il manquait, dis-je, quelque chose d'important, la foi, la croyance.

Je laisse ici la parole à M. Geoffroy de Grandmaison :

« Les souvenirs militaires du premier Empire évoquent tout aussitôt une fantasmagorie glorieuse d'où le clinquant n'est pas exclu. Panaches, cordons et uniformes ; les duchés, les titres de comte et de baron, les principautés et les majorats ; les riches dotations, les larges récompenses ; l'étoile des braves et le bâton tout semé d'abeilles des maréchaux tourbillonnent devant nos yeux éblouis. Mais ce brillant escadron doré qui, par son éclat même, fait habilement ressortir le petit chapeau et la redingote grise, cet état-major n'était pas toute l'armée française. Combien y eut-il de maréchaux et de ducs militaires ? Une vingtaine. Derrière eux, quelle foule de soldats intrépides et de généraux distingués !

» Mais, à ces braves il manquait le sentiment du droit qui se puise dans la foi religieuse. L'habitude du péril, le mépris de la mort avaient engendré l'héroïsme bien plus que la vue claire du devoir. La plupart n'atteignirent pas à ce haut degré des vertus militaires qui sont le propre des hommes qui croient à la vie future et à l'action de la Providence. L'ambition, l'obéissance passive, je ne sais quelle brutale intrépidité, une sorte d'entêtement qui tient plus du sauvage que du civilisé, engendreront çà et là des accès de résistance et d'élans farouches. Mais c'est par une croyance supérieure que le soldat peut vaincre l'instinct de la conservation qui, dans le danger, se révolte au point d'émouvoir les plus braves, et c'est la croyance qui lui permet de dominer les angoisses que fait naître la perspective de la mort. Pour montrer un grand courage, il faut avoir de *grandes espérances*. Là est le secret des armées invincibles... »

CHAPITRE IV

POUR LA FRANCE ! — HÉROÏQUES COMBATS

> « Est-ce à dire que ces hommes obscurs, qui firent dans leur simplicité tant de grandes choses, en réclament le salaire, qu'ils s'indignent du silence de l'histoire dans leur tombe inconnue ? Non, ce qu'ils ont voulu, ils l'ont : suivre leur devoir, servir la patrie, voilà tout ce qu'ils demandaient. Ils ont emporté cela avec eux ; leur journée est faite, ils reposent, bons ouvriers de la guerre, paisibles comme la nature qui fleurit les champs de bataille où ils se sont endormis. Mais s'ils peuvent être satisfaits, nous, nous ne devons pas l'être. C'est notre œuvre à nous, leurs frères, de renouveler leur mémoire, d'exhumer leur souvenir, trop longtemps absorbé dans la gloire de quelques-uns. »
>
> (MICHELET.)

La campagne de France. — Les « Marie-Louise. » — Une belle figure. — Le colonel Fabvier. — L'insurrection de Grèce. — « Choses vues. » — Le maréchal Soult et le roi de France. — En Espagne. — Sous Charles X. — Les guerres d'Afrique. — Glorieux combats. — Une poignée de lions. — Les guerres sous le second Empire. — De beaux noms. — L'expédition de Syrie. — Une proclamation chrétienne. — Les luttes héroïques. — Beaux exemples. — A Bitche. — Le siège de Belfort. — Chateaudun. — La charge de Reischoffen. — « Ah! les braves gens! » — La défense de Paris. — Dans les colonies. — Les chefs.

Les désastres de la campagne de Russie et les revers de celle d'Espagne devaient amener une sixième coalition contre la France.

La bataille de Leipzig, dite *bataille des Nations*

(16-19 octobre 1813), devait aussi porter un coup funeste à la gloire de Napoléon, et, à la fin de décembre 1813 et dans les premiers jours de 1814, les alliés entraient en France au nombre de plus de 400,000 par les frontières de l'est et du nord, tandis qu'au midi, sous les ordres de Wellington, plus de 150,000 Anglais et Espagnols franchissaient les Pyrénées.

L'audace de Napoléon grandit alors en proportion du danger, et l'on peut dire, que ce fut une admirable campagne, que cette *Campagne de France*, conduite par un homme de génie qui, avec 60,000 hommes, combattit un ennemi sept fois supérieur en nombre.

En un an l'Empereur livra quatorze batailles et remporta douze victoires, à Saint-Dizier (27 janvier), à Brienne, à Champaubert, à Montmirail (11 février), où il refoule les alliés jusqu'à Château-Thierry, à Nangis, à Montereau, etc. Cette lutte fut héroïque : on vit des conscrits, des *Marie-Louise* (ainsi appelés du nom de l'Impératrice), battre de vieux soldats et arracher des cris d'admiration aux généraux ennemis. Mais, hélas ! cet héroïsme ne devait guère servir si ce n'est à inscrire de nouvelles pages glorieuses dans nos annales militaires, car, le 31 mars, les alliés entraient à Paris.

*
* *

Ils avaient aussi des idées généreuses ces soldats de l'Empire. Ce fut l'un d'eux, le colonel Fabvier, qui, sous la Restauration, organisa l'insurrection de la Grèce.

Dans *Choses vues*, Victor Hugo a tracé du colonel ce curieux portrait :

« La Révolution de 1820 éclata. Il y fut héroïque. Il créa un corps de 4,000 palikares, pour lesquels il n'était pas un chef, mais un dieu. Il leur donnait de la civilisation et leur prenait de la barbarie. Il fut rude et brave entre tous, et presque sauvage, mais de cette grande sauvagerie homérique. On eût plutôt dit qu'il sortait de la tente du camp d'Achille que du camp de Napoléon. Il invitait l'ambassadeur anglais à dîner à son bivouac ; l'ambassadeur le trouvait assis près d'un grand feu où rôtissait un mouton entier ; une fois la bête rôtie et débrochée, Fabvier appuyait l'orteil de son pied nu sur le mouton fumant et saignant, et en arrachait un quartier qu'il offrait à l'ambassadeur.

» Dans les mauvais jours, rien ne le rebutait, ni le froid, ni le chaud, ni la fatigue, ni la faim ; il commençait par lui les privations. Les palikares disaient : Quand le soldat mange de l'herbe cuite, Fabvier mange de l'herbe crue.

» En 1846, le général Fabvier fut nommé pair de France. »

C'est encore au sujet d'un autre soldat de l'Empire que Victor Hugo, toujours dans *Choses vues*, consacre ces lignes, amusant dialogue entre le roi Louis-Philippe et le maréchal Soult. La soirée se passe aux Tuileries, en l'an 1844.

« ... Il y a quelques jours, le roi disait au maréchal Soult (devant témoins) : »

» — Maréchal, vous souvient-il du siège de Cadiz ?

» — Pardieu, sire, je le crois bien ! J'ai assez pesté devant ce maudit Cadiz. J'ai investi la place et j'ai été forcé de m'en aller comme j'étais venu.

» — Maréchal, pendant que vous étiez devant, j'étais dedans.

» — Je le sais, sire.

» — Les Cortès et le cabinet anglais m'offraient le commandement de l'armée espagnole.

» — Je me le rappelle.

» — L'offre était grave. J'hésitais beaucoup. Porter les armes contre la France ! pour ma famille, c'est possible ; mais contre mon pays ! J'étais fort perplexe. Sur ces entrefaites, vous me fîtes demander par un affidé une entrevue secrète, entre la place et votre camp, dans une petite maison située sur la Cortadura. Vous en souvenez-vous, monsieur le maréchal ?

» — Parfaitement, sire ; le jour même fut fixé et le rendez-vous pris.

» — Et je n'y vins pas.

» — C'est vrai.

» — Savez-vous pourquoi ?

» — Je ne l'ai jamais su.

» — Je vais vous le dire. Comme je me disposais à aller vous trouver, le commandant de l'escadre anglaise, averti de la chose je ne sais comment, tomba brusquement chez moi et me prévint que j'étais sur le point de tomber dans un piège ; que Cadiz étant imprenable, on désespérait de m'y saisir, mais qu'à la Cortadura je serais arrêté par vous ; que l'empereur voulait faire du duc d'Orléans le second tome du duc d'Enghien, et que vous me feriez immédiatement fusiller. Là, vraiment, ajouta le roi avec un sourire, la main sur la conscience, est-ce que vous vouliez me faire fusiller ?

» Le maréchal est resté un moment silencieux, puis a répondu, avec un autre sourire non moins inexprimable que le sourire du roi :

» — Non, sire, je voulais vous compromettre.

» La conversation a changé d'objet. Quelques instants après, le maréchal a pris congé du roi, et le roi, en le regardant s'éloigner, a dit en souriant à la personne qui entendait cette conversation :

» — Compromettre ! compromettre ! cela s'appelle aujourd'hui compromettre. En réalité, c'est qu'il m'aurait fait fusiller. »

*
* *

Aux luttes gigantesques, aux combats héroïques de l'Empire devaient succéder pendant la Restauration d'autres glorieux faits d'armes.

En 1823, une armée de 100,000 hommes devait entrer en Espagne sous les ordres du duc d'Angoulême et se couvrir de gloire à la prise du Trocadéro.

Sous Charles X, l'armée devait s'illustrer en Afrique ; le maréchal Bourmont était vainqueur à Staoueli et Alger était prise.

Sous Louis-Philippe, la plus grande œuvre et le plus beau résultat du règne devait être la conquête de l'Algérie illustrée par de glorieux combats. Le maréchal Clauzel, le général Damrémont, le général Bugeaud, Canrobert, le colonel Lamoricière, le duc d'Aumale, le général Iousouf, toute une pléiade de héros devaient prendre part à ces luttes héroïques.

Je citerai, pour mémoire, la retraite de Constantine où, le 24 novembre 1836, 300 soldats français, enveloppés par 6,000 Arabes, se formèrent en carré à la voix du commandant Changarnier et se firent jour à la baïonnette.

Le glorieux *combat de Mazagran* où 123 Français soutinrent le choc de 1,200 Arabes.

La *Victoire du col de Mouzaïa*, la *Prise de Médéah*, celle de *Milianah*, la *prise de la Smala* (16 mai 1843) par le duc d'Aumale, la *bataille d'Isly* (13 avril 1844), la *défense de Sidi-Brahim*, etc. (1).

Sous la Seconde République, eut lieu l'expédition de Rome.

Puis, sous Napoléon III, la guerre de Crimée, l'expédition de Syrie, la guerre d'Italie, la guerre du Mexique, les expéditions de Chine et de Cochinchine.

Un volume ne suffirait pas pour citer les beaux faits d'armes, les glorieuses journées, pour raconter l'héroïsme des troupes françaises aux batailles de l'Alma, d'Inkermann, de Pékin, à la prise de Sébastopol, aux batailles de Solférino, de Magenta, aux nombreux combats du Mexique.

Hélas ! avec la guerre de Prusse devaient venir les jours de défaites ; mais, disons-le à l'honneur de la France, si l'armée fut vaincue, ce ne fut pas sans gloire, et l'ennemi lui-même a rendu honneur à sa vaillance et à son courage.

(1) Voir les livres sur *le Duc d'Aumale*, par le commandant Grandin. (Haton, éditeur) et par M. Fr. Bournand (Eug. Ardant et Cie, éditeurs).

*
* *

Aux noms des combats que j'ai cités précédemment sont attachés les noms de vaillants chefs, du maréchal de Saint-Arnaud, un bon soldat chrétien ; des maréchaux Bosquet, Canrobert, Niel, Mac-Mahon, des généraux Chanzy, de Charette, Bourbaki (1), Lebrun, Douai, Faidherbe, Palikao, Changarnier, Wimpfen, Ducrot, d'Aurelles de Paladines, Margueritte, etc.

*
* *

Je viens de parler des guerres du Second Empire. Je voudrais, à ce sujet, dire spécialement quelques mots de l'expédition chrétienne de Syrie.

En 1860, le massacre des *maronites chrétiens* par les Druses, mahométans de Syrie, ayant démontré l'impuissance de l'empire Turc à protéger les sujets, la France eut le grand honneur d'être chargée par les puissances d'envoyer et d'entretenir un corps de troupes en Syrie, pour aider le gouvernement turc à châtier les coupables.

Voici la belle harangue que prononça Napoléon III au moment où les troupes quittaient le camp de Châlons (2) :

« Soldats !

» Vous partez pour la Syrie, et la France salue avec bonheur une expédition qui n'a qu'un but, celui de faire triompher les droits de la justice et de l'humanité.

» Vous n'allez pas, en effet, faire la guerre à une puissance quelconque, mais vous allez aider le sultan à faire rentrer dans l'obéissance des sujets aveuglés par un fanatisme d'un autre siècle.

» Sur cette terre lointaine, riche en grands souvenirs, vous ferez votre devoir et vous vous montrerez les dignes enfants de ces héros qui ont porté glorieusement dans ce pays la bannière du Christ.

---
(1) Voir notre livre ; *le Général Bourbaki*. — Alfred Mame, éditeur.
(2) 7 août 1860.

» Vous ne partez pas en grand nombre, mais votre courage et votre prestige y suppléeront, car partout aujourd'hui où l'on voit passer le drapeau de la France, les nations savent qu'il y a une grande cause qui le précède, un grand peuple qui le suit. »

*
* *

Je ne puis citer dans ce livre tous les actes d'héroïsme accomplis, tous les beaux faits d'armes qui honorent les vaincus tombés glorieusement sous les coups du sort en 1870-1871. Je voudrais seulement mentionner quelques exemples.

Je parlerai, en commençant, du siège de Bitche.

La petite ville de Bitche, perdue au milieu de forêts à l'extrémité des Vosges, loin de toute route fréquentée et qui fut jadis une importante forteresse et dont les immenses souterrains à l'abri de la bombe étaient fameux au loin, n'avait plus, en 1870, au point de vue militaire, qu'une valeur très relative. On ne s'était pas le moins du monde préoccupé de la mettre à même de soutenir un siège. Aussi, lorsque les premiers Allemands, le lendemain même de Frœschwiller, se présentèrent devant la place, la garnison ne comprenait qu'une poignée de soldats venus de tous côtés et appartenant à toutes les armes. Mais, à côté de cette troupe disparate et sans cohésion se trouvait un homme dont l'âme chrétienne fortement trempée, loin d'être abattue par les responsabilités, grandissait, au contraire, avec le péril.

Issu de toute une génération d'officiers, la plupart tombés au champ d'honneur, petit-fils d'un capitaine au régiment de Champagne, fils d'un lieutenant blessé aux Buttes-Chaumont en 1814, le commandant Teyssier comptait les plus beaux états de services : il avait reçu trois blessures à Sébastopol et une autre à Montebello. Le brave officier avait alors quarante-neuf ans ; il était encore plein d'ardeur et fermement décidé à mener à bien sa rude tâche, ce dont les Allemands ne furent pas longtemps à s'apercevoir.

Du reste, Teyssier fut admirablement secondé par une pléiade d'officiers jeunes, actifs, dévoués, la plupart blessés, venus de Frœschwiller, et dont quelques-uns ont atteint les plus hauts grades et sont, à l'heure actuelle, l'honneur et l'espoir de l'armée. C'est le lieutenant Dessirier, nommé tout récemment commandant du 7° corps d'armée, à Besançon; c'est le lieutenant Hardy de Périni, aujourd'hui général commandant la 12° brigade d'infanterie à Caen; c'est le sous-lieutenant de Nonancourt, alors âgé de vingt-deux ans à peine, actuellement général commandant la 78° brigade d'infanterie à Toul; c'est encore le capitaine d'artillerie Jouart, mort il y a quelques mois à la tête de la belle division des Vosges; c'est le lieutenant Bedel, aujourd'hui commandant le 1er de ligne; c'est le lieutenant Ménétrez, aujourd'hui colonel attaché à la présidence de la République.

Ce que fut ce siège de Bitche, il nous faudrait un volume entier pour le raconter comme il conviendrait, car il constitue une des pages les plus simplement belles de nos annales militaires. Avec des officiers énergiques et prêts à tout, une garnison faible, sans doute, mais bientôt rompue à toutes les fatigues, admirablement entraînée et animée du meilleur esprit, au milieu d'une population dont le patriotisme, le dévouement, l'esprit de sacrifice ne se sont pas un seul instant démentis au cours de ces longues semaines d'angoisse, Teyssier tint l'ennemi en respect pendant près de huit mois. Attaqué dès les premiers jours de la campagne, le 7 août, Bitche ne consentit à ouvrir ses portes criblées de projectiles que sur l'ordre exprès du gouvernement, le 26 mars, deux mois après la capitulation de Paris, la signature de l'armistice, la fin virtuelle des hostilités.

Pendant cette mémorable période, la place a subi trois bombardements furieux dont un a duré onze jours consécutifs; tous les bâtiments du fort ont été incendiés, tous les canons démontés ou endommagés; dans la ville même, 150 maisons sur un peu plus de 200 ont été détruites; la place a reçu 30,000 bombes ou obus; enfin, la garnison a fait trois sorties victorieuses, sans compter les escarmouches.

Ajoutez le surmenage indicible de la garnison, les souffrances des habitants sans abri, l'absence presque totale de viande, de bois et d'argent, et un hiver terriblement rigoureux! Mais, comme le disait un jour le général de Perini en rappelant ces jours sombres qu'il a si vaillamment vécus, on avait du pain, de la poudre et du patriotisme à discrétion, et avec cela on pouvait aller loin et longtemps.

Donc, le 26 mars, Teyssier, après avoir détruit tout le matériel de guerre, signe avec l'ennemi une convention en vertu de laquelle la garnison, le lendemain, sort de la place avec armes et bagages, enseignes déployées, les bagages portés sur des convois fournis par les Allemands.

Ceux-ci n'entrèrent dans la ville qu'après le départ des Français, et par une porte différente de celle que la garnison avait prise.

Je parlerai encore de la belle défense de Belfort.

Au moment de mettre le siège devant Belfort, M. de Treskow, le général prussien, écrivait à Denfert :

« Je n'ai pas l'intention de vous prier de me rendre la place de Belfort; mais je vous laisse le soin de juger s'il ne conviendrait pas d'éviter à la ville toutes les horreurs d'un siège et si votre conscience, votre devoir ne vous permettraient pas de me livrer la forteresse dont vous avez le commandement. »

Le colonel Denfert répondit :

« Général, en pesant dans ma conscience les raisons que vous me développez, je ne puis m'empêcher de trouver que la retraite de l'armée prussienne est le seul moyen que conseillent à la fois l'honneur et l'humanité pour éviter à la population de Belfort les horreurs d'un siège.

» Nous savons tous quelle sanction vous donnerez à vos menaces, et nous nous attendons, général, à toutes les violences que vous jugerez nécessaires pour arriver à votre but. Mais nous connaissons aussi nos devoirs envers la France et envers la République et nous sommes décidés à les remplir. »

Le devoir bien rempli valut à la garnison de Belfort les honneurs militaires que MM. Margueritte racontent ainsi :

« Quand l'ordre du gouvernement fut venu au colonel Denfert de rendre la place, la garnison sortit par la porte de France...

» Nous étions 16,000, et nous partons 12,000. (Les autres étaient morts.) Tous les blessés valides ont voulu venir; ils suivaient, raidis sur leurs béquilles, le bras en écharpe ou le visage bandé. Tambours battant, clairons sonnant, drapeaux déployés sous le soleil, la colonne s'est ébranlée. Aux abords de la place, les postes prussiens présentent les armes. Denfert est sorti le dernier. Il a refusé le défilé des troupes devant le vainqueur. Quelque honorable qu'il fût pour nous, il lui semblait trop amer... »

Oui, la défense de Belfort avait été héroïque. M. S. Laurentie a écrit :

« Pendant les soixante-treize jours de bombardement, Belfort a reçu 500,000 projectiles, alors que Strasbourg, fameux par ses malheurs, n'en a pas reçu, sur une superficie dix fois aussi grande, plus de 150 à 200,000, c'est-à-dire les deux cinquièmes. »

En s'éloignant, le colonel Denfert, s'il a jeté un regard derrière lui, a pu voir :

« Les maisons sans toitures, dégarnies de leurs fenêtres et lézardées; et, partout, murailles écroulées.

» De toutes parts, dans la ville, dont les rues sont défoncées, on heurte du pied des boulets, des éclats d'obus, et même des obus entiers, qui se sont enfoncés dans la boue, n'ont point éclaté et sont un danger nouveau pour les rares personnes qui se montrent dehors, pour les régiments prussiens qui vont entrer. »

En résistant ainsi jusqu'au bout, en ne se rendant que par ordre du gouvernement français, c'est-à-dire en ne se rendant pas, Belfort qui, au dire des Allemands, « ne pouvait tenir plus de cinq jours », restait dans sa tradition. — En 1814, Belfort ne s'était rendu qu'après l'abdication de Napoléon; et, en 1815, le général Lecourbe s'y était maintenu avec une poignée de soldats presque sans vivres.

On sait comment Belfort a été gardé à la France.

Au dernier jour des négociations avec les Allemands pour la conclusion de l'armistice qui mettait fin au siège de Paris, le roi Guillaume fit à M. Jules Favre l'offre de supprimer l'entrée dans Paris des troupes assiégeantes au cas où Belfort serait définitivement livré à l'Allemagne. Avec raison, M. Jules Favre, qui eut cependant bien des défaillances à se reprocher, s'écria :

— Non, non, plutôt que de perdre notre frontière, j'aime mieux toutes les humiliations qu'il vous plaira de nous infliger ; entrez, si vous voulez, mais je garde Belfort.

La charge de Reischoffen est désormais légendaire. M. Dick de Lonlay en fait la dramatique description dans son *Histoire anecdotique de la guerre de 1870-1871* :

« Les Prussiens, dit-il, occupent Morsbronn et s'élancent sur Elsasshausen. L'armée française va battre en retraite. C'est la 2e division de cavalerie de réserve, sous les ordres du général de Bonnemain, composée des brigades Giraud (1er et 4e cuirassiers), et de Bauer (2e et 3e cuirassiers), qui va être chargée de rendre possible ce mouvement. Le maréchal de Mac-Mahon montre aux cuirassiers l'artillerie prussienne qui tire et celle qui s'avance au trot pour prendre des positions plus rapprochées :

» — Je vous demande d'arrêter ces batteries pendant vingt minutes ! dit-il avec un accent désespéré ; sacrifiez-vous pour la retraite !

» C'est plus de 15,000 hommes à enfoncer, plus de 50 pièces à enlever avec moins de 2,000 sabres. Réussir est impossible. Qu'importe! Hauts et fiers sur leurs montures, les cuirassiers s'ébranlent dans un ordre parfait et exécutent les mouvements préparatoires avec la précision d'une manœuvre au Champ-de-Mars. La terre sonne sous les sabots des lourds coursiers. La scène est terrible; on croirait voir un torrent à la fonte des neiges, quand le soleil brille sur les glaçons par milliards. Les chevaux, avec leur gros porte-manteau bleu sur la croupe, allongent tous la hanche ensemble, comme des cerfs, en défonçant la terre; les trompettes sonnent un air sauvage, au milieu d'un roulement sourd...

» L'ennemi aperçoit les mouvements de cette masse; les canons tonnent et une première décharge à mitraille fait trembler les vieilles maisons d'Elsasshausen. Plus de 1,000 obus et 50,000 balles s'abattent sur les cuirassiers. Les projectiles tombent si drus sur eux qu'ils produisent sur les cuirasses un bruit analogue à celui de la grêle sur une toiture de zinc... »

Et cela dura pendant une demi-heure! Quand les charges furent terminées, les régiments de cuirassiers étaient littéralement décimés, mais l'armée avait pu se replier en bon ordre.

Le lendemain de la bataille, le maréchal de Mac-Mahon, répondant à une question, disait tristement :

— Les cuirassiers! Il n'en reste plus!

Elle est devenue populaire cette charge de Reischoffen, et les poètes, tels que MM. Bergerat et Mariotte, l'ont chantée.

Voici l'un de ces chants de guerre :

LA CHARGE DE REISCHOFFEN

L'armée était rompue, et proche la défaite,
Quand pour couvrir, par une héroïque retraite,

Et sauver les derniers débris par leurs efforts,
Les rudes cuirassiers s'apprêtèrent... Alors,
Au signal qui leur dit de tenter l'impossible,
Ils s'élancent soudain, de leur air invincible,
Le sabre au poing, fondant sur les noirs bataillons,
Dans une charge énorme, ainsi que des lions.
C'est que, pour ces soldats aux farouches crinières,
Il n'est rien, par les champs plantés de houblonnières,
Qui les fasse un instant s'arrêter ni broncher.
S'ils reculent, c'est pour de nouveau recharger,
Et, reformés, s'ouvrir une route enflammée
Au travers de la masse épaisse d'une armée.
En avant ! c'est le cri des braves, et le vent
Lance à tous les échos de la plaine : En avant !
Quel héroïsme ! Ils ont ce courage terrible
Qui ne craint rien, malgré la mitraille qui crible
Leurs rangs, mais leur fait croire au moins à ce succès
Que sur le champ d'honneur ils meurent en Français !
Et la lutte est vraiment épique, quand le reître,
Près de Morsbrünn, les voit tout à coup apparaître
Sur les lignes, broyant les lâches effarés...
On ne peut faire un pas... Les chemins sont barrés...
Et le trop faible nombre aux hordes est en butte...
Dans l'enchevêtrement, tout tombe et se culbute !...
N'importe ! la poussée entraîne, et les premiers,
Debout sur l'étrier, sans casque ou sans cimiers,
Sous la grêle de fer qui meurtrit et qui tue,
Se précipitent vers la mort, bride abattue !
C'est le gouffre... Ils n'ont pas peur en y trébuchant.
La trompette enfiévrée envoie un dernier chant
Qui retentit dans tous les cœurs, et la mêlée
Brave des lourds canons la dernière volée :
Car ces désespérés farouches du devoir,
Luttant jusqu'à la fin, montrent avec espoir
Comment, après avoir vu sa face meurtrie,
On secourt, on relève, on venge la Patrie ! (1)

(1) Émile Mariotte.

Citerai-je encore la charge de Sedan, où fut blessé le général Margueritte, cette charge qui faisait dire au vieil empereur Guillaume, en parlant de nos soldats :

— *Oh ! les braves gens !*

La belle défense de Bazeilles, la lutte soutenue par une poignée de braves dans cette maison des « *dernières cartouches* », devenue populaire et illustrée par le pinceau d'Alphonse de Neuville.

Il me faudrait citer encore l'héroïque défense de Châteaudun, une ville ouverte qui tint tête à tout un corps d'armée avec une poignée d'hommes : francs-tireurs, gardes nationaux et bourgeois (1).

Et la belle défense de Paris, les glorieuses batailles de Champigny, de Buzenval, le combat du Bourget, et mille autres faits où une poignée de combattants, affaiblis par les privations d'un siège, se couvrirent de gloire.

---

(1) « Dans Châteaudun, ville ouverte, il y avait treize ou quatorze cents gardes nationaux, sapeurs-pompiers et francs tireurs, sans artillerie et armés en grand nombre de mauvais fusils. Les Prussiens étaient neuf mille : quatre régiments d'infanterie, trois de cavalerie, six batteries et deux compagnies de pionniers.

» Les habitants ne pouvaient donc résister. Ils se sacrifièrent uniquement pour donner un grand exemple.

» Malheureusement, cet exemple ne fut pas suivi.

» On ne peut exiger des villes ouvertes qu'elles se dévouent comme Châteaudun aux pires désastres de la guerre. L'héroïsme n'est pas obligatoire. En combattant, les soldats ne font que leur devoir et ne risquent que leur vie. Les bourgeois et les paysans qui prennent les armes s'élèvent au-dessus du devoir commun. Non seulement ils ne sont point faits pour se battre, mais ils luttent dans d'inévitables conditions d'infériorité : groupes contre masses, fourches contre lances, fusils contre canons ; et avec leur vie ils risquent leurs biens, leur avenir, la vie de leurs femmes et de leurs enfants. Pour les soldats, la défaite, c'est la retraite avec l'espoir de la revanche. Pour les paysans armés, c'est la misère et le deuil. Aussi le peuple de Châteaudun mérite l'admiration de la France.

» Henry Houssaye,
» *de l'Académie Française.* »

Et nos combats en Afrique, en Indo-Chine, à Madagascar, en Chine!

Ce serait un gros livre d'or qu'il faudrait pouvoir écrire.

*
* *

Et de quels chefs et de quels hommes je devrais aussi parler. Il me faudrait citer encore le général Douay, le maréchal Canrobert, le général de Charette (avec ses braves zouaves pontificaux, les héros du beau combat de Patay), le général Chanzy, le vaillant amiral Courbet, une gloire française ; le commandant Rivière, Francis Garnier, les généraux Dodds et Voyron, et tant d'autres...

Et, plus près de nous, je mentionnerais cette héroïque figure du brave colonel Marchand, du héros de Fashoda (1), celui qui est allé là-bas, en plein cœur de l'Afrique, lutter contre Albion, en compagnie d'autres braves, tels que Barratier, Mangin, le capitaine Ménard, et planter le drapeau tricolore en des régions encore inexplorées.

(1) « La France abaissée, depuis sa défaite, par la niaiserie des parlementaires, s'est maintenue néanmoins aux yeux du monde grâce aux merveilleux efforts de ses artistes et de ses savants ; et, dans le domaine de l'action, la marche épique menée par une poignée de braves de l'Atlantique à la mer Rouge a été saluée, par la nation consciente, comme l'aube d'un avenir meilleur, le premier rayon sur les flots.

» La France ne s'y est pas trompée. Elle a reconnu tout de suite, dans le colonel Marchand, dont elle ignorait alors le mâle visage, celui que l'heure appelle et crée, que les difficultés n'entravent pas, et dont la route est bordée de lauriers. »

Léon Daudet.

CHAPITRE V

A PROPOS DES CHEFS

A propos des chefs de l'armée. — Souvenirs du siège de Crimée. — Canrobert et Pelissier. — Deux braves. — A l'Alma. — Au siège de Sébastopol. — Une récompense. — Le prix du dévouement et de l'abnégation. — Le colonel Fleury. — Lutte généreuse. — A propos de l'expédition de Chine. — Dodds et Voyron. — L'armée d'aujourd'hui.

En ces derniers temps, a-t-on assez dénigré les chefs de notre grande armée ? a-t-on assez répété sur tous les tons que la jalousie, le manque de camaraderie, les dévoraient ?

A ces inepties, je ne veux répondre que par deux exemples, l'un datant de la guerre de Crimée et l'autre tout récent datant de notre dernière guerre de Chine.

M. Denormandie a écrit des *mémoires* encore inédits, dans lesquels il rend un hommage complet à ceux qui ont illustré leur pays.

Je lui emprunte quelques faits concernant deux maréchaux du second Empire.

Le portrait qu'il trace de Canrobert et l'anecdote sur Pelissier qu'il rapporte à la suite ne doivent pas, vu leur intérêt et l'importance du témoin oculaire, être laissés dans l'oubli.

Brièvement, mais très exactement, M. Denormandie rappelle d'abord le départ pour la Crimée des troupes françaises escortées « d'un *modeste* concours de troupes anglaises. » Saint-Arnaud avait le commandement supérieur des trois divisions, Bosquet commandait la première, Canrobert et Forey les deux autres.

« A l'Alma, qu'il s'agissait de tourner et d'escalader, le maréchal de Saint-Arnaud avait fait des prodiges. Il avait à soutenir deux luttes, celle contre une armée étrangère qui n'était ni la plus difficile, ni la plus redoutable ; l'autre contre la maladie qui le minait. »

Il avait voulu être à cheval, à la tête de ses troupes. Pour l'aider à gravir l'Alma, deux dragons devaient le soutenir dans leurs bras. Il avait ordonné à la mort de l'attendre ! La bataille finie, la mort avait repris ses droits, et tandis qu'on embarquait Saint-Arnaud sur le vaisseau où il devait mourir avant d'atteindre les côtes de France, Canrobert prenait le commandement en chef.

« Le général Canrobert, écrit M. Denormandie, possédait au suprême degré le talent de soutenir le moral de ses troupes. Sa parole un peu emphatique, mais surtout généreuse, produisait une grande impression, et puis... et puis... il avait une immense bonté et beaucoup de pitié, et le soldat ne l'ignorait pas. »

Amené à diriger le très difficile siège de Sébastopol, le nouveau général en chef était dévoré d'inquiétudes. Il se trouvait aux prises avec des influences contradictoires, les idées personnelles de l'Empereur, les plans des deux états-majors anglais et français qui n'étaient pas toujours d'accord.

Le général Niel mandait à l'Empereur : « L'assaut de Sébastopol est si périlleux pour l'armée que le moment venu, on hésite ; il n'y a de solution que dans l'investissement de la ville. » Lord Raglan s'y opposait absolument, voulait continuer les opérations du siège et faire l'expédition de Kertch. Canrobert, au contraire, suivant les instructions de France et sa propre inspiration, voulait se porter sur la rive de la Tchernaïa, afin d'attaquer l'armée de secours et couper ainsi les communications de la ville assiégée avec l'intérieur du pays.

Après avoir lutté pour ses idées, découragé de n'avoir pu les faire prévaloir, en proie à l'hésitation, Canrobert, le 16 mars 1855, télégraphiait à l'empereur cette dépêche qui a été diversement commentée :

« Ma santé et mon esprit, fatigués par une tension constante, ne me permettent plus de porter le fardeau d'une immense responsabilité. Mon devoir... me force à vous demander de remettre au général Pélissier, chef habile et d'une grande espérance, la lettre de commandement que j'ai pour lui... »

Canrobert demandait de plus à rester combattant à la tête d'une simple division. Son désir fut exaucé et Pélissier lui succéda. Après avoir servi quelques mois sous les ordres du nouveau général en chef, et avoir moissonné sa part de gloire, Canrobert fut rappelé en France.

Le 14 août 1855, l'*Indus* faisait son entrée dans le port de Marseille et Canrobert débarquait au milieu des acclamations. A Paris, l'accueil ne fut pas moins chaleureux. On se rappelle le mot de l'impératrice : « Je vous félicite, général, au nom de toutes les mères, d'avoir su ménager le sang de nos soldats. » En attendant le bâton de maréchal qui vint l'année suivante, Canrobert reçut une magnifique récompense le jour où les régiments firent leur entrée solennelle dans Paris. Le 29 décembre, les troupes revenues de Crimée étaient massées sur la place de la Bastille. Canrobert s'était placé dans l'état-major de l'empereur : Napoléon III, après avoir harangué les troupes, se tourna vers Canrobert et lui dit : « Allez vous mettre à la tête de cette armée que vous avez conservée à la France. » Ce que fut ce parcours triomphal de la Bastille à la place Vendôme, chacun le sait. C'était l'inestimable prix du dévouement, de l'abnégation sublime de Canrobert.

Quelques jours après, M. Denormandie rencontre son cousin, le colonel Fleury, qui commandait les guides. « Canrobert dîne demain avec nous, lui dit Fleury. Faites-moi l'amitié de venir, cela sera certainement intéressant. »

M. Denormandie n'eut garde de manquer d'accepter et trouva à l'heure dite un très petit nombre de convives, dont Canrobert. Vers le milieu du repas, le maître de la maison amenait le général à raconter les circonstances dans lesquelles il avait quitté le commandement de Crimée.

Voici, d'après un témoin autorisé, les paroles de Canrobert :

« ... Sébastopol n'était pas imprenable, mais il fallait se résigner à faire tuer 10,000 hommes pour traverser l'espace qui nous séparait des défenses de la ville. Je ne pouvais m'y résoudre, c'était plus fort que moi. Mon Dieu ! je sais bien ce que c'est que la guerre... J'ai vu tuer ou fait tuer moi-même bien du monde, mais cela dans des batailles rangées... Là, au contraire, il fallait verser des flots de sang, froidement, sans pouvoir atteindre les ouvrages de défense.

» ... Oui, je vous le dis franchement, je ne pouvais pas. »

Les convives étaient émus « de cet aveu si touchant du grand capitaine qui a montré depuis, en Italie et devant Metz, ce qu'il pouvait faire ». Le colonel Fleury le questionna encore et lui demanda comment s'était effectuée la remise du commandement à Pélissier.

« Ah ! mon Dieu, ce fut bien simple, répondit Canrobert. Un jour, quand mon parti fut bien pris, je fis donner à Pélissier l'ordre de venir me trouver sous ma tente et là s'engagea une conversation sans ambages... Pélissier n'était pas un homme avec lequel il y eût à prendre des détours. Je lui dis tout simplement : « Mon cher Pélissier, je quitte l'armée et vais vous remettre le commandement ».

Pélissier a éprouvé une commotion violente : « Jamais !

vous n'y pensez pas, dit-il à Canrobert. C'est impossible ; d'ailleurs, vous n'en avez pas le droit ». Canrobert s'explique, montre à Pélissier le pli qui transmet le pouvoir : « Il est cacheté, mais je sais ce qu'il contient. Et ce document prévoyant le cas de ma mort, de ma maladie ou de ma démission, dit que le commandement en pareil cas vous appartiendra. Je me démets, ce dont j'ai le droit, et je vous transmets tous les pouvoirs dont je suis revêtu ».

Pélissier ne voulait pas accepter d'explication, répondant qu'il refusait, qu'il ne se laisserait pas convaincre, que Canrobert était adoré du soldat, qu'il avait beaucoup de chances d'aboutir, que l'intérêt de la France lui commandait de rester à son poste. — Canrobert répliqua : « Pélissier apportait une telle énergie dans sa résistance que j'en fus réellement ému et que je lui dis, sous l'empire du sentiment que j'éprouvais : « Mais, mon cher Pélissier, auriez-» vous peur de la responsabilité ? Est-ce pour ce motif que » vous me mettez dans une position aussi terrible ? » Alors, sur ce simple soupçon, sur la supposition que je pouvais le croire capable d'hésitation dans une affaire où l'honneur de la France et le sort de la patrie pouvaient être engagés, il se recula vivement, s'arcbouta sur ses jambes, et, se cambrant, me jeta plutôt qu'il ne me dit ces mots avec une énergie extraordinaire : « Oh ! non ! »

— A l'instant même, je sentis que j'avais gagné la partie ; l'homme qui venait de prendre cette attitude et de pousser un pareil cri s'était livré ; je lui criai à mon tour : « Allons donc ! embrassons-nous, et qu'une pareille scène finisse tout de suite ! »

— Mes amis, continua Canrobert, vous savez le reste. Cette explication avec Pélissier fut certainement une des émotions les plus violentes de ma vie entière (1).

(1) Le général Pélissier avait, au commencement du siège, comme aide de camp le colonel Cassaigne, qui écrivait à l'ouverture du siège :
« Il me semble qu'on joue pile ou face. Ce sera admirable, nous

Très ému, comme tous les convives du colonel Fleury, par ce récit de Canrobert, M. Denormandie conclut : « Quelle scène ! Quelle simplicité ! Quelle grandeur ! »

J'ai cru bien faire en faisant un instant évoquer les belles figures de Canrobert et de Pélissier ! Les grandeurs passées n'éclairent-elles pas un peu nos horizons sombres ?

*
* *

D'un autre côté, il est bon de donner de la publicité à l'anecdote suivante.

Cela se passait en juillet 1900, au moment où le gouvernement devait faire le choix d'un commandant en chef pour les troupes françaises de l'expédition de Chine.

On hésitait alors entre les généraux Dodds et Voyron.

Le président de la République manda tout d'abord auprès de lui le général Voyron, son camarade de collège, qu'il tutoie toujours d'ailleurs.

— Tu sais, lui dit-il, que nous allons nommer un commandant en chef du corps expéditionnaire... Dodds et toi, vous avez autant de droits. Dis-moi ce que tu en penses et ce que tu veux ?

— Ma réponse est bien simple, répondit Voyron. Si le gouvernement me nomme, je serai fier de cet honneur, mais s'il pense que les troupes seront mieux dirigées par

heurter contre du granit hérissé de canons, contre des forces considé, rables... sans retraite en cas d'insuccès... Ce sera curieux et nous réussirons, parce que c'est une folie et qu'il faudra vaincre ou mourir. Ce n'est pas cette fois une phrase banale. »

Ailleurs, il ajoutait :

« La Fortune sourit à ceux qui se moquent d'elle. »

Cassaigne était un brave. Il commandait les tirailleurs à la bataille de l'Alma. Son régiment hésitant à se déployer sous le feu meurtrier des Russes, il s'avança jusqu'à 100 mètres de l'ennemi, sous les balles qui pleuvaient. Les tirailleurs enthousiasmés le suivirent. Cassaigne, alors simple capitaine, fut cité à l'ordre du jour.

Dodds, je ne ferai que m'incliner heureux, d'un tel choix qu'on ne doit pas discuter.

Le lendemain, le président reçut le général Dodds et lui fit les mêmes questions.

— Monsieur le président, reprit le général, si le gouvernement me nomme, je serai reconnaissant de l'honneur qui me sera fait, mais permettez-moi d'ajouter que le général Voyron connaît admirablement bien les guerres coloniales, le drapeau serait en de bonnes mains si Voyron était appelé au commandement.

Puis, s'inclinant, le général Dodds sortit laissant M. Loubet ému.

Il était bon, n'est-ce pas, en les circonstances présentes, de montrer par ce récit que des sentiments de bonne camaraderie, de droiture, d'estime réciproque et de désintéressement, existent toujours chez nos officiers généraux et que ces anciennes vertus du soldat ne sont pas pour eux lettre morte.

Avec de tels hommes, il ne faut pas désespérer de l'avenir.

*
* *

Au point de vue militaire, il faut reconnaître que, depuis sa rude leçon de 1870, la France a tout fait pour posséder un matériel hors ligne et pour rehausser ses troupes moralement.

Au lendemain de 1870-71, après la dure campagne et les hécatombes de la Commune, il n'y avait plus de frontières, plus de canons, plus de fusils.

Nos vieux boulevards de l'Est, Strasbourg et Metz, étaient entre les mains des vainqueurs ; les autres ouvrages démantelés étaient sans défense ; les modèles des pièces de campagne et des fusils étaient disparates.

Les soldats de la vieille armée qui rentraient des prisons de l'ennemi, ceux qui avaient lutté pendant la campagne d'hiver, fatigués, usés, anémiés, étaient profondément découragés.

L'armée était en loques.

Les passions étaient déchaînées, et sous l'inspiration des pires ennemis, les internationalistes, les cris de « Capitulards! » retentissaient aux oreilles de ceux qui avaient bravement combattu sur les champs de bataille où cinquante mille des leurs tombèrent en quelques jours sous le feu de l'ennemi.

La confiance était ébranlée et l'indiscipline régnait un peu partout.

Il fallait redonner la confiance, remettre les hommes en main, rétablir cette discipline partie d'autant plus facilement qu'elle était conseillée par quelques bandits soudoyés par la franc-maçonnerie.

Ce fut l'œuvre première de tous nos officiers, et, dès 1872, si l'armée était toujours en loques, on sentait qu'elle avait déjà conscience de sa vigueur et confiance en elle-même et en ses chefs.

L'Assemblée nationale dont on médit tant, qui eut pourtant tant de patriotisme, se mit résolûment à l'œuvre.

Elle discuta et vota les grandes lois militaires sur le recrutement, l'organisation de nos corps d'armée, le commandement.

Les arsenaux regorgèrent d'ouvriers, et pendant que fusils et canons sortaient des manufactures ou des fonderies, on créait une nouvelle ceinture de forteresses plus puissantes que celles que nous avions avant la guerre.

Quelques années après, dès 1877, nous pouvions entrer en campagne avec une armée de deux millions de soldats vigoureusement trempés, bien armés, pourvus d'une puissante et nombreuse artillerie.

Tout le monde s'était mis résolûment à l'œuvre, et, en 1878, pendant l'Exposition, le maréchal de Mac-Mahon, président de la République, montra au monde entier, au camp de Saint-Maur, un de nos corps d'armée renforcé de ses réservistes, en tenue de campagne, avec son matériel de guerre. Les Patriotes répétaient de tous côtés que, sans compter l'armée d'Afrique, la France comptait dix-huit corps d'armée semblables, pourvus de tout.

C'était l'œuvre léguée à la France par l'Assemblée nationale; l'œuvre des généraux de Cissey, du Barail, Berthaut, Borel, ministres de la guerre; l'œuvre personnelle surtout et le couronnement de la carrière du glorieux maréchal de Mac-Mahon.

A partir de ce jour, les ministres de la guerre sacrifièrent trop à la politique.

Malgré des ferments d'indiscipline, l'inique exclusion de vieux généraux, dont tous les grades ont été conquis à la suite d'actions d'éclat, la démission du maréchal de Mac-Mahon, qui prévoyait le mal que les sectaires allaient faire à nos institutions militaires, l'armée continue à travailler et à augmenter ses forces.

Les directions travaillèrent, les plans de campagne s'améliorèrent; l'infanterie reçut le fusil Lebel, qui fut pendant plusieurs années la meilleure arme de guerre; l'artillerie transforma son matériel de campagne.

Nous possédons une artillerie de haute valeur et notre fusil, grâce à un perfectionnement de détail, auquel on procède en ce moment, nous mettra en première ligne. L'organisation de notre armée est perfectible ; mais, que surtout, on laisse la discipline au-dessus de toute atteinte, car sans discipline, il ne saurait exister d'armée vraiment digne de ce nom.

CHAPITRE VI

LA MARINE FRANÇAISE

> *Confiteantur Domino qui descendunt mare in navibus, facientes operationem in aquis multis.*

Les glorieux souvenirs de la marine. — Pour honorer la mémoire des hommes illustres. — La marine et l'esprit religieux. — Pour Dieu et la Patrie. — Glorieux combats. — Quelques héros. — La marine en 1870-71. — Une page de l'amiral La Roncière le Noury. — Au siège de Paris. — L'infanterie de marine à Bazeilles. — Un grand chef. — L'amiral Courbet. — La fin d'un chrétien. — Un beau récit de Loti. — L'amiral de Cuverville. — Sa protestation. — Le livre d'or. — « La Framée ». — Un brave. — Le capitaine Deloncle. — Le capitaine Mauduit.

Au cours du siècle défunt la marine nous a fourni aussi de glorieux souvenirs, car nos guerres navales sont riches en exploits que l'histoire mentionne à peine. On ne saura peut-être jamais tout ce qui, pendant cent ans, s'est dépensé de vaillance sur les navires qui ont porté au loin le pavillon de la France.

Nous n'avons peut-être pas toujours été vainqueurs sur mer, mais on trouve même dans les combats malheureux des sublimes exemples de courage et d'abnégation qu'on ne saurait trop rappeler.

Le comte Roger du Nord s'écriait en inaugurant la statue de Jean-Bart: « Honorer la mémoire des hommes illustres, conserver vivant au fond de nos cœurs le souvenir de leurs actions, c'est nous honorer, nous grandir nous-mêmes, c'est, en quelque sorte, nous rapprocher d'eux, c'est montrer que nous sommes bien les fils de cette France que nos aînés ont portée si haut. »

C'est dans les souvenirs d'un passé glorieux qu'il faut chercher les espérances de l'avenir.

Rappelons, au sujet de la marine, que la Religion n'a jamais manqué dans le cœur de ses soldats et que c'est peut-être là qu'il faut chercher la cause de l'héroïsme de nos marins.

Oui, ils étaient religieux ceux qui sont tombés en pleine mer pour la France. Leur dernière pensée était pour Dieu et la Patrie !

Je voudrais rappeler en quelques lignes quelques-uns des plus beaux faits d'armes.

Le 6 juillet 1801, c'est le combat d'Algéziras où Linois est vainqueur.

A Trafalgar le 21 octobre 1805, Villeneuve, Magon, Lucas, Cosmao se couvrent de gloire. Magon, qui repousse les Anglais la hache d'abordage à la main, est tué par la mitraille.

Le 23 août 1810, les Anglais sont battus au combat du Grand-Port.

« Jamais triomphe ne fut plus complet, dit l'amiral Jurien de la Gravière. Nous l'avions, il est vrai, payé cher. Les deux frégates et le *Ceylan* comptaient 150 marins et plusieurs officiers hors de combat.

En février 1813, l' « Amalia » en route pour les Indes met en déroute les Anglais. Le journal le *Times* faisait suivre le récit de ce combat de l'appréciation suivante :

» La perte en tués ou blessés à bord de l'*Amalia* est évaluée à 141 victimes, y compris le capitaine et tous les officiers. Le combat a duré trois heures et demie, les deux frégates se touchant presque. Depuis longtemps nous n'avions pas vu cette persévérance et ces efforts. »

En 1823, la flotte française sous le commandement de l'amiral Duperré faisait le siège de Cadix qui se rendit après huit jours de résistance.

Le 20 octobre 1827, avait lieu l'inoubliable combat de Navarin. Le capitaine de frégate Joseph de Kerviller, qui s'était conduit en héros, écrivait alors à son père : « Dieu et notre bonne Mère, qui m'ont préservé d'accident dans cette circonstance critique, ne m'abandonneront pas, je l'espère, jusqu'à la fin de la campagne. Quel jour de bonheur !... »

En novembre 1827, les navires français faisaient dans les mers du Levant une chasse active aux pirates. Le 5, l'enseigne Bisson, qui commande la frégate la *Magicienne*, est surpris par les pirates ; il ordonne à ses hommes de se sauver ; quant à lui, « armé d'un pistolet, il descend dans la chambre où se trouvaient plusieurs barils de poudre, fait feu et saute avec son navire (1). »

Rappellerai-je encore, le débarquement de Sidi-Ferruch (juin 1830) ; la prise du fort de Saint-Jean-d'Ulloa par le prince de Joinville (1838) ; le retour des cendres de Napoléon Ier (en 1840) ; les affaires de Tanger et de Mogador (1844) ; le débarquement sur la côte de Crimée (septembre 1854) ; la prise des forts du Pei-Ho (août 1860), en Chine ; la prise des lignes de Ki-loa par le vice-amiral Charner (24 février 1861).

Et plus près de nous encore, en 1870, la défense de Strasbourg où coopérèrent les marins sous les ordres de l'amiral Exelmans ; l'héroïque défense de l'infanterie de marine à Bazeilles (1er septembre 1870), le combat du Bourget (21 décembre 1880), par les marins arrivés de Paris pour aider à la défense de la capitale.

C'est au sujet de ces derniers que leur chef, le brave

---

(1) La ville de Lorient, où il était né, lui a élevé une statue.

vice-amiral de la Roncière-le-Noury a écrit cette page émue :

« Étrangers à toutes les péripéties de la politique, les marins ne garderont que le souvenir du devoir accompli. Chacun d'eux pourra dire avec orgueil : J'étais au siège de Paris.

Sous la conduite de chefs intrépides et hardis, sous la conduite des amiraux Saisset et Pothuau, qui n'ont pas moins puisé dans les élans d'une vieille amitié pour nous que dans les règles de la hiérarchie l'inspiration du concours sans relâche qu'ils nous ont prêté, ils coururent au danger l'âme pleine comme eux des plus nobles sentiments que fasse naître le saint amour de la patrie. Nous avons à cœur d'avoir mérité l'estime de ces chefs vaillants. Celle qu'ils nous ont inspirée n'a fait qu'accroître la sympathique affection qui nous unissait à eux depuis de longues années.

» Que Paris, dans ses amers retours vers les faits accomplis, conserve dans son cœur la mémoire de ces braves gens qui sont venus concourir à sa défense.

» Que Paris le sache, que la France le sache, les matelots n'oublieront jamais qu'au milieu de tant de douleurs — dans les succès comme dans les revers — ils ont vu des poignées d'enfants inexpérimentés de la mobile, ou leurs aînés de la garde nationale, les seconder dans ces luttes stériles, les accompagner dans ces fatigues à chaque instant renouvelées, et combattre avec eux comme des hommes de cœur, beaucoup comme des héros !

» Que l'armée sache que dans ces régiments, où tout, officiers et soldats, fut improvisé, les marins ont puisé de salutaires exemples et rencontré des frères dont l'union a été cimentée par les dangers et les privations partagés ! Et si quelque jalousie eût pu se faire jour, elle se serait traduite, en maintes circonstances, par la rivalité du devoir, ou se serait transformée dans la confraternité du patriotisme et la douleur commune de l'insuccès...

» La marine n'a fait d'ailleurs que renouveler devant Paris les combats lointains qu'elle livre chaque jour dans ces contrées au climat meurtrier, que l'indifférence publique se refuse à connaître, et où les maladies font dans nos rangs des victimes inconnues, mais non moins regrettables. D'aussi dignes que ceux qui ont succombé devant Paris sont morts, que l'on ne connaîtra jamais.

» Et l'infanterie de marine, si héroïque à Bazeilles ; et l'artillerie de marine, si vigoureuse à Paris, ces armes modestes et vaillantes qui dans cette guerre n'ont pas déchu de leur passé, veut-on savoir leur lendemain ? Elles vont partir pour quelque colonie lointaine, et là, morcelées en petits détachements, elles vont s'en aller dans l'intérieur, le plus souvent sans nouvelles, sans écho de la patrie. Après quelques mois, on apprendra que le détachement est réduit à moitié par le climat, par la maladie, ou qu'il a été décimé dans quelque obscur combat. La mort marche à grands pas dans leurs rangs. Voilà le vrai dévouement, l'abnégation, le devoir dans toute sa rigueur.

» Tant de sang généreux apaisera la colère divine. Dieu pardonnera à notre chère patrie ses erreurs et ses fautes, et la marine ira bien loin encore, portant toujours le front haut, sur des navires qui plus tard recevront les noms d'*Avron*, de *Rosny*, du *Bourget*, de *Montrouge*, dire au monde entier que la France, blessée à mort, se relèvera cependant un jour, et, déchirant son linceul, reparaîtra plus jeune, plus puissante, et aussi plus sage qu'autrefois... (1) »

Et, il convient encore de citer, plus près de nous, la prise de Sfax (16 juillet 1881), et les nombreux combats livrés contre les Chinois par ce grand Français et ce grand chrétien, l'amiral Courbet.

C'est à bord de la *Triomphante*, qui accompagnait le

---

(1) Vice-Amiral de la Roncière-Le Noury, *La Marine au siège de Paris*. — Plon, Nourrit et Cie, éditeurs.

Bayard, où mourut l'amiral Courbet, que Pierre Loti écrivait cet admirable éloge de son chef (1) :

« Pendant qu'il s'en allait, nous causions de lui.

» Sa gloire, elle a tellement couru le monde, tellement, que c'est banal à présent d'en parler entre nous. Elle lui survivra bien un peu, j'espère, car elle est universellement connue.

» Mais ceux qui ne l'ont pas vu de près ne peuvent pas savoir combien il était un homme de cœur. Ces existences de matelots et de soldats qui, vraiment, depuis deux années, semblaient ne plus assez coûter à la France lointaine, il les jugeait très précieuses, lui qui était un vrai et grand chef; il se montrait très avare de ce sang français. Ses batailles étaient combinées, travaillées d'avance avec une si rare précision que le résultat, souvent foudroyant, s'obtenait toujours en perdant très peu, très peu des nôtres ; et ensuite, après l'action qu'il avait durement menée avec son absolutisme sans réplique, il redevenait tout de suite un autre homme très doux, s'en allant faire la tournée des ambulances avec un bon sourire triste; il voulait voir tous les blessés! même les plus humbles, leur serrant la main — et eux mouraient plus contents, tout réconfortés par sa visite...

. . . .
. . . .

» Je le subissais, moi aussi, le prestige de cet amiral...

» Je m'inclinais devant cette grande figure du devoir, incompréhensible à notre époque de personnages fort petits. — *Il était à mes yeux une sorte d'incarnation de tous ces vieux mots oubliés d'honneur, d'héroïsme, d'abnégation, de patrie...* (2) »

(1) *Propos d'Exil.* (Calman Lévy, édit.)
(2) L'amiral Courbet avait eu une fin chrétienne. « Comment, s'est écrié Mgr Freppel, dans son *Oraison funèbre de l'amiral Courbet*, comment, n'aurait-il pas tourné vers Dieu le dernier regard de son âme? Avant de partir pour le Tonkin, n'était-il pas allé, pèlerin plein de foi,

Et, lorsque le service religieux se fit, le 13 juin 1885, à bord du *Bayard*, où avait été élevée une chapelle, les matelots pleurèrent.

» Je n'avais encore jamais vu, a dit Pierre Loti, des matelots pleurer sous les armes, — et ils pleuraient silencieusement, tous ceux du piquet d'honneur.

» Elle était bien modeste, cette petite chapelle ; bien modeste aussi, ce petit drap noir ; et, quand le corps de cet amiral reviendra en France, on déploiera, c'est certain, une pompe infiniment plus brillante qu'ici, dans cette baie d'exil.

» Mais qu'est-ce qu'on pourra lui faire, qu'est-ce qu'on pourra inventer pour lui qui soit plus beau et plus rare que ces larmes ?... (1). »

***

Pour montrer les sentiments chrétiens qui animent les marins, je terminerai en publiant la lettre qu'en août 1900, un amiral écrivait au chef de l'Etat, à l'occasion du discours que ce dernier avait prononcé en remettant les drapeaux aux troupes partant pour la Chine :

« Monsieur le Président,

» Elevé, comme l'immense majorité des Français, dans la foi catholique, je sais que toute autorité vient de Dieu, et je professe le plus profond respect pour les hautes fonctions dont vous êtes investi.

» Au cours de ma longue carrière maritime, la *disci-*

---

se placer lui et son escadre sous la protection de sainte Anne d'Auray ? En réclamant avec tant d'insistance le ministère des prêtres de Jésus-Christ pour ses frères d'armes, n'avait-il pas mérité que la religion vînt le consoler et le fortifier lui-même ?... »

(1) « La mer rend l'âme religieuse, elle la rend héroïque aussi. »
François COPPÉE.

pline fut toujours considérée par moi comme une vertu nécessaire; maintes fois j'ai déclaré que, sans elle, il ne saurait exister ni marine, ni armée.

» Mon intervention à l'heure présente n'est ni un acte de révolte, ni un acte d'indiscipline. Admis depuis un an dans le cadre de réserve, ayant recouvré l'exercice de mes droits de citoyen, je viens vous dire que l'œuvre de déchristianisation qui se poursuit, et que l'apostasie religieuse qu'on prétend imposer au pays, nous épouvantent pour l'avenir de la France. Pour me faire l'interprète de ceux que la discipline condamne au silence, j'invoque cinquante années de loyaux services et le grade élevé que j'occupe dans l'Ordre de la Légion d'honneur, dont vous êtes le Grand-Maître.

» A l'heure, grave entre toutes, où la France tire l'épée pour la plus sainte des causes; — alors que s'unissant aux autres nations chrétiennes à la tête desquelles son passé lui donne droit de marcher, elle va s'efforcer d'arrêter les massacres, de protéger les Missions et de défendre en Chine la cause de la civilisation, — vous avez tenu, Monsieur le président, à donner aux forces de terre et de mer chargées de soutenir l'honneur du drapeau, un témoignage de votre haute sollicitude; en remettant vous-même au vaillant chef que vous avez choisi les étendards du corps expéditionnaire, vous avez confié « à sa loyauté et à son patriotisme » ces emblèmes de la patrie : soyez-en remercié !

« Mais, hélas ! à notre profonde tristesse vous avez cru devoir passer sous silence la source à laquelle s'alimente l'esprit de sacrifice auquel vous faites appel ; la parole du chef de l'État ignore Dieu, l'auteur de tout bien et l'honneur véritable ; le Dieu des armées qui donne la victoire et tient, entre ses mains toutes-puissantes, les destinées du pays ! Nous déplorons ce silence : il nous impose un acte de réparation.

» Il appartient à la France chrétienne, qui n'a pas oublié ses origines, de faire cet acte qui peut peser d'un si grand poids dans la balance de la divine justice. Depuis quelques jours, des foules venues de tous les points du territoire, et en particulier des cinq départements bretons, sont agenouillées au sanctuaire de Lourdes. La Bretagne a voulu que le siècle de l'Immaculée-Conception ne se terminât pas sans qu'un monument grandiose de sa foi et de son amour ne s'élevât au lieu même des apparitions ; l'un de ses enfants vient d'achever le Calvaire de granit qui rappellera aux âges futurs la fermeté de nos croyances et notre espérance en Jésus crucifié.

» C'est au pied de ce Calvaire que la France de saint Louis et de Jeanne d'Arc, que les mères, femmes, sœurs, fiancées de ceux qui viennent de nous quitter pour aller combattre au loin, iront faire amende honorable ; là, comme à Montmartre, leurs prières et leurs larmes feront violence au Divin Cœur pour obtenir le triomphe de nos armes et le salut de la patrie !

» Veuillez agréer, monsieur le président, l'hommage de mon plus respectueux dévouement.

» Vice-amiral DE CUVERVILLE,
» *du cadre de réserve,*
» *Grand-Officier de la Légion d'honneur.*

Créch'-Bletz, 15 août 1900. »

**

Mais, il n'y a pas qu'à la guerre que nos marins se dévouent journellement ; on peut entendre parler d'obscurs mais admirables actes accomplis par des sauveteurs, aussi bien par de simples matelots que par des chefs : Le Livre d'or de la Marine Française est gros de sublimes et inoubliables exemples :

Tout récemment, la France entière a été émue en entendant le récit d'un nouveau et bel exemple d'héroïsme des marins français.

En août 1900, à la suite d'une terrible collision, un torpilleur, La Framée, coulait presque à pic. Son commandant, le lieutenant de vaisseau de Mauduit du Plessix, est mort volontairement et héroïquement, refusant de quitter son navire qui sombrait.

Le patron de la baleinière n° 1 du Brennus, un quartier-maître de manœuvre nommé Rio, voulut sauver le commandant de la Framée, que l'on apercevait debout sur la muraille de son bâtiment. Il était parvenu à approcher du commandant de Mauduit du Plessix (1), il lui offrit sa ceinture de cuir. Il suffisait au commandant d'accepter pour être sauvé ; il refusa avec la plus vive énergie : « Courage, mes hommes, dit-il en se tournant vers ceux qui surnageaient, tâchez de vous sauver. Adieu ! » ; et comme lié à son navire dont il voulait partager le sort, il fut englouti dans les flots.

L'officier mécanicien de la Framée, Jules Coupé, est mort non moins glorieusement que son commandant. Dès qu'il eut la notion de la catastrophe, il pensa à assurer, autant qu'il était possible de le faire, le sauvetage de ses camarades. Il aida notamment deux de ses hommes, dont le chauffeur breveté Le Cayonnec, à sortir de la machine.

---

(1) Voici des renseignements curieux sur la famille actuelle du héros de la Framée :

Le lieutenant de Mauduit du Plessix appartient à une de ces familles de soldats où le dévouement est traditionnel, et la Bretagne en est fière. Le brave commandant de la Framée est né à Nantes, et il y a été élevé. Son père, le colonel de Mauduit, était Nantais aussi. Il fut gravement blessé sur le champ de bataille en 1870.

En cette année fatale, son oncle Paul de Mauduit quitta sa femme et ses filles pour s'engager, sous les ordres de Charette, dans les volontaires de l'Ouest, et il tomba à Loigny, dans la charge légendaire de ces valeureux zouaves.

La mère du lieutenant de vaisseau est née Kéridec ; son père fut longtemps député, puis sénateur du Morbihan. Elle a deux autres enfants : un fils qui est religieux du Saint-Sacrement, et une fille qui est carmélite.

Il leur fit revêtir la ceinture de sauvetage, grâce à laquelle ils purent se jeter sans danger à l'eau. Mais les instants étaient comptés, et lorsque l'officier mécanicien songea à lui, il était trop tard. La *Framée* l'entraîna au fond. M. Coupé était marié et père de deux enfants.

Le quartier-maître des machines est mort presque aussi tragiquement. Il avait fait remonter sur le pont ses ouvriers auxiliaires, les mécaniciens Bardinet et Emile Cornille, deux jeunes gens de 17 et 19 ans, et à peine ceux-ci furent-ils sauvés que le bateau s'enfonçait.

Parmi ceux qui se sont distingués au cours de cette horrible catastrophe, il faut signaler, parmi tant de sauveteurs courageux, le chauffeur auxiliaire Burguin, qui se fit attacher par les aisselles et, à plusieurs reprises, plongea dans les profondeurs causées par les remous ; il réussit à sauver un des hommes de la *Framée* que l'on considérait comme perdu.

N'est-ce pas tout simplement admirable (1) !

Ces actes d'héroïsme sont de tradition dans notre marine française. Tel encore et auparavant cet héroïque capitaine Deloncle qui, les bras croisés sur le pont de la *Bourgogne*, descendit le dernier dans l'immensité des eaux.

---

(1) On écrivait de Lorient à la date du 4 août 1900 :
Sur l'initiative du Syndicat du commerce et de l'industrie et de la presse lorientaise, une souscription vient d'être ouverte en faveur des veuves et orphelins des victimes de la catastrophe de la *Framée*.

Le premier souscripteur, dont le nom figurera dans ces colonnes, est le héros qui commandait ce bâtiment.

Sa mère, s'arrachant à sa douleur, vient de faire parvenir à M. Duparc, curé de Lorient, une lettre sublime dans laquelle elle raconte qu'à la veille de partir elle demanda à son fils l'usage qu'elle devrait faire des économies qu'il lui avait confiées.

— Donnez-les ! répondit le commandant de Mauduit.

Et c'est de ce legs suprême, de ce don posthume, que vont bénéficier les veuves, les orphelins des marins à côté desquels est mort ce héros.

On ne peut commenter des traits aussi touchants, qui peignent bien l'officier mort victime du devoir.

Même sans ce que de tels événements ont de douloureux, il en ressort je ne sais quelle vivifiante sève de courage comme celle qui coule au tronc des vieux arbres à pins blessés. Le cœur se gonfle de cette haleine d'héroïsme et de ce souffle des grands exemples qui attestent la virilité de la race française !

Toute l'œuvre obscure de cosmopolites et d'antichrétiens qui tendrait à étouffer dans dans notre âme les généreuses révoltes, les appels aux anciennes chevaleries, les dévouements chrétiens, échouerait contre l'invincible instinct d'un sang qui se retrouve et se reconnaît. La France chevaleresque et chrétienne n'a pas oublié la chanson des clairons qui sonnèrent les antiques victoires, l'ardeur guerrière d'autrefois qui mettait si haut notre race dans l'estime de toutes les autres!

CHAPITRE VII

LE CONCORDAT

Sous la Révolution. — La Constitution civile du clergé. — En 1802. — Une mesure réparatrice. — Le Concordat. — Bonaparte et Pie VII. — Le cardinal Consalvi. *Sustentationem quæ decet.* — *Allocation.* — *Un Pontife prisonnier.* — Les sentiments de Napoléon. — Une pensée de Louis Veuillot. — A Sainte Hélène. — Une voix auguste s'élevant en faveur de l'exilé.

Avec la Révolution, la constitution civile du clergé avait provoqué un schisme véritable et de nombreux prêtres avaient préféré le martyre plutôt que de s'y soumettre (1). Puis, la Terreur était venue ; elle avait supprimé à la fois les prêtres insermentés et les prêtres assermentés. La paix des familles était troublée, la validité des mariages contestée. Il était temps de ramener la paix religieuse en France.

L'an 1802 devait voir naître une mesure réparatrice par excellence, le rétablissement du culte catholique en France par le *Concordat*.

Six jours avant la bataille de Marengo, Bonaparte disait devant les ecclésiastiques de Milan: « Mon intention formelle est que la religion chrétienne, catholique et romaine,

---

(1) Voir notre livre : *Le Clergé sous la Terreur* (Alfred Mame, éditeur).

soit conservée dans son entier, qu'elle soit publiquement exercée, qu'elle jouisse de cet exercice public avec une liberté aussi pleine, aussi étendue, aussi inviolable qu'à l'époque où j'entrai pour la première fois dans ces heureuses contrées.

Et d'autre part, Bonaparte répétait encore :
« La paix religieuse est la plus urgente de toutes ; celle-là conclue nous n'aurons plus rien à craindre ».

Pie VII, ayant appris ces bonnes dispositions, s'empressa de faire savoir au premier consul qu'il était prêt à entrer en négociations. Ces offres furent enfin acceptées et les pourparlers commencèrent. Le cardinal *Consalvi* représentait le Pape, et *Joseph Bonaparte*, assisté du conseiller d'État *Crétet* et de l'abbé *Bernier*, représentait le premier consul Bonaparte.

Après de longs débats, les négociations allaient aboutir, lorsqu'au jour de la signature, le cardinal Consalvi ne reconnut plus, dans la copie officielle, le texte convenu. En présence de cette falsification l'envoyé du Saint-Père protesta contre un procédé sans exemple en diplomatie. Le soir même il se rendit cependant à un grand dîner, dans lequel Bonaparte se proposait d'annoncer à la France la conclusion des arrangements signés le matin même avec le Saint-Siège. A peine Bonaparte l'eut-il aperçu, que se dirigeant vers lui, il lui dit avec colère :

« *Eh bien ! monsieur le cardinal, vous avez voulu rompre ! soit. Je n'ai pas besoin de Rome, j'agirai de moi-même. Je n'ai pas besoin du Pape. Si Henri VIII, qui n'avait pas la vingtième partie de ma puissance, a su changer la religion de son pays, bien plus le saurai-je faire et le pourrai-je, moi... Rome s'apercevra des pertes qu'elle aura faites ; elle les pleurera, mais il n'y aura plus de remède. Vous pouvez partir, c'est ce qui vous reste de mieux à faire. Vous avez voulu rompre, eh bien ! soit, puisque vous l'avez voulu. Quand partez-vous donc ?*

— *Après dîner, général* », répondit Consalvi d'un ton

calme. Le visage colère du premier consul fut obligé de se radoucir, et grâce aux bons offices du comte de Cobentzel, ministre d'Autriche, et à la fermeté autant qu'aux bonnes raisons du cardinal, les conférences furent reprises.

Le sujet de la contestation qui arrêta si longtemps les deux partis, était relatif à la publicité du culte : « Le culte sera public, était-il écrit simplement dans le projet du Concordat formulé par le premier consul, le culte sera public en se conformant toutefois aux règlements de police. » Le cardinal ne voulut pas souscrire aux termes de cet article, qui paraissait accorder au prince le droit de réglementer le culte extérieur, et impliquer une sorte de juridiction laïque sur l'Église. Il eut beaucoup de peine à faire restreindre le sens de cette proposition, en alléguant expressément la cause de *tranquillité publique* dont le maintien peut exiger de pareils règlements. L'habile diplomate prévoyait les conséquences que l'on pourrait tirer de cet article; et, en effet, tous les articles organiques étaient renfermés en germe dans celui-ci; et quoique séparés du Concordat, le gouvernement voulut les identifier avec le Concordat lui-même, qu'il ne publia qu'après avoir élaboré ces règlements de police.

Le Concordat fut signé le 15 juillet 1801.

« En demandant au Pape la dépossession sans jugement canonique de 136 évêques régulièrement investis, dit Mgr Freppel, le concordat a reconnu au Pape le pouvoir spirituel le plus absolu et cela contrairement à la déclaration de 1682 (1).

» A ce point de vue le Concordat est l'acte le plus ultramontain de l'histoire ; il a admis le pouvoir discrétionnaire du Pape sur les évêques ; le Concordat, c'est la négation de la déclaration de 1682, le tombeau de l'Église gallicane. »

---

(1) Mgr Freppel : Discussion à la commission du Concordat (3 février 1887).

Voici le texte du Concordat :

« Le gouvernement de la République reconnaît que la religion catholique, apostolique et romaine, est la religion de la grande majorité des citoyens français. Sa Sainteté reconnaît également que cette même religion a retiré et attend encore en ce moment le plus grand bien et le plus grand éclat de l'établissement du culte catholique en France et de la profession particulière qu'en font les consuls de la République.

En conséquence, d'après cette reconnaissance mutuelle, tant pour le bien de la religion que pour le maintien de la tranquillité intérieure, il a été convenu ce qui suit :

I. — La religion catholique, apostolique et romaine sera librement exercée en France. Son culte sera public, en se conformant aux règlements de police que le gouvernement jugera nécessaires pour la tranquillité publique.

II. — Il sera fait par le Saint-Siège, de concert avec le gouvernement, une nouvelle circonscription des diocèses français.

III. — Sa Sainteté déclarera aux titulaires des évêchés français qu'elle attend d'eux, avec une ferme confiance, pour le bien de la paix et de l'unité, toute espèce de sacrifices, même celui de leurs sièges.

D'après cette exhortation, s'ils se refusaient à ce sacrifice commandé par le bien de l'Église (refus néanmoins auquel Sa Sainteté ne s'attend pas), il sera pourvu par de nouveaux titulaires, au gouvernement des évêchés de la circonscription nouvelle de la manière suivante :

IV. — Le premier consul de la République nommera, dans les trois mois qui suivront la publication de la bulle de Sa Sainteté, aux archevêchés et évêchés de la circonscription nouvelle. Sa Sainteté conférera l'institution canonique suivant les formes établies, par rapport à la France, avant le changement de gouvernement.

V. — Les nominations aux évêchés qui vaqueront dans

la suite seront également faites par le premier consul, et l'institution canonique sera donnée par le Saint Siège, en conformité de l'article précédent.

VI. — Les évêques, avant d'entrer en fonctions, prêteront directement entre les mains du premier consul le serment de fidélité qui était en usage avant le changement de gouvernement.

Le Concordat, pour devenir loi de l'État, avait besoin d'être revêtu de la sanction du corps législatif. Bonaparte rencontra de ce côté beaucoup d'opposition. M. de Portalis, qui était chargé de la direction des affaires ecclésiastiques, crut qu'il n'était pas possible de faire adopter le Concordat sans y ajouter une série d'*articles organiques*, dont il n'avait été nullement question dans les négociations, et contre lesquels le Pape protesta, justement, puisqu'il y avait usurpation du pouvoir civil sur le pouvoir spirituel, et que plusieurs articles organiques enlevaient à l'Église catholique la liberté que proclamait le premier article du Concordat. Au fond, l'État prétendait tenir le clergé dans sa main, il voulait lui faire enseigner l'hérésie et établissait une espèce de schisme.

Voici les principaux articles organiques :

Art. 1er. — Aucune bulle, bref, rescrit, décret, mandat, provision, signature servant de provision, ni autres expéditions de la cour de Rome, même ne concernant que les particuliers, ne pourront être reçus, publiés, imprimés, ni autrement mis à exécution sans l'autorisation du gouvernement.

Art. 6. — Il y aura recours au Conseil d'État dans tous les cas d'abus de la part des supérieurs et autres personnes ecclésiastiques.

Art. 24. — Ceux qui seront choisis pour l'enseignement dans les séminaires, souscriront la déclaration faite par le clergé de France, en 1682, et publiée par un édit de la même année. Ils se soumettront à y enseigner la doctrine qui y est contenue.

Art. 39. — Il n'y aura qu'une liturgie et un catéchisme pour toutes les églises de France.

Art. 43. — Tous les ecclésiastiques seront habillés à la française et en noir. Les évêques pourront joindre, à ce costume, la croix pectorale et les bas violets.

Art. 45. — Aucune cérémonie religieuse n'aura lieu hors des édifices consacrés au culte catholique, dans les villes où il y a des temples destinés à différents cultes.

Art. 54. — (Les curés) ne donneront la bénédiction nuptiale qu'à ceux qui justifieront, en bonne et due forme, avoir contracté mariage devant l'officier civil. »

Le culte protestant reçut également une rétribution de l'État. Quant au culte israélite, il ne fut rétribué que sous Louis-Philippe.

La paix d'Amiens signée, le Concordat et la loi organique des cultes présentés au Conseil d'état et au Corps législatif par Portalis, furent inaugurés en grande pompe. La paix générale et la paix de l'Église furent célébrées sous les voûtes de l'Église métropolitaine de Notre-Dame, le 18 avril 1802.

Chose curieuse et qui était vraiment une cause d'un besoin social supérieur, au moment où le premier consul relevait les autels, Chateaubriand publiait son *Génie du Christianisme*, et en faisait la dédicace à Bonaparte.

Ce contrat entre le Souverain Pontife et le gouvernement de la République française fut diversement apprécié à son apparition. Accueilli avec enthousiasme par l'immense majorité des Français, il trouva d'ardents adversaires dans les camps extrêmes, surtout dans le parti révolutionnaire; mais on peut dire qu'il fut un grand bienfait pour la France.

Il consacrait, dans l'article premier, le libre exercice et la publicité du culte catholique. Dans l'article 14, le gouvernement s'engageait à assurer un traitement convenable : *Sustentationem quæ decet*, aux évêques et aux curés, et par l'établissement des séminaires, il permettait le recrutement du clergé.

Tant que le Concordat a été observé par l'État, jamais il ne serait venu à l'esprit d'un bon catholique d'en désirer l'abrogation et de voir s'établir à sa place une séparation de fait. Mais aujourd'hui, le Concordat est-il observé par le gouvernement de la France ?

La publicité du culte catholique est-elle permise ?

Et le traitement des évêques et des curés est-il assuré ? Quand on voit que ces traitements ne sont donnés à tous les desservants qu'au titre précaire d'*allocation*; qu'ils sont supprimés arbitrairement aux curés et même aux évêques par l'administration, on pourrait le nier.

Le recrutement du clergé n'est-il pas empêché par la loi militaire après qu'on a supprimé toutes les bourses des séminaires ?

Le prêtre ne peut plus entrer à l'école, il ne peut plus entrer dans les casernes, il peut à peine aller voir les malades dans les hôpitaux !

Peut-on dire que le culte est libre et que le Concordat est observé ? Non. On se sert du Concordat comme d'une arme, pour asservir l'Église, et bientôt, sous son couvert, on aura enlevé aux catholiques toutes leurs libertés.

Beaucoup de députés dans leurs programmes demandent aujourd'hui l'abrogation du Concordat, mais ils ne songent pas alors aux restitutions nécessaires. Les biens du clergé, lors de la Révolution, ont été volés, il faudrait les lui rendre, cela va de soi, et alors l'Église de France aurait une grande puissance, puis aussi une grande liberté, car nul gouvernement ne pourrait alors empêcher un prélat ou un prêtre de dire ce qu'il pense puisqu'il ne les payerait plus. Aussi, nous pensons que nous ne sommes pas prêts de voir l'abrogation du Concordat.

*
* *

En établissant le Concordat, Napoléon a-t-il voulu agir

pour le bien de la Religion ou de l'Église ou a-t-il voulu simplement confisquer adroitement à son profit le pouvoir ordinaire du Pape? Question difficile à résoudre. Il faut se rappeler que Bonaparte, élevé par une mère qui lui avait donné une forte éducation chrétienne (1), était d'autre part issu de la Révolution. Il avait à la fois des principes religieux et des principes révolutionnaires et ces derniers l'emportèrent souvent.

Ce furent ses idées révolutionnaires et ses vues ambitieuses qui l'empêchèrent certainement de comprendre la vraie notion des rapports de l'Église et de l'État; il fut toujours mal placé pour s'en instruire, et il regarda volontiers la puissance du pape comme l'instrument propre de la sienne.

Dès 1804, Napoléon disait : « L'Empire français deviendra la mère-patrie des autres souverainetés. Je veux que chaque roi d'Europe soit forcé de bâtir à Paris un grand palais à son usage ; lors du couronnement de l'empereur des Français, ces rois viendront l'habiter, ils orneront de leur présence et salueront de leurs hommages cette imposante cérémonie... Le pape y sera, il est venu à la première ; il faudra bien qu'il revienne à Paris, qu'il s'y installe à poste fixe ; où le Saint-Siège serait-il mieux que dans la nouvelle capitale de la chrétienté, sous la main de Napoléon, héritier de Charlemagne et souverain temporel du Souverain-Pontife ? Par le temporel, l'empereur tiendra le spirituel, et par le pape, les consciences. Paris serait devenu la capitale du monde chrétien et j'aurais dirigé le monde religieux ainsi que le monde politique, ajouta-t-il, à Sainte-Hélène (2). »

---

(1) C'est à ma mère, disait Napoléon à Sainte-Hélène, c'est à ses bons principes, que je dois ma fortune et tout ce que j'ai fait de bien. Elle est digne de tous les genres de vénération. Je n'hésite pas à dire que l'avenir d'un enfant dépend de sa mère !

(2) Taine : *Revue des Deux-Mondes.*

Tout cela explique bien des actes en apparence contradictoires de Napoléon.

On connaît la lutte entre Napoléon qui avait la force des armes et Pie VII qui avait la force du droit. Napoléon s'empara de Rome (1). Excommunié, il fit enlever le pape de Rome.

Le 5 juillet, le Quirinal, habité par Pie VII, fut environné de troupes. Radet, général de gendarmerie, y pénétra, désarma les Suisses, fit abattre les portes des appartements, et pénétra jusque dans la chambre où Pie VII se trouvait avec le cardinal Pacca.

Deux vieillards, dans la nuit du palais romain, dit Chateaubriand, luttaient seuls contre une puissance qui écrasait le monde; ils tiraient leur vigueur de leur âge : prêt à mourir, on est invincible. Un prêtre de soixante-et-onze ans, sans un soldat, tenait en échec un empire. Le pape, levé à la hâte, se tenait en rochet et en mozette, avec le cardinal Pacca, le cardinal Despug, quelques prélats et des employés de la secrétairerie. Il était assis devant une table entre les deux cardinaux. Radet entre ; on reste de part et d'autre en silence. Radet pâle et déconcerté prend enfin la parole : il déclare à Pie VII qu'il doit renoncer à la souveraineté temporelle de Rome, et que si Sa Sainteté refuse d'obéir, il a ordre de le conduire au général Miollis.

Le pape répondit que si les serments de fidélité obligeaient Radet d'obéir aux injonctions de Bonaparte, à plus forte raison lui, Pie VII, devait tenir les serments qu'il avait faits en recevant la tiare ; il ne pouvait ni céder, ni abandonner le domaine de l'Église, qui ne lui appartenait pas et dont il n'était que l'administrateur. Le pape ayant demandé s'il devait partir seul : « *Votre Sainteté*, répondit le général, *peut emmener avec lui son minis-*

---

(1) Il avait écrit au pape : « Votre Sainteté est souveraine de Rome, mais j'en suis empereur ».

tre. » Pacca courut se revêtir dans une chambre voisine de ses habits de cardinal... Deux papes du même nom, successeurs l'un de l'autre, ont été victimes de nos révolutions. Tous deux furent traînés en France par la voie douloureuse ; l'un, âgé de quatre-vingt-deux ans, est venu expirer à Valence : l'autre, septuagénaire, a subi la prison à Fontainebleau. Pie VII semblait être le fantôme de Pie VI, repassant par le même chemin.

La captivité de Pie VII devait durer cinq ans, mais en 1812, Napoléon, qui en 1811 avait tenté de résoudre les questions religieuses par un concile national de Paris, concile qui déclara que rien ne pourrait être décidé sans le Souverain Pontife, Napoléon, dis-je, intima au Pape l'ordre de se « préparer à un nouveau voyage pour rentrer en France, car il voulait le voir achever l'œuvre de la force par son autorité personnelle. » (1)

Le 20 juin, au matin, le Pape arriva à Fontainebleau. Ce fut là qu'il essaya de le dépouiller de son autorité spirituelle ; mais il avait compté sans la fermeté de Pie VII, qui reprit le chemin de Rome le 12 janvier 1814 après avoir tenu tête à Napoléon.

« Tout, a dit Louis Veuillot, jusqu'à l'hostilité prête à dégénérer en persécution religieuse où Napoléon eut le malheur de se laisser entraîner ; tout par la grâce de Dieu a servi la cause de l'Église. D'un côté les pensées de Napoléon furent un grand malheur, de l'autre il a été bon que cette conséquence extrême des thèses régaliennes se révélât et qu'on en vit tout le péril, que les consciences alarmées cherchassent et reconnussent le seul terrain où la résistance est invincible.

» Il a été bon aussi que le Pontife romain, timide et prisonnier, parût cependant à la face du monde le seul prince que Bonaparte n'ait pas pu contraindre à l'abandon d'un devoir. Quand l'Angleterre ourdissait tant de mensonges

(1) Mgr Mathieu, « pouvoir temporel des Papes. »

et soldait tant de défections, quand l'orgueilleuse Autriche donnait la main d'une archiduchesse à l'époux divorcé de Joséphine, ce pape captif, ce souverain détrôné, ce pauvre prêtre, regardant son crucifix après avoir écouté les messages impérieux de toute la puissance humaine, répondit : « *Non*, je ne donnerai pas ma conscience pour retrouver ma couronne ; *Non possumus !* » Le monde avait besoin d'un enseignement si humble et si fier. »

*
* *

Lorsque, plus tard, le grand empereur vaincu se trouva malade et presque mourant sur l'aride rocher de Sainte-Hélène, une voix auguste s'éleva en faveur de l'exilé. C'était celle de Pie VII qui écrivait au cardinal Consalvi.

« Notre cardinal bien-aimé,

» La famille de l'empereur Napoléon nous a fait connaître par le cardinal Fesch, que le rocher de l'île de Sainte-Hélène est mortel et que le pauvre exilé se voit dépérir à chaque minute. Nous avons appris cette nouvelle avec une peine infinie, et vous la partagerez sans aucun doute, car nous devons nous souvenir tous les deux qu'après Dieu, c'est à lui principalement qu'est dû le rétablissement de la religion dans ce grand royaume de France. La pieuse et courageuse initiative de 1801 nous a fait oublier et pardonner depuis longtemps les torts subséquents. Savone et Fontainebleau ne sont que des erreurs de l'esprit ou des égarements de l'ambition humaine ; le Concordat fut un acte chrétiennement et héroïquement sauveur.

» La mère et la famille de Napoléon font appel à notre miséricorde et générosité ; nous pensons qu'il est juste et reconnaissant d'y répondre. Nous sommes certains d'entrer dans vos intentions en vous chargeant d'écrire de notre part aux souverains alliés et notamment au prince régent qui nous a donné tant de témoignages d'estime. C'est *votre* cher et bon ami, et nous entendons que vous lui demandiez d'adoucir les souffrances d'un pareil exil. Ce serait pour notre cœur une joie sans pareille que d'avoir contribué à diminuer les tortures de Napoléon. Il ne peut plus être un danger pour quelqu'un, nous désirerions qu'il ne fût un remords pour personne... »

Castel-Gandolfo, 6 octobre 1817.

CHAPITRE VIII

LE DÉVOUEMENT ET LE PATRIOTISME DU CLERGÉ

Le dévouement chrétien et le patriotisme du clergé de France... — Au début d'une guerre. — Bel exemple. — Les Prélats. — L'émulation. Hymne. — Le curé de Bazeilles. — Braves alliés. — Nos aumôniers militaires. — Les dominicains, les trappistes, les jésuites pendant la guerre. — Sur les murs d'un parloir. — Charmante anecdote. — Les Frères des écoles chrétiennes pendant la guerre. — Dévouement et héroïsme. — Les Sœurs. — Un livre d'or.

Ce fut pendant les jours à la fois tristes et glorieux de la guerre franco-allemande que l'on put admirer le dévouement et le patriotisme du clergé et de tous les ordres religieux de France.

La guerre venait à peine d'être déclarée que de toutes parts, les prélats écrivirent pour offrir des aumôniers, amener la création d'ambulances, ouvrir des souscriptions pour les blessés. « Les prêtres, les moines, suivirent l'exemple de leurs chefs (1). »

Ceux qui ont tant crié : les *curés sac au dos !* auraient dû se rappeler les soins fraternels que les membres du clergé ont prodigués dans les hôpitaux, dans les ambu-

(1) Mgr Émile Lesur, ancien aumônier.

lances, sans crainte de l'épidémie, sans crainte de la mort ; cela vaut bien, je suppose, l'héroïsme du champ de bataille.

Le soldat a pour lui la vue du drapeau, dépôt sacré, emblème chéri de la Patrie ; l'odeur de la poudre qui le grise, l'exemple et l'entraînement de ses chefs, la récompense honorifique d'une croix que l'on salue.

Le prêtre n'a rien que les remerciements et les sourires de ceux qu'il soigne et secourt ; pour récompense ici-bas, les injures et les sottises d'un parti haineux. Heureusement pour lui, il a autre chose qui le soutient et l'encourage : la foi et l'espérance des récompenses éternelles.

L'empressement du clergé catholique fit d'ailleurs un contraste frappant avec la timide ardeur patriotique des membres de l'Université.

« L'Université, qui n'a pas jugé à propos de suivre l'exemple des établissements catholiques en donnant l'argent des prix pour les blessés, écrivait M. Brame, ne se montre pas non plus très pressée de convertir en ambulances ses collèges et lycées. Pour nos maisons religieuses, c'est déjà fait, et beaucoup d'entre elles ont depuis quelque temps des blessés à soigner. Où en est-on dans les établissements universitaires ? M. le ministre de l'instruction publique combat cette lenteur à coups de circulaires. » (1)

*
* *

Dès les débuts de la guerre, le ministre avait écrit aux prélats de France :

« Monseigneur,

» Je vous prie, au nom de Sa Majesté, de vouloir bien ordonner des prières publiques dans votre diocèse. Mettez

(1) L'*Univers*, 29 août 1870.

la France et son chef, et le noble enfant qui va combattre avant l'âge, sous la protection de Celui qui tient dans ses mains le sort des batailles et la destinée des peuples. Au moment où notre héroïque armée se met en marche, demandez à Dieu de bénir nos armées et de permettre qu'une paix glorieuse et durable succède bientôt aux douleurs et déchirements de la guerre.

» Agréez, Monseigneur...

» ÉMILE OLIVIER. (1) »

Le 26 juillet 1870.

L'archevêque de Paris, Mgr Darboy, dès le début de la guerre, avant l'apparition de cette lettre, avait déjà écrit à tous les curés de son diocèse pour les autoriser et les engager à convertir leurs églises et leurs presbytères en ambulances pour secourir les blessés français (2).

Il fut des premiers à ordonner des prières pour l'armée française.

Son exemple fut suivi de tous côtés. Il fallut voir alors l'admirable émulation du clergé.

Pendant cette guerre patriotique il eut en nombre des victimes et des héros.

Je citerai au hasard quelques-unes des victimes, car un livre de 1000 pages ne suffirait pas pour donner le *Livre d'Or* du dévouement en cette période de tristesse et d'héroïsme.

---

(1) La paroisse de Notre-Dame-des-Victoires donnait alors un bel exemple de patriotisme. Tous les jours, à huit heures du matin, une messe était célébrée à l'autel de la Sainte Vierge pour les officiers, sous-officiers et soldats de l'armée en campagne et pour le succès de nos armes. (L'*Univers*, 26 juillet 1870.)

(2) Le secrétaire de Mgr Darboy, M. l'abbé Bayle, avait fait le relevé des ambulances du clergé parisien qui s'élevait au chiffre de 634, comprenant 19,647 lits. — Sur ces ambulances, 114 avaient été fondées spécialement et étaient entretenues par le clergé de Paris.

Le poète les a glorifiés en des vers immortels, ceux qui sont morts pour la patrie. Il a demandé la prière pour eux.

HYMNE

Ceux qui pieusement sont morts pour la Patrie
Ont droit qu'à leur cercueil la foule vienne et prie.
Entre les plus beaux noms leur nom est le plus beau.
Toute gloire près d'eux passe et tombe éphémère,
    Et comme ferait une mère,
La voix d'un peuple entier les berce en leur tombeau.

    Gloire à notre France éternelle !
    Gloire à ceux qui sont morts pour elle !
    Aux martyrs, aux vaillants, aux forts !
    A ceux qu'enflamme leur exemple,
    Qui veulent place dans le temple,
    Et qui mourront comme ils sont morts !

C'est pour ces morts, dont l'ombre est ici bienvenue,
Que le haut Panthéon élève dans la nue
Au-dessus de Paris, la ville aux mille tours,
La reine de nos Tyrs et de nos Babylones,
    Cette couronne de colonnes
Que le soleil levant redore tous les jours !

    Gloire à notre France éternelle !
    Gloire à ceux qui sont morts pour elle !
    Aux martyrs, aux vaillants, aux forts !
    A ceux qu'enflamme leur exemple,
    Qui veulent place dans le temple
    Et qui mourront comme ils sont morts !

Ainsi, quand de tels morts sont couchés dans la tombe,
En vain l'oubli, nuit sombre où va tout ce qui tombe,
Passe sur leur sépulcre où nous nous inclinons.
Chaque jour, pour eux seuls se levant plus fidèle,
    La gloire, aube aujourd'hui nouvelle,
Fait luire leur mémoire et redore leurs noms !

> Gloire à notre France éternelle !
> Gloire à ceux qui sont morts pour elle !
> Aux martyrs, aux vaillants, aux forts !
> A ceux qu'enflamme leur exemple,
> Qui veulent place dans le temple,
> Et qui mourront comme ils sont morts ! (1)

Citons maintenant quelques exemples.

En tête je mentionnerai le curé de Bazeilles.

Ah ! oui, elle restera populaire pendant de longs siècles, cette héroïque figure du curé de Bazeilles qui, voyant les Prussiens fusiller les francs-tireurs, brûler les maisons, appelle ses paroissiens aux armes !

Il les réunit dans l'église, s'empare d'un fusil et bravement rallie autour de lui à la fois paysans et soldats.

Pendant longtemps sa petite troupe tient en échec les Prussiens étonnés et, quand il ne reste plus une cartouche, le brave prêtre est fait prisonnier.

Traduit devant un conseil de guerre, il est condamné à mort, et devant les fusils qui le couchent en joue, il s'écrie : « Vive la France ! »

Ce touchant épisode a inspiré ces beaux vers à Paul Déroulède :

I

> Le blâme qui voudra, moi je l'aime, ce prêtre !
> Est-ce sa faute à lui s'il perdit sa raison,
> Si des frissons de haine ont traversé son être,
> Lorsque les Bavarois, les poings pleins de salpêtre,
> Brûlaient homme par homme et maison par maison !

II

> Ils avançaient ainsi, dévastant le village,
> Ne laissant derrière eux que ruine et que mort.

---

(1) Victor Hugo.

Et qu'importait le sexe, et que leur faisait l'âge !
N'avait-on pas tenté d'arrêter leur passage ?
Féroces par calcul, ils tuaient sans remords.

III

La place de l'Église était encore à prendre,
Mais nos soldats luttaient d'un cœur mal assuré,
Et quelques-uns déjà murmuraient de se rendre,
Lorsque sur le parvis un cri se fait entendre :
« Aux armes ! mes enfants ! » C'était le vieux curé.

IV

Et, passant sa soutane aux plis de sa ceinture,
Faisant au paysan signe de l'imiter,
Il ramasse un fusil que la mort lui procure.
Chacun s'arme, chacun s'excite et se rassure,
Et la poudre aussitôt recommence à chanter.

V

Pif ! paf ! les Bavarois s'avançaient en colonne,
Derrière un petit mur, on se mit à couvert :
« Feu ! commandait ce prêtre, et que Dieu me pardonne ! »
Les habits bleus tombaient comme les bois d'automne,
Mais leur flot gémissait toujours comme la mer.

VI

La lutte se finit, hélas ! comme on peut croire,
Mais les fiers Allemands ont regardé, surpris,
Ces paysans couchés sous la muraille noire ;
Ce fut court, mais ce fut assez long pour la gloire ;
Le curé de Bazeilles est mort pour son pays !

*
* *

L'*abbé Frérot*, âgé de 37 ans, curé de Verrey (Côte-d'Or), avait eu le tort de s'interposer en faveur de deux paysans, que les Prussiens assommaient à coups de crossé. Les Prussiens le tuèrent.

* **

A la bataille du Mans, le 11 janvier 1871, mourut l'*abbé Fougeray*, aumônier des zouaves pontificaux (il avait un frère dans les zouaves), qui avait remplacé le *R. P. Doussot* (1), aumônier fait prisonnier la veille.

Durant le combat, où les zouaves chargeaient les Prussiens à la baïonnette, on avait essayé de retenir le brave abbé en arrière du champ de bataille; mais il ne voulut rien entendre quand il vit les braves zouaves tomber comme des mouches; une balle le renversa à son tour pendant qu'il assistait le capitaine de Bellevue qui venait d'être frappé mortellement. Son corps repose au cimetière de l'église de Champigny, où tous les ans, le 11 janvier, d'anciens zouaves pontificaux viennent pieusement déposer des couronnes sur sa dernière demeure.

* **

Le R. P. *Aubonne*, des Dominicains, est mort de fatigue à l'ambulance de la rue de Jean-de-Beauvais, le 15 décembre 1870.

Le R. P. jésuite *Arnold* est mort à Laon.

Le R. P. *Charles de Damas*, le R. P. *de Renneville* furent grièvement blessés au siège de Belfort.

Le R. P. *Rochemontair*, à la bataille du Mans, reçut un coup de sabre qui mit ses jours en danger.

* **

L'abbé de la Trappe de Dombes, le R. P. *dom Augustin*, mourut victime de son dévouement en soignant des mobiles atteints de la petite variole noire.

---

(1) Ce dominicain les accompagnait depuis le 9 octobre. Il était parti avec eux de la ville de Tours.

Il s'appelait le *marquis d'Avrezac de la Pouze*, et descendait d'une vieille famille du Périgord.

*
* *

Le frère *André*, convers de l'ordre des Capucins, avait, à l'appel du gouvernement, quitté son cloître, pour rentrer dans le bataillon de chasseurs à pied dont il faisait autrefois partie avant son entrée en religion.

A la fin de février 1871, il mourut à Toulouse. Son convoi fut une véritable marche triomphale : deux capucins en froc et en sandales et deux chasseurs à pied en grande tenue portaient son cercueil sur leurs épaules.

*
* *

Le vénérable *Abbé Allard* fut aussi une des victimes de la guerre.

« A Buzenval, dit J. d'Arsac, l'*Abbé Allard* a donné la mesure de son courage et de son ardeur héroïque : voyant un bataillon hésiter, il saisit un échalas et l'agitant vigoureusement : Allons, mes amis, s'écriait-il, *Vive la France ! En avant !* Quelques instants plus tard, le vaillant prêtre recevait une balle dans le bras gauche. »

*
* *

« Cette liste de héros est une consolation. Un pays qui suscite parmi les serviteurs de Dieu de tels patriotes, n'est pas un pays destiné à périr. » La France peut traverser de tristes et mauvais jours, elle peut être pour quelque temps la proie d'une bande sans patrie et sans religion, mais il arrivera forcément un jour où elle reprendra la première place à la tête des nations catholiques du vieux monde.

LE DÉVOUEMENT ET LE PATRIOTISME DU CLERGÉ

Un jour viendra où elle se réalisera, la grande résurrection chantée par le poète :

France, un jour sur le Rhin et sur les Apennins,
Ayant sous le sourcil l'éclair de Prométhée,
Tu te redresseras grande ressuscitée !
Tu diras : Me voici, j'apaise et je délie !
Tous les hommes sont l'homme ! un seul peuple, un seul Dieu !
Ah ! par toute la terre, ô patrie, en tout lieu,
Des mains se dresseront vers toi. Nulle couleuvre,
Nulle hydre, nul démon, ne peut empêcher l'œuvre.
Nous n'avons pas encore fini d'être Français.
Le monde attend de suite et veut d'autres essais !
Nous entendrons comme des ruptures de chaînes,
Et nous verrons encore encore frissonner les grands chênes (1).

Il faut aussi vous raconter ici la touchante histoire d'un pauvre prêtre français, l'abbé Miclo, tué par les Prussiens à Giromagny en 1870.

La voici dans toute sa simplicité.

Le 2 novembre 1870, au matin, une armée de huit à dix mille Allemands arrivait à l'improviste au village d'Etueffont-Haut. C'étaient les premières troupes destinées à l'investissement de Belfort.

Un détachement se dirige au galop sur le presbytère juste au moment où le curé, M. l'abbé Lacreuse, et son vicaire, M. l'abbé Miclo, revenaient de l'église où ils avaient célébré l'office des trépassés. Les deux prêtres sont aussitôt saisis, chassés à coups de crosse de fusil, et sans même avoir le temps de prendre leurs chapeaux, poussés en avant de l'armée en marche.

Au bout d'un quart d'heure environ, on arrivait au village de Petit-Magny. Là, embusqué derrière une colline, se tenait un bataillon de mobiles envoyés de Belfort pour couper la route à l'ennemi. Mais que pouvaient ces quelques Français armés de simples fusils contre

(1) L'*Année terrible*, Victor Hugo.

le nombre vingt fois supérieur et la puissante artillerie des Prussiens? Ceux-ci eurent soin tout d'abord de placer les otages en avant de leurs lignes, après quoi ils se mirent à canonner les mobiles.

Le petit bataillon français se défendit avec énergie. Mais les balles des chassepots ne pouvaient atteindre que les otages placés au premier plan.

Dans ces conditions, les deux prêtres crurent que leur dernière heure était venue ; ils se confessèrent l'un à l'autre, se donnèrent le baiser de paix sous la grêle de projectiles et se préparèrent silencieusement à la mort.

Cependant, au bout d'une heure, le feu des Français avait cessé; le bataillon des mobiles se repliait sur Belfort, laissant vingt-sept morts et de nombreux blessés sur le champ de bataille.

Comme par miracle, M. Lacreux et son vicaire étaient sains et saufs. Mais leurs tribulations ne faisaient, pour ainsi dire, que commencer.

En se retirant, les Français devaient faire sauter une longue et large chaussée située entre Etueffont et Grosmagny. Toutes les dispositions étaient prises ; vingt barils de poudre avaient été préparés pour faire explosion à l'approche des ennemis.

Hélas! des espions avaient renseigné les Prussiens, et ceux-ci, au lieu de s'aventurer eux-mêmes, y poussèrent leurs otages, soit pour intimider les Français, soit pour se procurer la joie barbare de voir périr des innocents.

La chaussée ne sauta pas. Deux tentatives pour mettre le feu à la mine échouèrent successivement. Alors, voyant que tout danger était passé, un officier prussien déclara aux deux prêtres qu'ils pouvaient librement donner leurs soins et les secours de leur ministère aux blessés français, ce qu'ils firent aussitôt.

Après avoir rempli ce devoir de charité sacerdotale envers les vivants, il fallait songer à la sépulture des morts. L'abbé Lacreuse et son vicaire se dirigèrent donc vers le presbytère de Grosmagny pour informer le curé de ce qui s'était passé et le prier d'enterrer les soldats tués sur le territoire de la paroisse. Les deux prêtres marchaient sans défiance, comptant sur la parole donnée et sur le respect qu'on accorde, en pays civilisés, à des hommes inoffensifs et sans armes. Tout à coup, vers l'entrée du village, un officier de landwehr, à la tête d'un peloton qui avait poursuivi les mobiles, décharge à bout portant son revolver sur l'abbé Lacreuse qui, heureusement, n'est pas atteint. Mais en même temps un soldat visait l'abbé Miclo et lui lâchait un coup de feu qui traversa la poitrine de part en part.

La blessure était mortelle. L'infortuné vicaire, transporté au presbytère d'Etueffont, y mourut en héros et en saint, après neuf jours de souffrances atroces. Sa dernière parole fut une parole de pardon pour son meurtrier.

A ce prêtre frappé si lâchement dans l'exercice de la charité chrétienne, à cette douce victime d'une inqualifiable brutalité, on va élever un beau monument qui symbolisera à jamais l'union du patriotisme et de la religion, deux sentiments inséparables dans l'âme des vrais Français.

Ce que je vais dire maintenant est surtout pour l'édification des Francs-Maçons qui s'acharnent contre les Jésuites, leurs bêtes noires.

Qu'ils lisent simplement les quelques lignes suivantes, elles se passent de commentaires.

Non seulement les Jésuites, qui ont toujours fait acte de patriotisme en cachette et ont payé de leurs humbles personnes soit comme aumôniers, soit comme ambulanciers (nombreux ont été leurs morts), mais ils ont encore encouragé leurs élèves à combattre pour la patrie. Allez à l'école Sainte-Geneviève, entrez dans la cour. A gauche, en lettres d'or, vous lirez cette inscription tirée des *Macchabées* :

Melius est mori quam videre mala gentis nostræ et sanctorum.

Entrez ensuite dans le parloir à droite et voyez :

Sur les murs sont les photographies de tous les élèves de l'école tués à l'ennemi. Les noms les plus humbles figurent à côté des noms les plus illustres. Citons au hasard :

Joseph Algais, tué à Orléans ;
Le prince de Berghes, tué à Sedan ;
Lionel Lepot, tué Paris ;
Le duc de Luynes et de Chevreuse, tué à Loigny ;
Henri Aubert, tué à Thiais ;
Le marquis de Suffren, tué à Reischoffen ;
Le comte Adhémar de Cransac, tué à Gravelotte.
Robert de Kergaradec, tué à Reischoffen.
Léon de Lamistin, tué en Afrique, etc.

Le chiffre de ces victimes est de quatre-vingt-six.

« On s'arrête devant ces portraits, a écrit un de nos écrivains (1), et l'on éprouve, en passant cette revue, une impression de mélancolie profonde. Quelques-unes de ces physionomies sont martiales et révèlent le soldat déjà habitué aux camps ; d'autres sont empreintes encore d'une grâce juvénile, et sous le héros laissent apparaître l'enfant.

. . . .

« Cette visite dans le jardin est vraiment impressionnante, je le répète. Quand un vieillard vous dit, avec son bon sourire, devant ce martyrologe de l'école : « On prétend que nous ne sommes pas Français ! » On songe que beaucoup de ceux qui sont les plus acharnés contre ces patriotiques instituteurs d'une jeunesse héroïque sont, *eux, des Français d'hier...* »

*
* *

Il ne faut pas oublier non plus le souvenir de l'abbé Briel, mort à Toul en 1900.

(1) Edouard Drumont : *Les Congrégations.* (*Liberté* du 23 mai 1879.)

En 1870, l'abbé Briel était curé à Fontenoy-sur-Moselle, petit village à quelques kilomètres de Toul, défendu par des francs-tireurs. Les Prussiens ayant fini par s'emparer du village, le curé s'interposa, pria, supplia pour éviter de terribles représailles. Pour récompense, les ennemis le bousculèrent, le battirent et finalement l'emmenèrent à Toul et le jetèrent en prison. L'abbé Briel y resta enfermé trois semaines, en butte aux mauvais traitements de ses geôliers et aux injures quotidiennes.

Une fois relâché il s'occupa de faire mettre en liberté ses paroissiens prisonniers. Il faudrait un volume pour raconter les multiples démarches qu'il fit à ce sujet. Ensuite il parcourut tout le pays, quêtant des secours pour son malheureux village, argent, vivres, vêtements, semences et jusqu'à des matériaux pour reconstruire les maisons détruites. De toute la Lorraine affluèrent des dons, si bien que Fontenay-sur-Moselle ne tarda pas à se relever de ses ruines.

En janvier 1896, on inaugura à Fontenay un monument modeste commémoratif et, à ce sujet, l'abbé Briel recevait la croix de la Légion d'honneur. Ce fut sa suprême consolation.

*
* *

Le rôle des aumôniers catholiques fut aussi sublime pendant la guerre.

N'est-ce pas un aumônier le regretté M. Baron, qui s'est dépensé toujours au service des soldats et qui sauva son ambulance au péril de sa vie?

N'est-ce pas aussi un aumônier, M. l'abbé Fortier, longtemps attaché à la prison militaire du Cherche-Midi, qui, sous une pluie d'obus, alla planter le drapeau de Genève au haut d'une église où se trouvaient de nombreux blessés et arracha ainsi ces malheureux à une mort certaine?

C'est qu'ils les aiment les soldats, « leurs enfants », ces braves aumôniers militaires.

En pensant à eux, je me rappelle la charmante anecdote si agréablement contée par mon cher confrère Roger de Beauvoir dans son *Annuaire illustré de l'armée française*. Cela est intitulé : *La Confession du zouave :*

« En Crimée, il y avait un aumônier de l'armée, l'abbé Parabère, l'idole du soldat, qui l'appelait le *Califat du bon Dieu*. Il fumait, buvait et jurait... il s'était fait des jurons innocents comme sainte Julienne la Belle se faisait des rides... pour ne pas humilier ses compagnes... A l'Alma, son cheval est tué... il monte crânement, nouveau Turenne, sur un canon, sans songer à s'y endormir... il passe, nouvelle Salamandre, au milieu du feu, et on dirait que les balles s'écartent avec respect devant les plis de sa robe noire.

Il n'était pas pour lui de cœur inaccessible; — fût-il fermé par une serrure à combinaisons invisibles, il trouvait toujours le mot qui faisait partir le ressort.

On raconte que, la veille de l'assaut de Redan, il aborda un vieux zouave qui se tenait inexorable dans sa haine profonde des Jésuites.

— Eh bien! vieux chacal, tu as donc chaud?

— C'est vrai, monsieur l'abbé.

— Viens alors boire un verre de dur... sac à papier! c'est un Jésuite qui paie.

— Vous êtes bien bon.

— Tu es Parisien? ajoute le Prêtre, en versant l'eau-de-vie.

— Rue Mercier, 107, quartier des Halles.

— Et tu as une mère?

— Pauvre femme qui m'aime bien, allez!

— Et que tu as fait enrager un peu, gredin?

— Ah! je m'en repens bien, elle est si bonne!

— Bois un second verre de rude à sa santé! Dame! tu étais colère, emporté, brutal, coquin que tu es!

— Un peu, monsieur l'abbé.
— Ivrogne, soulard, mauvais scélérat ?
— Assez, monsieur l'abbé.
— Coureur, vieux débauché !
— N... d... D...! oui, monsieur l'abbé ! Coureur comme un chat maigre.
— Sac à papier ! tu jures, je crois.
— Quelquefois, monsieur l'abbé, quand il fait froid.
— Tu as donc tous les vices.
— Ça se peut bien.
— Bois alors une troisième goutte à ta conversion. Et tu as été *chapardeur* aussi, sans doute ?
— Un tantinet, dans mon temps.
— Et fainéant à tes heures ?
— La loupe, c'est dans le sang, monsieur l'abbé.
— Je vois que si tu fais l'appel nominal des sept péchés capitaux dans la chambrée de ta conscience, il n'y en a pas beaucoup qui ont découché... Et on dit qu'avant d'aller au feu, tu ne veux pas te confesser.
— Jamais, monsieur l'abbé. Vous êtes un bon homme, vous, un vrai troupier... un flambard... un sacré chien... je ne dis pas... mais pour ce qui est de la chose du confessionnal, *sufficit*, je pose ma chique... n'en faut pas !
— Eh ! bêta, s'écria l'abbé Parabère, en poussant de sa main blanche les épaules athlétiques du vétéran, tu viens de faire, sans le savoir, avec ces trois verres de schnick, ta confession générale, comme un marié dont on publie les bans... Tu as beau te démener, sac à papier ! mon vieux sanglier, comme un diable dans l'eau bénite, *je te colle l'absolution.*

*
* *

Les Frères des Écoles Chrétiennes, les braves *Ignorantins*, comme l'on dit, à l'heure solennelle de l'invasion, ont eux aussi bien mérité de la Patrie française dont ils furent, hélas! trop souvent les humbles mais très glorieux martyrs.

Quand la France envahie fit appel au dévouement de ses enfants, le T. H. F. Frère Philippe adressait, dès le 15 août 1870, au ministère de la guerre, la lettre suivante :

« Monsieur le Ministre,

» Malgré les travaux de l'année scolaire, opérés sous les excessives chaleurs qui ont eu lieu pendant l'été, nos Frères veulent profiter du temps des vacances pour payer à la patrie un nouveau tribut de dévouement (1).

» En conséquence, monsieur le Ministre, je viens mettre à votre disposition tous les établissements libres que nous possédons, tels que : Passy, Saint-Omer, Thionville, Dijon, Beauvais, Dreux, Lille, Reims, Lyon, Chambéry, Le Puy, Béziers, Toulouse, Marseille, Avignon, Rodez, Nantes, Quimper, Tours, Orléans, Moulins, Clermont, notre Maison-Mère, rue Oudinot, à Paris, etc., etc., en ce qui nous concerne, les maisons et écoles communales que nous dirigeons dans toute l'étendue de l'Empire, pour être transformées en ambulances.

» Tous les Frères qui dirigent ces établissements libres et publics s'offrent pour prodiguer leurs soins aux malades et aux blessés qui leur seront confiés.

» Les soldats aiment nos Frères, et nos Frères les aiment; un grand nombre d'entre eux ayant été élevés dans nos écoles, seront heureux de recevoir des soins ins-

---

(1) « Chez les Frères des Écoles chrétiennes, rue Oudinot, une ambulance fut installée dans les dortoirs et les classes, elle contenait cent lits.

» Ouverte le 9 septembre, cette ambulance a soigné jusqu'au 7 décembre six cents malades ou blessés. Presque tous les lits étaient constamment occupés. Le médecin en chef était M. le docteur Villette, ancien chirurgien en chef de la marine, à Pondichéry, homme de cœur et de talent. »

pirés par le zèle et le dévouement de leurs anciens maîtres.

» Les membres de mon conseil, nos Frères visiteurs et moi-même, oubliant les fatigues et les nombreuses années que nous avons consacrées à l'éducation de la classe ouvrière, nous nous ferons un devoir de surveiller ce service et d'encourager nos Frères dans cet acte de charité et de dévouement.

» C'est dans ces dispositions que j'ai l'honneur d'être, monsieur le Ministre, de Votre Excellence le très humble et très obéissant serviteur.

» Frère Philippe. »

*
* *

L'appel du Frère Philippe fut entendu et tous sans hésitation répondirent à l'appel. Ce fut dans toutes les villes où il y avait des Frères une généreuse émulation.

Ce serait écrire un véritable livre d'or que raconter tous les faits de dévouement qu'ils accomplirent.

Ils étaient tellement héroïques jusqu'à l'imprudence, que le général Ducrot, qui passait à cheval sur le champ de bataille de Champigny, les voyant autour d'une batterie criblée d'obus et où ils relevaient leurs blessés, leur criait : « Voyons, mes Frères ! vous vous êtes trop imprudemment avancés. Il y a là trop de danger, retirez-vous, je vous en prie ! »

A Caen, où les frères soignèrent près de 750 blessés, le maire écrivait au Frère directeur, le 7 mars 1871 :

« ... Permettez-moi de vous remercier du concours empressé et dévoué que vous et vos Frères vous avez donné dans les circonstances si douloureuses que nous venons de traverser. L'esprit de charité vous a inspirés, comme toujours. L'administration municipale vous en exprime sa vive reconnaissance.

» Croyez, monsieur le Directeur, à mes sentiments respectueux et dévoués.

» ROULLAND. »

*
* *

Le Frère Néthelme, de son vrai nom Jean-Baptiste Buffe, qui était en 1870 professeur de la première division de l'établissement de Saint-Nicolas, trouva une mort glorieuse au Bourget, à travers la mitraille où les Frères accomplissaient leur pénible devoir. Le cortège des Frères ambulanciers venait de sortir de la commune ; aucune troupe française ne l'accompagnait, un des Frères portait en tête le drapeau de la convention de Genève ; ils avaient à peine fait cent mètres que les troupes prussiennes tirèrent sur eux. C'est là que F. Néthelme reçut une balle dans la poitrine et qu'il tomba tachant de sang la pauvre robe noire de ses Frères.

Après trois jours de grandes souffrances supportées avec résignation, le frère Néthelme rendit sa belle âme à Dieu. Son corps fut transporté à Paris et exposé pendant un jour dans une chapelle ardente, à la maison Saint-Nicolas.

Le comité des ambulances de la Presse demanda à s'associer à ce deuil de famille. Dans une lettre adressée au frère Philippe, M. de la Grangerie disait :

« Le comité me charge de vous exprimer combien il est touché de cet événement si triste pour vous et vos frères, mais aussi si glorieux pour votre ordre, qui continue sous votre direction ses traditions anciennes de dévouement et de charité sans bornes. Nous vous remercions, monsieur le supérieur général, d'avoir devancé l'expression de nos sentiments, en nous associant dans les lettres de faire-part aux personnes qui regrettent le plus le Frère courageux que vous avez perdu. Nous assisterons tous aux obsèques du frère Néthelme ; je donne des ordres pour que tout le personnel médical et administratif de nos ambulances fixes et mobiles vienne également rendre un dernier hommage à ce vaillant martyr de notre œuvre, qui nous montre à tous l'exemple à suivre. »

Répondant à cette lettre, le frère Philippe remerciait les membres du comité et les assurait de la disposition des Frères à « continuer avec un nouveau courage l'œuvre de charité et de dévouement à laquelle ils avaient été associés ; trop heureux, ajoutait-il, si par de nouveaux sacrifices il nous était donné de mettre fin aux douleurs de la patrie. »

Le pauvre Frère si brutalement frappé par une balle prussienne n'avait que trente-et-un ans.

Sur son cercueil on peut voir sa soutane noire tachée de sang, et le brassard à la croix rouge de Genève qui aurait dû le protéger contre la stupide balle prussienne.

Ah oui ! ceux qui viendront après nous ne pourront se figurer qu'à la fin du dix-neuvième siècle on ait conçu et annoncé hautement, à l'applaudissement de certains partisans de progrès, le dessein de chasser de l'enseignement en leur refusant de quoi manger, *des hommes dont la France tout entière a acclamé la conduite pendant la guerre*, des hommes qui ont arraché à l'ignorance des milliers de créatures humaines !...

*
* *

Une célébrité médicale, le docteur O. de Lanzenhayen, écrivait aussi : « Les hauts faits et les traits d'héroïsme chrétien de ces hommes ont déjà retenti dans tous les cercles de la Capitale, et il est presque superflu de redire leurs exploits, dont l'éclat n'a d'égal que la modestie, l'abnégation et le dévouement avec lesquels ils procèdent. Leur conduite commande le respect, et leur exemple convertirait à la religion et à la vérité tous ceux qui doutent ou que le scepticisme égare. Pour ma part, tout hérétique

que je suis, j'ai été saisi d'étonnement et d'admiration devant les faits dont j'ai été témoin, comme tant d'autres de mes confrères, à Champigny, à Villiers, à Petit-Bry, etc. (1).

*
* *

« Laissez-moi vous dire, écrit le docteur Decaisne au Frère Philippe, combien je suis heureux de voir la presse hostile déposer les armes devant l'admirable dévouement de vos religieux. Je m'en réjouis de tout mon cœur et de toutes mes forces pour la grande et sainte cause que nous servons ensemble. »

*
* *

Le jour de la bataille de Champigny, le directeur des Frères de Montrouge réunit ses Frères au pied de l'autel de leur petite chapelle et, prenant l'initiative de Notre-Seigneur Jésus-Christ, il leur dit ces belles paroles :

« Courage, mes Frères ! poursuivons ensemble notre route : Jésus sera avec nous. Il sera notre soutien, lui qui est notre guide et notre chef. Oui, voilà notre roi qui marchera à notre tête et qui combattra pour nous. Suivons-le avec courage ; que personne ne craigne rien d'effrayant. Soyons prêts à mourir généreusement dans ce combat, et ne souillons point notre gloire par une fuite honteuse (2). »

*
* *

Quand M. de la Grangerie, secrétaire des ambulances de la Presse, eut obtenu une suspension d'armes de trois

---

(1) Le docteur de Lanzenhayen était protestant.
(2) L. III, ch. LVI, v. 5.

jours, ce furent les Frères qui, sous la direction du cher Frère Clémentin, allèrent chercher les cadavres français.

Un officier supérieur prussien, apercevant le Frère Clémentin et ses fossoyeurs improvisés, fit le salut militaire et dit à son état-major :

« Messieurs, nous n'avons rien vu d'aussi beau jusqu'ici. »

Quand les tranchées furent comblées, les Frères s'agenouillèrent pieusement et récitèrent le *De Profundis*, dernier adieu aux pauvres soldats de la France !

Nous ne pouvons résister au désir de citer à ce sujet une page du beau livre de M. J. d'Arsac (1) :

« Les voitures, chargées de Frères que ces rudes exercices ont bien fatigués, rentrent à pas lents dans Paris sous les flocons de neige qui présagent une journée rigoureuse. Quelques-uns des Frères, toutefois, ayant voulu achever un travail commencé, ont été laissés par les cochers, ennuyés d'attendre. Les bons Frères sont revenus à pied, mourant de faim, à Joinville-le-Pont, et de là à Paris. On n'a su que par hasard leur mésaventure. Alors même qu'on les oublie, ils ne réclament pas ; aucun d'eux n'avait ouvert la bouche pour se plaindre.

» Le lendemain, la terre est entièrement recouverte d'un manteau blanc. La neige, tombée en abondance pendant la nuit, s'est glissée partout ; elle garnit tous les points obscurs, tous les détours de la route qui mène de Vincennes à Champigny. Le froid est vif et glace le regard. Le convoi des Frères, avec les fourgons chargés d'outils et de chaux vive, longe des chemins sans trace et sans issue, traverse un paysage éblouissant et terne à la fois, comme un souvenir terrifiant de la retraite de Moscou.

» Des groupes de soldats disséminés çà et là, des cam-

---

(1) *Les Frères pendant la guerre*, par J. d'Arsac.

pements dont la fumée traverse avec peine l'atmosphère grise et sombre, tout un attirail de guerre, tout un mouvement militaire complètent cette ressemblance et ce tableau dont l'image navre de douleur.

» On arrive enfin au lugubre rendez-vous. On se dispose pour l'enlèvement des derniers cadavres; les fosses à moitié remplies par la neige de la nuit sont déblayées, et on reprend courageusement l'œuvre des deux premiers jours. Les morts arrivent par charretées.

» On procède à la vérification des numéros matricules, à défaut d'indications plus précises. Chaque rangée, aussitôt après avoir été reconnue, va prendre sa place à côté des autres.

» Ce pâle linceul qui recouvre le sol, ces arbres décharnés qui étendent les bras vers le ciel, ces trous béants où les cadavres, raidis et blêmes, dorment du dernier sommeil sur un lit de chaux, ces ombres noires qui se profilent violemment sur le fond blanc; tout, dans cette nature et dans ce mouvement, concourt à une mise en scène extraordinaire, impossible à oublier pour le petit nombre de ceux qui l'ont vue.

» Nos soldats sont couchés dans leurs vêtements de combat, les pieds nus. Comme ils sont tombés fièrement! Les cadavres, tout gisants qu'ils sont, expriment encore la vaillance. La face de plusieurs a une expression de sombre énergie.

» Les Frères ont été admirables devant le feu; mais c'est ici, au milieu de ce champ solitaire, qu'il faut les voir, en face de la mort, graves, calmes, respectueux et doux. Le Frère *Clémentis*, qui commande, donne les ordres d'une voix nette, sans paroles inutiles; il fait signe aux voitures d'avancer; il mesure la profondeur de la fosse; il indique comment les corps doivent être disposés, il met un ordre parfait dans tous les mouvements qui s'exécutent. »

« Presque chaque jour, a écrit le général Ambert, un vieillard à cheveux blancs, le *Frère Philippe*, allait conduire sa généreuse phalange aux fortifications; puis lentement, les larmes aux yeux, il reprenait le chemin de sa demeure. « Ils partent nombreux et forts, se disait-il, mais nous retrouverons-nous ce soir? » S'il éprouvait une inquiétude bien naturelle, il se montra digne de ses fils en recevant avec effusion de cœur, le soir même du 30 novembre, quatre-vingt-cinq blessés qui arrivèrent rue Oudinot, entre huit et dix heures du soir. Les lits manquaient, les brancardiers n'étaient pas encore revenus, et, par suite d'un malentendu regrettable, on supprima, ce soir-là, le gaz dans tout Paris, mesure qui ne devait avoir lieu que le lendemain. Ce fut donc à la lueur des cierges de la chapelle qu'on s'organisa, avec une charité ingénieuse, pour accueillir et soulager le mieux possible nos pauvres soldats.

» A onze heures du soir seulement, la plupart des brancardiers arrivèrent, les membres brisés mais l'âme sereine. N'avaient-ils pas sauvé la vie à bon nombre de leurs compatriotes? Plusieurs d'entre eux étaient même touchés par des éclats d'obus.

» Le 1er décembre, par un froid de neuf degrés, le Frère Philippe, quoique souffrant d'une attaque de goutte, accompagne de nouveau les siens à la Bastille; mais un armistice, conclu le matin, les condamnait jusqu'au soir à l'immobilité. Il n'en fut pas ainsi le lendemain (2 décembre).

» Nos avant-postes ayant été attaqués avant le jour, depuis Champigny jusqu'à Bry-sur-Marne, nos troupes avaient soutenu le choc de forces considérables avec un grand courage. Après une lutte acharnée, nos batteries réussirent à arrêter l'ennemi sur le plateau. Inutile de répéter que là encore les Frères remplirent leurs fonctions avec une simplicité héroïque.

» Leurs voitures arrivèrent à neuf heures du matin à Joinville. De là ils se rendent, pour la troisième fois, à la fourche des chemins de Villiers, et de Champigny; puis, se divisant en groupes nombreux, ils vont surtout aux endroits où la lutte semble être plus opiniâtre, c'est-à-dire, où ils trouvent le plus de victimes.

» Un zouave, ancien élève des Frères, aperçoit un de ses professeurs, et court lui serrer la main. A la même minute, un obus éclatant aux pieds du Frère atteint le zouave, qui tombe entre les bras de son maître.

» Celui-ci emporte aussitôt le blessé à une grande distance, au péril de sa vie. Dieu le protégea, et le blessé put guérir. »

Un procureur de la République, M. Fleuet (1), écrivait ainsi sur leur compte :

« L'ordinaire si confortable de l'ambulance *comportait*, de temps en temps, des *extra dus à l'affectueuse sollicitude des bons Frères*. Ils ne s'en montraient point avares, et pour peu que le docteur n'y vît pas d'inconvénients, tout leur était prétexte pour ménager à leurs chers malades de petites surprises gastronomiques. Un jour de fête, une entrée en convalescence après de longs jours de souffrance et d'inquiétudes, l'arrivée d'un nouveau convoi, le départ de pensionnaires déjà vétérans de l'ambulance, se traduisaient par l'adjonction ou la substitution de quelques friandises de bon aloi au menu réglementaire de la cuisinière. C'était merveille alors de voir sortir du petit dortoir, que les Frères s'étaient improvisé, des tasses de chocolat, de cacao, des crèmes de riz, des pots de confitures de toutes les formes et de toutes les couleurs, les produits les plus odorants de l'art du confiseur, quelquefois même de fines bouteilles de vin vieux ou de liqueurs stomachiques,

---

(1) Témoin peu suspect.

et toujours, dominant l'ensemble, des cigares de tous les échantillons et de toutes les marques, joints à de gros paquets de tabac dont l'inépuisable abondance aurait permis à l'Institut de faire concurrence à l'Entrepôt des tabacs.

» Et avec quel généreux empressement, quelle franche cordialité, quelle joie communicative tout cela était apporté, offert et distribué, sans que la vertu de prudence, si nécessaire à l'infirmerie, perdît jamais rien de ses droits ! On sentait que les chers Frères n'aspiraient qu'à faire largesses, afin de fournir aux enfants de leurs classes une occasion nouvelle de s'initier, en les ravitaillant, aux œuvres de charité. C'était, en effet, par leur intermédiaire qu'ils se procuraient toutes ces provisions de luxe, interdites au budget de l'ambulance.

. . . .

» Aussi, comme on l'aimait, le cher Frère ! comme on demeurait volontiers sous sa surveillance, et comme on s'efforçait d'en prolonger le cours ! Sans doute, l'obligation de se séparer de lui finissait toujours par s'imposer ; mais alors quelle cordialité, quelle gratitude dans l'adieu, et comme on voyait bien, à l'émotion qu'ils manifestaient, que tous ces hommes sentaient eux-mêmes qu'ils venaient de se retremper dans un bon milieu, et qu'ils s'en allaient meilleurs qu'ils n'étaient venus.

. . . .

» Le concours des Frères de la Doctrine chrétienne a été on ne peut plus profitable à cette ambulance. C'est à lui surtout qu'elle a dû, avec un cachet particulier, la plupart des sympathies qu'elle a recueillies. Le conseil d'administration, qui a pu le constater chaque jour, est heureux de le reconnaître et d'exprimer aux bons Frères sa reconnaissance. Ses membres garderont chèrement le souvenir des modestes et solides vertus dont ils se sont rendus témoins, et celui qui trace ces lignes s'honorera toujours de la toute petite part de collaboration qui lui a valu leur amitié... »

C'est à cette ambulance que le cher *Frère Péréal Gabriel*

attrapa les germes de la petite variole qui devait l'enlever.

A ce sujet, la *Gazette de Nîmes* du 30 janvier 1871 disait :

« Dans sa séance d'hier, la commission municipale a décidé que les funérailles du Frère Gabriel auraient lieu aux frais de la ville, pour ceux au moins des pompes funèbres, le clergé ayant renoncé à tout droit de fabrique. Ce pieux hommage rendu au dévouement et à l'abnégation de nos infirmiers sera compris par tous.

. . . .

» Ainsi, pendant que les Frères des Écoles chrétiennes, sous la direction du vénérable Frère Philippe, leur supérieur général, sont, à Paris, frappés par les balles ennemies, en allant ramasser nos morts et nos blessés sur le champ de bataille, d'autres meurent aussi sur le champ d'honneur dans les ambulances... »

Un témoin de la guerre, le savant *docteur Horteloup*, médecin honoraire de l'Hôtel-Dieu de Paris, avait vu aussi les Frères des Écoles chrétiennes à l'œuvre et il a écrit sur eux ces lignes touchantes : « Appelé par mon ami, M. Ricord, à faire un service dans la Maison-Mère des Frères des Écoles chrétiennes, dit-il, j'ai été pendant sept mois en contact avec un personnel qui a souvent varié ; mais quels qu'aient été les Frères qui m'ont bien voulu seconder dans les soins à donner aux malades qui m'étaient confiés, je n'ai eu que des éloges à donner à tous. Il est impossible de montrer plus de zèle, plus de dévouement, plus d'abnégation. Beaucoup de novices, qui n'avaient jamais approché du lit d'un malade, ont réclamé l'honneur dangereux de rester jour et nuit dans nos salles.

» Ce qui m'a le plus frappé dans ces jeunes hommes chargés de soins si nombreux et si pénibles, c'est la simplicité et la bonne humeur avec laquelle ils rendaient ces services. C'était avec la même simplicité qu'on voyait le matin se former les escouades destinées à aller sur le terrain, les jours de combat, ramasser les blessés sous la conduite d'un Frère assistant.

» *Je garde pour tous ces hommes si simples et si calmes le meilleur et le plus affectueux souvenir.* Tous les étudiants qui m'entouraient, à titre d'élèves, ont les mêmes sentiments ; souvent je me suis entretenu avec eux, et je les ai toujours trouvés dans les mêmes idées.

» Plusieurs de ces étudiants, tombés malades, ont reçu des Frères les soins les plus dévoués.

» Jamais nous n'avons vu que le zèle religieux ait été indiscret chez les Frères ; je n'aurais rien toléré de ce genre, et me serais retiré. Je n'ai pas eu la plus légère observation à faire à ce sujet ; *la convenance et la discrétion ont été parfaites.*

» J'ai l'air partial en faveur des Frères ; je ne dis que la vérité pure. Je les ai toujours trouvés tels que je viens de le dire, et la mort de l'un d'entre eux n'a rien exalté ni rien diminué de leur calme ni de leur charité simple et, par conséquent, vraiment pleine de dignité. »

*
* *

La ville de Boston avait offert à l'Académie française un *prix pour récompenser les plus beaux actes de patriotisme accomplis pendant la guerre de 1870.*

Quand l'Académie française a voulu distribuer ce prix, ce fut sur les Frères de la Doctrine chrétienne que son choix s'arrêta :

« Nous l'avouons avec fierté, disait le rapporteur, quand il a fallu choisir celui qui en est le plus digne, les faits de courage et de dévouement, d'abnégation et de sacrifice, se sont trouvés si nombreux, que le choix nous a paru impossible. Dans notre enquête, nous n'avons trouvé parmi nous qu'une chose : l'égalité devant le patriotisme. C'est alors que nous avons eu la pensée de donner à ce prix le caractère le moins personnel et le plus collectif possible.

Nous l'avons décerné à un corps entier, aussi modeste qu'il est utile, que tout le monde connaît, que tout le monde estime, et qui, dans des temps malheureux, s'est acquis une véritable gloire par son dévouement. Nous voulons parler de l'*Institut des Frères des Écoles chrétiennes.* Vous savez à quelle carrière ils consacrent leur vie, et avec quel dévouement désintéressé, avec quelle fraternelle simplicité ils l'accomplissent. »

N'est-ce pas que ce sont de bons Français, de bons patriotes, de grands éducateurs, ceux dont je viens de parler, et qu'ils méritent qu'on se découvre chapeau bas en les voyant passer ?

Ah ! braves enfants du peuple, vous avez bien mérité du peuple que vous instruisez et élevez, et il vous aime bien aussi, allez !

La France qui peut mentionner de tels dévouements parmi son clergé, qui peut ainsi parler de ses Frères, de ses Sœurs, sera toujours le premier pays du monde !

**
* **

Et les *Sœurs de Charité*, on les retrouve aussi avec un dévouement sans bornes, au cours de ces luttes sanglantes. Elles sauvent des condamnés à mort, elles soignent des blessés ; durant les épidémies, elles sont les premières à accourir sur le lieu du danger.

Partout où il y avait des malades, des malheureux, des blessés, on les trouvait, ces anges de charité, ces saintes femmes de France, ces Sœurs de toutes congrégations, ces Petites Sœurs des Pauvres, ces Sœurs de Charité, de Sainte-Marthe, de Bon-Secours, etc.

C'est en 1871, qu'inspiré par la vue de leur dévouement, un poète, M. Édouard Leclerc, écrivait ces vers touchants :

> Ces anges, mes amis, sont filles de nos mères,
> Et comme nous jadis ont connu le foyer.

Pour le quitter, hélas ! que de luttes amères !
Que de fois le roseau dut se tordre et ployer !
Mais Dieu, les inondant du flot de sa tendresse,
Leur dit, montrant au loin la pâle humanité :
« Dans ce séjour de deuil, d'angoisse et de tristesse,
» Soyons toutes à tous, ô Sœurs de Charité ! »
Venez, vous qui souffrez, venez, la jeune fille
A l'âme d'une mère et saura vous guérir ;
Vous qui versez des pleurs, loin de votre famille,
Venez, la Sœur est là qui saura les tarir :
Au chevet du mourant n'est-ce pas l'espérance,
Pour tout être qui souffre un être affectueux,
Près du soldat blessé la sainte Providence,
Avec une voix douce et mille soins pieux ?

La peste, noir fléau qui désole la terre,
Vainement contre nous dirige sa fureur ;
Leur bouclier puissant l'arrête... la prière,
Et puis la charité leur retrempe le cœur.
Vierge, la femme est forte au sein de la bataille.
Les voyez-vous au loin, l'œil fixé vers les cieux,
Pour arracher sa proie à l'horrible mitraille,
S'élancer dans les rangs des plus audacieux ?

Ce n'est point quand le temps, de sa main froide et lente,
Creuse la ride au front, fige le sang au cœur,
Mais, lorsque dans leur sein tressaille une âme ardente,
Qu'elles offrent à Dieu leur vie et leur bonheur.
Fraîches comme les fleurs, douces comme un beau rêve,
Ces vestales du Christ, anges consolateurs,
Ont cet amour vaillant dont la force relève
Et fait de la vertu savourer les douceurs.

L'une dans le riant berceau de la richesse,
Dormit ses premiers ans, chauds de mille baisers.
Bel avenir, ma foi ! pour la jeune comtesse,
Disait-on, vaste champ à ses roses pensers !
Cette autre, ange aux doux yeux où se mirait son âme,
Rêvait d'un amour pur l'idéal enchanteur ;

Mais, frêle était le vase et divine la flamme ;
Dieu se fit son époux, car du monde elle eut peur.

A d'autres les plaisirs et les biens de la terre,
A d'autres les splendeurs qui ne brillent qu'un jour,
A d'autres les hochets qu'on brise comme verre
Et l'éclat fugitif de ce qu'on nomme amour.
Pour elles, loin du bruit, faisant une prière,
Dans un labeur obscur elles vont s'éteignant,
Souriant à la mort qui ferme leur paupière,
Ayant Dieu pour espoir, pour ami l'indigent.

Voici d'ailleurs la liste des Congrégations de femmes qui ont alors établi et servi des ambulances :
Les Sœurs de Saint-Vincent de Paul ;
Les Petites Sœurs des Pauvres ;
Les Dames Ursulines ;
Les Sœurs de la Doctrine chrétienne ;
L'Association de Sainte-Anne ;
Les Carmélites ;
Les Dames de Sainte-Élisabeth ;
Les Dames Bénédictines ;
Les Dames de l'Adoration perpétuelle ;
Les Dames Augustines ;
Les Sœurs de Saint-Thomas de Villeneuve ;
Les Sœurs de Bon-Secours (1) ;
Les Dames Auxiliatrices ;
Les Dames du Sacré-Cœur ;
Les Dames de la Visitation ;
Les Religieuses du Saint-Sacrement ;
Les Dames de l'Abbaye-au-Bois ;
Les Sœurs de Saint-Joseph ;
Les Dames de la Congrégation de Notre-Dame ;
Les Dames de Sainte-Clotilde ;
Les Sœurs du Sacré-Cœur de Coutances ;

(1) Ces dernières avaient fourni à elles seules 105 infirmières.

Les Dames du Sacré-Cœur de Marie ;
Les Sœurs de Saint-Charles.

* *
*

A Paris, à l'ambulance du Ministère de la Marine, c'étaient les Sœurs de la Sagesse qui soignaient les marins.

Les Sœurs de Saint-Joseph, rue de Monceau, créèrent une ambulance de 16 lits.

Les Sœurs de Notre-Dame-de-Bon-Secours de Troyes étaient infirmières à la grande ambulance du palais du Luxembourg (1), sous la direction de la vicomtesse de Montfort.

Les Sœurs de l'Assomption desservaient l'ambulance de l'Assomption, à Auteuil.

Les Sœurs de Saint-Vincent de Paul étaient attachées aux hospices La Rochefoucauld, des Petits-Ménages, des Incurables, Sainte-Eugénie, des Enfants-Malades, Necker, Cochin, à l'ambulance du chemin de fer de l'Ouest.

Les Sœurs de Sainte-Marthe aux hospices de la Pitié et de Saint-Antoine.

Les Dames Augustines à l'Hôtel-Dieu, à Lariboisière, à Saint-Louis, à Beaujon, à la Charité.

Mais on ne les trouvait pas seulement dans les hôpitaux, on les rencontrait aussi ailleurs.

Elles se conduisirent, en 1870, en France, comme elles s'étaient conduites jadis au siège de Sébastopol :

« Pendant le siège de Sébastopol, lorsqu'aux horreurs de la guerre se joignirent le typhus et le choléra, l'on vit arriver en Crimée un groupe de dames anglaises désireuses de soigner les malades de leur nation. — Elles montrèrent un grand zèle au début, mais trois mois après elles étaient toutes reparties.

» Pas une de nos sœurs de Saint-Vincent ne quitta sa

---

(1) L'aumônier de cette ambulance était l'abbé Rieux.

place de bataille ; plusieurs y sont enterrées à côté des soldats qu'elles disputaient à la mort.

» Capitaine BLANC. »

« A Orléans, 400 religieuses furent occupées, pendant toute la durée de la guerre, à soigner les malheureux blessés. Les religieuses de la Visitation en reçurent à la fois plusieurs centaines, et se privèrent même du plus strict nécessaire pour accomplir jusqu'au bout l'œuvre de dévouement qu'elles avaient entreprise. — Au Sacré-Cœur, le nombre ne s'éleva pas à moins de 200.

» Quand Paris fut complètement cerné, les Sœurs établirent ainsi de trois à quatre mille rations par jour. Un Bellevillois, ennemi acharné de la religion, disait à l'une d'elles : « Ma Sœur, avant de vous connaître, je n'aurais pas salué une Sœur dans la rue pour un coup de canon ; mais, maintenant que je vois ce que vous faites, je baiserais volontiers la trace de vos pas. » (1)

Un bel hommage leur fut alors rendu par Mgr Dupanloup.

La *Gazette de Silésie* avait osé accuser ces Françaises de barbarie. C'est alors que l'évêque, indigné, écrivit ces lignes vengeresses :

« Ce qui est vrai, dit-il, c'est que quatre cents Sœurs de Charité ont été et sont encore occupées à soigner vos blessés et les nôtres. Je les ai mises à la disposition des autorités militaires pour vos propres ambulances, là où l'on a voulu. Les religieuses de la « Visitation » ont reçu à la fois jusqu'à deux cents blessés. Elles se sont démunies pour eux de tout, de leurs propres lits, de leurs couvertures, couchant, elles, sur la paille.

(1) consulter notre livre : *Les Sœurs*, préface de Mgr Emmanuel de Briey, évêque de Meaux, introduction de l'abbé Félix Klein.

LE DÉVOUEMENT ET LE PATRIOTISME DU CLERGÉ 145

» Elles les ont veillés le jour et la nuit.

» Il y en a qui, à la suite de ces fatigues, sont mortes, et la supérieure a été deux fois aux portes de la mort.

» Au Sacré-Cœur, il y a encore à l'heure qu'il est près de deux cents blessés.

» Nos religieuses du monastère de la Charité, si pauvres que depuis quatre mois elles sont obligées de prendre pour elles et pour leurs orphelins le pain à crédit, en ont eu jusqu'à cent quatre-vingts.

» Nos Sœurs de Saint-Aignan, si pauvres aussi, que je cherche chaque jour un moyen de pourvoir à leur existence, ont également recueilli dans leurs maisons plusieurs centaines de blessés.

» Je ne nomme pas les Sœurs de la Sagesse, nos Sœurs garde-malades, les Petites-Sœurs des Pauvres, les Ursulines, ni les Carmélites, dont les supérieures sont mortes par suite des maladies contagieuses de leurs blessés. »

Un administrateur d'hospices, M. Cosnier, qui avait vu à l'œuvre les Sœurs de Charité à Angers, écrivait aussi :

« Profondément touchés des prodiges d'intelligence et de courage qu'elles montrèrent en 1870, où, sans accroissement de nombre, elles se dédoublèrent pour la grande ambulance militaire de Saint-Jean, mes collègues et moi nous leur offrîmes ce qu'elles pouvaient le mieux désirer : de l'argent pour leurs aumônes ou des livres pour leur édification ; elles refusèrent tout, et, cependant, ces excellentes femmes s'étaient dévouées au point que les malades même s'étaient levés de leurs lits pour aller respirer l'air pestilentiel des varioleux. Pendant quatre mois, oubliant leurs souffrances, elles se multiplièrent à la lettre pour soigner cinq mille de nos pauvres défenseurs, dont cinq cents moururent entre leurs bras.

» Nous ne citerons que l'une d'elles, parce qu'elle n'est plus à Angers, tandis que les autres sont encore à Sainte-

Marie. Sœur C..., atteinte d'une affection interne, était condamnée à rester couchée, sans espoir de guérison. Elle se leva, à la voix de la supérieure, appel qu'on peut comparer à celui du général de Sonis aux zouaves pontificaux devant Patay : « Allons, messieurs, pour Dieu et pour la patrie ! » A Reischoffen, au milieu de la mitraille, elles couraient relever les blessés ; l'une d'elles fut tuée par une balle prussienne au moment où elle soutenait un blessé. »

La sœur Léocadie, fille de la Charité de Nevers, avait donné un tel exemple de dévouement en soignant les blessés, que le général du Temple publiait, le 7 janvier 1871, l'ordre du jour suivant :

« La sœur Léocadie, Sœur de la Charité de Nevers, est mise à l'ordre du jour de l'armée (1).

« Par cette distinction, le général ne prétend pas récompenser la sœur Léocadie Labatut, dont la conduite est au-dessus de toute récompense ; il veut seulement remercier, au nom de l'armée qu'il commande, la femme qui, depuis un mois, expose chaque jour sa vie pour soigner nos malades et nos blessés.

« Le général commandant la brigade,
« Du Temple ».

« Nancy, le 7 janvier 1871. »

*
* *

Certes, si la Légion d'honneur s'est honorée, c'est le jour (2) où le ruban rouge fut attaché à la poitrine de *sœur Bathilde* (3).

(1) Cet ordre du jour fut communiqué à Mgr l'évêque de Nevers par le commandant supérieur, M. de Pinte de Gravigny.
(2) Le 20 décembre 1886.
(3) Son nom véritable était : *madame Laborde*, de l'hôpital militaire de Beauvais.

Sœur Bathilde appartenait à la communauté des Sœurs de Charité dites de Nevers. Retracer sa vie serait peut-être aller au delà de la modestie de cette sainte femme, dont tous les instants étaient consacrés à Dieu et au dévouement envers son prochain.

J'emprunte au *Journal de l'Ain* les quelques lignes suivantes concernant sœur Bathilde :

« ... C'est le dévouement de chaque jour, de chaque heure, pendant plus d'un quart de siècle.

» Sœur Bathilde, en outre, a pris part à une campagne, et des plus rudes. Après avoir soigné les mutilés du désastre de Sedan, quand il lui a fallu recevoir dans ses salles les blessés et les malades de l'armée ennemie, elle a dû encore trouver, dans le sentiment du devoir et de sa charité, assez de dévouement pour que ceux-là mêmes qui nous combattaient n'aient pu s'empêcher de lui manifester leur admiration.

» Pendant de longs mois, son service fut tellement encombré, qu'il lui a fallu en déverser une partie dans les salles habituellement réservées aux civils. On a pu alors constater que le dévouement et l'abnégation ne sont pas, parmi les Sœurs, l'apanage d'une seule, mais des vertus communes à toutes ces nobles femmes. On a pu voir la sœur Paul, aujourd'hui supérieure à l'hospice de Chaumont, se dévouer autant et montrer une égale bonté pour les soldats blessés ou malades. Que pourrions-nous dire encore si nous jetions les yeux sur ce service civil où, depuis plus de trente ans, la sœur Delphin, aimée des pauvres, donne aux médecins un secours aussi intelligent que dévoué ? »

*
**

Mais, comme si ce n'était pas assez de se dévouer en France, les Sœurs allaient encore porter leur dévouement à l'Étranger. C'était encore un moyen de faire aimer la grande Patrie française, et c'est en pleurant de joie et de reconnaissance que nos pauvres prisonniers baisaient les mains des bonnes Sœurs représentant la France absente.

Pendant l'effroyable guerre turco-russe (1877-1878), ce furent encore aussi les Sœurs de Charité françaises qui prodiguèrent leurs soins aux victimes.

Voici celles qui moururent à la peine :

Sœur Guillomand, de la Providence, décédée le 17 février 1878, d'une fluxion de poitrine, 43 ans de vocation.

Sœur Eynard, de la Providence, décédée le 1er mars, d'une fièvre typhoïde, 18 ans de vocation.

Sœur Fabre, de l'hôpital de la Paix, décédée le 17 mars, du typhus, 22 ans de vocation.

Sœur Durand, de la Providence, décédée le 25 mars, d'une fièvre typhoïde, 43 ans de vocation.

Sœur Lanti, de l'hôpital des Artisans, décédée le 26 mars, d'une fièvre typhoïde, 29 ans de vocation.

Sœur Mayard, de la Providence, décédée le 2 avril, d'une fièvre typhoïde, 25 ans de vocation.

Sœur Berteli, de l'hôpital allemand, décédée le 9 avril, d'une fièvre typhoïde, 28 ans de vocation.

Sœur Léon, assistante de la Providence, décédée le 15 avril, d'une fièvre typhoïde, 28 ans de vocation.

Sœur Poisseneux, de la Providence, décédée le 19 avril, d'une fièvre typhoïde, 13 ans de vocation.

Sœur Deschuystencer, de Sienne, décédée le 19 mai, d'une fièvre typhoïde, 20 ans de vocation.

Sœur Vazeille, de la Maison-mère, décédée le 30 mai, d'une fièvre typhoïde, 22 ans de vocation.

Ahmed-Véfiq-Pacha, ce président du Conseil des ministres du Sultan, remercia les Sœurs avec effusion.

Au Tonkin, si les soldats français ont malheureusement bien des souffrances à endurer, ils ont au moins une chance, celle de posséder des Sœurs de France pour les soigner.

CHAPITRE IX

LA COMMUNE

Les tristes jours. — La Commune à Paris. — Les origines et les causes d'un mouvement social. — L'éducation athée. — Les ferments de discordes. — Les bas-fonds de la société. — La haine farouche des sectaires. — La persécution. — Souvenirs personnels. — Un cahier de votes. — Pages et souvenirs. — Un club communard. — Dans les églises. — Les otages.

Si, après les cruautés sanglantes des journées de juin 1848, il y eut des heures douloureuses pour la France, ce furent bien celles de la Commune, de cette sanglante insurrection qui peut être rapprochée de la Terreur de 1793.

Je dois en parler dans ce livre consacré à la Patrie Française, car on pourra, de ces quelques pages d'histoire, tirer plus d'un enseignement.

Essayons de voir par quelles causes, au moyen de quels événements, la Commune a pu se faire ; comment, le 18 mars, cinq ou six cents gredins (il faut bien appeler les choses par leurs noms) ont installé dans une capitale de près de deux millions d'habitants un gouvernement féroce et sanguinaire, comment les fusils des gardes nationaux de Montmartre et de Belleville, qui s'étaient bien gardés d'aller au-devant de l'ennemi, feront la besogne de bourreaux, s'amuseront, dans les rues de Paris, à attaquer un pouvoir qui a peur, qui ne se défend seulement pas et qui se sauve.

La décomposition sociale remontait déjà à quelques années.

L'Empire, vers ses derniers temps, avait eu le tort de devenir libéral (ce fut une de ses plus grandes fautes, celle qui l'a perdu, car un empire, comme une monarchie de droit divin, doit rester autoritaire, sous peine de mort, de déchéance).

Si un empire, une monarchie de droit divin ne restent pas autoritaires, ce ne sont plus que des monarchies constitutionnelles, parlementaires, et la monarchie parlementaire n'est, en réalité, qu'une république déguisée, à laquelle on n'a changé que son nom ; c'est, en réalité, comme une boutique dont on gratte la devanture pour changer le nom du propriétaire, afin de tromper les clients, mais dont le marchand et les marchandises qui sont à l'intérieur restent les mêmes.

L'Empire, en devenant tout à coup libéral, après avoir été si longtemps autoritaire, avait autorisé une réaction ; et c'est cette réaction qui devait être d'autant plus vive que le joug autoritaire avait été plus fort. C'est dans la logique des choses : plus on abaisse la liberté, plus on retire aux gens les facultés de penser, de parler, d'écrire, plus cette liberté se redresse violemment, plus ces facultés se réveillent avec énergie et vont même jusqu'à la licence.

Aussi, à la veille de la déclaration de guerre avec la Prusse, les réunions publiques offraient-elles un spectacle curieux pour le philosophe et pour l'historien.

Là, se donnaient rendez-vous les futurs meneurs de la Révolution du 4 septembre et de la Commune. Les chefs communards se distinguaient déjà par leurs discussions socialistes, violentes, incendiaires, qui ne présageaient rien de bon.

Ces hommes sinistres qui, plus tard, incendieront l'Hôtel de Ville, la maison du peuple; les Tuileries, la maison de l'autorité; le Palais de Justice, la maison de la magistrature; les hôtels particuliers, demeures de la bourgeoisie et de la noblesse; ces hommes néfastes sont tous là, au grand complet; ils s'exercent, se comptent, recrutent des adhérents, les excitent, préparent des cadres pour plus tard. La faiblesse de l'autorité qui allait croissante, l'arrogance des chefs de l'opposition, les écrits violents, tout cela prédisait une révolution d'abord gouvernementale, puis sociale. C'est dans les lois de l'histoire et dans la logique des faits.

Quand l'autorité devient faible, quand les mœurs sont relâchées, quand les citoyens sont amollis et corrompus, et que leur initiative n'existe plus par suite d'une longue centralisation, quand la licence et l'athéisme envahissent toutes les classes de la société, la révolution sociale est proche.

Du reste, ce ne sera pas le gouvernement républicain, plutôt qu'un autre, qui pourra l'empêcher, au contraire; car le gouvernement du 4 Septembre, qui avait remplacé le gouvernement de l'Empire au moyen de l'émeute populaire, avait livré, ce jour-là, la France et surtout Paris à la déraison des passions violentes et brutales. Moi-même, je m'en rendis bien compte ce jour-là, car, me trouvant sur la place Vendôme, après l'envahissement du Corps législatif, je vis arriver sur la place, que défendait un cordon de gardes nationaux, des groupes nombreux, gesticulant, criant ou, plutôt, hurlant. Deux de ces groupes, où se trouvaient beaucoup de mobiles de la Seine, forcèrent le cordon de gardes nationaux (ceux-ci étaient peu nombreux et découragés, ils n'osaient s'opposer au torrent), et, arrivant au pied de la colonne, ils prirent les couronnes d'immortelles déposées sur les grilles par les vieux de la Grande-Armée et jouèrent à la balle avec. Je me le rappellerai toute ma vie car je fus vivement indigné. Quoi! voir des gardes mobiles, des défenseurs de la patrie s'emparer des couronnes d'immortelles, couronnes sacrées, emblèmes de la mort et du repos éternel, et jouer avec elles comme s'ils s'amusaient à une partie de raquettes, avec des éclats de rire indécents! C'est tout simplement infâme! Hélas! quand les défenseurs d'une cité commettent des sacrilèges semblables, cette cité est bien sûre de voir se commettre bien des crimes. Ne pas respecter les morts, c'est ne savoir pas respecter les vivants.

Les gardes nationaux ne dirent rien, ne s'opposèrent à rien, deux heures plus tard, même, ils pactisaient avec l'émeute ; et, eux qui avaient crié si souvent : « Vive l'Empereur ! » criaient à travers la place : « Vive la République ! » de toutes leurs forces. Ils acceptaient, de fait, le gouvernement sans le connaître. On avait été conduit sous l'Empire et, à force d'habitude, on se laisserait encore conduire.

D'ailleurs, les gardes nationaux qui laissèrent faire le 4 Septembre laisseront faire et même feront, plus tard, la Commune au 18 Mars.

Du reste, l'anarchie commençait déjà.

Le gouvernement du 4 Septembre n'avait-il pas remplacé subitement dans la direction des affaires de l'État les magistrats, les chefs de gouvernement, les hommes d'État, les diplomates de profession par des avocats, les ministres par des bourgeois, les législateurs par des rhéteurs, des discoureurs de clubs, les administrateurs par des journalistes, tous gens ne connaissant pas le premier mot du métier qu'ils allaient faire.

Cette anarchie dura pendant tout le siège. Il fallut compter avec tout le monde ; il fallut réprimer des insurrections sous les yeux de l'ennemi.

Je me souviens du 31 octobre, c'était un dimanche, tout paraissait tranquille et voilà que, tout à coup, sur la place, un tambour accompagné d'un officier d'état-major se met à battre la générale. Cela a quelque chose de lugubre comme le tocsin, cela donne froid dans le dos, on a peur. Le gouvernement était prisonnier, on appelait les gens d'ordre pour le délivrer ; né avec l'émeute, il devait compter avec elle, et prisonnier d'elle, il appelait les honnêtes gens à son secours ; — quelques jours après, lui qui avait tant crié contre le plébiscite sous l'Empire, il se faisait plébisciter à son tour. Il avait peur de ce pouvoir occulte qui régnait déjà dans Paris et qui voulait imposer sa volonté. Ce pouvoir occulte sera, plus tard, le *Comité central*.

Ce pouvoir occulte travailla pendant tout le siège la grande masse des faubourgs ; il parlait beaucoup de socialisme, prêchait la révolte et rappelait, dans ses journaux, au bon peuple de Paris, ces paroles que Marat écrivait en 1793 dans son journal : *L'Ami du Peuple* :

» Lorsque le salut public est en danger, c'est au peuple à retirer le pouvoir des mains auxquelles il l'a confié (1)... Demandez qu'on vous assigne de quoi subsister sur les biens nationaux... Partagez-vous les richesses des scélérats qui ont enfoui leur or pour vous réduire, par la famine, à rester sous le joug.

« Voici le moment de défaire les têtes de tous les traîtres ».

On rappelait ces sinistres paroles, on les commentait ; des orateurs se les faisaient siennes et y ajoutaient encore.

A ces lectures, à ces discours, les têtes s'échauffaient et les chefs n'avaient plus qu'à attendre une occasion favorable, que le gouvernement par son incurie et par ses fautes grossières n'allait pas tarder à lui donner.

L'armée de l'ordre allait, pour comble de malheur, se

---

(1) Robespierre, le 20 avril 1793, avait déjà fait aux Jacobins la déclaration suivante :

« Le peuple est le souverain, le gouvernement est son ouvrage et sa propriété, les fonctionnaires publics sont ses commis. Le peuple peut, quand il lui plaît, changer son gouvernement et révoquer ses mandataires. »

trouver réduite et affaiblie par une lourde faute du gouvernement.

Ce dernier avait, pendant le siège, afin de se conformer au vœu et aux jolies exigences des révolutionnaires, décrété que les chefs de la garde nationale seraient nommés à l'élection. Au lieu de donner, dans cette armée populaire, des places conquises par l'expérience, la capacité, l'honnêteté, l'ancienneté ; on changeait brusquement les rangs naturels ; on donnait libre carrière à l'intrigue, à la suffisance, à l'incapacité, à l'exagération, aux convoitises.

Les premiers devenaient les derniers, et les incapables, les premiers, surtout dans les rangs des bataillons populaires. L'autorité passa, de la sorte, dans les mains des flatteurs, car un homme, un chef nommé par ses semblables, doit leur plaire sous peine de déchéance et, pour leur plaire, il doit contenter leurs passions, leurs appétits, il doit passer par-dessus tout ce qu'ils font. S'il leur fait des observations, s'il leur parle pour le bien de la discipline, il ne sera pas écouté, on le détestera, on ne le renommera pas, au besoin on le destituera. Au contraire, s'il flatte les mauvais instincts, s'il laisse faire tout le mal possible, on le renommera. C'est là un des vices les plus grands du suffrage universel, lorsque les passions sont mal dirigées et, surtout, quand l'éducation est mauvaise, car, alors, les élus s'en ressentiront, ils seront l'expression vivante des idées d'en bas.

Plus le peuple aura reçu une bonne éducation, saine, honnête ; plus l'élu sera bon, capable de travailler pour le bien de tous.

Plus le peuple aura de vices, plus les élus seront vicieux.

Ici, la même chose devra arriver. Les passions révolutionnaires, répandues, excitées, commentées dans la masse populaire, ne donneront évidemment que de mauvais résultats, et les chefs nommés par les gardes nationaux seront à la hauteur de leurs électeurs.

Par suite, plus de respect pour les chefs, plus d'autorité reconnue, plus de discipline. Le chef sera commandé au lieu de commander, et il ne fera faire que ce que ses soldats, ses électeurs lui feront faire.

C'est, d'ailleurs, le propre de toutes les armées de la Révolution ; les chefs sont conduits et débridés, ils marchent en tête pour la forme et, en réalité, ils sont moins que le dernier de leurs soldats (1).

On le voit, le gouvernement avait joliment bien préparé le terrain ; il a été une véritable dupe et, à force d'écouter les révolutionnaires, il avait travaillé pour eux.

Ce manque d'autorité, de respect, se faisait voir aux yeux de tous. Je me souviens que quelques jours après le siège, me trouvant au coin du boulevard et de la rue de La Michodière, je vis arriver un bataillon de mobiles de la Seine. Il faisait peine à voir, les soldats allaient presque à la débandade, beaucoup chantaient, braillaient la *Marseillaise*. Sur le trottoir, les regardant passer, se trouvait un colonel de mobiles, une cravache à la main ; en le voyant, beaucoup de mobiles braillaient encore plus fort en signe de défi, beaucoup agitaient leurs képis en criant : « Vive la République ! » Impassible, le colonel ne bougeait pas et ne soufflait mot, se contentant de froncer le sourcil à la vue de ces énergumènes, de ces soldats ; évidemment, cela lui faisait peine à voir. Quand vint la fin du bataillon, cinq ou six braillards, plus effrontés que les autres, se détachèrent des rangs, s'approchèrent du colonel, hurlèrent : Vive la République ! en agitant leurs képis ; puis, s'avançant vers lui d'un air menaçant, le sommèrent de crier aussi : Vive la République !

Pour réponse, le colonel leur fit signe, d'un geste impérieux, de rejoindre leurs rangs. Exaspéré, l'un des mobiles

---

(1) On a pu le voir avec Lafayette sous la première Révolution. Avec ses idées libérales, Lafayette, tout en étant populaire, n'a pu empêcher de grands crimes de se commettre.

prit le colonel par le bras, menaçant de lui faire un mauvais parti. Le colonel, en colère cette fois, sortit un revolver de sa poche et il allait se passer une vilaine affaire, quand plusieurs messieurs s'interposant dirent au colonel : « Laissez-les, ils ont peut-être bu », et entraînèrent de force les mobiles qui partirent en proférant des menaces. Et cela se passait à 5 heures du soir, en plein boulevard ; on insultait déjà les officiers en plein public. Le colonel, tortillant sa moustache de rage, s'en alla en disant : « Pauvre France ! »

C'étaient de bien tristes symptômes. On n'était déjà plus en sûreté. Je me rappelle que, venant des quais, et traversant la place du Carrousel, je vis deux compagnies d'infanterie de ligne installées près des grilles. L'une d'elles, assise sur les marches, où se trouve aujourd'hui la galerie de sculpture du Louvre, l'autre près de la rue de Rivoli ; les soldats étaient prêts à fermer les grilles en cas d'alerte. On avait déjà peur et on le faisait voir ; double faute, car les meneurs, apercevant la crainte, devenaient encore plus hardis.

Les chefs, voyant le terrain préparé, n'attendaient plus que le moment favorable ; justement une occasion se présentait, et ils n'oublièrent pas de la mettre à profit.

Il s'agit de l'affaire des canons de Montmartre.

Le gouvernement voulait ravoir les canons enlevés par la garde nationale et se trouvant sur les buttes Montmarte, la garde nationale refusait de s'en dessaisir.

Le gouvernement pensait que c'étaient des armes terribles aux mains des insurgés, et ceux-ci le savaient bien.

A les entendre, ils n'avaient que de bonnes intentions, ils ne voulaient que garder leurs canons, qu'on devait livrer aux Prussiens, disaient-ils.

C'était une entreprise dangereuse et, pour enlever des canons, il fallait être sûr des troupes envoyées pour les reprendre.

Mais le gouvernement commettait fautes sur fautes, on

aurait dit qu'il avait perdu la tête ou qu'il le faisait exprès. Les troupes qu'il allait envoyer reprendre les armes, il les avait laissées en contact avec la populace, avec les insurgés.

L'exemple fait beaucoup et les mauvais exemples sont toujours mieux suivis que les bons.

En face d'hommes indisciplinés, prêchant la révolte, l'indiscipline, le soldat se sentait entraîné. Il arriva dans l'armée ce qui arrive journellement à l'usine, à l'atelier, au bureau, etc... le gouvernement eut le tort de méconnaître ces principes et de compter sans la faiblesse humaine. Il aurait dû se rappeler ce qui arriva à la première Révolution, comment on débaucha et embaucha les gardes françaises, la manière adroite dont les hôtes et les habitants du Palais-Royal s'y prirent pour les indiscipliner et les gagner à la cause jacobine.

On dirait vraiment que l'histoire ne sert à rien pour ces gens-là. Ici, c'est le même phénomène qui s'est passé, mêmes causes, mêmes effets. C'est dans la logique de l'histoire ; quand les mêmes causes se représentent, les mêmes faits se reproduisent. Qu'on se rappelle ce qui s'est passé en 1789 et que l'on compare avec ce qui s'est passé en 1871 ; on verra que c'est la même chose.

*
* *

Mais, à toutes ces causes, il y en eut surtout une primordiale, importante au suprême degré. C'est celle de l'Éducation, de l'*Éducation chrétienne*. Car, s'il y a une raison supérieure qui donne à un peuple la suprématie sur les autres peuples ou qui le place à un rang inférieur, selon qu'il sait s'en servir ou qu'il la repousse, c'est bien celle de l'éducation.

Il ne suffit pas pour être un honnête homme d'être très instruit, il faut encore avoir de l'éducation ; il y a des gens très instruits qui n'ont aucun sentiment; c'est que l'éducation leur fait défaut.

Les gens sans éducation n'ont que l'instinct de la bête; les Prussiens sont très instruits, très savants, la science est en grand honneur dans leur pays. Cela ne les a pas empêchés de tomber sur Paris et sur d'autres villes comme une horde de sauvages, de bombarder des monuments, de tirer sur des hôpitaux, sur des ambulances ; de brûler des villes, de fusiller des francs-tireurs, des femmes ; ils n'ont eu nulle pitié, malgré leur science; ils peuvent, sous ce rapport, donner la main aux communards; ce qui leur a manqué, c'est la civilisation chrétienne qui, seule, peut donner l'éducation. Puisse tout Français soucieux de la gloire et de la dignité de son pays se souvenir que l'éducation chrétienne est une des premières forces sociales (1).

Et c'est précisément parce que l'éducation chrétienne leur manquait que les gens de la Commune s'attaquèrent

---

(1) L'état d'une société fondée sur l'idée religieuse n'est pas seulement le mieux mesuré à la nature humaine, mais le seul qui lui soit mesuré. C'est là une affirmation souvent formulée, mais dont l'évidence n'a jamais eu autant de force que maintenant. Plus on va, et plus on constate que la libre-pensée, ou ce qu'on est convenu d'appeler ainsi, n'est qu'un manque d'esprit de mesure; le véritable état de science, c'est-à-dire de science absolue, devant toujours nous être interdit. Le libre-penseur, au fond, n'est qu'un esprit sans tact intellectuel, et qui raisonne, en matière de morale, comme en matière de voirie ou de locomotion. Il ressemble à un prédicateur qui ferait de l'esprit dans ses sermons ou à un journaliste qui ferait des sermons dans des articles. Il est le prototype de l'homme dont on dit vulgairement et énergiquement *qu'il n'y est pas*, du désorbité, de l'erraté. Et nous ne sommes encore ici que dans le raisonnement, dans la spéculation ; mais ce qui peut, surtout, frapper les observateurs sincères, ceux qui regardent, qui voient, et qui disent ce qu'ils voient, n'est-ce pas l'extraordinaire faiblesse, la faiblesse criante, lamentable, d'un peuple qui n'a plus de religion, comme aussi la force affective, la force immédiate et pratique des nations qui ne renoncent pas à la leur ?

Maurice TALMEYR.

aux églises et aux membres du clergé, et que de nombre de ces derniers ils firent des martyrs.

« La haine farouche que les hommes de la Commune affectaient de nourrir pour les royalistes et les prêtres, a écrit un économiste, s'attachait moins à un parti politique ou à un parti religieux qu'à la propriété, elle-même, partout où elle se rencontrait et quelque forme qu'elle revêtit. Supprimer l'inégalité qui sépare le riche du pauvre, le patron de l'ouvrier, le propriétaire du prolétaire, partager entre tous ce qui était l'apanage de quelques-uns, dépouiller même entièrement ceux qui avaient trop possédé pour donner aux autres qui ne possédaient pas ou pas assez : telle fut la grande préoccupation des hommes du 18 mars, celle qui les a guidés pendant tout le temps de leur puissance (1). »

(1) De loin, de très loin, Mgr Darboy avait prévu ce gigantesque cataclysme de la Commune.
Dans son mandement de 1865, se trouve le passage suivant que l'on ne saurait lire aujourd'hui sans être vivement frappé de la perspicacité de l'homme d'État et de la sagesse du prophète :
« Oui, disait-il alors, lorsque les idées les moins religieuses répandent le vertige dans les esprits, la perversité dans les cœurs et la licence, le luxe effréné, les besoins factices dans les habitudes, un jour vient où l'opinion se trouble ; la prudence des sages devient courte, leur force est empêchée, et il ne faut qu'un des mille accidents dont l'existence des peuples est remplie pour que tout un ensemble d'institutions *s'abime dans un suprême écroulement !* »

*
* *

Ici, je tiens à donner quelques souvenirs personnels. J'ai été malheureusement et forcément un témoin de la Commune et, si Dieu me prête vie, j'en écrirai, quelque jour, l'histoire anecdotique. Il est nécessaire d'ailleurs que cette histoire soit de nouveau racontée d'après des témoignages, des récits, des souvenirs, des écrits de contemporains, car, au cours de ces dernières années, elle a été par trop faussée et trop partialement écrite (1).

Quoique bien jeune, j'avais déjà l'habitude du travail et, tous les soirs, pendant tout le temps qu'a duré l'insurrection, j'ai écrit sur un cahier de notes mes impressions et mes souvenirs de la journée.

Je demande la permission de détacher de ce carnet ces quelques pages où il est question des églises pendant la Commune.

25 avril 1871.

C'est un bien singulier spectacle, que celui d'un club communard et, surtout, d'un club dans une église. Nous avons voulu en voir un, mon oncle et moi. Mon oncle est un peu sceptique; sauf le côté burlesque et cynique, cela ne lui a pas fait grande impression ; tandis que moi, je ne puis rendre l'émotion qui m'a saisie quand je suis entré dans le saint lieu et que j'ai vu ce spectacle navrant. En

---

(1) Quelques ouvrages, déjà parus sont à consulter. De ce nombre sont : *Les Convulsions de Paris*, de Maxime du Camp, les ouvrages de l'abbé Vivien, de l'abbé Lamazon, etc., etc.

voyant de hideuses mégères, assises à la même place où j'avais fait ma première communion, les souvenirs de mon enfance revenaient à ma mémoire et je sentais le rouge de la honte me monter à la figure. C'est étonnant tout de même, comme les souvenirs de l'enfance font battre notre cœur, nous attendrissent malgré nous. Regardez l'homme le plus endurci au vice, l'être le plus abject, et voyez comment l'expression de son visage s'attendrit, comme son regard devient moins dûr, moins menaçant, quand vous lui rappelez les souvenirs de son jeune âge.

Quel spectacle hideux que cette foule de gens déguenillés, cette tourbe d'énergumènes faisant un tapage d'enfer, des harangueuses de tavernes, des littérateurs de rebut, des coupe-jarrets ; ils sont tous là au grand complet.

Les uns étaient en chemise, les manches retroussées, ayant des pistolets passés dans une ceinture de flanelle rouge, les autres en costumes de gardes nationaux ; ils fumaient, buvaient, se menaçaient, s'injuriaient, parlaient tous à la fois, vociférant comme de noires bêtes fauves. Ils parlaient contre le prêtre, contre le riche, contre le bourgeois, et la foule imbécile les applaudissait à outrance. Une citoyenne, même, à moitié saoûle, vint réclamer du haut de la chaire, entre deux hoquets, l'émancipation de la femme ; comme s'il était possible de donner le nom de femme à des mégères pareilles, qui n'ont que le bas instinct de la bête sauvage. La haine, dans ces cerveaux d'envieux, crève tout à coup et, ne se rendant pas compte de tout le bien que les prêtres peuvent faire et font journellement au peuple, ils ne savent que prêcher le massacre contre eux.

Nous sortîmes de l'église le plus vite possible, car me sentais déjà assiégé d'images funèbres devant une pareille vision.

5 mai 1871.

Plus le dénouement approche, plus les Versaillais se rapprochent de Paris, plus les communards affectent de devenir mauvais, arrogants, insolents, ils menacent même déjà de brûler Paris plutôt que de le rendre, le pétrole qui a servi aux Prussiens pour incendier au mépris du droit des gens des villes qui se défendaient héroïquement servira aussi aux fédérés ; ils empruntent aux Prussiens tout ce qu'ils ont eu de mauvais, ils en sont les dignes émules. Si Paris doit brûler un de ces jours, ce sera avec préméditation, car ces coquins ne cachent nullement leurs projets féroces, s'en vantent publiquement, ils disent que la Commune « réquisitionne » le pétrole chez les marchands. Décidément, toutes les découvertes modernes ne vont servir qu'à la destruction ; chaque produit nouveau qui va surgir ne servira donc qu'à la ruine ; on dirait, vraiment, que plus la science, plus la civilisation recule, plus les instincts deviennent mauvais ; cela ne provient-il pas de ce que, si l'on s'instruit davantage, on tient moins compte de l'éducation qui va en décroissant à mesure que la science va en augmentant.

C'est un bien grand malheur. Hier, après-midi, est arrivé un nouveau bataillon, un bon, celui qui a fait le coup de feu aux avant-postes, qui a « dégommé » beaucoup de ces Versaillais.

Parmi ces nouveaux venus, se trouvait un ancien concierge de notre maison, renvoyé pour inconduite et abus de boisson ; il a eu le toupet de venir nous voir, il était content de revoir les anciens, disait-il, dans son langage pittoresque. Sa chère femme était venue le retrouver et l'accompagnait. Je ne me gênai pas pour lui demander ce qu'il comptait faire, comment, lui, un ancien soldat, un ancien ordonnance d'un officier supérieur, osait se mettre dans la Commune ; n'avait-il pas honte ? Honte, mon Dieu, non, au contraire, il souhaite la mort des riches, la ruine, le carnage ; il a fait le coup de feu, il a tué des gendarmes, des lignards, peut-être des anciens camarades de régiment ; pour lui, c'est bien la moindre des choses, peu lui importe. Il paraît complètement abruti. En quittant sa place de concierge, il est devenu ouvrier, il a continué à boire par-dessus le marché, il a fréquenté les clubs, les réunions, il a appris à discuter politique à travers les fumées du vin, et voilà comment il en est arrivé à raisonner comme une brute. Sa femme appuie ses raisonnements de toutes ses forces. C'est quelque chose de terrible quand la femme se mêle de politique; elle est encore pire que l'homme; chez elle point de milieu, tout va à l'extrême. Tout pour la bonté ou pour le mal. Faisant voir toute sa coquinerie et toute sa bêtise, sa femme s'est mise à le défendre, et à défendre la cause de la Commune avec un véritable acharnement. Ma tante ayant dit que les Versaillais entreraient bientôt dans Paris, elle lui répondit en colère : « Ils n'entreront pas de sitôt, allez, madame, ou bien c'est que nous serons perdus, et nous nous défendrons pied à pied, rue par rue, nous brûlerons Paris (1) plutôt que de le rendre à ces gens-là; nous avons du pétrole, allez, ce sera nous, les citoyennes, qui ferons cela pendant que nos maris défendront les barricades ; nous en avons assez de tous vos riches, de tous ces s.... qui nous font mourir de faim. Ils seront sur la paille à leur tour, ces g...-là. » Ma tante ne répondit rien à ces jolis propos-là, devinant que c'était ce qu'elle avait de mieux à faire; il est impossible de raisonner avec des mégères pareilles; comme on le voit, ce ne sont pas les menaces qui nous manquent, nous voilà bien avertis.

Nous ne serons plus seulement à la merci d'assassins, mais aussi à la merci d'incendiaires.

On a été, d'ailleurs, prévenir deux épiciers de la rue Neuve-des-Petits-Champs qu'ils aient à fournir, à la première réquisition d'un délégué de la Commune, tout le pétrole et les essences qu'ils auraient dans leur cave. C'est du propre.

---

(1) Je n'avais pas entendu seulement deux personnes menacer d'incendier Paris, mais bien une soixantaine. C'était donc bien une idée arrêtée dans l'esprit des communards.

Il n'y a plus moyen d'avoir de nouvelles, les quelques journaux qui pouvaient nous renseigner avec loyauté ont été supprimés ; aussi nous sommes très inquiets et, néanmoins, nous avons l'espoir que notre délivrance approche. Tout nous le confirme ; du côté de Neuilly et des Ternes, nous entendons depuis plusieurs jours le canon tonner continuellement. De mauvais bruits ont circulé toute la semaine, les insurgés crient plus fort que jamais, dans les clubs, ce sont des explosions de colère, des rages insensées, et, comme ils répètent sur tous les tons que les Versaillais n'entreront jamais dans Paris, nous avons tout lieu de croire qu'ils y seront bientôt.

Aujourd'hui, mon cousin et moi, nous sommes allés voir ma tante, rue Taranne. En revenant de chez elle, nous avons voulu un peu nous rendre compte de la physionomie du Faubourg Saint-Germain, et comme le concierge de notre tante nous avait prévenus qu'un club existait à Saint-Nicolas-des-Champs, nous nous y sommes rendus.

Malgré le club que j'avais vu à Saint-Germain-l'Auxerrois, j'ai voulu en voir encore un autre et nous sommes entrés dans l'église.

C'était un auditoire tumultueux qui remplissait l'église ; il y avait beaucoup de gardes nationaux débraillés et d'ouvriers fumant la pipe, quelques bourgeois que l'on regardait de travers, une cinquantaine de citoyennes dont quelques-unes avaient des caracos rouges (elles m'ont fait songer aux tricoteuses de 1793) ; le plus grand nombre d'entre elles étaient laides, semblaient avoir dépassé les quarante ans ; beaucoup avaient un nez d'une rougeur compromettante indiquant leur manie d'aimer à vider le verre. Parmi les quelques rares bourgeois, deux, entre autres, nous ont particulièrement frappés : leur physionomie à la fois fière et bienveillante, leur grand air d'austérité que l'on apercevait malgré leur déguisement, semblaient indiquer deux prêtres ; eux qui, autrefois, venaient en chaire apporter les paroles de paix et de pardon, ont pu entendre, ce jour-là, les blasphèmes sans nombre et les cris de haine jetés contre les soutanes, comme on dit aujourd'hui pour appeler les serviteurs du Bon Pasteur.

Une citoyenne, d'un embonpoint colossal, montée dans la chaire, a fait retentir l'église pendant un grand quart d'heure de ses cris de poissarde ; les deux poings sur les hanches, elle a demandé, aux trépignements de l'assemblée, que l'on fusille tous les prêtres que l'on pourrait trouver : « Oui, citoyens et citoyennes, hurlait-elle, ce sont des c..., il n'y a pas de crimes dont ils ne se rendent coupables, ce sont eux qui sont cause de tous nos malheurs, vous verrez qu'ils ouvriront les portes de Paris aux Versaillais. » Ici, interruptions violentes dans l'auditoire ; ce furent des cris épouvantables : « Ils ne pourront pas, criait un grand diable de garde national, nous leur aurons dévissé le billard avant. » Ce furent, alors, des applaudissements frénétiques ; un peu plus, on portait ce garde national en triomphe.

« Je propose qu'on vote un décret, cria la citoyenne oratrice, que tout prêtre trouvé chez lui ou dans la ville sera conduit à la barricade et fusillé. » Cette proposition, il va sans dire, fut votée avec acclamations et cris de joie par l'auditoire.

« Elle parle bien, la citoyenne Leporre », disait un homme à côté de moi.

« Il faudra, un jour, lui décerner une couronne civique à cette citoyenne Leporre, c'est une *bonne bougresse de patriote*, comme disait le père Duchesne. »

Un citoyen Tolain, membre du comité du Salut public, est venu ensuite tenir sous le charme de sa parole un auditoire déjà enthousiasmé par sa présence. Il y avait de quoi.

« Citoyens, j'ai de bonnes nouvelles à vous apprendre, a-t-il dit en montant à la tribune (pardon, j'allais dire la chaire, et il n'y a plus de chaire, aujourd'hui, il n'y a plus que la tribune du peuple). Tout le monde a été de suite attentif et réjoui d'avance. »

« Oui, citoyens, continua-t-il, j'ai d'excellentes nouvelles à vous apprendre. (Redoublement d'attention, l'eau venait à la bouche des auditeurs). Vous vous rappelez que le citoyen Thiers s'est fait prophète et a dit que, dans huit jours, les Versaillais seraient dans Paris. Eh bien, citoyens (décidément, c'est une maladie que ce mot de citoyens), les Versaillais ont été battus, roulés, culbutés, repoussés dans le Bois de Boulogne, d'Auteuil à Neuilly (ici ce furent des cris d'enthousiasme dans l'auditoire, des trépignements, des rires sataniques), et, croyez-vous, citoyens, que Thiers (cette fois plus de monsieur) tienne sa promesse pour demain? On est demain le huitième jour. Il faut d'abord qu'il ramasse les 2,000 (rien que cela) Versaillais que les honnêtes citoyens de la grande cité ont tués. Ils n'entreront pas dans Paris, n'est-ce pas? (Ici tous les visages devenaient menaçants, les bras se levaient, les poings se tendaient.)

« Tenez, ajoutait-il avec un rire diabolique, les Versaillais sont tellement à bout de ressources qu'ils font dire des messes, qu'ils implorent l'assistance du Très-Haut ; il faut qu'ils soient bien désespérés, ils ont bien oublié que le Très-Haut est mort. (Ici des rires épouvantables accueillirent ses paroles. Je vis des larmes perler dans les yeux d'un de ceux que je pensais être un prêtre.) Quels ennemis, hein, citoyens. A mon tour, je vais vous faire une prophétie. Dans six jours la grande bataille aura été livrée. Nous serons vainqueurs (oui! oui! dans l'auditoire) ou vaincus. (Non! non!) Mais, je le jure, nous serons vainqueurs et Versailles n'existera plus ; car, si nous pouvions être vaincus (1), alors le grand Paris n'existerait plus. »

---

(1) J'ai rapporté ces paroles avec le plus d'exactitude possible, me fiant à ma mémoire qui ne m'a jamais fait défaut pour me rappeler ces horreurs, car qui les a entendus une seule fois ne peut les oublier.

Ici, la colère de l'auditoire ne connut plus de bornes. De tous côtés, on ne voyait que visages horribles enflammés par une patriotique colère, c'était hideux. « Oui ! oui !... criaient des énergumènes, il faut en finir ! Mort aux Versaillais, nous brûlerons Paris s'ils viennent !... » Ma foi, nous en avions assez, les choses paraissant tourner au tragique, nous sortîmes prudemment de ce saint lieu transformé en enfer.

. . . .

Si j'ai reproduit ici, sans rien y changer, ces pages d'un modeste cahier de notes, c'est surtout pour montrer où peuvent en arriver des hommes et des femmes qui ont repoussé toute idée chrétienne, qui ne connaissent même plus le nom de Dieu, si ce n'est pour le profaner.

*
* *

> « Malheur à qui remue le fond d'une nation ! il n'est point de siècles de lumières pour la populace ».
>
> RIVAROL.

Et, d'ailleurs, cette rage contre le clergé et les prêtres, contre l'Église, dura jusqu'à la dernière minute de l'insurrection.

Un des derniers ordres de la Commune, expédié par Eudes, membre du Comité de Salut public, au colonel commandant la batterie installée au Père-Lachaise, porte ces mots : « Tirez sur les églises ».

Il y avait à peine quinze jours que la Commune avait conquis le pouvoir, que ses chefs pensaient déjà à se munir d'otages.

Et, dans leur rage anti-religieuse, ils pensaient surtout aux membres du Clergé, qui s'étaient pourtant bien dévoués pendant la guerre qui venait à peine de finir.

Le premier *otage ecclésiastique* fut M. l'abbé BLON-

DEAU, curé de Plaisance, arrêté le 31 mars (la Commune commençait de bonne heure à prendre ses mesures) par Louis-Adolphe BERTIN. Ce Bertin n'était autre qu'un ouvrier typographe *ivrogne* (c'est-à-dire un *pur*), que le tendre Raoul Rigault avait improvisé commissaire de police pour le quartier Montparnasse, en lui recommandant de « soigner les curés ». On savait ce que cela voulait dire.

Du reste, d'autres otages ne devaient pas tarder à aller rejoindre l'abbé BLONDEAU.

Le 4 avril, les portes du Dépôt devaient se refermer sur plusieurs membres du haut clergé de Paris : Mgr DARBOY, l'archevêque ; l'abbé LAGARDE, son vicaire général ; l'abbé ALLARD, aumônier des ambulances ; le Père CLERC ; l'abbé CROZES, le digne aumônier de la Roquette ; l'abbé DE BENGY ; l'abbé DEGUERRY, curé de la Madeleine ; le Père DUCOUDRAY.

Le lendemain, 5 avril, c'était le tour de Mgr SURAT, archidiacre de Paris ; et de l'abbé MOLÉON, curé de Saint-Séverin.

Tous furent mis au Dépôt dans d'étroites cellules et au secret le plus absolu.

Lorsque le Père de Bengy, conduit à la préfecture de police, dit son nom au délégué de la Commune qui le lui demandait, ce dernier s'écria joyeusement, avec un rire féroce : « Anatole de Bengy ! Ah ! voilà un nom à vous faire couper le cou ».

Le R. P. de Bengy, de la Compagnie de Jésus, avait fait la campagne de 1870, sac au dos, comme le simple soldat. Il était, alors, aumônier militaire. Il était d'une grande simplicité. Peu de jours avant son arrestation, le P. de Bengy écrivait gaiement à M. le comte de Foucauld : « Le sac au dos ! ce mot-là, mon cher Aymar, a toujours excité une certaine commisération ; mais le sac ne mérite vraiment pas la réputation qui lui est généralement faite ; il pousse le corps en avant, et les inconvénients qu'il présente sont compensés par les avantages qu'il fait naître. Un observateur devrait entreprendre l'éloge du sac et le relever aux yeux des pèlerins ».

*
* *

Les Frères ne furent pas oubliés dans la persécution.

Par ordre de la Commune, trente-deux Frères des Écoles chrétiennes furent enfermés à Mazas.

La première de ces arrestations eut lieu le 10 avril, ce fut celle du frère DAGOBERTUS (Jean-Gérardin), directeur de l'école Sainte-Marguerite.

Les Frères arrêtés appartenaient aux écoles communales de Saint-Eustache, de Sainte-Marguerite, d'Issy, de Notre-Dame-des-Champs, de Charonne, du Gros-Caillou, etc. La Commune semblait vouloir reconnaître ainsi l'héroïque conduite de nos bons Frères pendant le siège de Paris, où ils allaient, sous le feu meurtrier de l'ennemi, recueillir les pauvres blessés. La Commune remerciait ainsi, de cette façon, les bons Frères qui continuaient à prodiguer en pleine Terreur les soins les plus dévoués aux insurgés eux-mêmes.

Les bons Frères virent leur supplice terminé, quand, le 25 mai, les portes de Mazas s'ouvrirent aux pantalons rouges des lignards.

Tous furent sauvés, à l'exception du pauvre Frère Néomède Justin (de son nom Philippe Saguet), directeur de l'école communale d'Issy, qui fut malheureusement tué le jour même de sa sortie, en passant près d'une barricade.

Comme la Terreur, la Commune chassa les Filles de Saint-Vincent-de-Paul (1).

---

(1) A ce sujet, je donnerai, d'ailleurs, plus de détails dans un prochain livre : *Pendant la Commune.*

Qu'on me permette encore de raconter un nouveau souvenir personnel. Un jour (c'était en avril), je vis amener sur la place Vendôme une sœur; elle était accompagnée de trois gardes nationaux, dont deux étaient de ces ignobles voyous de Belleville, au costume gris, gamins à l'air crapuleux, dont j'examinais la physionomie ; ils ricanaient et, sans nul doute, ils devaient tenir des propos obscènes à la Sœur qui baissait les yeux. A un moment, je vis le vieux garde national (celui-là n'était pas du même bataillon, il avait l'ancien uniforme) frapper, en colère, sur l'épaule des compagnons. Celui-là était, sans doute, un pauvre vieux qui servait la Commune pour toucher ses quarante sous ; je devinais qu'il aidait à contre-cœur à cette arrestation et qu'il venait d'attraper les deux vauriens en leur recommandant plus de respect, car la Sœur, se retournant vers lui, eut un pâle sourire de remerciement, et les deux jeunes vengeurs de Flourens prirent une attitude plus convenable. Qu'est devenue cette pauvre Sœur ? Je n'ai jamais pu le savoir, pas plus que d'autres qu'on amenait au poste de l'état-major, et que je voyais rarement ressortir.

Pendant ces sombres jours, de si triste mémoire, les sœurs gardes-malades furent obligées de prendre le costume laïque pour pouvoir circuler sans danger dans les rues de Paris. Mais, malgré cela, elles restaient dans les ambulances.

« Tandis que la population effrayée se réfugiait dans les caves et cherchait, par tous les moyens, à se mettre à l'abri des projectiles et des dangers de toutes sortes, nos Sœurs ont constamment vaqué à leurs occupations ordinaires, dit une supérieure, et se trouvaient, à tout instant, dans l'obligation d'aller, de venir, passant même la nuit dans leurs dortoirs ordinaires, exposées aux obus des Prussiens et des Communeux, ne quittant jamais leur cornette, qui produisait, sur ces derniers, l'effet d'un morceau d'écarlate sur un taureau furieux : elles étaient exposées à tous les dangers de jour et de nuit, et, partout, Dieu les a préservées (1) ».

Les communards firent tout au monde pour obliger les Sœurs à partir et, surtout, à quitter leur costume. Quelques-unes partirent de leurs maisons ; mais, malgré les décrets d'expulsion, celles des hôpitaux restèrent. La Commune avait résolu pourtant de les remplacer par des citoyennes. Mais les chirurgiens, les médecins protestèrent, menaçant de se retirer.

L'abbé Lamazou nous a montré comment la Commune avait remplacé les Sœurs des Écoles chrétiennes.

« La rue de la Ville-l'Évêque, dit-il, était envahie par une bande armée de gardes nationaux ; la maison des Sœurs de charité, située en face du presbytère était gardée par deux sentinelles. Les Sœurs en avaient été expulsées ; on avait confié l'école des jeunes filles à quelques citoyennes qui, d'après les langues indiscrètes du quartier, avaient été remplacées à la prison de Saint-Lazare, par les Sœurs de Picpus accusées d'une série de crimes plus ou moins fantastiques les uns que les autres.

Et, cependant, les dignes Filles de la Charité continuèrent comme elles purent à soigner les victimes du parti qui les outrageait.

C'est ainsi qu'à la Chambre des députés (2) le Dr Armand Desprès a cité un fait tout à l'honneur des braves Sœurs des hôpitaux.

« Permettez-moi de vous citer un fait, dit-il. En 1871... (*Bruit et interruption à gauche.*)

» En 1871, il y avait à l'hôpital Beaujon des fédérés blessés, sur le lit desquels on voyait inscrit : « Capitaine, » lieutenant, sergent de fédérés ». Nos troupes pénètrent dans l'hôpital. « Sauvez-nous, nous avons des enfants ! » disent les hommes aux Sœurs hospitalières. Celles-ci n'hé-

---

(1) *Annales de la Congrégation de la Mission*, t. XXVI, p. 533.
(2) Séance du 14 décembre 1890.

sitent pas, elles enlèvent la dangereuse étiquette, elles sauvent les fédérés, et, cependant, les hommes de la Commune n'avaient, certes, pas été tendres pour les religieuses. » (*Applaudissements à droite.*)

« Pendant ces jours de honte qui pèsent sur le souvenir comme un remords, raconte aussi M. Maxime Du Camp, j'allais souvent passer la soirée chez un de mes amis dont la femme avait recueilli une religieuse effarouchée, chassée de sa communauté et n'ayant pu joindre la maison-mère, située en province. On l'avait déguisée, et elle avait quelque maladresse à se mouvoir dans une robe de soie trop longue où il y avait plus de falbalas qu'il ne lui aurait convenu. Elle était d'une sérénité admirable, s'inclinant avec une très douce humilité devant les événements dans lesquels elle voyait, sans efforts, la main de Dieu irrité, fort gaie, néanmoins, et sans fausse pruderie. Elle était jeune, riait volontiers, sans se douter, peut-être, qu'elle avait des dents charmantes, et parlait avec un petit accent périgourdin qui n'était point désagréable. Elle se rendait utile dans la maison, où elle faratait, c'était son mot, sans arrêter. On comprenait, à la voir, qu'elle était accoutumée à une vie d'intérieur très active. Comme toutes les recluses, elle reportait tout à son couvent. Elle admirait les flambeaux, les cadres en bois doré, les vases en porcelaine, et disait : « C'est ça qui se » rait beau pour notre chapelle ? »

La baigneuse de Falconet, en biscuit de Sèvres, l'attirait invinciblement ; elle disait, avec un gros soupir d'envie : « Ah ! si elle était à moi, je lui ferais une belle robe en soie bleu-de-ciel. Je lui mettrais une couronne d'or sur la tête, le Sacré-Cœur sur la poitrine et ça ferait une jolie vierge pour notre chapelle ! » Tout cela était puéril, j'en conviens, mais si naïf et tellement sincère que l'on ne pouvait s'en moquer.

Elle passait son temps à faire de la charpie ; ses doigts agiles effilochaient le vieux linge avec une rapidité extraordinaire ; les morceaux de fils menus et blancs s'accumulaient devant elle comme des flocons de neige. Quand le paquet lui semblait suffisamment volumineux, elle l'enveloppait et écrivait l'adresse : « A l'ambulance du palais de l'Industrie. Un soir, je ne pus m'empêcher de lui dire : « Vous avez vraiment l'âme chrétienne de porter secours aux ivrognes qui vous ont expulsée de votre maison. » Elle me répondit très simplement : « C'est le précepte de Notre-Seigneur ; et puis, voyez-vous, ces pauvres gens me font grand' pitié : ils sont très mal soignés par les dames qu'on a placées près d'eux et qui n'entendent rien aux malades ». Le 24 mai, elle força son hôte à recevoir, à cacher, à sauver deux fédérés qui fuyaient.

Ce fait n'a rien d'extraordinaire ; il n'est pas une Sœur de charité, pas un *ignorantin*, pas un dominicain, pas un prêtre, pas *un curé*, en un mot, pour employer l'expression collective dont se servait la Commune, qui, en pareille circonstance, n'eût imité la religieuse dont je viens de parler ? Quel est le communard qui, demandant asile à un prêtre, a été repoussé ? Pas un ; *et il en est beaucoup*, que je pourrais nommer, qui ont dû leur salut à l'hospitalité « cléricale ». C'est à croire qu'ils se sont dit : « On ne viendra pas nous chercher près d'eux, car on sait ce que nos amis et nos disciples en ont fait à la Grande-Roquette, à la rue Haxo, à l'avenue d'Italie. Et les jésuites ? que n'a-t-on pas vomi contre eux, sans compter ceux que l'on a tués, dont le plus grand de tous, OLIVAINT. Le lecteur se rappelle-t-il que, parmi les membres du Comité central, il y avait un certain GRÊLIER, — plus bête que méchant, m'a-t-on dit — qui, le 20 mai, publia une note dans le journal officiel de la Commune pour prévenir « les réactionnaires » qu'on allait brûler leurs titres de rentes. Celui-là, sans doute, était aussi l'ennemi des prêtres. Quand il fallut fuir, Grêlier alla frapper à la porte des jésuites, encore consternés de la mort des leurs ; il déclina ses noms et qualités. On ne vit pas en lui la brebis galeuse, on ne reconnut que la brebis malade ; on pensa au Bon Pasteur et l'on ouvrit. Dans le jardin de la maison des Moulineaux, Grêlier promenait mélancoliquement sa forte encolure et son triple menton. Il trouvait l'ordinaire un peu maigre, et, se souvenant qu'avant de devenir législateur au Comité central, délégué au ministère de l'Intérieur, membre d'une commission du ministère de la Guerre, il avait été cuisinier chez le maréchal de Saint-Arnaud et chez le duc de Noailles, il fricassait, lui-même, quelques ragoûts dont les Pères appréciaient la finesse. Retomber de l'Hôtel de Ville aux fourneaux, c'est pénible, mais Grêlier put se consoler en apprenant que Dioclétien, qui, il est vrai, ne fut qu'empereur, cultiva ses légumes à Salone, après son abdication. Si, lorsqu'on jetait les prêtres de la Société de Jésus dans les cabanons de Mazas, un seul d'entre eux était venu dire à Grêlier : « Sauvez-moi ! » que serait-il advenu ?

CHAPITRE X

LES MARTYRS

Pages tristes. — Funèbres souvenirs. — Les crimes et les martyrs. — L'archevêque de Paris. — Anecdotes. — L'arrestation et l'emprisonnement de Mgr Darboy. — Le sacrifice. — A cinq heures du soir, le 25 mai 1871. — Les meurtriers et les victimes. — L'abbé Allard. — Le président Bonjean. — L'abbé Deguerry. — Le R. P. Ducoudray. — Le R. P. Clerc. — La dernière bénédiction d'un archevêque. — Le massacre de la rue Haxo.

Je ne puis, dans le cadre restreint de ce livre, dire tout ce que je voudrais. Qu'il me soit permis seulement, aujourd'hui, de vous raconter, d'après mes souvenirs personnels et ce que j'ai entendu raconter alors par des ecclésiastiques de mes amis, témoins comme moi de ces tristes journées, les crimes abominables qui ont été commis, la mort des otages, tombés comme des martyrs.

Dès les premiers jours de la Commune, l'archevêque de Paris, Mgr Darboy, fut invité de tous côtés à se retirer à Versailles. « Non », répondit-il, en s'appropriant une parole que Tacite a appliquée aux Césars, « un évêque doit savoir mourir et mourir debout ! » — C'était le 2 avril, jour des Rameaux, jour serein et d'une température tiède. Il se promenait avec sa sœur, dont le dévouement aura été aussi tendre que soutenu, dans le jardin de l'archevêché ; il s'arrêta devant une statue de la Sainte Vierge : « Elle nous sourit encore », dit-il tristement, « mais Elle ne nous sourit guère ! » — Le 4, après un conseil des vicaires généraux, il leur dit : « A la semaine prochaine si nous y sommes et s'il plaît à Dieu ! » Dix minutes plus tard son palais était envahi et les séïdes de la Commune l'arrêtaient. Il dut lutter contre les désespoirs de sa sœur, qui voulait l'accompagner ; enfin, accompagné d'un vicaire général, il partit et fut traduit devant Raoul Rigault, en vertu d'un mandat, libellé à la façon des hommes de 93 : *Ordre d'arrêter le citoyen Darboy, se disant archevêque de Paris.*

Tout son mobilier fut, au cours de la nuit, pillé, et si quelques voitures se dirigèrent vers le Garde-Meuble et la Monnaie, le plus grand nombre s'égara dans les rues habitées par les pillards... Il fut incarcéré au Dépôt, puis à Mazas.

On sait de quelles souffrances il fut étreint, dépérissant visiblement, au point que le médecin déclara un matin *qu'il n'en avait plus pour quinze jours.*

Plusieurs tentatives furent faites en vue de procurer son évasion ? il s'y refusa. « On se bat, disait-il ; que ne puis-je monter, comme Mgr Affre, sur une barricade pour arrêter la lutte et mourir ainsi que lui ! (1) »

Mais « les Versaillais » avaient forcé les portes de Paris : il fallait sauver les otages de leurs mains ! Le 21 mai, on les transféra à la Roquette dans une mauvaise tapissière, ouverte à tous les vents et à la pluie ; et comme deux braves missionnaires de la Chine montaient dans la voiture, M. Deguerry dit à l'archevêque, avec un dégagement d'esprit étonnant : « Voyez donc, monseigneur, ces orientaux qui viennent se faire martyriser à Paris ».

(1) Consulter le livre : *Les Archevêques de Paris au dix-neuvième siècle*, par Mgr Émile Lesur, prélat de S. S., et François Bournand.

A ce moment, un prêtre, faisant partie de la fournée des otages, alla s'asseoir à côté du prélat ; et celui-ci, reconnaissant dans son voisin l'un de ses vicaires généraux, M. l'abbé Petit, mort depuis, lui raconta — s'en souvenant certainement pour la première fois ! — la prophétie qui lui avait été faite à Rome en 1867, d'une mort violente ; et sa tête retomba sur sa poitrine ; et jusqu'à la Roquette il ne prononça plus une parole.

En effet, en 1867, Mgr Darboy avait rencontré à Rome le berger Maximin, l'un des deux enfants qui ont déclaré avoir vu la Sainte Vierge, à la Salette. Le prélat, pour éprouver Maximin, lui ayant manifesté des doutes sur la véracité de cette apparition et sur l'authenticité de ce miracle, le berger lui avait répondu textuellement : *C'est aussi vrai que la Sainte Vierge m'est apparue et m'a parlé, qu'il est vrai qu'en 1870 (sic), vous serez fusillé par les communards (sic).*

On a, dès lors, le secret du silence gardé par l'archevêque, en se remémorant cette prédiction ; on comprend qu'il n'entendit pas les cris hurlés autour de la tapissière : « Pas la peine d'aller plus loin ! Qu'on les coupe en morceaux, ici ! Faut leur faire, tout de suite, leur affaire ! A mort ! à mort, les canailles ! »

A la Roquette, on jeta l'archevêque presque sans force, mais résigné sur un peu de paille, par terre et sans draps...

Il faisait peine à voir, souffrant horriblement de la faim, car, depuis plusieurs jours, on avait oublié à peu près de lui donner à manger. A ce point que, chacun prenant en vive commisération son état, un prêtre fut tout heureux de trouver au fond de sa poche un petit morceau de chocolat, que l'archevêque put grignoter.

Le 24, le pharmacien, qui savait que c'était *pour aujourd'hui*, offrit le matin même au prélat, absolument brisé, exténué, de le faire admettre à l'infirmerie, où... il serait soigné et où, en tout cas...

« — Oui, je vous comprends, merci ! » interrompit celui-ci, et il ajouta avec force : « Mais à aucun prix je ne veux me séparer des autres ! »

Le sacrifice n'allait pas, d'ailleurs, tarder à s'accomplir.

*
* *

Nous sommes au mercredi 25 mai. Il est cinq heures du soir. Les surveillants de la Grande-Roquette, pâles, affaissés, semblent se demander ce qu'il peut encore arriver dans cet enfer. Au loin, ils voient la fumée et les flammes de l'incendie qui dévore les superbes monuments de Paris. Les obus passent au-dessus de leur tête. La rumeur de la bataille sanglante arrive à eux comme un murmure lugubre. Ils tremblent pour ceux dont ils ont la garde, car, dans cet enfer, ce sont les bons qui sont enfermés et les mauvais qui sont les maîtres. Ils savent que, non loin d'eux, à la mairie du XIe arrondissement, les membres du Comité de Salut public et les membres de la Commune ont installé le siège (le dernier) du gouvernement insurrectionnel, et que ce voisinage n'a rien de bon pour les otages. L'un d'eux a dit le matin au président Bonjean : « Monsieur, il y a du nouveau ; toute la clique du Comité et de la Commune est à la mairie du XIe. Gare ! » Le président, pour toute réponse, a levé les yeux vers le ciel. Il n'a plus d'espoir qu'en Dieu.

Dans la prison, jusqu'au soir, tout s'est passé assez tranquillement. A quatre heures, les otages, qui prenaient « leur récréation », c'est-à-dire un peu d'air, furent reconduits et enfermés dans leur section. On leur avait donné leurs vivres comme d'habitude. Cependant, ils avaient pu voir qu'on les avait enfermés au verrou et à clef.

Le directeur François est allé boire. A force de crier contre les otages, il a le gosier sec et il a besoin de s'abreuver. De chez le marchand de la place où il se tient d'habitude, il aperçoit un groupe de fédérés, que précède le citoyen Gentot (1) et qui monte la rue de la Roquette.

Il s'écrie joyeusement : « Tiens, voilà le peloton d'exécution, on va rire ; gare les soutanes ! »

Il court au devant, serre la main à Genton et à Vérig et salue un officier à ceinture rouge qui n'est autre que Mégy, *l'assassin Mégy*.

« C'est donc pour aujourd'hui ? » demande-t-il gentiment à Genton. « Mais oui ! » répond ce dernier en ricanant.

Tous pénètrent dans le greffe.

On appelle le greffier et lui donne un ordre. Le greffier trouve l'ordre irrégulier, car cet ordre prescrit de fusiller immédiatement six otages et il ne porte indiqués que deux noms.

Une discussion s'engage et, malgré la colère de Mégy, Genton fait rechercher les noms et inscrit les otages dans l'ordre suivant : Darboy, Bonjean, Jecker, Allard, Clerc, Ducoudray. Puis, pris de scrupules, il efface le nom de Jecker et met à la place celui de l'abbé Deguerry. Mais le directeur François, que le vin rendait scrupuleux, refusa de livrer les otages tant que la liste ne serait pas approuvée. Genton est obligé de courir à la mairie où siège la Cour martiale. Pendant ce temps, Mégy reste dans le greffe avec François, le capitaine Vérig et le capitaine Benjamin Sicard, du 101e bataillon fédéré, bataillon que l'on vit partout où il y eut des assassinats à commettre.

Pendant que ces hommes se faisaient des confidences, un des surveillants, Heurion, s'approchant des gardes (les Vengeurs de Flourens !), leur **dit** que c'étaient des assassinats qu'ils allaient commettre. L'un d'eux lui répondit : « Que voulez-vous ! faut bien. C'est l'ordre. Nous avons déjà fusillé à la Préfecture de police !... »

Ce pauvre Heurion était un brave cœur. Il s'enfuit quel-

---

(1) Président de la cour martiale.

ques instants après, courut, à moitié fou, jusqu'à Pantin où il arriva en sanglotant, en s'écriant : « Oh ! ils vont les tuer ! »

Quand Genton revint, il était près de sept heures. Il apportait l'ordre signé de FERRÉ. Comme tout était en règle, François appela le brigadier Ramain et lui remit la liste en lui disant de faire descendre les détenus par le quartier de l'infirmerie.

Il est sept heures et demie, les quarante fédérés, précédés de François, Mégy, Genton, Vérig et Benjamin Sicard, montent au premier étage. Le brigadier Ramain, qui n'a trouvé aucun surveillant pour aller chercher les otages, se charge de l'appel. Il appelle : « Darboy », et porte ses pas vers la cellule n° 1. Mais c'est à l'extrémité du couloir qu'une voix faible, mais très calme, répond : « Présent ! » car l'archevêque avait changé de cellule (1).

On ouvre la cellule n° 23 et l'archevêque sort. On le conduit sur le palier. Ramain appelle ensuite : « Bonjean ! » Le président répond : « Présent ! Attendez, je prends mon pardessus. » « C'est pas la peine, lui dit Ramain en lui prenant le bras, vous êtes très bien comme cela ! » Il appelle ensuite « Deguerry ! » par deux fois ; au bout de quelques instants, le curé de la Madeleine répond : « Présent ! » et il vient se placer à côté de l'archevêque et de M. Bonjean. Ramain appelle ensuite : « Clerc ! Allard ! Ducoudray ! » Ils sont réunis à leurs compagnons.

Ramain ajouta : « Allez-y, le compte y est ! ».

Le peloton d'exécution s'approche des six détenus devant lesquels s'est placé le brigadier Ramain.

Deux surveillants, placés le long des murs, pâles comme la mort, les yeux pleins de larmes, détournent la tête. Le président Bonjean, qui veut que l'on sache que son dernier souvenir a été pour sa chère femme et pour ses enfants,

---

(1) En sortant de sa cellule, l'archevêque avait dit à Ferré : « La justice des tyrans est bien lente à venir ».

dit en passant près d'eux : « Oh ! ma chère femme ! oh ! mes enfants bien aimés ! »

Tous descendent l'escalier. Au bas, on s'arrête et les bourreaux discutent devant leurs victimes pour choisir l'endroit où on les fusillera.

Mégy veut qu'on les fusille dans le petit jardin ; Vérig, qui a accompagné François, il y a quelques jours, pour choisir l'emplacement, veut qu'on aille plus loin.

Pendant ce temps, les six malheureux, qui savent maintenant à quoi s'en tenir, profitent de cette féroce et ignoble discussion pour s'agenouiller et prier ensemble. Cela fit hurler quelques fédérés : « Va donc, vieille bête ! Vous serez bientôt c....., sales calotins ! » Un sergent leur dit : Taisez-vous. Laissez-les tranquilles, vous ne savez pas ce qu'on pourra nous faire demain. »

La prière est finie, les otages se mettent à genoux sur les dernières marches, devant l'archevêque qui, levant la main droite et les trois premiers doigts étendus, les bénit et prononce la formule de l'absolution : *Ego vos absolvo ab omnibus censuris et peccatis !*

Puis, quand ils sont relevés, l'archevêque s'approche de M. Bonjean qui, malade, peut à peine marcher ; il lui offre le bras. Tous prennent le premier chemin de ronde, sous la conduite de Ramain qui a les deux mains dans ses poches et sifflote un petit air.

En tête des otages marche l'abbé Allard (1). Il psalmodie à demi-voix la prière des agonisants.

On arrive ainsi à la grille des morts. Celle qu'on appelle ainsi termine le premier chemin de ronde.

---

(1) L'abbé Allard avait eu une conduite héroïque pendant la guerre : « A Buzenval, dit J. d'Arsac, l'*abbé Allard* a donné la mesure de son courage et de son ardeur héroïque : voyant un bataillon hésiter, il saisit un échalas et l'agitant vigoureusement : « Allons, mes amis, s'écria-t-il, *vive la France ! en avant !* » Quelques instants plus tard, le vaillant prêtre recevait une balle dans le bras gauche. » La Commune récompensait bien ces patriotes. »

Là, comme Ramain ne trouve pas sa clef de suite, le funèbre cortège s'arrête.

Les crosses résonnent lugubrement sur le pavé.

A ce moment, l'archevêque, mû, non par un sentiment humain de défense, car le sacrifice de sa vie était fait, mais par le désir d'épargner un grand crime, se tourne vers les fédérés et leur dit : « Pourquoi nous en voulez-vous ? Prêtres, nous avons toujours aimé le peuple. Quant à moi, j'ai toujours prêché la liberté. » Un fédéré, la pipe à la bouche lui répondit : « Tais-toi, vieille soutane, ta liberté n'est pas la nôtre ! Tu nous embêtes !

L'archevêque leva les yeux au ciel et murmura une prière. Qui sait si ce n'était pas une prière pour celui qui venait de l'insulter.

L'abbé Allard se retourna et, jetant un regard vers la fenêtre de la quatrième section où il voit des visages qui les regardent en pleurant, il leur fit un signe d'éternel adieu.

Enfin la grille est ouverte et Ramain s'en va.

Il ne reste plus que les victimes et leurs bourreaux. On tourne à gauche, on pénètre dans le second chemin de ronde et on s'arrête devant la haute et sombre muraille qui semble encore plus noire que d'habitude.

Il est sept heures trois quarts. Au loin, on entend un murmure confus, c'est la bataille où des frères de la même patrie se déciment; le soleil couchant mêle ses quelques derniers rayons empourprés aux lueurs sanglantes de l'incendie.

Contre cette muraille qui semble en deuil on range les otages : Mgr Darboy, le premier, puis le président Bonjean, l'abbé Deguerry, le père Ducoudray, le père Clerc et l'abbé Allard.

A trente pas de ces six hommes qui se tiennent debout et regardent fièrement leurs bourreaux, le peloton d'exécution s'est rangé l'arme au pied.

Derrière eux se placent Genton, Vérig et Mégy, une

trinité de canailles qui vont faire périr les serviteurs de la Trinité divine.

Le président Bonjean, regardant Genton et Mégy, murmure : « Je vous pardonne. »

L'archevêque, élevant la main, bénit ceux qui vont le mettre à mort et prie Dieu de leur pardonner (1).

L'abbé Deguerry, dans un mouvement qui rappelle bien l'aumônier militaire, ouvre sa soutane et présente son cœur aux balles de ses bourreaux.

Mégy, impatienté, secoue Genton par le bras et Genton commande : « Feu ! »

Six corps, les corps de six martyrs tombèrent, pendant que Mégy, toujours ricanant, dit : « La justice du peuple est satisfaite. »

Quelques fédérés firent des pieds-de-nez et on revint au greffe.

A l'heure même où se consommait le martyre, un jeune prêtre du clergé de Paris, caché dans une chambre où il avait élevé un autel, comme aux plus sombres jours de la Terreur, priait pour l'archevêque. Tout à coup, il vit le linge blanc de l'autel se tacher de gouttelettes de sang. C'était le moment où les martyrs rendaient le dernier soupir.

Les cadavres, se raidissant dans une mare de sang, restèrent étendus au pied de la muraille jusqu'au milieu de la nuit.

---

(1) Le pouce et l'index de la main droite de Mgr Darboy avaient été fracturés par une balle. Trois plaies existaient au côté droit, à la base de la poitrine, vers les fausses côtes. Ces trois plaies, distantes d'environ cinq à six centimètres, formaient un triangle. Les trois projectiles avaient traversé le corps et étaient sortis dans la région lombaire gauche après un trajet elliptique en bas et en dedans. Les trois plaies paraissaient produites, l'une par une balle du fusil à tabatière, les deux autres par des balles de chassepot. Les deux doigts de la main ont pu être brisés par l'une des balles qui avaient atteint la poitrine (abbé Lamazon).

A deux heures du matin, le brigadier Ramain, Vérig et cinq autres canailles vinrent, avec des lanternes, pour dépouiller les corps inutiles par les balles. On déchirait les vêtements afin d'aller plus vite. Vérig passa la croix pastorale autour de son cou. On donnait des coups de pied aux cadavres en les traitant de canailles.

Au petit jour, on mit les corps de l'archevêque (1), de M. Bonjean et du curé de la Madeleine dans une petite voiture à bras, on les jeta à la fosse commune du cimetière du Père-Lachaise. On fit un second voyage pour emporter les restes des Pères Clerc, Ducoudray et de l'abbé Allard.

Les cellules des martyrs furent fouillées et les assassins s'emparèrent de ce qu'ils purent trouver.

Et quand, au petit jour du dimanche 28 mai, le surveillant LATOUR ouvrit la porte d'entrée aux fusiliers marins et qu'il s'écria : « Voici la France ! » il sembla à ceux qui restaient que c'était un envoyé de Dieu qui arrivait (2).

Et, lorsque le colonel DE PLAS qui commandait le détachement, demanda : « Et l'archevêque, et M. Bonjean, où sont-ils ? » Et qu'on lui répondit : «*Fusillés !* » une larme vint mouiller une rude paupière, et les soldats présents

---

(1) Les gardiens, raconte l'abbé Lamazon, m'avaient appris qu'avant de jeter les corps sur la charrette, on les avait frappés à coups de crosse de fusil et dépouillés de quelques-uns de leurs vêtements, qui furent brûlés à l'endroit même de l'exécution. Deux fois, j'ai pu m'assurer de l'exactitude de ce dernier détail. J'ai également constaté qu'en remontant aux chambres des six fusillés les assassins avaient volé leur argent et jeté au feu leurs papiers et leurs livres. Quelques semaines après, on voyait encore dans une des armoires du vestibule de la Roquette un bréviaire à moitié brûlé. C'est ainsi que la Commune respectait les dernières volontés et dispositions testamentaires des otages.

(2) « 28 Mai »... La brigade Langourian, traversant la place du Trône, suit l'avenue Philippe-Auguste, enveloppe la prison de la Roquette à cinq heures du matin, et délivre les otages au nombre de cent soixante-neuf. Les insurgés en avaient malheureusement fusillé soixante-quatre l'avant-veille. » (Rapport du maréchal de Mac-Mahon sur les opérations de l'armée de Versailles).

firent entendre de sourds murmures de douleur et de vengeance.

Le 27 mai, sur une fausse alerte, la Grande-Roquette avait été dégagée. Les domestiques dirent alors aux otages de la quatrième section : *Mais, sauvez-vous donc vite !* Vingt-trois d'entre eux descendirent, malgré les exhortations de leurs compagnons qui leur criaient que, dehors, ils seraient tués.

Il y avait, parmi eux, sept laïques et seize ecclésiastiques. Mgr DE SURAT ; le P. HOUILLON, missionnaire en Chine ; l'abbé BÉCAUT, curé de Bonne-Nouvelle ; et un employé des prisons, M. CHAULIEU, firent route ensemble.

Mais, bientôt, ils furent arrêtés, fusillés par des femmes et de jeunes détenus.

Le vicaire-général Bayle, le curé de Saint-Séverin, purent se cacher dans des maisons. D'autres retournèrent à la prison, où on les cacha à l'infirmerie.

Le *massacre de la rue Haxo* fut le massacre le plus long et le plus atrocement combiné par la Commune aux abois.

Le 25 au soir, le brigadier Ramain s'écrie qu'il lui fallait quinze otages. Il appela trois jésuites : le P. Olivaint, supérieur de la maison de Sèvres ; le P. Caubert, économe ; et le P. de Bengy (1), ancien aumônier en Crimée. Quatre Pères de Picpus, anciens missionnaires de l'Océanie, l'abbé Sabatier, vicaire de Notre-Dame-de-Lorette, et l'abbé Plauchat, directeur du patronage de Charonne ; un

---

(1) Un gardien qui fait l'appel des condamnés ne peut lire ce nom de Bengy. Le religieux s'approche, jette un coup d'œil sur la liste et dit simplement : « C'est moi ! » Et il suit les bourreaux au lieu du supplice.

« Point de plaintes, ajoute le témoin, point de réclamation, point de pleurs, point de recommandation, d'embrassement ni de bénédiction ; mais la simplicité, le calme, le silence qui imprime à cette scène le caractère le plus auguste et le plus solennel ».

jeune séminariste de vingt ans, Paul Seigneret, quatre otages civils et trente-quatre militaires complétèrent le convoi. On leur fit croire qu'on les menait à la mairie de Belleville pour leur donner des rations parce que les vivres commençaient à manquer.

Malgré la faiblesse de l'escorte, nul ne pensait à s'échapper. Dans la première partie du trajet, les victimes rencontrèrent des visages sympathiques et quelques marques de pitié; mais, à partir de la chaussée Ménilmontant jusqu'à la rue Haxo, les injures et les coups ne leur furent point épargnés; on disait à la foule que ces prisonniers faits sur les Versaillais avaient tiré sur le peuple. L'odieux Ranvier attendait les prisonniers devant la mairie; il leur cria :

— Vous avez un quart d'heure pour faire votre testament, si cela vous convient.

Toute la canaille du quartier arriva bientôt et Ranvier dit :

— Allez me fusiller tout ça aux remparts.

L'exécuteur de cet ordre sauvage était un nommé Gois, dit Grille-d'Égout, repris de justice, portant alors les galons de colonel. La foule chantait, criait, jetait des pierres aux victimes qui furent poussées vers une maison en construction rue Haxo, 83, où siégeaient encore quelques membres de la Commune, entre autres Varlin, qui essaya d'empêcher le carnage. On lui répondit : « Va donc! avocat! » et il fut emmené de force. L'incendiaire des Tuileries, Benat, cria : « A mort! » et une cantinière commença le massacre, tandis que le dernier chef militaire de la Commune, Hippolyte Parent, fumait son cigare au balcon.

Ce fut un prêtre qui tomba le premier. On obligeait les gendarmes et les soldats à sauter un petit mur haut de cinquante centimètres, pour les « tirer au vol ».

Les prêtres refusèrent de sauter; l'un d'eux dit :

— Nous sommes prêts à confesser notre foi, mais il ne nous convient pas de mourir en faisant des cabrioles.

Cette boucherie dura une heure; cinquante-deux cadavres étaient entassés l'un sur l'autre, et la moitié, peut-être, n'étaient pas morts. Pour mettre fin à leurs gémissements, on fit des décharges de fusils et de pistolets, on les piétina et, à la fin, un fédéré demanda : « Allons, les braves, à la baïonnette ! » Cette charge fut si bien exécutée, qu'un cadavre avait reçu soixante-neuf coups de fusil et que soixante-douze coups de baïonnette atteignirent cet excellent P. de Bengy.

*
* *

Ailleurs, des crimes aussi atroces avaient un dénouement lugubre..

Les dominicains établis dans l'école d'Arcueil avaient un mauvais voisinage. Près d'eux était installé *l'ignoble* SERIZIER, chef de bataillon de la garde nationale, le plus mauvais de Paris, le 101e; ce Serizier terrorisait tout l'arrondissement et même au delà. Depuis longtemps, il avait des accès de rage rien qu'à voir la robe blanche des dominicains. De concert avec une autre canaille de son espèce, BOIN, dit BOBÈCHE, ils arrêtèrent les pauvres dominicains et leurs domestiques, les amenèrent au fort de Bicêtre et dévalisèrent leur maison. Quand les fédérés furent obligés d'évacuer le fort, ils emmenèrent à Paris tous les otages, au nombre de vingt et un, et les conduisirent boulevard d'Italie, à la prison du 9e secteur.

A une heure de l'après-midi, Serizier envoya chercher les dominicains pour travailler à la barricade..

Ils répondirent :

— Il nous est défendu de nous battre. Nous sommes infirmiers et disposés à aller chercher les morts et les blessés sous les balles.

On les fit rentrer dans la prison, ils se confessèrent; à quatre heures, les fédérés, qui sentaient l'approche des soldats français, chargent leurs armes. On venait de leur dire, en effet, que le Panthéon était pris, Millière fusillé, la prison de la Santé délivrée, et qu'ils allaient, eux-mêmes, être bientôt cernés.

— Ah ! c'est comme ça, s'écria Serizier en fureur ; il faut que tout le monde y passe ! Allons, des hommes de bonne volonté pour casser la tête aux curés.

Il se présenta même des femmes et la tuerie commença. Boin, dit Bobèche, chef de la prison, cria :

— Allons, les calotins, vite, arrivez et sauvez-vous, il n'est que temps ; sortez l'un après l'autre.

Le père Cotrault sortit le premier et reçut une balle à trois pas de la porte en disant :

— Est-ce possible ?

Le Père Captier (1), prieur, dit à ceux qui le suivaient :

— Allons, mes chers enfants, c'est pour le bon Dieu !

Tous s'élancèrent à sa suite à travers la fusillade des fédérés, tandis que les femmes applaudissaient des fenêtres et que tous les spectateurs riaient aux éclats. Quelques-uns, plus alertes et plus heureux, échappèrent ; mais, cinq religieux et sept employés restèrent sur place. Un des Pères respirait encore : Serizier ordonna froidement de

---

(1) La sollicitude du P. Captier, en matière d'instruction et d'éducation, ne se renfermait pas dans les bornes de son collège ; elle s'étendait aux classes humbles de l'arrondissement de Sceaux. Il fut heureux de prêter à la commune d'Arcueil, pour ses cours d'adultes du soir, le concours de ses meilleurs professeurs. « Prêtre de Jésus-Christ, s'écriait-il un jour, j'aime ceux que mon Maître a aimés, c'est-à-dire les pauvres, et la vocation qui me retient au milieu des enfants riches m'impose, parfois, un douloureux sacrifice de mes goûts les plus chers ». Ici, donnons la parole à un homme de cœur, à un de ces rares républicains dont personne n'a suspecté, ni la sincérité des opinions, ni l'indépendance du caractère : « Je ne serais pas un honnête homme, nous disait M. Lavenant, maire d'Arcueil, si je ne rendais hommage au P. Captier pour l'intérêt constant avec lequel il s'occupe de l'amélioration du sort de nos ouvriers. Tout ce qui tient à l'éducation de nos enfants, à leur avenir, trouve toujours le chemin de son cœur. » A diverses reprises, pendant le siège de Paris, M. Lavenant nous a tenu le même langage, oralement et par écrit.

l'achever : le cadavre reçut plus de trente coups de fusil ; le pauvre économe fut assassiné un peu plus loin.

Serizier allait chercher d'autres victimes dans sa geôle qui contenait 97 prisonniers, il en avait déjà dressé la liste quand le 113ᵉ de ligne arriva, et l'infâme colonel fédéré se sauva le plus rapidement possible.

*
* *

En arrivant, les soldats ne trouvèrent plus que des cadavres atrocement mutilés.

Le 18 juillet 1871, le R. P. Perraud, de l'Oratoire, prononçant sous les voûtes de Notre-Dame l'oraison funèbre du martyr, Mgr Darboy, terminait ainsi, par ces belles paroles, son admirable discours, et montrait quel devait être l'enseignement des martyrs :

— Oui, s'écriait-il, il faut se décider entre le Christ et la Révolution ; entre l'Évangile, seul fondement de la justice sociale, et des utopies menteuses qui n'ont amoncelé que des ruines.

» Oui, il est temps de choisir entre ceux qui viennent et ceux qui tuent ; ceux qui tuent au nom de la liberté, de la fraternité universelle, de la civilisation, du progrès ; et ceux qui viennent, victimes comme le Christ et, comme le Christ, aimant, bénissant, pardonnant jusqu'au dernier soupir.

» La mort des martyrs, disait saint Jean Chrysostome, c'est la condamnation et l'ignominie du démon ; c'est, en même temps, la confirmation du christianisme, le fondement de la confiance de l'Église, l'école de la sagesse, le principe et la source de tous les biens.

» Oui, il en est, il en sera ainsi.

» Ces scènes, qu'on a si justement appelées « un mys-
» tère effroyable d'iniquité », sont, tout simplement, la logique du mal poussée jusqu'à ses extrêmes conséquences. Les voilà dans toute leur horreur, ces doctrines perverses

dont nous n'avions pas peur tant qu'elles s'enveloppaient de formules discrètes et n'étaient qu'une attaque mesurée et polie contre Dieu, contre son Christ, contre l'Église, contre les principes fondamentaux de la morale et du devoir. L'esprit du mal s'est dévoilé là dans toute sa hideuse laideur. Que ce soit pour son éternelle ignominie et sa définitive condamnation !

» Mais, la mort des martyrs, c'est aussi la confirmation du Christianisme et le fondement de la confiance de l'Église.

» Le Christianisme ! il s'est montré là tel qu'il s'est fait voir aux premiers siècles de son histoire. Le monde a vieilli ; lui n'a pas changé ! c'est toujours la même foi, la même patience, la même sérénité, le même tranquille et humble courage ! A travers les siècles, tous nos martyrs se donnent la main ; ils continuent la même tradition. Puisse, aujourd'hui, comme au temps de Tertullien, leur sang féconder la terre et préparer une abondante moisson de vertus chrétiennes ! »

CHAPITRE XI

UN SOUVENIR

> **TRISTESSE**
>
> Il est de tristes jours, où tout est brume et deuil,
> Où, lent, sonne le glas de la désespérance,
> Où l'âme ne vit plus. — Ainsi qu'en un cercueil
> Tout désir est éteint, même de la vengeance.
>
> Où la douleur voisine est pour vous un écueil,
> Où les éclats joyeux résonnent en souffrance,
> Où, trop las pour franchir l'éternel seuil,
> La mort vous atteindrait, glacé d'indifférence.
>
> Les choses, à ces jours, pleurent aussi leurs larmes.
> — N'espère pas, rêveur, tenté de moins souffrir,
> Que le monde qui rit, comprenne tes alarmes.
>
> Sa brutale pitié suffirait à t'aigrir;
> Fais mieux, et te livrant au chagrin qui t'inspire
> En écoutant ton cœur, laisse pleurer ta lyre.
>
> Joseph Surcouf.

Une visite à la prison de la Grande-Roquette. — Avant une démolition. — A la quatrième section. — Les cellules des martyrs. — Le numéro 23. — Vita, Robur, Mentis, Salus. — Un pieux pèlerinage. — Dans le chemin de ronde. — Un mur ! — Un nid et des tombes ! — Une fleur comme relique.

On sait qu'en 1900 ordre a été donné de faire disparaître la prison de la Grande-Roquette. En mai 1899, avant que fût commencée sa démolition, j'ai voulu la revoir une dernière fois, cette prison qui laissera un nom dans l'histoire, avant que la pioche des démolisseurs ne l'ait fait disparaître, et, j'ai, muni d'une autorisation en règle, pris, en compagnie de mon fils Gabriel, le chemin de cette place de la Roquette trop souvent ensanglantée, hélas !

Après avoir passé sur l'emplacement occupé par la guillotine au jour des exécutions capitales et que marquent cinq pierres blanches, nous nous sommes dirigés vers la massive porte toute bardée de fer et que gardent des fantassins. Pourquoi donc y montent-ils toujours la garde puisqu'il n'y a plus personne ?

Nous voici à la porte : à droite le poste de garde, à gauche le guichet où sont les garçons à l'uniforme vert liseré de jaune.

L'un de ces derniers va nous accompagner dans notre visite. Nous traversons la cour où s'ouvrent les bâtiments des cuisines et de l'administration, le greffe, le parloir, la chambre qui précède le greffe et où se fait la toilette des condamnés à mort, et je demande à être conduit spécialement à la quatrième section, là où sont arrivés, venant de Mazas, au milieu de la foule hurlante, le soir du 22 mai 1881, les otages de la Commune.

Ces otages, ont sait leurs noms : Ceux qui allaient mourir deux jours plus tard s'appelaient : Monseigneur Darboy, archevêque de Paris ; le président Bonjean ; l'abbé Deguerry, curé de la Madeleine ; le père Ducoudray, le père Clerc, l'abbé Allard, aumônier des ambulances, que j'avais connu et dont je conserve précieusement une lettre datée de 1870. Nous montons un escalier de pierre, large et humide, et nous voici au premier. Une grande grille défend l'entrée de la section ; les lourdes clefs ouvrent, de lourds verrous, et un bruit de ferraille résonne lugubrement au milieu du silence de cette maison vide.

Nous avançons et nous visitons avec un respect qui n'est nullement de commande, croyez-le bien, ces cellules où ont passé là de tristes heures angoissées les malheureux martyrs qui entendaient près d'eux les cris de mort désespérants et au loin le bruit de la fusillade se rapprochant, suprême espérance de délivrance! Les cellules sont nues; seule, la dernière qui porte le numéro 23, tout là-bas, au bout du triste et long corridor, est meublée telle qu'elle l'était au soir du 24 mai 1871.

Toute petite, véritable réduit, cette cellule occupée par l'archevêque et où j'entre tête nue comme dans une chapelle, a conservé son mobilier : une chaise de paille, une pauvre table branlante en bois blanc, un lit de camp en fer rouillé et une paillasse. Au-dessus d'une planchette, une inscription au crayon : 7 heures et demie. Que s'est-il passé à cette heure-là ?

Sur la porte, Mgr Darboy a tracé sur la croix formée par le judas et répété au-dessus ces mots : *Vita, Robur, Mentis, Salus*. Après m'être recueilli quelques instants et pris un rapide croquis, je demande au gardien, comme faveur, de refaire avec lui, comme en un pieux pèlerinage, le chemin qu'ont dû parcourir les malheureux dans la soirée du 24 mai.

Et continuant, silencieux, douloureusement oppressés, nous refaisons tous trois le chemin que fit l'archevêque de Paris, malade et épuisé, donnant le bras au président Bonjean qui le soutenait et dont le courage fut digne des temps héroïques et que suivirent les autres victimes ; nous redescendons l'escalier aux marches usées où les pas résonnent ; — et où résonnaient ce soir de mai les crosses des fusils et les cris de haine des bourreaux — nous traversons de nouveau la salle de la toilette des condamnés, le greffe, et nous voici au chemin de ronde où s'ouvrent les bâtiments de la direction

C'est là que les victimes ont commencé à réciter les dernières prières. Puis, tout au bout de l'allée là-bas — que le chemin a dû être long ! — une muraille.

Nous y voici, enfin, devant ce mûr où sont tombés dans l'ordre suivant, en allant de gauche à droite, les martyrs du calvaire de 1871 ! Mgr Darboy, le président Bonjean, l'abbé Gaspard Deguerry, les Pères Ducoudray et Clerc, l'abbé Allard, et dont les noms sont inscrits en cet ordre sur la pierre qui borde le petit jardinet et sur la plaque de marbre qui porte en exergue ces simples mots : « Respect à ce lieu, témoin des nobles et saintes victimes du 24 mai 1871. »

Je me découvre ému. Nous sommes seuls, le gardien, mon fils et moi ; il règne un silence pénible, entrecoupé de temps en temps par le gazouillement des oiseaux qui ont établi un nid printanier à quelques pas des tombes. Et malgré moi, ma pensée se reporte à cette soirée du 24 mai, où en guise de soleil couchant, la lumière des incendies colorait le ciel d'un rouge aussi vif que le sang des nobles victimes qui allait arroser la terre de ce coin solitaire où aujourd'hui poussent des arbrisseaux et des fleurs. Une de ces dernières est tombée à terre. Je me baisse, la ramasse et la mets dans ma poche comme on fait d'une relique.

C'est ce pieux monument du souvenir dont la famille du président Bonjean avait demandé la conservation. Je pensais alors que ce serait une profanation — j'allais dire un sacrilège — que de ne pas faire droit à cette touchante demande. Hélas ! les pouvoirs publics n'en ont pas tenu compte. Des membres de la Commune sont au pouvoir, peu importe pour eux le souvenir des martyrs.

Ma visite terminée, j'ai quitté la Grande-Roquette l'âme peinée, songeant quelle triste chose c'était que la guerre civile, et lui souhaitant ne plus jamais en revoir de pareille !

CHAPITRE XII

LES MANIFESTATIONS DE LA FRANCE CATHOLIQUE

Le bazar de la Charité. — Le Sacré-Cœur. — Après la guerre. — Un acte de foi. — Le culte du Sacré-Cœur. — Le mont des Martyrs. — L'origine du *Vœu National*. — MM. Legentil et Rohault de Fleury. — Les archevêques de Paris. — Une loi. — Le Sacré-Cœur de Montmartre. — Les souvenirs. — Les zouaves pontificaux au Sacré-Cœur. — Le monument. — Les dates mémorables. — Les Pèlerinages.

La charité catholique à Paris est grande ; des dames du meilleur monde, appartenant parfois à la plus haute aristocratie, font des ventes de charité, installent des comptoirs dans des locaux ordinairement appelés bazars de charité, et les profits sont pour les pauvres.

Jusqu'à l'année 1896, les grandes ventes se faisaient dans un local appelé le Bazar de la Charité, installé rue de la Boëtie.

Ce local devait être démoli pour élargir la rue.

Depuis qu'il avait dû quitter la rue de la Boëtie, le Bazar de la Charité, en ce Paris qui ne peut vivre sans bonnes œuvres, s'était installé au numéro 15 de la rue Jean-Goujon, sur un terrain non bâti, appartenant à M. Henri

Heine. Les constructions rapidement menées étaient achevées en six semaines. Tout en pitchpin verni, elles s'étendaient sur une longueur de quatre-vingt mètres et sur une largeur de vingt mètres.

Derrière se trouvait une bande inculte de terrain d'une largeur de vingt-cinq mètres, clôturée par derrière par des maisons du Cours-la-Reine et la rue François Ier.

Les organisateurs étaient : le baron de Mackau, député conservateur de l'Orne, et M. Blount.

L'intérieur du Bazar représentait, au moyen de décors fort bien imités, une vieille rue de Paris, avec ses maisons à pignon, ses échoppes à auvents. Dans ce décor moyen âge avaient été reconstituées des auberges aux noms historiques : *Le Lion d'or, l'Écu d'argent, le Pélican blanc, la Truie qui file, la Tour de Nesles,* etc., dont les enseignes se balançaient dans un pittoresque charmant.

Les marchandises les plus variées avaient été emmagasinées dans les divers comptoirs : mercerie, maroquinerie, livres, articles de Paris, etc.

Trente bonnes œuvres étaient intéressées à la vente. En un jour on avait fait plus de 40,000 francs de recettes.

Dans un angle du Bazar, une attraction avait été ménagée pour les babys : un cinématographe, du système Normandin.

Le nonce du Pape, Mgr Clari, était venu le 4 mai, vers trois heures, pour bénir le Bazar ; il avait ensuite félicité les organisateurs et les dames patronnesses ; il s'était particulièrement arrêté au comptoir numéro 4, placé sous le patronage de la duchesse d'Alençon.

Il y avait en ce moment 1,200 visiteurs dans le Bazar.

Le nonce venait de sortir, et une foule élégante se pressait autour des comptoirs, lorsqu'à quatre heures dix un employé du cinématographe, M. Bellac, se précipita vers le baron de Mackau, alors occupé près du comptoir des cœurs de l'Assomption.

« Le feu vient de se déclarer », lui dit-il à voix basse.

« Je me charge de prévenir ces dames, répondit le baron sans perdre son sang-froid, ne criez pas... »

Mais il était déjà trop tard pour empêcher la panique ; déjà les flammes couraient sur toute la longueur du Bazar, et avec une rapidité inouïe, embrasaient le velum qui servait de plafond. En cinq minutes, tout était en feu. On se précipite vers les issues, où se produit un entassement épouvantable.

Le côté droit du Bazar était particulièrement encombré ; c'est là en effet qu'étaient installés les comptoirs de la duchesse d'Alençon, de la duchesse de la Rochefoucauld, de la comtesse Greffulhe.

Tandis que le feu court le long des boiseries et s'échappe par le toit, on voit (spectacle horrible) de la rue Jean Goujon, à travers les planches disjointes, les malheureuses femmes affolées passer et repasser, cherchant des issues par où fuir. Une seule porte s'ouvre sur la rue Jean-Goujon ; c'est par cette porte qu'ont pu s'enfuir les personnes averties du sinistre. M. de Mackau est là qui tente, mais en vain, d'enrayer la panique. A l'autre bout du long bâtiment existe une porte, mais elle est barrée par un monceau de cadavres d'infortunées, qui ayant toutes voulu sortir en même temps se sont étouffées et ont fermé toute issue.

Mais par la porte de derrière, qui donne sur le terrain vague, quantité de femmes trouvent passage... Les voici dans cet espace fermé, aveuglées par la fumée qui les asphyxie, brûlées par les flammes, ou *même rôties* par la réverbération de la chaleur des murailles. Affolées elles courent le long des murs. Beaucoup, ainsi que nous le conterons plus loin, trouveront leur salut grâce à l'initiative courageuse du personnel de l'Hôtel du Palais qui descelle à coups de pic les barreaux d'une lucarne, et procède au sauvetage de celles qui courent de ce côté en véritable cohue.

Par une porte de derrière, d'autres personnes ont pu

fuir dans ce même terrain vague ; mais les flammes sont ardentes et longues...

Cependant des hommes courageux sont entrés dans ce terrain vague par cette issue. Deux échelles se trouvent là. Elles vont servir, maniées par des mains vigoureuses, à de nombreux sauvetages. Le père Bailly, directeur de la *Croix*, et ses typographes, sauvent plus de vingt personnes en leur faisant franchir le mur, haut de dix mètres, qui sépare le terrain vague de leurs ateliers. Plus de cent cinquante personnes passent ensuite par les échelles, échappant ainsi à une mort certaine.

Mais, hélas ! les flammes deviennent monstrueuses ; les malheureuses victimes prennent feu spontanément ; le Bazar n'est plus qu'un immense brasier. Le velum est tombé sur la tête des personnes qui se trouvent encore dans l'intérieur, les couvrant ainsi d'un immense linceul de feu ; victimes immédiatement sacrifiées...

On cherche des haches, des massues, pour éventrer de l'extérieur les cloisons du Bazar. Les cochers prennent les timons de leurs voitures pour en faire des catapultes. Mais leurs efforts restent vains... Le bâtiment s'effondre... C'est fini !

Les sauveteurs qui avaient pu pénétrer dans le terrain vague par le boyau, reviennent, car il est impossible de tenir plus longtemps dans le brasier.

Plus de cent cinquante personnes peuvent, par une fenêtre de derrière sur le terrain vague, se sauver d'une mort horrible, grâce à l'intelligence et au dévouement du personnel de l'Hôtel du Palais.

*
* *

Dès le premier moment, tous les avertisseurs d'incendie avaient été brisés, et quelques minutes après, huit pompes à vapeur étaient arrivées de toutes les directions ; malheureusement l'incendie fut si rapide et si violent qu'elles arrivèrent trop tard. Elles ne purent donc se borner qu'à noyer les décombres et préserver les immeubles voisins, dont les murs surchauffés commençaient à éclater. Un détachement de soldats du 28e en garnison à la Pépinière, et un détachement d'infirmiers, vinrent bientôt aider les pompiers dans leur terrible besogne... Il s'agissait de déblayer...

La nuit et la journée qui suivirent l'épouvantable catastrophe ne furent qu'une longue veillée mortuaire. Tandis que les familles éplorées priaient près de leurs morts, d'autres cherchaient les leurs parmi les cadavres non encore reconnus. Et si méconnaissables étaient ces êtres naguère si brillants, que le fils passait auprès de sa mère sans être averti, et la mère près de son enfant. La plupart des reconnaissances ont été faites par des femmes de chambre, sur le vu des fragments des toilettes de leurs maîtresses.

La reconnaissance la plus émouvante fut celle de la duchesse d'Alençon dont on ne retrouva que des restes si informes et si calcinés que le duc d'Alençon, lui-même, ne put les reconnaître.

La femme de chambre de la duchesse, seule, croyait reconnaître un fragment d'étoffe incomplètement brûlé adhérent à l'un des moignons.

On eut alors la pensée de s'adresser au dentiste de la duchesse, qui après avoir examiné longuement la mâchoire calcinée de la victime, retrouva des dents qu'il avait aurifiées. Le corps de la duchesse fut aussitôt mis en bière en présence du duc de Vendôme, lui-même blessé à la tête, et aussitôt transporté dans les caveaux de Saint-Philippe-du-Roule.

La duchesse Sophie d'Alençon, née le 22 janvier 1747, était la sœur de l'impératrice d'Autriche. Elle avait épousé, en 1868, le prince Ferdinand d'Orléans, duc d'Alençon.

Parmi les 146 victimes reconnues, citons la comtesse d'Hunolstein, belle-sœur de la duchesse douairière d'Uzès; les baronnes de Saint-Didier; la comtesse de Luppé;

mademoiselle de Mandat-Grancey, 19 ans ; madame Jacques Haussmann ; madame Hoskier et sa fille ; madame Rolland-Gosselin ; le Dr Feulard et mademoiselle Feulard ; madame de Florès, femme du Consul d'Espagne ; le Dr Rochet ; la vicomtesse de Bonneval ; la vicomtesse de Malezieu ; la générale Chevals ; le général Warnet ; mesdemoiselles de Chevilly, les deux sœurs ; la vicomtesse de Damas et tant d'autres nobles victimes.

Sept sœurs de charité ou d'autres congrégations : sœur Marie Ginoux de Fermon, Supérieure de Saint-Vincent de Paul ; sœur de Hondal ; sœur Geneviève ; la vénérable sœur Thomazan, Supérieure des sœurs de Saint-André, etc., toutes mortes noblement pour avoir voulu sauver d'autres victimes avant de se sauver elles-mêmes. C'est ce qui a permis de graver sur leur cercueil nu le nom flamboyant de martyres.

Des milliers de personnes ont tenu à assister aux humbles funérailles de ces héroïnes.

De nombreuses victimes, qui s'étaient échappées grièvement brûlées, ont succombé dans la suite à leurs horribles blessures.

Citons entre autres : le général Munier, né à Metz (1828) ; la vicomtesse d'Avenel ; madame de Suze, etc., etc.

*
* *

Un livre ne suffirait pas pour citer toutes les scènes qui se sont passées lors de ce sinistre.

« Devant la petite boutique de madame la duchesse d'Alençon se tenait une de ses compatriotes, madame la comtesse Léopold d'Arschot, née de Louvencourt. Quand l'incendie éclata, elle se jeta à genoux en priant Dieu.

» Un monsieur admirant son courage s'élança sur un tas de planches, en arracha une, et, la tenant des deux mains, en fit un abri contre les étincelles goudronnées qui tombaient du plafond. Madame d'Arschot, ainsi protégée, put, avec sa jeune cousine, la comtesse de Boigne, arriver à la sortie.

» Il était temps : quelques secondes plus tard, la toile goudronnée du plafond, cet immense et lugubre drap mortuaire, s'abattait.

» Deux heures plus tard, madame d'Arschot remettait madame de Boigne entre les mains de ses parents, le baron et la baronne de Mandat-Grancey. Que n'avait-elle pu sauver aussi leur seconde fille ! »

*
* *

La mort de S. A. R. madame la duchesse d'Alençon nous inspire le recueillement d'une admiration silencieuse. Son Altesse Royale, en effet, a succombé en véritable héroïne de son dévouement. Elle répondait à mademoiselle Jeanne de La Cornillère qui, la prenant par la taille, voulait l'entraîner et la sauver :

« Non, non, sauvons d'abord nos invitées. Les présidentes doivent rester les dernières. »

A la marquise de Lubersac, elle ajoutait quelques minutes après et déjà suffoquée :

« Non, pas encore, plus tard, la dernière. » Et en regardant le ciel : « Le devoir avant tout. »

*
* *

Enfin, le 8 mai, le gouvernement, mû par une haute et généreuse pensée, faisait célébrer un service solennel à Notre-Dame à la mémoire de toutes les infortunées victimes, et pendant quelques heures la communauté de la pitié et de la douleur a réuni dans une même pensée les cœurs et les âmes, et a fait toucher du doigt le vide et le néant des disputes terrestres.

Voici le texte de la lettre de M. Louis Barthou, ministre

de l'Intérieur, au nom du Gouvernement, aux familles des défunts :

MINISTÈRE
DE L'INTÉRIEUR

CABINET
DU MINISTRE

RÉPUBLIQUE FRANÇAISE

« Paris, le 6 mai 1897.

« M...,

» Le Gouvernement, tenant à s'associer au deuil causé par l'incendie du Bazar de la Charité de la rue Jean-Goujon, a résolu de faire célébrer, en l'église Notre-Dame, samedi prochain, à midi, les funérailles des victimes qui n'ont pas été reconnues.

» Il se ferait un devoir de réunir dans la même cérémonie les victimes de la même catastrophe qui ont pu être reconnues par les familles, si celles-ci en manifestaient le désir.

» Veuillez agréer, M..., l'expression de ma profonde et douloureuse sympathie.

» *Le ministre de l'Intérieur,*
» Louis Barthou. »

Le 8 mai, un samedi, avait lieu à Notre-Dame le service funèbre en l'honneur des victimes.

Notre-Dame, c'est la vieille basilique qui fut mêlée à toutes les joies et à tous les deuils de la France. *Te Deum* et *De Profundis* ont alterné depuis des siècles sous ses voûtes.

Ce sont des *Dies iræ* qui ce soir ont fait retentir de leur plainte les mystérieux échos de l'antique cathédrale.

Jour de deuil pour Paris.

Aux portes de presque toutes les églises se drapaient de funèbres tentures et se rangeaient des convois mortuaires.

Les nombreuses familles éprouvées célébraient les funérailles de ceux ou de celles que la mort leur avait enlevés et qui avaient péri dans la fournaise de la rue Jean-Goujon.

A Notre-Dame, la France entière rendait un suprême hommage aux victimes de la catastrophe, et elle s'inclinait devant les desseins impénétrables de Dieu.

*
* *

Racontons nos impressions d'alors, en ce jour de tristesse (1).

La matinée est triste et grise. La pluie menace de tomber. Et cependant voici que de toutes parts arrive la masse énorme des invités et des curieux. Bientôt toutes les rues qui avoisinent Notre-Dame sont encombrées, il devient impossible de circuler sur le parvis. Le marché aux fleurs est déserté.

(1) « Aujourd'hui, la vieille basilique, qui fut mêlée à toutes les joies et à tous les deuils de la France, s'est couverte de draperies noires pour le service religieux célébré en l'honneur des victimes de l'effroyable catastrophe qui a si profondément remué Paris.

» *Te Deum* et *De Profundis* ont alterné depuis des siècles sous les voûtes de l'église élevée sur les ruines d'un temple de Jupiter. Des rois sont entrés à cheval à Notre-Dame pour y remercier Dieu d'une victoire. Bossuet a proclamé là, devant le cercueil du grand Condé, le néant des grandeurs humaines. Un Pape était venu bénir la cathédrale aux premiers jours de la Monarchie capétienne ; un Pape y mit la couronne de Charlemagne sur le front d'un officier d'artillerie devenu Empereur par la grâce de la Victoire.

» L'année dernière nous étions réunis là autour du catafalque qui contenait la dépouille d'un héros tombé sur la terre africaine. Aujourd'hui les hymnes pieux retentiront pour toutes ces pauvres créatures que l'incendie a prises tout à coup, heureuses, parées et souriantes, pour les jeter, effarées et folles d'épouvante, dans les bras implacables de la Mort.

» Edouard Drumont. »

Sur toute cette foule, la façade de Notre-Dame se dresse dans sa grandiose beauté.

Le grand portail est tendu jusqu'à la galerie des rois d'une immense draperie noire lamée d'argent, sur laquelle se détache un cartouche noir et blanc encadrant les initiales R. F.

A droite, devant le petit jardin qui entoure la statue équestre de Charlemagne, est élevé un catafalque à draperies noires et argent, avec quatre urnes brûle-parfums argentées.

Sur ce catafalque sont déposées de nombreuses couronnes, parmi lesquelles on distingue celles du cercle de la rue Royale, pensées, roses et lilas ; du Conseil des ministres, lilas blanc et orchidées mauves ; du Souvenir français, société nationale pour l'entretien des tombes militaires, perles noires et ruban tricolore ; de l'ambassadeur d'Autriche et de la comtesse de Wolkenstein et surtout une grande croix formée de fleurs, roses et lilas, apportée par les élèves du lycée Stanislas, avec cette suscription : « Aux martyrs de la charité ! »

A l'intérieur de Notre-Dame, se trouve un autre vaste et haut catafalque dressé au milieu du transept et qui s'élève au milieu de torches et de cierges comme une masse sombre.

Sur la façade principale s'attachent quatre couronnes : celle en roses de la colonie russe à Paris ; celle de l'Empereur Guillaume, en œillets, orchidées et roses, traversée de palmes et portant sur un coussinet de satin blanc le chiffre W (Wilhelm) surmonté de la couronne impériale ; celle de l'impératrice allemande, en orchidées et roses, sur un coussin de satin blanc avec, appliquée, l'initiale en or V (Victoria), placée sous la couronne impériale; celle du syndicat des employés de Bourse et de Banque.

L'église, tout à l'heure vide, silencieuse et obscure, est envahie par la foule ; elle vibre sous le chant des orgues, elle est éclairée de mille feux.

Dans le chœur, derrière le président, qu'a béni le cardinal-archevêque, sont placés les officiers de sa maison militaire, les présidents du Sénat et de la Chambre, les ministres, madame Faure et mademoiselle Lucie Faure.

Sous la nef et sur le côté gauche sont les membres des corps constitués.

Le côté droit avait été réservé aux membres des familles des victimes de la catastrophe, aux membres du Sénat, de la Chambre des Députés, des deux préfectures, du Conseil général, du Conseil municipal.

Mgr de l'Escaille, doyen du chapitre métropolitain, dit la messe.

Des chœurs entonnent le *De Profundis*, des orchestres jouent la marche funèbre de Beethoven ; les clameurs du *Dies Iræ* font résonner la vaste nef.

Des frissons secouent l'assistance.

Mais voici que le R. P. Olivier monte en chaire. Sous le vaste vaisseau, sa voix émue d'abord, adoucie en prière, tonne bientôt, et le frère prêcheur prononce l'admirable et parfois audacieuse oraison qu'on va lire :

DISCOURS DU R. P. OLLIVIER

« Messieurs,

» La mort est terrifiante, lors même qu'elle frappe de coups tardifs des vies longuement épuisées : combien plus lorsqu'elle fauche en pleine floraison des vies promises à toutes les joies, ou en pleine maturité, des vies à peine en possession des fruits de leurs labeurs.

» Mais que dire de ces catastrophes dont le mystère trouble les plus fermes esprits et brise les cœurs les mieux trempés ? A l'heure de la joie la plus légitime et la plus pure, puisqu'elle naît de la charité, la plus vive aussi, puisque c'est surtout la joie de la jeunesse : quand le sourire est partout, au ciel, dans la nature, dans les cœurs et sur les lèvres, — au milieu de cet épanouissement qui surabonde d'espérance, la mort fait irruption, et d'un seul coup, le plus horrible qui se puisse imaginer, met à néant toute cette jeunesse, toute cette beauté, toute cette force, tout ce bonheur! Elle a passé si rapide qu'on douterait de son passage, si derrière elle ne s'entassaient les ruines, où le souffle ardent de sa bouche se reconnaît aux dernières lueurs de l'incendie qui s'éteint.

» Pourquoi cela s'est-il fait? A quel dessein se rattache l'horreur d'un pareil deuil? Sommes-nous donc entre les mains d'une puissance aveugle qui frappe sans avoir conscience de ses coups, et qu'il est aussi vain d'interroger que de maudire, puisqu'elle ne peut entendre et dédaignerait de répondre?

» O Dieu de la France catholique, Dieu que nous appelons notre Père, à la tendresse duquel nous croyons autant qu'à sa justice, vous n'êtes point capable de ces fureurs, et vous ne nous défendez pas de lever le voile qui couvre nos épreuves.

» Votre main nous frappe dans un dessein qu'il nous est permis de comprendre, afin de nous y associer librement et de donner à nos pleurs le prix dont se paye notre rentrée dans la miséricorde.

» Sans doute, ô maître souverain des hommes et des sociétés, vous avez voulu donner une leçon terrible à l'orgueil de ce siècle, où l'homme parle sans cesse de son triomphe contre vous. Vous avez retourné contre lui les conquêtes de sa science, si vaine quand elle n'est pas associée à la vôtre; et, de la flamme qu'il prétend avoir arrachée de vos mains comme le Prométhée antique, vous avez fait l'instrument de vos représailles. Ce qui donnait l'illusion de la vie a produit l'horrible réalité de la mort, et dans le morne silence qui enveloppe Paris et la France depuis quatre jours, il me semble qu'on entend l'écho de la parole biblique : « Par les morts couchés sur votre route, vous saurez que je suis le Seigneur. »

» Mais Dieu ne se plaît pas aux vengeances stériles, et c'est pour sauver qu'il flagelle — alliant ainsi les exigences de sa gloire et celles de ses miséricordes, plus pressantes encore puisqu'il est avant tout l'éternel amour.

» C'est le propre de l'amour d'avoir des préférences, et les peuples en sont les objets aussi bien que les individus. La France le sait par toutes les prédilections qui marquent son histoire, et font de ses malheurs des preuves sensibles de l'amour divin à l'égal des prospérités et des succès dont elle a été glorifiée. Fille aînée de l'Église du Christ, elle suit la même route que sa Mère, participant à ses épreuves, payée avec usure des services qu'elle lui rend, châtiée sans retard pour ses abandons ou ses révoltes avec d'autant plus de sévérité qu'elle est devenue plus nécessaire à l'accomplissement du plan divin dans la conduite des peuples. Sa place est à la tête de l'humanité et non point à sa remorque : elle y est comme l'étendard du Christ, auquel on ne saurait infliger la honte de passer au second plan sans que la main divine ne le relève aussitôt en châtiant la défaillance pour exalter le courage.

» Hélas! de nos temps mêmes, la France a mérité ce châtiment par un nouvel abandon de ses traditions. Au lieu de marcher à la tête de la civilisation chrétienne, elle a consenti à suivre en servante ou en esclave des doctrines aussi étrangères à son génie qu'à son baptême ; elle s'est pliée à des mœurs où rien ne se reconnaissait de sa fière et généreuse nature, et son nom est devenu synonyme de folie et d'ingratitude envers Dieu. C'était le faire, hélas, synonyme de malheur, puisque Dieu, ne voulant pas l'abandonner, devait la soumettre à l'expiation.

» Il y a vingt-six ans à peine, et les témoins de votre vengeance n'ont pas eu le temps d'oublier, vous avez frappé la France à la tête en lui demandant pour victimes d'expiation et de propitiation les hommes de tout rang et de tout âge, et vous avez couché sur les champs de bataille d'une double guerre, soldats et prêtres, financiers et lettrés, artisans et magistrats, marins et laboureurs. Certes, c'étaient là de grandes et nobles victimes, dont le sacrifice avait sur votre justice et votre miséricorde le plus impérieux de tous les droits, celui du libre consentement ou même de la joyeuse acceptation ; car toutes allèrent à la mort comme il sied à des fils de cette vieille France où l'Épée fait toujours souvenir de la Croix.

» Aussi, quand sous les voûtes de cette basilique, habituées à vibrer de nos cris de douleur ou d'enthousiasme, nous déposions les restes sanglants de tous ces morts vénérables, autour du cercueil où dormait l'archevêque martyr, nous avions bien le droit d'espérer que votre justice était satisfaite et que votre miséricorde nous rouvrait les portes de l'avenir !

» O Dieu de nos pères, soyez béni de ne pas avoir rejeté leurs enfants et de les avoir crus capables de payer la rançon de leurs fautes, si lourde que fût la dette et si dur que dût être le paiement.

» Et pourtant, l'expiation n'était pas suffisante, et les plus pures victimes manquaient à l'holocauste! Sans doute, elles avaient cruellement souffert dans leur âme, ces fières et douces femmes dont les pères, les fils, les époux, les frères avaient versé leur sang pour la patrie ; d'autant plus souffert qu'elles avaient caché leurs larmes à l'heure de la séparation pour ne pas amollir les courages, et qu'elles avaient dû, plus tard, refouler dans leur cœur le chagrin des pertes irréparables pour assurer à la génération nouvelle la confiance dans les nouvelles destinées de la France. Mais il semble que Dieu leur eût fait tort en ne leur demandant que des larmes, des prières, des leçons et des exemples. Chez nous, de temps immémorial, les femmes ont des cœurs virils, et dans le sacrifice, leur part est aussi belle que celle de leurs fils ou de leurs époux. Aussi leur fallait-il mettre dans la coupe, un peu de leur propre sang.

» Si vous doutez de cet appel, veuillez rapprocher les deux feuillets de ce funèbre diptyque où nous avons inscrit les victimes de ces deux catastrophes. Ce sont les mêmes noms, au moins pour ceux qu'une illustration particulière arrache à l'oubli fatal où tombent nos meilleurs souvenirs : Orléans, Luynes, Dampierre, Grancey, Lafitte, Munier, Carayon-Latour, et tant d'autres qui désormais appartiendront doublement à l'histoire de nos malheurs et de notre relèvement.

» Oh ! Messieurs, j'ai hâte de le dire, il ne pouvait les condamner à ces hétacombes dont la guerre étrangère et la guerre civile vous ont laissé le douloureux souvenir ! Nous ne pourrions supporter une pareille pensée, quelque résignée que fût notre foi à la sagesse du Tout-Puissant. Mais il pouvait — et c'est cela qu'il vient de faire — il pouvait prendre parmi elles les plus pures, les plus saintes, les unir dans la mort aux victimes de la première heure, et consommer ainsi l'expiation qui nous assurât l'espérance.

» C'est fait ! L'ange exterminateur a passé. Couronnes aux lys de France, cornettes aux blanches ailes, fleurs et rubans des juvéniles parures, crêpes austères qui couvraient des cheveux blanchis, humbles coiffes des servantes, il a tout égalisé de son piétinement, dans la boue sanglante où l'œil cherche vainement quelque trace de toute cette noblesse et de toute cette beauté ! Oh ! ne détournons pas la tête, et saluons plutôt le rayonnement qui monte de cette fournaise, aurore troublée peut-être, mais prête à s'épurer, d'un jour plein de consolation et de gloire.

» Et vous Seigneur, abaissez vos yeux sur les victimes choisies par vous-même et sur la générosité de leur immolation. Vous connaissiez leurs cœurs et vous saviez ce que vous pouviez leur demander pour le salut des âmes et de la patrie. Vous saviez que vous pouviez tout exiger d'elles, même le sacrifice de leur vie, et, dans une commisération ineffable, vous les avez prises au mot, si j'ose ainsi parler, sans leur laisser le temps de se reconnaître en face du suprême renoncement, celui de leurs affections. Mourir n'était rien pour elles ! Mais qui pourrait sans frémir penser à ce qu'elles eussent éprouvé si elles avaient pu d'avance compter les déchirements qui naîtraient de leur absence en tant de vies dont elles étaient la force et le charme? Vous avez adouci les bords de la coupe mortelle, et la foudre ne leur a pas permis de trembler devant l'éclair !

» C'est l'heure de la récompense pour elles et de la consolation pour nous. Ce qu'elles vous demandaient, vous le savez, ô Seigneur, et nous le savons aussi, nous qui souffrons de l'angoisse où nous retiennent les divisions qui nous déchirent, depuis que votre esprit a cessé de nous inspirer et de nous régir. Impuissants, nous les hommes, avec notre prétendue sagesse et notre apparente abnégation, à rapprocher les éléments disjoints de la famille française — aveuglément obstinés dans nos préjugés et nos haines, nous avons renoncé à refaire l'union qui prépare à nouveau l'unité.

» Ce que nous désespérions de faire, le sacrifice de ces humbles victimes de la charité l'a déjà commencé, et l'unanimité qui nous rapproche autour de leur tombe en est une garantie. Nous en viendrons à comprendre que nous sommes tous de même nature et devons être d'un même cœur. La justice qui nous frappe en les frappant les a prises en toutes les conditions, la fille des rois et la fille du peuple, pour leur demander une égale part de la rançon, et leur mettre dans l'âme la volonté du même renoncement. Qui oserait encore, en présence de leurs restes, parler d'antagonisme entre les classes de la société française, sans mériter le mépris et la malédiction de tous les honnêtes gens? Où donc la mort les a-t-elle trouvées réunies? A quelles infirmités et à quelles misères voulait porter remède et consolation la charité de ces patriciennes, de ces ouvrières et de ces servantes, empressées à la même œuvre dans la même joie et la même fierté ?

» Pendant que d'abominables excitations travaillent à

creuser un abîme entre les petits et les grands, entre les riches et les pauvres, les douces et pures âmes jetaient à pleines mains dans la tranchée les ingéniosités et les ressources de la fraternité chrétienne. Elles payaient du même sourire l'or du financier et l'obole de l'artisan, réunis dans leur aumônière, au profit des œuvres de toute nature qui servent la cause des malheureux. Elles savaient de quels dédains affutés, de quelles insinuations malveillantes on a coutume, depuis longtemps chez nous, de récompenser leur zèle : mais elles étaient de trop bonne race et de trop grand cœur pour s'y arrêter un instant. A quoi bon se préoccuper des insulteurs quand on travaille pour Dieu et pour la patrie ?

» O chères et nobles victimes, vous pouvez dormir en paix : votre désir se réalise et votre œuvre s'achèvera bientôt je l'espère, grâce à l'intercession que vous lui assurez dans le ciel. Ici-bas, vous gardiez forcément les traces de l'infirmité humaine, et nous pouvions douter de votre puissance sur le cœur de Dieu ; aujourd'hui, vous nous apparaissez comme Jeanne d'Arc sur la nuée rougeâtre du bûcher, entourée de lumière et montant vers la gloire où vous attend l'Inspirateur de votre charité et le Rémunérateur de votre sacrifice.

» De la joie où vous êtes, n'oubliez pas ceux qui vous pleurent ici-bas : mères, filles, épouses, sœurs, amies, souvenez-vous des fils, des époux, des frères, des époux plongés dans le deuil par votre absence et soyez-leur présentes par la consolation dont vous avez maintenant la puissance. Soyez-leur présentes surtout par l'influence de vos âmes sur les leurs, et remplissez-les de votre abnégation, afin qu'ils soient dignes de l'honneur que Dieu leur a fait de vous appartenir.

» Mais aussi, ô martyres, n'oubliez pas la patrie et forcez le Christ, roi des Francs, à rassembler dans la paix de son règne tous ceux qu'on a essayé d'en séparer, afin qu'il n'y ait plus à jamais qu'une France, invincible à tous ses ennemis, par l'unité dans la foi qui fut la vôtre et dans les vertus dont vous nous laissez le souvenir. »

Après ce sermon d'une éloquence, hélas ! trop peu commune à l'heure actuelle, le Cardinal-Archevêque donne l'absoute, et tandis que retentissent les graves accents de l'orgue, le cortège se reforme.

Le Président de la République s'avance, en ayant à sa droite le président du Sénat, à sa gauche, le président de la Chambre ; derrière eux marchent les ministres, les ambassadeurs, le lord-maire de Londres, M. Hanotaux qui donne le bras à la princesse Radziwil, tout le corps diplomatique.

A petits pas, M. Barthou gagne la tribune qu'on a placée devant le catafalque où quatre torchères d'argent fument leur encens vers le ciel.

Voilà le ministre qui parle.

M. Barthou adresse au nom de la République un suprême hommage aux victimes de la catastrophe de la rue Jean-Goujon, il dit l'horreur du cataclysme, sa brutalité, son « inconscience » ; il donne un salut à tous ceux qui se dévouèrent pour arracher aux flammes de nouvelles proies ; aux internes de l'hôpital Beaujon, aux gardiens de la paix, aux soldats, aux sauveteurs inattendus et improvisés, qui « simplement accomplirent leur devoir pour le devoir lui-même ».

Et M. Barthou conclut :

« Ainsi s'affirmèrent, messieurs, au cours de ces heures tragiques, entre des hommes de toutes les conditions sociales, riches et pauvres, nobles et ouvriers, maîtres et serviteurs, des sentiments de solidarité qu'il faut à la fois retenir comme une consolation dans l'épouvantable catastrophe et dégager pour l'avenir comme un impérieux devoir et une réconfortante espérance. A ces favorisés de la vie, réunis pour une fête de bienfaisance ; associés pour la noble fonction de charité, et brusquement surpris par le fléau le plus redoutable, de pauvres et braves gens, ceux-là mêmes peut-être dont la fête devait adoucir l'infortune, apportèrent, pour les arracher à la mort certaine, le secours de leurs efforts, de leur dévouement, d'une énergie spontanée et héroïque.

» Quelle leçon dans cette réciprocité du devoir social et quelle occasion pour tous d'apaiser les haines, de calmer les colères, de rapprocher les cœurs !

» Est-il possible que cette solidarité généreuse apparaisse comme l'œuvre improvisée d'une heure fugitive ? Ne peut-on pas espérer, ne doit-on pas vouloir qu'elle survive, comme la règle impératrice de nos sentiments et de nos conduites, à l'émotion dont est pénétré le pays, mais que l'incendie de la rue Jean-Goujon ne doit pas épuiser tout entière !

» Puisque ces jeunes filles et ces femmes du monde moururent en faisant le bien, n'est-ce pas honorer leur mémoire que d'évoquer, pour soulever une pitié commune et affirmer un commun vouloir, ces marins et ces mineurs disparus par centaines, victimes de la mer ou du grisou, et qui laissèrent derrière eux, plongés dans le deuil et dans la misère, tant de veuves et d'orphelins ? Ces grandes catastrophes nous imposent les mêmes grands devoirs. Elles porteront en elles leur consolation si nous sommes pénétrés de cette pensée d'un poète que « nul ne peut se vanter » de se passer des hommes ! »

» Et la mort, la mort elle-même, sera presque bienfaisante si elle nous apprend que la vie ne vaut que par la pitié des uns pour les autres, par la charité et par la bonté ! »

La cérémonie est terminée. Il est deux heures. Le président de la République complimente M. Barthou, salue les membres du corps diplomatique, puis se rend à sa voiture.

⁂
⁂ ⁂

A l'occasion de cette épouvantable catastrophe, de toutes parts étaient venus des télégrammes de condoléance.

Nous rappelons particulièrement celui-ci dont le cardinal Richard, l'archevêque de Paris, adressait le texte à ses vicaires généraux :

« Le Saint-Père, douloureusement ému, envoie d'un cœur paternel la bénédiction que j'ai demandée pour les familles en deuil. »

⁂
⁂ ⁂

Après avoir causé de ces glorieux et tristes jours, après avoir montré quelques épisodes de 1870-1871 et des tristes jours, il faut nous étendre sur une grande manifestation de la France chrétienne, je veux parler du *Sacré-Cœur de Montmartre*.

L'admirable édifice dû à l'architecte Abadie s'élève tout là-haut sur la butte des martyrs. Il domine la Capitale assise, couchée tout entière pour ainsi dire au pied de la butte Montmartre, le Mont des Martyrs.

Je voudrais m'étendre un peu longuement sur cette grandiose manifestation de foi et dire tout d'abord quelques mots de l'histoire de la Butte depuis cent ans et de la dévotion au Sacré-Cœur. Nous verrons ensuite quelle fut l'origine du *Vœu national*.

Napoléon Ier, au comble de sa gloire, tint à visiter Montmartre. Il voulut même élever, sur le sommet de la colline, un temple à la Paix. Mais Dieu ne donna pas au conquérant le temps d'édifier ce superbe monument de son orgueil. Il fallut bientôt défendre pied à pied le sol de la patrie contre l'invasion la plus formidable qu'on eût encore jamais vue. Comme autrefois, lors du siège de Paris par les Normands, ce fut à Montmartre que se concentrèrent les derniers efforts d'une résistance désespérée. Mais, hélas ! tout fut inutile. La désastreuse journée de Waterloo consomma la défaite de l'Empereur et de la France et, le 5 juillet 1815, les coalisés campèrent sur les hauteurs de Montmartre. Six mois durant, huit mille Anglais y furent cantonnés.

Il y a peu de chose à dire sur Montmartre pendant la période qui suivit. Sous la Restauration, le Gouvernement de Juillet et le second Empire, le calme et la paix y régnèrent.

Mais, en 1870, la montagne de Saint-Denys reprend son grand rôle historique. Tous les Parisiens se souviennent de ce que fut Montmartre pendant la guerre. C'est là qu'était la fameuse pièce de canon que le peuple avait baptisée *Joséphine*; de là partaient tous les ballons et, en particulier, l'*Armand-Barbès*, qui emporta Gambetta, le 7 octobre. C'est de Montmartre qu'on surveillait les mouvements des Prussiens. On gravissait la colline pour apercevoir, du côté de la Butte-Pinson et des moulins d'Argenteuil, les Prussiens de l'armée du nord. En un mot, Montmartre fut alors ce qu'il a toujours été aux époques de nos grandes guerres : le petit coin de terre où le cœur de la France envahie battit ses dernières pulsations.

Vint ensuite l'affreux cauchemar de la Commune. Sur la colline des Martyrs, de nouveau le sang coula. Tout le monde connaît l'histoire des canons de Montmartre et l'assassinat du général Lecomte et de Clément-Thomas. Grâce à Dieu, l'aurore de la délivrance ne tarda pas à luire. Et c'est encore par Montmartre, on le sait, que vint le salut.

Ainsi, comme aux jours lointains de la France primitive, Montmartre demeurait la sentinelle vigilante de la patrie. Plus que jamais la montagne sainte est dans son rôle et suit sa destinée providentielle, aujourd'hui qu'à son sommet se dresse, comme un phare de l'idée chrétienne, la grande et tutélaire basilique du Sacré-Cœur.

Le patriotisme est une des grandes et saintes choses qui tendent à disparaître de ce monde vieillissant. Nos pères aimaient la France avec passion. La patrie ! c'était le pays des aïeux, des vaillants capitaines, des profonds politiques, des écrivains populaires et des grands rois. Treize siècles d'héroïsme rayonnaient à travers ce mot.

Mais il y a quelque chose de plus profond dans le cœur de l'homme, et le vrai patriotisme doit aller jusque-là. La France était le royaume très chrétien, la fille aînée de l'Église et le bras du Christ pour agir dans le monde. Et pour mettre le comble à tant de dons et de gloire, Jésus-Christ l'avait choisie pour en faire l'Apôtre de son divin cœur.

Voyons donc quelle a été l'origine du *Vœu national*.

On sait que la dévotion au Sacré-Cœur de Jésus remonte aux origines mêmes du Christianisme et qu'elle fait partie du dogme fondamental. Toutefois, et pour ce qui a trait à ses manifestations extérieures, on peut dire qu'elle date plus spécialement du dix-septième siècle.

A cette époque brillante entre toutes, plus féconde qu'aucune autre en grands génies dans toutes les branches de l'activité humaine, il plut à Dieu d'élire une pauvre fille, oubliée au fond d'un monastère obscur, pour en faire la confidente et l'interprète de ses volontés divines.

Au mois d'août 1689, à la suite de plusieurs révélations, la bienheureuse Marguerite-Marie écrivait que « Notre-Seigneur voulait se servir de la France pour réparer les amertumes et les outrages qui lui étaient prodigués, et qu'il demandait l'érection d'un édifice à la gloire de son divin Cœur, pour y recevoir la consécration de toute la France ». Notre-Seigneur demandait en outre « que l'image de son Sacré-Cœur fût exposée et honorée dans toutes les familles ; que cette image fût placée sur les étendards ; enfin que les représentants de l'autorité en France fissent auprès du Saint-Siège les démarches nécessaires pour obtenir l'approbation de la messe et du culte du Sacré-Cœur ».

Dans une lettre à la mère de Saumaise, la bienheureuse énumérait les grâces spirituelles et les faveurs temporelles que vaudrait à la France l'exécution des ordres divins ; mais elle ajoutait « que cela était bien difficile, tant pour les grands obstacles que Satan se proposait d'y mettre que pour les autres difficultés que Dieu permettrait ; qu'il y faudrait beaucoup de temps et rien moins que la toute-puissance de Dieu ; qu'il fallait beaucoup prier et faire prier pour cela ».

Les prédictions de Marguerite-Marie devaient s'accomplir de point en point. Il n'a pas fallu, en effet, moins de deux siècles pour que les désirs de Notre-Seigneur fussent réalisés dans leur plénitude.

Avant le *Vœu de Poitiers*, il y eut cependant quelques tentatives partielles, quelques efforts trop méritoires pour que nous les passions sous silence.

Sous Louis XV, le Dauphin, sa sœur, la vénérable Louise de France et sa mère, la pieuse reine Marie Leczinska, firent ériger, au palais de Versailles, une chapelle en l'honneur du Sacré-Cœur. Cette chapelle, terminée en 1772, existe encore dans l'église du château de Versailles.

Marie Leczinska ne borna pas là son zèle pour le Sacré-Cœur. En 1726, elle décida le roi de Pologne et l'évêque de Cracovie à s'unir à la requête adressée au Souverain Pontife par les monastères de la Visitation de France, pour obtenir l'extension de la fête du Sacré-Cœur à toute l'Église.

La pieuse reine, en 1765, fit encore appel à l'assemblée générale du clergé de France pour répandre le culte du Cœur de Jésus. Les évêques faisant partie de l'assemblée s'empressèrent de prendre une délibération conforme au vœu de la Reine.

L'illustre et saint évêque de Marseille, Mgr de Belzunce, fut, lui aussi, un fervent apôtre du Sacré-Cœur. En 1720, au moment où la terrible peste apportée d'Orient jetait le deuil et la consternation dans la ville, le grand évêque résolut de consacrer son diocèse au Sacré-Cœur. La cérémonie eut un caractère imposant. Mgr de Belzunce prononça l'acte de consécration, pieds nus, la corde au cou, au milieu d'une foule immense, sur le cours qui porte aujourd'hui son nom. En quelques jours, la peste disparut complètement. C'est en souvenir de cette délivrance miraculeuse que les consuls de Marseille voulurent, deux ans après, renouveler solennellement la consécration de leur ville au Sacré-Cœur. Cet exemple fut suivi par plusieurs autres villes de France, notamment Aix et Avignon.

Louis XIV et Louis XV, tout entiers à leurs idées de gloire ou de plaisirs, n'avaient point répondu au désir exprimé par Notre-Seigneur à la bienheureuse Marguerite-Marie. Il n'en fut pas de même de Louis XVI qui montra, ainsi que toute sa famille, une dévotion toute spéciale pour le Cœur de Jésus. Les témoignages ne manquent pas de cette piété fervente. C'est ainsi que dans une perquisition faite au Temple, les commissaires de la Révolution ne trouvèrent que deux choses : une image du Sacré-Cœur et un acte de consécration de la France au Cœur de Jésus, signé de la reine Marie-Antoinette et de madame Élisabeth, sœur du roi.

Louis XVI lui-même écrivit dans sa prison un vœu touchant aux termes duquel il s'engageait, entre autres choses, — si Dieu lui faisait la grâce de recouvrer sa liberté et sa puissance royale — à consacrer solennellement « sa personne, sa famille et son royaume au Sacré-Cœur de Jésus ; à ériger et décorer à ses frais, dans le cours d'une année à compter du jour de sa délivrance, une chapelle ou un autel dédié au Sacré-Cœur ; à renouveler, chaque année, le jour de la fête du Sacré-Cœur, l'acte de consécration au Cœur de Jésus », etc., etc.

Les gentilshommes et les paysans de l'Ouest se souvinrent plus tard du vœu du roi-martyr. Quand ils marchèrent contre les bleus, ce fut avec l'image du Sacré-Cœur sur la poitrine, et l'on sait que leurs petits-fils, les héroïques soldats de Patay, se firent gloire à leur tour de combattre et de mourir pour la France sous l'étendard du Sacré-Cœur.

Sous la Restauration, les âmes pieuses purent espérer un instant que le vœu de Louis XVI allait enfin être accompli. La vénérable mère Barat, fondatrice de la Société du Cœur de Jésus, fit une démarche en ce sens auprès de Louis XVIII. Presque en même temps, une sainte religieuse, sœur Marie de Jésus, qui vivait au couvent des Oiseaux à Paris, fut — comme autrefois, la bienheureuse Marguerite-Marie — favorisée des révélations divines. Notre-Seigneur lui fit connaître qu'il désirait ardemment que le vœu de Louis XVI fût exécuté. Malheureusement, Louis XVIII, imbu des idées voltairiennes, resta sourd à ces multiples avertissements.

Sous le Second Empire, à l'occasion du baptême du prince impérial, tous les évêques de France réunis demandèrent que la fête du Sacré-Cœur fût étendue au monde catholique tout entier. Pie IX réalisa ce pieux désir par un décret du 23 août 1856.

Tel est le dernier fait important que nous ayons à signaler avant de parler du *Vœu de Poitiers*, point de départ de la construction de la basilique de Montmartre et de la consécration de la France au Sacré-Cœur.

(1) « Il existe une dévotion que l'on peut appeler la dévotion par excellence des temps nouveaux ; elle n'est pas locale, mais universelle ; elle n'est pas le fruit de la piété privée, mais elle est reconnue, recommandée et imposée par la suprême autorité religieuse : c'est la dévotion au Sacré-Cœur de Jésus. Or, cette dévotion a une origine miraculeuse ; le Fils de Dieu lui-même l'a enseignée et l'a demandée aux hommes, en apparaissant sous une forme sensible. Et c'est sur notre sol français que s'est produite son apparition, c'est à une humble religieuse française qu'il s'est révélé, c'est une Française qu'il a élue pour son ambassadrice auprès du genre humain, appelé à être consacré à son Divin Cœur par son Vicaire sur la terre.

Enfin, parmi les privilèges dont l'Homme-Dieu a favorisé la Vierge

⁎⁎⁎

L'origine du *Vœu national* date de 1870.

Nos frontières étaient isolées ; sous le poids des lourds bataillons prussiens victorieux, hélas! le sol humilié gémissait.

La patrie en danger s'était levée, armée et toute frémissante.

La France avait les yeux tournés vers Paris, emprisonné dans un cercle de fer, décimé par la famine plus que par les obus. Les âmes pieuses voyaient là un châtiment.

Deux Parisiens exilés de Paris par la guerre, MM. Legentil et Rohault de Fleury, se retrouvèrent à Poitiers. Unis par des liens étroits de famille et d'amitié, ils résolurent de se fixer en cette ville pour quelque temps ; ils louèrent en commun une habitation et ils demeurèrent jusqu'à la fin de l'insurrection.

M. Legentil était profondément attristé des malheurs de la patrie. Souffrant cruellement de son inaction, il demandait à Dieu avec instance de pouvoir se rendre utile. Une occasion se présenta et il la saisit avec une profonde reconnaissance.

Les Lyonnais venaient de faire vœu de reconstruire le sanctuaire de Fourvières, s'ils étaient préservés de l'ennemi. M. Beluze, le pieux fondateur du cercle catholique du Luxembourg à Paris, écrivit à M. Baudon, président général de la Société de Saint-Vincent-de-Paul, pour lui

---

sa mère, il en est un que ce siècle a mis particulièrement en honneur : l'exemption de la tache originelle commune à tous les autres fils de l'humanité. Or, la Vierge ainsi honorée a voulu, sous ce titre d'Immaculée, avec le rayonnement de ce privilège, se manifester miraculeusement aux hommes, afin de les rappeler à la pratique chrétienne. Et quelle est la terre que la Vierge immaculée a choisie ? Quelle est la nation au milieu de laquelle elle a daigné apparaître ? La terre française, la nation française toujours. » (A. AIGUEPERSE : l'*Univers*, 27 août 1900.)

faire part de cette nouvelle; il lui demandait en même temps s'il ne serait pas possible de faire adopter un vœu analogue aux Parisiens.

M. Baudon fut frappé de l'idée; il la communiqua immédiatement à M. Legentil, en le priant de lui dire ce qu'il en pensait.

« Ce serait bien beau, mais bien difficile, écrivait-il. Cependant, il ne manque pas d'églises à bâtir dans les quartiers annexés, et Notre-Dame de la Délivrance ne serait pas un titre vain, si on obtient cette délivrance. »

La réponse de M. Legentil ne pouvait être douteuse. Il fit l'inspiration sienne en substituant, dans la formule soumise par M. Baudon, le nom du Sacré-Cœur à celui de la Sainte-Vierge. Il obtint tout de suite l'adhésion de son beau-frère. M. Rohault de Fleury, qui le seconda dès le premier jour de toute son ardeur d'artiste, de toute son énergie d'ancien marin.

Informé du changement du vocable, M. Baudon ne tarda pas à l'approuver.

Un autre grand chrétien, M. Léon Cornudet, fut mis à son tour dans la confidence. Doué d'un esprit pratique et d'une grande expérience des hommes et des choses, il n'eut pas de peine à démontrer à ses amis qu'il était nécessaire de mettre un évêque à la tête de l'œuvre. Il leur signala Mgr l'archevêque de Tours comme celui des évêques de France qui pourrait le mieux en prendre l'initiative et en assurer le résultat.

Il fit plus. Il écrivit lui-même dans ce sens à Mgr Guibert. Mais l'éminent prélat poursuivait, dans ce moment même, une entreprise colossale : la restauration du tombeau de Saint-Martin. De plus, l'avenir des œuvres catholiques l'inquiétait, il ne crut pas pouvoir se faire le promoteur de l'œuvre nouvelle.

MM. Legentil et Rohault de Fleury ne se laissèrent pas rebuter par ces premières difficultés. Ils commencèrent par intéresser leurs amis à l'œuvre naissante. Deux religieux éminents leur vinrent en aide : le R. P. Jandel, de l'œuvre de Saint-Dominique, et le R. P. Ramière.

La formule primitive du Vœu de Poitiers fut élargie : au lieu de Paris seulement dont il était question tout d'abord, elle embrassa le salut de la France entière et la délivrance de l'Église en la personne du Souverain Pontife. Pie IX récompensa les courageux apôtres en leur envoyant, au mois de février 1871, ses encouragements et sa bénédiction particulière.

Dès les premiers jours des préliminaires du traité de paix (mars 1871), M. Legentil rentra à Paris et présenta toutes les pièces relatives au Vœu national à M. Lagarde, vicaire général. Celui-ci ne voulut pas se prononcer avant d'en avoir conféré avec l'archevêque. Ce fut sur ces entrefaites qu'éclata la Commune.

Malgré le malheur des temps, diverses œuvres naquirent alors pour soutenir le Vœu national. Citons tout spécialement la Sainte-Ligue, fondée par un ingénieur de la marine de Brest et une religieuse d'Alsace, qui ne compte pas moins de cinquante mille adhérents.

Les vaillants fondateurs, de leur côté, redoublaient d'activité et d'énergie. Des formules de vœu déposées à la sacristie de Notre-Dame-des-Victoires, à celle Saint-Sulpice et au secrétariat général de la Société de Saint Vincent de Paul, furent bientôt couvertes de signatures.

Vers la fin de l'année 1871, Mgr Guibert fut transféré du siège de Tours au siège de Paris. L'occasion était propice pour tenter un nouvel effort. Un comité provisoire fut formé. On fit des démarches près du nouvel archevêque pour qu'il voulût bien la prendre sous son patronage.

Mgr Guibert y consentit dans les premiers jours de 1872, sur les vives instances de MM. Legendre et Rohault de Fleury, chaudement appuyés par Mgr Jeancart, évêque de Cérame, et par M. l'abbé Langénieux, futur cardinal-archevêque de Reims. L'archevêque de Paris avait exigé au préalable que l'on changeât la formule *conditionnelle* du Vœu, ne voulant pas qu'on eût l'air de poser des conditions au bon Dieu, mais demandant au contraire qu'on se rendît à merci et que l'on n'attendît rien que de la divine miséricorde.

L'œuvre était définitivement fondée. Un comité fut aussitôt constitué, dont voici la composition :

MM. Léon Cornudet, président ; Legentil, Rohault de Fleury, Baudon, de Benque, le général de Charette, Th. Dauchez, Descottes, E. de Margerie, Merveilleux du Vigneaux, comte de Missiessy, marquis de Vibraye. M. l'abbé Langénieux en fut nommé le directeur spirituel. M. l'abbé Jourdan, vicaire général, lui succéda ; mais, bientôt après, sacré évêque de Tarbes, il céda la place à M. l'abbé Lagarde.

Voici d'autre part la formule définitive du Vœu national :

» En présence des malheurs qui désolent la France, et des malheurs plus grands peut-être qui la menacent encore ;

» En présence des attentats sacrilèges commis à Rome contre les droits de l'Église et du Saint-Siège, et contre la personne sacrée du vicaire de Jésus-Christ ;

» Nous nous humilions devant Dieu, et, réunissant dans notre amour l'Église et notre Patrie, nous reconnaissons que nous avons été coupables et justement châtiés.

» Et pour faire amende honorable de nos péchés et et obtenir de l'infinie miséricorde du Sacré-Cœur de Notre-Seigneur Jésus-Christ le pardon de nos fautes, ainsi que les secours extraordinaires qui peuvent seuls délivrer le Souverain Pontife de sa captivité et faire cesser les malheurs de la France, nous promettons de contribuer à l'érection à Paris d'un sanctuaire dédié au Sacré-Cœur de Jésus. »

Dès le 18 janvier 1872, Mgr Guibert adressait aux membres du comité une lettre qui fut la consécration officielle de l'œuvre.

Le vénérable archevêque ne cessera désormais de se dévouer de toute son âme au succès de l'entreprise, il en sera l'infatigable propagateur comme aussi le défenseur intrépide aux heures de lutte.

Pour bien montrer qu'à partir de cette époque l'œuvre du Vœu national était sienne, il voulut que, du haut de la chaire de Notre-Dame, le P. Monsabré la commentât solennellement.

Annoncée le dimanche des Rameaux, la conférence eut lieu le jour du Bon Pasteur. Nous ne pouvons malheureusement ni reproduire ni même analyser le magnifique discours du P. Monsabré. Contentons-nous de dire que jamais l'illustre orateur chrétien ne fut mieux inspiré. Sa parole retentit jusqu'aux confins du monde catholique et servit puissamment la propagande de l'œuvre.

Quelque temps après, le Vœu national reçut l'approbation solennelle du Souverain Pontife. (Bref de S. S. Pie IX à M. Léon Cornudet, président, et autres membres du Conseil de l'œuvre du Vœu national, 31 juillet 1872.)

L'œuvre étant ainsi approuvée par la plus haute autorité ecclésiastique et morale, par le Souverain Pontife, il ne restait plus qu'à choisir l'emplacement où devait s'élever la Basilique, symbole et synthèse de la réparation nationale.

Pour des raisons qui ressortent suffisamment de notre exposé de l'histoire de Montmartre, ce fut la colline des Martyrs, la Montagne sainte de Paris qui fut choisie, malgré les nombreuses difficultés d'un ordre matériel que tout le monde prévoyait déjà.

*
* *

Avant de commencer les travaux, il fallait avoir la certitude de pouvoir les poursuivre en toute tranquillité.

Mgr Guibert pensa qu'il était nécessaire d'obtenir du gouvernement non pas seulement une simple autorisation, mais un acte positif et officiel qui consacrât le caractère national de l'œuvre. A la date du 25 mars 1873, il adressa à M. le Ministre des Cultes une lettre dans laquelle il lui demandait de proposer une loi ayant le double but :

1° D'approuver la proposition faite par l'archevêque de Paris d'ériger sur la colline de Montmartre, en un point à déterminer après enquête, un temple destiné à appeler sur la France la protection et la bonté divines ;

2° D'autoriser l'archevêque à acquérir, tant en son nom qu'au nom de ses successeurs, les terrains nécessaires à l'amiable, et, s'il y a lieu, par voie d'expropriation, après déclaration d'utilité publique, à la charge par lui de payer le prix d'acquisition des terrains et des frais de construction de l'édifice avec les ressources mises et à mettre à sa disposition par la piété des fidèles.

Le ministre des cultes d'abord, M. Jules Simon, fit preuve en cette circonstance de courtoisie et de bonne volonté. Il déposa le projet de loi. Mais il n'était plus ministre quand la discussion eut lieu. Il avait été remplacé par l'éminent jurisconsulte M. Batbie, qui montra le plus grand dévouement pour l'œuvre du Vœu national.

Le projet de loi fut présenté à la Chambre au commencement de juillet et renvoyé à une commission ainsi composée : MM. Baze, président ; de la Bassetière, secrétaire ; Keller, le comte de Maillé, Riondel, Warnier (Alger), Delpit, le comte de Cornulier-Lucinière, le vicomte de Kermanguy, Lenoël, le baron Chaurand, Hamille, le vicomte de Bonald, de Belcastel, Arthur Legrand.

Le 11 juillet 1873, M. Keller, nommé rapporteur, déposait sur le bureau de l'Assemblée son rapport, qui parut au *Journal officiel* du 16 juillet.

Après des développements fort remarquables et d'une inspiration très élevée, le rapporteur concluait en proposant à l'Assemblée de voter le projet de loi ainsi conçu :

Article premier. — Est déclarée d'utilité publique la construction de l'église que, par souscription publique, l'archevêque de Paris propose d'élever, sur la colline de Montmartre, pour appeler sur la France, et en particulier sur la capitale, la miséricorde et la protection divines.

Article 2. — L'emplacement de cet édifice sera déterminé par l'archevêque de Paris, de concert avec le préfet de la Seine, avant l'enquête prescrite par le titre II de la loi du 3 mai 1841.

Article 3. — L'archevêque de Paris, tant en son nom qu'au nom de ses successeurs, est autorisé à acquérir le terrain nécessaire à cette construction, soit à l'amiable, soit, s'il y a lieu, par voie d'expropriation, à la charge par lui de payer le prix d'acquisition et tous les frais de construction au moyen des souscriptions et offrandes mises ou à mettre à sa disposition.

Article 4. — Il sera procédé aux mesures prescrites par les titres II et suivants de la loi du 3 mai 1841, aussitôt après la promulgation de la présente loi.

Article 5. — Le ministre des cultes et le préfet de la Seine sont chargés, en ce qui les concerne, de l'exécution de la présente loi.

Le 23 juillet 1873, après un débat mémorable, unique peut-être de l'histoire, ce projet fut adopté par l'Assemblée nationale à la majorité de 244 voix.

Voici les noms des députés qui défendirent le Vœu national :

MM. Keller, rapporteur ; de Belcastel, de la Bassetière, Chesnelong, Jean Brunet, député de Paris, de Cazenove de Pradine, Batbie, ministre des cultes.

Le projet fut violemment attaqué par plusieurs membres de la gauche, notamment par MM. de Pressensé, Bertauld, Corbon, Tolain, Édouard Lockroy, etc.

Le vote de l'Assemblée donna un vif élan à l'œuvre du Vœu national. Les souscriptions affluèrent ; à la fin de 1873, elles atteignaient le chiffre d'un million. Pie IX lui-même voulut envoyer son offrande personnelle : 20,000 francs ! De plus, dans un nouveau bref à l'archevêque de Paris, il adressait tous ses encouragements et sa bénédiction apostolique (31 juillet 1873). Moins de deux mois après (22 septembre 1873), Mgr Guibert fut élevé à la dignité de cardinal avec le titre de Saint-Jean devant Porte Latine.

Deux ans plus tard, en présence de l'extension considérable de l'œuvre entreprise à Montmartre, le vénérable prélat songea à s'adjoindre un collaborateur. Il choisit Mgr Richard, évêque de Belley, qui fut préconisé archevêque de Larisse et coadjuteur de Paris avec future succession, dans le consistoire du 5 juillet 1875.

Voici comment fut choisi l'emplacement. Un jour, le cardinal-archevêque, accompagné de l'abbé Langénieux, gravit la colline de Montmartre. Elle était dénudée, d'aspect brutal et portait encore les cicatrices des coups de la dernière lutte.

— C'est ici, dit le prélat — comme soudainement inspiré — que doit être élevé le monument du Vœu.

Les fidèles virent dans ce mouvement irrésistible une grâce surnaturelle.

On avait le terrain. Il était acquis à peu de frais de propriétaires qui n'en espéraient que de revêches cultures. Il fallut songer à l'édifice. Que serait-il ? Un concours fut ouvert. Les projets allaient du gothique flamboyant à la coupole byzantine. Avec M. Abadie, Byzance l'emporta.

Le 24 mai 1876, fête de Notre-Dame-Auxiliatrice, à six heures du soir, le cardinal Guibert signa l'adoption du projet. Cinq ans avant, le même jour, à la même heure, la Commune décrétait la mort des otages. On remarqua beaucoup la coïncidence.

Les premiers coups de pioche furent donnés le 5 juin.

Parmi les dates mémorables qui resteront dans l'histoire du Vœu national, il faut citer en première ligne le

16 juin 1875, jour de la pose de la première pierre de la Basilique.

La cérémonie avait été tout d'abord fixée au 29 juin, et tous les évêques de France étaient conviés à y assister. Mais la presse antichrétienne s'alarma de cette grande solennité religieuse et feignit d'y voir les caractères d'une manifestation politique.

Le cardinal Guibert n'eut pas de peine à démontrer l'inanité d'une imputation aussi notoirement fausse. Toutefois, sur les instances du gouvernement, il consentit à avancer la cérémonie au 16 juin, jour où la consécration de toute l'Église au Sacré-Cœur devait retenir les évêques dans leurs diocèses.

La fête eut un éclat resplendissant.

Dès le matin, plus de 12,000 personnes, massées sur les hauteurs de Montmartre, attendaient le cardinal-archevêque qui arriva vers neuf heures, entouré de dix évêques et suivi d'un nombreux clergé.

Après la messe, célébrée par le cardinal dans l'église Saint-Pierre, on se rendit sur l'emplacement de la future Basilique. Mgr Guibert prit place sur une estrade, avec les évêques, les supérieurs de divers ordres religieux et un grand nombre d'ecclésiastiques. On voyait encore sur l'estrade plusieurs princes de la famille d'Orléans, 150 députés, les membres du comité de l'Œuvre du Vœu national, etc., etc. Le reste de l'enceinte était couvert d'une foule innombrable.

Au milieu d'un religieux silence, le vénérable archevêque se leva et lut d'une voix sonore un admirable commentaire des huit béatitudes qui sont comme l'abrégé des enseignements du Cœur de Jésus. Lecture fut ensuite donnée, au milieu d'un enthousiasme indescriptible, d'un télégramme de Pie IX, dans lequel le Souverain Pontife envoyait sa bénédiction à Paris et à la France.

Dans la cavité de la pierre, on plaça un médaillon de bronze, de Chapu, représentant la France à genoux offrant au Cœur de Jésus la Basilique de Montmartre, puis un double cylindre en plomb et en verre contenant diverses médailles du Sacré-Cœur, des monnaies françaises et pontificales, et, enfin, le procès-verbal de la cérémonie signé de MM. Baudon, Dauchez, Legentil, Rohault de Fleury, F. Riant et P. Abadie.

De la mémorable cérémonie dont nous venons de donner les détails, il convient de rapprocher quelques autres dates également célèbres dans les fastes de l'Œuvre.

3 mars 1876. — Le cardinal Guibert inaugure la chapelle provisoire (1).

21 avril 1881. — Son Éminence célèbre la première messe dans la première chapelle achevée du sanctuaire votif. En souvenir de la restauration du tombeau de Saint-Martin à Tours, Mgr Guibert place sous le patronage de saint Martin, apôtre des Gaules, la première chapelle inaugurée dans la Basilique du Sacré-Cœur.

19 novembre 1886. — Son Éminence, Mgr Langénieux, cardinal-archevêque de Reims, entouré de 16 évêques, de 200 prêtres, bénit solennellement les deux absides.

6 juillet 1888. — Réunion du congrès eucharistique. Le matin, la sainte communion fut donnée à des milliers de fidèles ; le soir eut lieu une magnifique procession. Dix évêques assistaient à cette imposante cérémonie.

16 juin 1889. — Commémoration du 200e anniversaire des révélations de Notre-Seigneur à la bienheureuse Marguerite-Marie.

Cette journée fut marquée par la consécration des zouaves pontificaux au Sacré-Cœur.

---

(1) Dès la fin de 1876, les annales de l'œuvre avaient enregistré des pèlerins venus de toutes les parties de la France et du monde catholique. Trois cardinaux, parmi lesquels Son Éminence le cardinal Franchi, préfet de la Propagande, 26 évêques, 21 prélats, abbés ou supérieurs généraux, et environ 140,760 pèlerins avaient visité le nouveau sanctuaire ; 114,000 intentions avaient été recommandées, et 28,000 communions distribuées pendant l'espace de dix mois.

Vers minuit, le général de Charette arrivait avec ses compagnons, pour faire ce qu'il nommait : *La veillée des armes.* Avant de commencer l'adoration, il déploya sur l'autel l'Étendard de Patay, et le laissa ainsi toute la nuit devant le Saint-Sacrement exposé.

A huit heures, une foule d'anciens volontaires de l'Ouest accourus à l'invitation de leur général, ainsi que beaucoup de leurs amis, remplissaient la chapelle Saint-Martin. Un ancien capitaine des zouaves pontificaux, maintenant abbé de la Trappe de Sept-Fonds, célébra la messe. Pendant toute la cérémonie, au milieu des prières et des chants, les regards ne pouvaient se détacher de l'étendard de Patay. Ce glorieux drapeau parlait assez aux cœurs de tous les assistants pour qu'il fût superflu de prononcer des discours. Six lignes seulement furent lues, au milieu de l'émotion générale, par le célébrant, comme souvenir et renouvellement du grand acte accompli à Rennes en 1870 ; les voici dans leur simplicité chrétienne et dans leur énergie militaire :

« A l'ombre de ce drapeau, teint du sang de nos plus nobles et chères victimes, moi, baron, général de Charette, qui ai l'insigne honneur de vous commander, je consacre la Légion des Volontaires de l'Ouest, les zouaves pontificaux, au Sacré-Cœur de Jésus ; et, avec ma foi de soldat, je dis de toute mon âme et vous demande de dire tous avec moi : *Cœur de Jésus, sauvez la France.*

13 juin 1890. — Fête du Sacré-Cœur célébrée solennellement dans la grande nef entièrement terminée, sous la présidence de Mgr Richard, cardinal-archevêque de Paris.

Octobre 1899. — Achèvement du vaisseau du Sacré-Cœur. La croix est placée sur le dôme en présence de S. E. le cardinal Richard, archevêque de Paris (1).

---

(1) Les temps sont devenus mauvais ; mais, au milieu de toutes les épreuves et de toutes les tristesses de ces vingt-cinq ans, l'engagement de 1871 a été tenu.

Cette promesse de quelques-uns ratifiée par tous ; le vœu particulier

Aujourd'hui, achevée à l'extérieur, la Basilique produit un effet saisissant, impressionnant, toute blanche, massive, au sommet de la haute butte qu'elle couronne. En France et à l'étranger, tout le monde la connaît aujourd'hui par de nombreuses reproductions photographiques.

Toutefois, nous ne croyons pas inutile de citer *in extenso* la description si exacte que donne le R. P. Jonquet dans son beau livre : *Montmartre, autrefois et aujourd'hui*.

« Voici la façade principale qui regarde Paris. De vastes escaliers de pierre conduisent sous le porche par trois grandes entrées à plein cintre, dont les arcs sont soutenus par des piliers entourés de petites colonnettes.

» Le porche est fait d'arcades reposant sur des colonnes ; il est couvert de voûtes demi-sphériques, reposant sur des pendentifs. Nous remarquons deux porches, comme à Sainte-Sophie de Constantinople, un narthex intérieur et un narthex extérieur.

» D'une forme à la fois robuste par l'ensemble et légère par les détails, la porche est couvert d'une terrasse qui sera ornée de deux statues équestres. Au-dessus, trois arcatures abritent les fenêtres. Au-dessus encore, s'élève un fronton dont les lignes rampantes s'interrompent pour laisser paraître et dominer la niche où la statue du Sacré-

---

devenu réellement un vœu national par le concours de tout le peuple catholique, c'est le sanctuaire magnifique qui s'élève maintenant, au plus haut de Paris, sur le sommet de la colline qui domine la grande Capitale.

La croix se dresse aujourd'hui sur le faîte du dôme de l'édifice : le monument est terminé, le vœu accompli.

Comme l'Église de Jésus-Christ, qui a grandi au milieu des contradictions et des luttes, ainsi la basilique du Sacré-Cœur de Montmartre s'est élevée malgré les oppositions et les menaces des méchants. La foi a été plus forte que la haine ; la France catholique a eu raison de la secte maçonnique.

Arthur Loth.

Cœur, en marbre blanc, sera placée pour animer l'ensemble. Le tout est flanqué de deux tourelles couronnées par un petit dôme.

» Sur les façades latérales, nous retrouvons une partie élevée qui répète la façade, ayant même hauteur et même largeur, décorée de formes moins riches et limitant les bras de la croix grecque qui est l'essence du plan.

» Contre cette croix grecque est adossée l'abside dont les éléments participent comme dimensions aux éléments de la partie carrée. Elle est intéressante, cette partie de l'édifice, avec ses arcatures embrassant les fenêtres, supportées par des colonnes engagées, et aussi avec sa frise de petites arcatures très détaillées qui, dans l'ensemble, rappellent une bande de broderie.

» Les cinq dômes flanqués de tourelles, ce qui ne fera pas moins de dix-huit tours; s'élèveront au-dessus de l'ensemble. Les tambours des petits dômes sont octogonaux, avec des faces décorées de fenêtres et de colonnes. Le tambour du grand dôme abandonne la forme octogonale au-dessus des pendentifs, pour prendre la forme circulaire. Il se compose d'un rang d'arcatures assez trapues, et, au-dessus, d'un attique servant de base au grand dôme. Chacun de ces dômes sera terminé par une lanterne formée de colonnettes très rapprochées, supportant un petit dôme, comme on le voit constamment dans les églises de la région du Sud-Ouest.

» Le clocher ou campanile qui, par sa masse et sa forme rappelle ceux d'Angoulême et de Périgueux est formé d'une base absolument nue, qui fait ressortir la richesse des chapelles absidales. Au-dessus de la toiture des chapelles, on remarque une série de pilastres allongés supportant des arcades. Puis viennent deux rangs de fenêtres, et, au-dessus, une frise d'arcatures ajourées couronne la partie carrée et sert de base à la partie octogonale.

« Celle-ci n'est représentée que par un soubassement solide bui le cède de suite à la forme circulaire où s'épanouit alors le véritable couronnement du clocher. Ce couronnement se compose d'un rang d'arcatures serrées et ajourées, surmontées d'un dôme plus élégant, plus élancé que les autres, mais dans lequel on retrouve toujours le même sentiment.

» La pierre employée à la construction de la Basilique est celle de Château-Landon. Cette pierre, qui est dure comme du granit, se polit comme le marbre et blanchit au contact de l'air (1). »

*
* *

Au cours du dix-neuvième siècle les pèlerinages ont été en France les signes les plus marquants de la vitalité de la foi catholique.

Les pèlerinages qui avaient, naturellement, complètement disparu pendant les sombres jours de la Révolution et de la Terreur, reprirent au retour des Bourbons alors que le mouvement catholique reprenait de l'extension.

Il y eut à cette époque à la fois des missions et des pèlerinages.

La République de 1848, de même que l'avait été le règne de Louis-Philippe, ne fut guère favorable aux pèlerinages.

Mais, sous le second Empire, les pèlerinages redeviennent en honneur. Il y eut comme une véritable réaction. C'est alors que s'organisent les pèlerinages de la Salette, d'Ars.

Il y eut aussi de nombreux pèlerinages en Terre-Sainte, à Jérusalem. Les souverains eux-mêmes donnaient l'exemple en allant faire leurs dévotions à Sainte-Anne d'Auray.

(1) Le monument publiera, sur le registre de pierre des murs et des piliers, les noms des donateurs et l'approximatif chiffre de leur offrande.

Après la guerre et la chute de la Commune, en 1872 et 1873, on vit renaître sur une vaste échelle l'amour des pèlerinages en France.

L'apparition de la sainte Vierge à Lourdes devait attirer une foule innombrable de pèlerins.

La foi était grande et les autorités donnaient alors le bon exemple. C'est ainsi qu'un jour même on vit cent dix députés accomplissant un pèlerinage à la Vierge noire de Chartres. L'un d'eux même fit amende honorable, un cierge à la main.

L'année 1873 vit de nombreux pèlerins se rendre à Paray-le-Monial.

On peut mentionner en outre comme autres pèlerinages importants ceux de Longpont, de Nanterre, de Notre-Dame de Liesse, de Notre-Dame du Pilier, de Notre-Dame de la Garde, de Notre-Dame des Fourvières, de Saint-Roch, de la Sainte-Face, de Notre-Dame du Chêne, des Saintes-Maries de la mer, etc., etc...

Ces manifestations françaises de la foi catholique se font même bien dans nombre de pèlerinages faits à l'étranger : à Jérusalem, à Rome, à Lorette, etc...

Elles sont un consolant spectacle pour le chrétien.

CHAPITRE XIII

LES FRÈRES ET L'ÉDUCATION CHRÉTIENNE

> Dieu surtout n'est pas ingrat. Il est pasteur et docteur, et sa reconnaissance s'est engagée envers ceux qui lui veulent ressembler, lorsqu'il a dit dans l'Evangile ces paroles que nous lisons dans l'Office des docteurs : « Celui qui a bien fait et qui a bien enseigné, celui-là sera grand dans le royaume des cieux. »
>
> MGR BAUNARD.

Les Frères des Écoles Chrétiennes. — Un rapport de M. le comte d'Haussonville. — L'enseignement agricole et le gouvernement de l'Autriche-Hongrie. — Les « *Petites Écoles* ». — L'enseignement des Frères. — Une parole de M. François Coppée. — Pour la cause de Dieu. — Les Récompenses.

On sait qu'à l'assemblée générale de l'Œuvre du Bienheureux de La Salle, c'est M. le comte d'Haussonville qui a présenté le rapport sur les travaux de l'année. C'était, pour l'éminent académicien, l'occasion, qu'il n'a eu garde de laisser échapper, de rendre, non seulement à La Salle, mais aux membres de l'ordre par lui fondé, l'hommage que leur doivent tous ceux qui ne veulent pas systématiquement ignorer les immenses services rendus par eux à l'enseignement populaire (1). Ce m'est un regret de ne pouvoir

(1) En août 1900, on pouvait lire dans le journal l'*Agriculture*, d'Ille-et-Vilaine :

« L'Autriche-Hongrie obtient l'une des premières places à l'Expo-

reproduire en leur intégralité ces pages éloquentes. En quelques traits rapides, mais profondément graves, M. d'Haussonville a fait revivre, avec un relief étonnant, la belle figure du grand démocrate, au sens bon et vrai de

sition pour l'enseignement primaire agricole. Mais ce que l'on ne dit point, c'est qu'elle doit tout ce succès à notre programme d'enseignement agricole catholique.

» Il y a à peine deux ans, l'ambassadeur d'Autriche demanda à notre ministre des affaires étrangères de vouloir bien lui indiquer les moyens de fonder l'enseignement agricole dans les écoles de son gouvernement.

» Le ministre de la République ne trouva rien de mieux que d'envoyer le délégué de l'Autriche chez les pauvres ignorantins de Ploërmel.

» Il vint donc passer plusieurs jours à Ploërmel, et le R. Fr. Abel le mit rapidement au courant de notre méthode.

» De retour à Budapest, M. Foth de Felso Szoper, docteur en droit, rédacteur au ministère de l'agriculture de Hongrie, rendit compte à son gouvernement de sa mission en Bretagne.

» C'est alors que l'appui intelligent du gouvernement d'Autriche a développé d'une façon si merveilleuse et si rapide notre enseignement, qu'il vient d'obtenir dans notre propre pays une des plus hautes récompenses.

» Voici la lettre de remerciement que le ministre d'agriculture d'Autriche-Hongrie a adressée au R. F. Abel :

« Monsieur le supérieur général,

» Mon délégué, M. Eugène de Foth, en me remettant le rapport
» relatif à la mission dont je l'avais chargé, et qui avait pour but l'étude
» de l'enseignement agricole dans les écoles primaires de France, et
» principalement à Ploërmel, n'a pas omis de mentionner l'accueil
» excellent que vous avez bien voulu lui faire.

» Il m'a fait part des résultats brillants obtenus par les Frères de
» l'instruction chrétienne, dans les écoles qui relèvent de leur direc-
» tion, au point de vue qui m'intéresse avant tout. Il m'a dit l'ama-
» bilité dont il a eu à se louer de votre part et de la part de l'Ordre,
» ainsi que l'obligeance avec laquelle vous lui avez fourni tous les
» renseignements nécessaires et mis à sa disposition les livres et impri-
» més servant à votre enseignement agricole.

» Veuillez, Monsieur et Révérend Frère, recevoir l'expression de ma
» reconnaissance la plus vive, pour votre amabilité, d'autant plus que
» je trouve, pour ma part, votre système d'éducation vraiment digne

l'expression, que fut l'initiateur de l'enseignement populaire.

Il y avait d'ailleurs un rapprochement suggestif, et le rapporteur n'a pas manqué de s'y livrer, à faire entre les tribulations sans nombre auxquelles fut soumis La Salle et celles qui ont assailli et, plus que jamais, à l'heure présente, accablent les continuateurs de son œuvre. Le tableau, pour être attristant, ne laisse pas que d'inspirer des pensées de réconfort et d'espérance. En dépit de tous les obstacles dont quelques-uns lui furent parfois suscités de côtés où il n'eût pas dû les attendre, le Bienheureux de La Salle finit par l'emporter. Est-il téméraire de penser que pareille fortune est réservée à ceux qui ont recueilli ses traditions ?

De ces luttes qu'ont eu à soutenir les Frères des Écoles Chrétiennes, M. d'Haussonville a rappelé une phase particulièrement intéressante. C'est la tentative que firent, à une certaine époque, ceux qui se qualifiaient de « libéraux » — de tout temps en France, les antiphrases ont eu de la vogue — pour ruiner l'œuvre des Frères par la concurrence d'un système au premier abord séduisant, mais qui ne put l'emporter sur la méthode de l'Institut.

Sous la Restauration, ils reçoivent quelques encouragements. Le roi prélève 50,000 francs par an sur sa cassette pour subventionner ce qu'on appelle les *petites écoles*. Mais les Frères rencontrent en même temps une redoutable concurrence. Le parti libéral commence à comprendre toute l'importance de la question de l'enseignement populaire. Encore imbu des préjugés du temps, il ne voudrait

» d'éloges et contenant des enseignements qui ne pourraient qu'être
» fort utiles à l'organisation de l'instruction agricole de n'importe quel
» pays.
» Je profite de l'occasion, Monsieur le supérieur général, pour vous
» assurer de ma plus haute considération.

» *Le ministre* : DARANYI, M. R.

» Budapest, le 6 mars 1899. »

cependant pas que cet enseignement demeurât exclusivement aux mains des Frères. Sans solliciter aucune mesure contre eux, il favorise l'introduction en France d'une méthode concurrente importée d'Angleterre : celle des écoles dites *lancastriennes* ou écoles d'enseignement mutuel, qui permettaient de donner, avec peu de maîtres, l'enseignement à beaucoup d'enfants. Ce système obtient même la faveur du gouvernement. Deux ordonnances royales le recommandent.

Ainsi encouragées, les écoles mutuelles se développent. En 1820, il y en a 1,073. Mais les Frères tiennent bon pour la méthode d'enseignement simultané, et devant la supériorité de leur enseignement, la concurrence succombe, 700 écoles sont fermées successivement, tandis que les écoles des frères s'accroissent en nombre. Grâce à eux a donc triomphé la véritable méthode, celle qui est adoptée aujourd'hui sans conteste dans toutes les écoles publiques, et qui n'est autre que la méthode prescrite par La Salle lui-même à ses Frères. Nos instituteurs laïques d'aujourd'hui ne savent peut-être même pas qu'ils sont eux aussi les disciples de La Salle.

La loi de 1883 rendit possible le développement du nombre des écoles laïques, ce qui amena une stagnation relative dans la situation des établissements congréganistes, mais la seconde République et le second Empire sont une époque brillante pour l'œuvre des Frères. Encore que, dans les 3,084 écoles privées congréganistes existant en 1870, plusieurs fussent confiées à la direction d'autres congrégations, c'est aux Frères des Écoles chrétiennes que revenait, avec la charge, l'honneur de diriger le plus grand nombre.

Avec la République actuelle, en effet, a recommencé l'ère des difficultés. A ce propos, M. le comte d'Haussonville a fait remarquer que dans la politique scolaire du régime actuel, l'équité commande de faire deux parts :

« J'appelle légitime et honorable en lui-même l'effort fait pour développer en France l'enseignement primaire. La République a le droit de se faire honneur d'avoir porté le nombre des écoles de 41,401 à 52,879, en augmentation de 11,478 ; le nombre des instituteurs et institutrices, laïques ou congréganistes, de 110,709 à 152,277, en augmentation de 41,568; enfin le nombre des élèves des écoles publiques ou privées de 4,716,935 à 5,531,418. Comme dans ces chiffres d'ensemble que j'emprunte à la dernière statistique quinquennale, non encore publiée, figure pour une portion importante l'augmentation du nombre des maîtres, des écoles et des élèves congréganistes, je ne suis pas persuadé que l'honneur que je fais, en ce moment, à la troisième république lui soit sur ce point très sensible, ni qu'il vous paraisse très mérité ; mais, prenant les chiffres dans leur ensemble, il était équitable de constater l'effort et le succès. Quant à la portion de l'œuvre de la troisième République, que je préfère ne pas qualifier, c'est celle qui a eu pour but de détruire l'enseignement chrétien en France. »

De cette néfaste entreprise républicaine, M. d'Haussonville a rappelé les principales étapes. Ce sont, peut-on dire, faits d'hier et que n'ignore aucun de ceux qui s'intéressent aux questions d'enseignement. Mais ce qui est particulièrement intéressant à constater, c'est qu'en 1881, époque où fut votée la loi supprimant le privilège de la lettre d'obédience, on s'était flatté de tarir ainsi le recrutement des religieux et religieuses voués à l'enseignement. Or, à cette époque, ceux-ci étaient au nombre de 49,381 ; aujourd'hui, ce nombre dépasse 53,000. On a accru l'armée qu'on voulait affaiblir.

On a d'ailleurs, par la persécution, surexcité, sans le vouloir assurément, le dévouement des catholiques qui, chaque année, prélèvent sur leurs ressources l'énorme contribution nécessaire pour faire face aux besoins de l'enseignement libre congréganiste. Les tentatives pour décourager les vocations par la loi sur le service militaire n'ont pas mieux réussi.

Mais, encore une fois, il faudrait tout citer de ce beau rapport. Obligé de me borner, je tiens du moins à reproduire le passage dans lequel M. d'Haussonville a signalé, avec une éloquence émue, les titres éclatants des Frères de la Doctrine chrétienne à la reconnaissance publique.

« Je savais, comme tout le monde, que les bons Frères apprennent à lire aux petits garçons et cela me paraissait très bien, mais j'ignorais la puissance et la force de leur Institut (1). Je ne savais pas, ou je savais très vaguement avec quelle vigueur il a résisté aux attaques, avec quelle persévérance et quelle abnégation, en dépit de tous les obstacles, il a continué sa tâche, quelle part considérable il continue de prendre dans l'enseignement populaire, quels succès il a obtenus dans l'enseignement moderne, et surtout quels services il rend à la France au dehors. Je ne savais pas, en un mot, combien ces humbles Frères sont grands ! Aussi me pardonnerez-vous, et notre saint archevêque lui-même me pardonnera si mes dernières paroles s'adressent non pas à vous ni même à lui, mais à

---

(1) S'adressant un jour à des élèves des Frères, M. François Coppée leur disait :

« Ils feront de vous, mes enfants, ce qu'ils sont eux-mêmes, de bons chrétiens et de bons Français.

Comme ce Jean-Baptiste de la Salle à qui l'Église vient de donner place dans la glorieuse phalange des saints, et qui, prêtre, gentilhomme pourvu d'un riche canonicat, renonça librement à tous les avantages pour se consacrer tout entier à l'éducation du peuple, vos maîtres « ont la première des vertus recommandées par l'Évangile ; ils sont humbles et ils ont l'amour des humbles. »

» Quant à leur sentiment du devoir civique, je n'ai pour le prouver qu'à me rappeler le siège de Paris où j'ai vu les Frères des Écoles chrétiennes aller au feu, intrépides, sans armes, avec le brassard blanc à croix rouge sur la manche, pour recueillir les blessés et les porter à l'ambulance, et deux de ces héros, pleins de douceur, si j'ai bonne mémoire, sont alors tombés sur le champ de bataille et sont morts pour la France et pour la charité.

eux, et si je leur dis : « Mes Frères, depuis trente ans, vous avez été traqués, honnis, vilipendés, calomniés. Votre saint fondateur, je viens de le rappeler, l'avait été comme vous. Mais, aujourd'hui, en ce qui le concerne, quel changement après deux siècles écoulés !

» Ce n'est pas seulement l'Eglise qui le déclare *Saint*, c'est encore les plus ardents adversaires de ses doctrines qui saluent sa mémoire et qui s'inclinent avec respect devant lui. Eh bien ! j'ai la conviction que pareille justice, que pareil hommage vous seront rendus, et il ne faudra pas attendre deux siècles pour cela. Il me semble, en effet, que déjà, autour de vous, je sens les haines qui s'apaisent, les préjugés qui tombent, et quelques-uns de ceux qui ont mené le plus vivement la campagne contre vous, regrettent tout bas ce qu'ils ont fait ; il y a treize ans, ce même directeur de l'enseignement primaire, dont je me suis plu tout à l'heure à invoquer l'autorité, prononçait, dans une distribution de prix, où il parlait au nom du gouvernement, ces belles paroles que j'aime à citer encore :

» Non certes, nous n'oublierons pas, Filles de Saint-Vincent de Paul ou Frères de Jean-Baptiste de La Salle, Religieux et Religieuses de toutes robes et de tout nom, nous n'oublierons pas que, pendant deux ou trois siècles, vous avez été presque seuls à vous occuper des enfants du peuple, et nous ne nous étonnons pas que le peuple s'en souvienne et vous aime. Non, nous ne sommes pas, nous ne serons jamais ingrats envers vous. »

» Je ne veux pas rechercher si le gouvernement, au nom duquel parlait M. Buisson, s'est montré fidèle à ce programme de reconnaissance. J'aime mieux oublier ce qui s'est passé et me borner à constater que l'opinion publique, j'entends l'opinion indifférente ou même hostile, vous est infiniment plus favorable qu'elle ne l'était autrefois, et qu'elle vous revient peu à peu. J'ai la confiance qu'elle vous rendra bientôt pleine et entière justice. Ce sera pour vous une récompense à laquelle vous aurez le droit d'être sensible, mais il en est une autre que, dans le fond de vos consciences, vous devez goûter déjà pleinement, c'est le sentiment du bien que vous faites à la cause de Dieu. »

Il nous souvient qu'un jour, M. d'Haussonville terminait un de ses discours en parlant de la satisfaction qu'inspire aux âmes fières la satisfaction du devoir accompli. Cette satisfaction, les Frères peuvent l'éprouver plus que tous autres, car c'est plus que leur devoir de religieux et de Français qu'ils ont rempli (1).

(1) A l'Exposition universelle de 1900, les Frères ont eu de belles récompenses :
3 grands prix, 13 médailles d'or, 21 médailles d'argent, 14 médailles de bronze, 6 mentions honorables, soit, au total, 57 récompenses, tel est le résultat du brillant tournoi pédagogique dans lequel l'Institut de J.-B. de la Salle a justifié une fois de plus la confiance dont il est honoré.

Dans la classe de l'enseignement secondaire, l'Institut présentait pour la première fois les travaux des maîtres et des élèves de ses trente-deux pensionnats secondaires modernes.

Le verdict du jury a été tout à l'honneur de l'institut des Frères, qui se sont vu attribuer une médaille d'or pour la sérieuse organisation et les heureux résultats d'un enseignement dont son fondateur avait, dès 1705, au témoignage même de M. Duruy, créé le premier type dans le pensionnat de Saint-Yon, à Rouen.

A la classe de l'enseignement agricole, deux médailles d'or, quatre médailles d'argent, neuf médailles de bronze et trois mentions honorable ;

Aux produits de la viticulture, une médaille d'or ;

A l'enseignement technique, une médaille d'or et trois médailles d'argent ;

A la classe de géographie, à l'enseignement spécial artistique, plusieurs autres médailles ont témoigné en faveur de l'enseignement pratique donné par l'Institut des écoles chrétiennes.

Dans la classe 101, réservée aux œuvres de formation professionnelle et d'apprentissage, ainsi que dans la classe 108 qui réunissait les œuvres d'éducation sociale, les jurys ont décerné aux Frères leurs plus hautes récompenses, c'est-à-dire deux grands prix.

A la classe 112, la classe de la charité, de l'assistance sous toutes les formes s'étaient donné rendez-vous tous les dévouements, aussi variés

« Leur œuvre nous apparaît au début du vingtième siècle plus vivace, plus moderne et plus adaptée que jamais aux besoins des populations. Elle a pour elle l'avenir, comme elle a eu pour elle le passé. Passé de labeur, de foi et d'ardent patriotisme. La date de 1900 peut donc figurer avec honneur dans les annales de l'Institut à côté de cette autre date de 1870 qui, à trente années de distance, marque une autre glorieuse étape, celle où les ignorantins payèrent de leur sang généreusement répandu sur tous les champs de bataille l'honneur d'être mis, comme aujourd'hui, sous l'égide de la paix et du progrès, à l'ordre du jour de la France (1). »

que le sont, hélas ! les misères matérielles et morales de l'humanité. Des *grands prix* attribués aux Sœurs de Charité de Saint-Vincent de Paul, aux Petites Sœurs des Pauvres, aux Frères de Saint-Jean de Dieu, ont fait œuvre de stricte justice. Dans cette classe, et pour ses établissements très prospères de *sourds-muets*, l'Institut des Frères a reçu une *médaille d'or*.

A la classe 113, consacrée à la Colonisation et à l'Enseignement indigène, des *médailles d'or et d'argent* ont récompensé l'apostolat des Frères qui s'exerce hors de France, à l'honneur et au profit de notre influence politique.

C'est ainsi qu'en 1900, Jean-Baptiste de la Salle, après avoir été glorifié dans l'héroïcité de ses vertus par la solennelle canonisation de l'Église, l'est aussi dans son œuvre pédagogique par les multiples couronnes que viennent de lui décerner les jurys internationaux. Et cette œuvre nous apparaît, au début du vingtième siècle, plus vivace, plus moderne et plus adaptée que jamais aux besoins des populations ; elle a donc pour elle l'avenir, autant du moins que l'avenir peut être promis aux efforts de l'homme.

(1) Aug. Giry.

CHAPITRE XIV

LES SŒURS ET LEUR DÉVOUEMENT

LES SŒURS DE CHARITÉ

« Notre courage, à nous, c'est d'aller, pauvres femmes,
Panser les corps, verser le baume sur les âmes;
De sourire aux mourants, jusqu'à parler d'espoir
A ceux que l'infirmier viendra couvrir le soir,
Et d'adoucir avec des paroles bénies
Le morne isolement des longues agonies! »

Nos Sœurs. — Les Sœurs de Charité et les Sœurs enseignantes. — Abnégation et dévouement. — Les Sœurs en France. — Un écrit de M. Jules Simon. — Admirable institution. — Quelques exemples. — Les communautés.

Après avoir parlé des Frères, il convient de consacrer quelques pages aux *bonnes Sœurs*, car la *Sœur* est d'origine française et, au cours du siècle qui vient de s'écouler, ces saintes femmes ont accompli bien des actes qui honorent la Patrie Française (1).

**

L'admirable institution des Sœurs de la Charité date du

---

(1) M. Chesnelong, d'illustre mémoire, célébrait un jour « cette tribu virginale des *saintes Filles* que couronne le beau nom de charité, *ces héroïnes sacrées* sur la poitrine desquelles la Patrie reconnaissante aime à placer la croix d'honneur du soldat et dont tout Français, ayant encore le sens de la beauté morale, devrait baiser les pas... »

dix-septième siècle. Elle est due à saint Vincent de Paul, qui avait été nommé, en 1625, aumônier général des galères, puis supérieur des religieuses de la Visitation que saint François de Sales, « qui ne connaissait pas dans l'Église un plus digne prêtre que lui », l'avait aussi chargé de ce qu'il avait de plus cher au monde. En 1633, les chanoines réguliers de Saint-Victor cédèrent à Vincent le prieuré de Saint-Lazare, qui devint le chef-lieu de la Congrégation et qui a fait donner aux prêtres de la Mission le nom de Lazaristes. Le Saint fut grandement secondé par une femme pieuse et dévouée, madame Legras ; elle devint la mère des pauvres et des malades, comme il en était le père. Ce fut avec elle qu'il fonda l'admirable institut des Sœurs de Charité pour le service des pauvres (1).

Je pense plus d'une fois à ces jeunes femmes françaises qui vieillissent derrière des murs sévères où ne s'entendent que plaintes et douleurs, « brisant lentement aux pieds du Seigneur l'albâtre de leur corps », comme l'écrit le vieil hagiographe. Elles sont belles, elles sont du

---

(1) Parlant des Sœurs dans l'un de ses articles, M. Edouard Drumont, le directeur de *La Libre Parole*, écrivait :

« Des femmes qui, pour la plupart, auraient pu occuper une situation heureuse dans le monde, ont renoncé à tous les honneurs de la terre pour se vouer uniquement au service de Dieu, au service des déshérités et des pauvres. Elles vivent elles-mêmes de l'existence des pauvres, d'une existence plus dure et plus rude que beaucoup de pauvres ; elles n'ont rien à elles, pas même le crucifix de cuivre qui pend à leur ceinture.

» Elles méditent du soir au matin l'existence du Pauvre par excellence que fut Jésus-Christ ; il leur dit chaque jour qu'il s'est fait homme pour les pauvres. . . . .
. . . .

Et plus loin M. Drumont ajoutait :

« Ces Sœurs feront preuve d'un sublime dévouement ; elles panseront avec une douceur évangélique des plaies dégoûtantes de vieillards ; elles iront, le sourire aux lèvres, braver tous les dangers en temps d'épidémie. »

monde souvent ; quelques-unes ont été riches, sans doute. Et les années passent à travers les privations, les soins charitables, les oraisons et les jeûnes, et leur seule distraction est de prier Celui pour qui elles ont tout quitté. Et, à leur heure dernière, plus d'une répète les dernières paroles de sainte Claire, disant à son âme : « Va, ô mon âme, va en paix, parce que celui qui t'a créée t'a aussi sanctifiée en te conduisant comme une mère conduirait son enfant. O Seigneur, soyez éternellement béni, parce que vous m'avez créée (1) !... »

Leur devise semblait être : « Souffrir toute une courte vie pour une éternité de délices. » Elles vivent dans la paix et tout ce que la terre de France contient de bénédictions et de sérénités les environne comme le nuage des assomptions bienheureuses.

*
* *

Quoi qu'il en soit, s'il est un progrès incontestable qui se soit réalisé au cours de notre siècle, c'est bien celui de l'expansion des ordres religieux, et ce progrès-là est sans conteste une marche en avant dans l'évolution de l'humanité vers un état meilleur.

Sans parler des grands ordres contemplatifs rajeunis par les terribles épreuves de la Révolution : Bénédictines, Carmélites, Visitandines, quel merveilleux essor n'ont pas pris depuis cent ans les Filles de la Charité de Saint-Vincent de Paul, héritage glorieux du dix-septième siècle ?

Y a-t-il maintenant dans le monde une seule contrée où

---

(1) Dans un rapport de l'éminent jurisconsulte Portalis, nous trouvons ces belles paroles : « Nous devons remarquer, pour l'honneur de notre nation, que c'est en France que le sexe le plus délicat et le plus sensible a donné, le premier, l'exemple des œuvres de charité et de miséricorde... Nous devons remarquer que la *religion catholique seule a produit des institutions pareilles.* » Et Portalis terminait par ces sages paroles : « Il est bon de profiter de nos *richesses.* »

elles ne soient connues? Et sur les plages où elles vont porter avec l'amour du vrai Dieu l'amour du nom français, combien d'admirables rivales ne rencontrent-elles pas? Filles de notre temps, celles-là, et comme elles nées sur notre généreuse terre de France! Ce sont, aux colonies comme dans la mère-patrie, les Sœurs de Saint-Joseph de Cluny, les Sœurs de Saint-Paul de Chartres, les Petites Sœurs des Pauvres, etc., etc.

*
**

> Que sont ces voiles blancs, ces femmes ou ces ombres
> Qui se croisent sans bruit dans ces corridors sombres,
> Entr'ouvrant les rideaux, se penchant sur les lits,
> Comme la jeune mère au chevet de ses fils!
> Aux douteuses lueurs de leur lampe qui veille,
> Oh! de la charité j'entrevois la merveille :
>
> Ces auberges du pauvre où l'on bénit ses pas,
> Ces toits de Dieu, ces lits de ceux qui n'en ont pas,
> Ces épouses du Christ au chevet des misères,
> Mères de tous les fils et sœurs de tous les frères.

Dans son livre sur le *Devoir*, M. Jules Simon avait écrit :

« Voyez cette Sœur de Charité, elle prend l'habit de Saint-Vincent de Paul et entre dans un hôpital. Qui va-t-elle soigner, consoler, guérir? Elle n'en sait rien. Mais ce sont des membres de la famille humaine, cela suffit (1). »

Après ces éloges mérités à l'adresse des saintes filles, M. Jules Simon donnait les renseignements suivants :

« Les Sœurs ont maintenant, en France et en Europe, 2,434 maisons dans lesquelles elles instruisent 185,000 enfants et donnent des soins à 45,635 malades inscrits dans les hôpitaux, sans compter les innombrables malades secourus à domicile. C'est quelque chose ; mais elles ne se

---

(1) « Ma sœur, m'écrivait un jour Jules Simon, était Sœur de Charité. Elle est morte dans l'Amérique du Sud, supérieure d'un hôpital qu'elle avait fondé. »

bornent pas à nous faire du bien et à en faire en Europe chez nos voisins. Ces humbles filles sont, comme on dit à présent, des pionniers de la civilisation. Elles propagent au loin le nom français dans des pays inconnus et sauvages, et, à la différence de certains explorateurs, elles le le font aimer.

Un jour qu'il était question, au Sénat, des Filles de Saint-Vincent de Paul, mon ami, M. Fournier, qui a été ambassadeur à Constantinople, monta à la tribune : « N'oubliez pas, dit-il, les services qu'elles rendent hors de France, à la France et aux Français. » On peut dire dans le Levant : les flottes anglaises, les troupes russes. On y connaît aussi nos marins et nos soldats. On y connaît surtout l'hôpital français et l'école française.

C'est la propagande de la charité la plus autorisée et assurément plus durable que celle de la force. En Asie et dans les deux Amériques, Chine, Brésil, Équateur, etc., les Sœurs comptent 328 maisons. Elles élèvent 32,978 enfants de toute nationalité, de toute religion. Elles reçoivent dans leurs hôpitaux 75,950 malades ; elles en soignent, dans leurs dispensaires, 2,947,000. Elles ont aussi à leur actif des services de guerre. Une d'elles eut sa cornette traversée d'une balle pendant qu'elle pansait un blessé. Le ministre voulut leur attribuer quelques croix, mais elles répondirent, par la bouche de leur directeur : « Nous ne voulons, pour toute récompense, que de nouvelles occasions d'être utiles. »

D'autre part, au sujet d'une étude sur la *Sœur en Orient*, M. Jules Simon avait encore écrit :

« Malgré l'envahissement du scepticisme et du positivisme, la Sœur de Charité est encore entourée de respect. La foi ardente et simple, la bonté active et pratique, le renoncement sans réserve exercent doucement et sûrement leur influence.

» *C'est un ordre français; quand on le retrouve hors de France, même dans un pays catholique, on se sent rap-*

proché de la patrie. On ne peut le voir sans une émotion profonde à la frontière du monde civilisé, au milieu des populations musulmanes ou païennes. On se dit aussitôt : C'est la France ! Mais on sent aussi que c'est la France sous un aspect qu'on n'est pas accoutumé à lui reconnaître, la France avec son grand passé, telle qu'elle était il y a deux siècles.

» Les musulmans n'ont pas cessé de voir cette cornette et cette robe de bure depuis le temps de saint Vincent de Paul, et c'est pourquoi la France est pour eux une vieille amie. Ils sont habitués, de père en fils, à trouver chez les Sœurs, — chez les Sœurs françaises, — un peu de pain pour leurs vieillards, des remèdes pour leurs malades, un asile pour les orphelins et les abandonnés. La porte est toujours ouverte et le cœur aussi.

» A côté du dispensaire, il y a une petite école, où on apprend à lire et à coudre.

» Partout où il y a un hôpital, une école, quelques Sœurs de Charité, *notre influence se conserve, s'étend, pousse des racines*. Ces trois ou quatre filles, qui font le métier de servantes, valent pour nous autant qu'un régiment (1). »

De mon côté, tout le bien que je pourrais penser d'elles serait loin d'égaler celui qu'elles font. Mais, pour dire celui que j'en pense, quelques lignes ne suffiraient pas ; c'est tout un livre qu'il faudrait écrire.

Les Sœurs de Saint-Vincent de Paul, expulsées des maisons de secours de l'Assistance publique, en ont installé d'autres pour leur compte, et il n'est pas un quartier de Paris où elles ne visitent les malades, où elles n'aillent à domicile porter les offrandes à ceux qui sont dénués de ressources. Quelle admirable institution, par exemple, que celle de ces patronages internes, pour les jeunes filles

---

(1) Consulter mon livre : *Les Sœurs*, 1633-1990. (Préface de Mgr Emmanuel de Briey, évêque de Meaux. Introduction de l'abbé Félix Klein, professeur à l'Institut Catholique).

éloignées de leurs familles, les orphelines, qui ont besoin d'être protégées! De seize à vingt-cinq ans, elles y travaillent à leur compte, soit dans l'intérieur de l'établissement, soit à l'extérieur. Mais elles retrouvent la direction, l'affection maternelle qui les préserve du mal. Des établissements de cette nature existent rue Oudinot, rue d'Assas, rue de Monceau, rue Alibert, rue du Cardinal-Lemoine, rue Thévenot, rue des Guillemites; il faudrait les multiplier, et ce n'est pas le droit d'accroissement qui le permettra.

Pour les crèches, les asiles, les Sœurs de Saint-Vincent de Paul ont aussi tenté de grands efforts et ceux qui ont visité l'Exposition de 1889 n'ont pas oublié l'installation modèle de la crèche de la rue Vendrezanne, à laquelle le jury avait décerné une médaille.

Chassées des hôpitaux, des hospices, comme elles l'avaient été des maisons de secours, elles n'ont pas eu de cesse que les malades ne fussent rendus à leurs soins. On les trouve maintenant à l'hôpital libre de Saint-Joseph, à l'hôpital Hahnemann, à l'infirmerie du Patronage, rue de Vaugirard, à l'hôpital Saint-Michel, dans les maisons de retraite Chardon-Lagache, Galignani, Marie-Thérèse, dans les asiles de vieillards de la rue Saint-Benoit, de Sainte-Anne, de la rue du Général-Foy, partout où la volonté des testateurs a été respectée.

*
* *

Le nombre des communautés et congrégations tenues par des Religieuses en France, et s'occupant d'instruction et d'éducation, est vraiment considérable. Je ne puis dans ce livre que donner quelques renseignements généraux et citer quelques exemples.

Je mentionnerai par exemple la Congrégation des Sœurs de Saint-Joseph-de-Cluny qui a été fondée par la R. M. Javouley; elle a pour but l'éducation et l'enseignement de l'enfance et de la jeunesse, le soin des malades dans les hôpitaux et dans les asiles d'aliénés.

La maison-mère est à Paris, mais elles ont des ramifications partout.

En Afrique, la Congrégation des Sœurs de Saint-Joseph-de-Cluny tient une place considérable. Il y a à Saint-Louis un hôpital militaire de 306 lits et une école communale de 166 enfants. Il y a 29 sœurs. A côté, un orphelinat-ouvroir comptant 39 enfants et un dispensaire pour les médicaments sont occupés par 3 sœurs. A Sor, une sœur tient un dispensaire. A Gorée, il y a un hôpital militaire de 102 lits et une école communale de 179 élèves tenus par 16 sœurs ; un ouvroir, 2 sœurs, et un hospice civil de 15 lits, avec 2 sœurs. A Dakar, l'hôpital militaire de 40 lits est tenu par 3 sœurs.

A Loango (Congo français), un orphelinat de 49 enfants et un hôpital de 6 lits sont tenus par 4 sœurs qui vont aussi voir les malades à domicile.

A Sainte-Marie-de-Bathurot il y a une école de 200 élèves et un dispensaire de 30 malades avec 5 religieuses de Cluny. Au Bas-Niger, l'œuvre de la Mission est encore sous la direction de 4 sœurs françaises.

Dans les colonies portugaises de l'Afrique, nous trouvons encore des sœurs françaises de Cluny. A Mossamédès (Angola), une école de 617 élèves a 6 sœurs françaises de Cluny ; à Huilla, un orphelinat de 45 enfants est dirigé par 6 sœurs françaises de Cluny ; à Ambnicles, 2 sœurs tiennent l'école des filles de la Mission ; à Lubango, 4 sœurs dirigent une école de 60 enfants.

Dans les possessions anglaises, à Sierra-Leone, école de 200 élèves et orphelinat de 25 enfants avec 6 sœurs françaises de Cluny.

Je m'arrête, vingt pages ne seraient pas suffisantes pour donner simplement la liste des noms des congrégations de sœurs enseignantes françaises et de leurs établissements, dont je parle d'ailleurs longuement dans un autre travail.

CHAPITRE XV

LA FRANCE AU LOIN — NOS MISSIONNAIRES

La France dans les pays lointains. — Un rôle considérable. — Les réflexions de nos adversaires. — Précieux aveux. — Dans le Levant. — Nos missionnaires. — La France chrétienne et civilisatrice. — Les missionnaires catholiques et les protestants. — Les petites sœurs. — Un départ. — Les dévouements. — Au loin. — Les écoles et les orphelinats. — Les Religieux, les Frères et les Sœurs de France à l'Étranger.

Je voudrais maintenant vous montrer le rôle de la France chrétienne dans les pays lointains en ce dix-neuvième siècle qui vient de finir. On verra que c'est un rôle glorieux, digne de la « Fille aînée de l'Église ».

Ce rôle est considérable et, sans nos religieux et nos religieuses, nous ne serions peut-être là-bas, au loin, qu'une nation de troisième ordre, tandis qu'au contraire, nous y occupons toujours, au point de vue humanitaire et civilisateur, le premier rang, le rang suprême.

Il est un point surtout important à établir et qu'il faut dire bien haut : c'est que c'est par nos religieux et nos religieuses que l'influence de la France a été consolidée dans certains pays, et qu'elle s'y maintient encore aujourd'hui, bien plus que par le déploiement de notre puissance militaire ou navale ; bien plus, cette influence survit même à la décadence de nos relations commerciales.

Et chose digne de remarque, c'est par l'emploi des mêmes moyens pacifiques et religieux que nos nations rivales essayent aujourd'hui de supplanter notre influence dans ce pays.

Il n'a fallu rien moins que les sanglants événements de Chine en 1900 pour que le rôle de la France chrétienne et des missionnaires français à l'étranger commençât à être compris à peu près tel qu'il est en réalité, et non tel que nous l'a fait nous ne savons quelle sotte légende inventée par de bonnes âmes un peu trop simples ; et c'est cette légende même qui a fait à nos missionnaires tant d'ennemis, en France, bien entendu, car à l'étranger ils n'en ont point, hormis les infidèles barbares qu'ils essayent de civiliser.

*
* *

Je voudrais citer ici, pour preuve du grand rôle de la France chrétienne au delà des mers, au point de vue de nos relations extérieures, les réflexions suivantes de M. Pierre Foncin dans la *Revue Bleue*.

L'auteur, qui ne saurait être suspect de cléricalisme, étudiant l'influence de la langue française à travers le monde, s'exprime ainsi à l'égard de nos braves missionnaires :

« Au Maroc, en Tripolitaine, notre langue est plutôt en progrès. En Perse, elle est toujours en honneur à la cour du shah et dans la classe dirigeante. En Égypte, elle a perdu beaucoup de terrain, dans les écoles officielles surtout, il faut bien le dire, depuis le douloureux incident de Fachoda ; elle se maintient aux écoles privées, c'est-à-dire congréganistes.

» Dans le Levant proprement dit, elle a beaucoup moins à redouter, depuis cinquante ans, la concurrence italienne ;

mais elle a des rivaux dangereux dans les Anglo-Américains, les Russes et surtout les Allemands, qui accaparent peu à peu le commerce, s'emparent des chemins de fer, s'efforcent de confisquer le sultan lui-même. Notre force, en ce grand pays, est de pouvoir dire et démontrer que nous sommes, nous, des amis désintéressés. Le meilleur de notre influence, nous le devons aux missionnaires, à leurs écoles, à leurs institutions de tout genre. Les Sœurs de Saint-Vincent-de-Paul qui, à Jérusalem, soignent les lépreux, font plus pour la France et la langue française que le prestige de milliers et de milliers de baïonnettes.

» S'il était besoin de prendre la défense des missionnaires, je dirais à leurs ennemis de France, accessibles à certaines considérations scientifiques, que le mode d'action congréganiste marque dans l'histoire une étape nécessaire. J'ajouterai, pour ceux qui n'en cherchent pas si long, que ces missionnaires catholiques de toutes nationalités, placés sous le protectorat de nos consuls, recherchent toute occasion de témoigner à ces représentants de la France leur déférence respectueuse et leur docilité; qu'ils arborent le drapeau tricolore le jour des fêtes nationales et font chanter la *Marseillaise* à leurs élèves; que ceux d'entre eux qui sont Français (et c'est la majorité) sont de véritables et sincères patriotes, et que ceux qui ne sont pas Français ont tout l'air de l'être. »

Il ne faut pas oublier que c'est un libre-penseur qui a écrit ces lignes, dans une revue absolument orthodoxe au point de vue socialiste; mais ce libre-penseur a le rare mérite de ne pas être un intolérant et d'appartenir à cette catégorie de gens pratiques — tout aussi bons patriotes que les autres — qui estiment que la fin justifie les moyens, surtout quand cette fin n'est autre que le prestige et la grandeur de la France à l'étranger, et avec ce prestige le développement de la puissance de la Patrie Française dans le monde.

Ses idées pourraient donc sans nul inconvénient être partagées par ces politiciens les plus intransigeants, qui se piquent, eux aussi, de patriotisme, et elles le seraient certainement s'ils avaient un peu plus voyagé, et s'ils s'étaient moins confinés dans l'atmosphère étouffante du Parlement.

Ils sauraient alors que partout, à l'étranger, où se trouve une mission catholique française, un ordre religieux, un couvent, un établissement quelconque sur lequel est planté une croix et le drapeau tricolore, le voyageur est assuré de retrouver un lambeau de la patrie, où il sera accueilli à bras ouverts, où on lui offrira bonne table, bon gîte et bonnes paroles, sans que jamais on songe à lui demander quelle est sa religion et si même il en a une, pourvu qu'il parle la langue française.

Je prends la permission à ce sujet de vous citer une anecdote concernant un de mes amis qui a beaucoup voyagé dans les pays de l'Orient, qui n'est malheureusement pas un chrétien pratiquant mais qui cependant est loyal.

Mon ami qui n'est donc pas suspect de cléricalisme se trouvait un jour à Caïfa, où l'avaient conduit les hasards de sa carrière aventureuse de marin.

Le pays n'est pas très beau et manque absolument de distractions, mais il est à deux pas du mont Carmel. Les camarades de notre ami et lui eurent vite fait de louer des chevaux et d'escalader la célèbre montagne que surmonte un couvent; ils furent reçus en frères par les bons religieux qui s'empressèrent de leur faire visiter le monastère et ses dépendances.

Quand la visite fut terminée, on conduisit nos marins dans une vaste salle servant de réfectoire, où était dressée une table surmontée de tout ce que le pays pouvait offrir en fait de vin, de fruits, de laitage, etc. ; les Pères leur dirent simplement : « Buvez et mangez... » puis ils se retirèrent discrètement en fermant la porte derrière eux.

Les marins furent d'abord légèrement étonnés, presque interloqués, puis ils se mirent en devoir de faire honneur à la collation. Et comme ils allaient se retirer, ils trouvèrent derrière la porte, assis sur un banc de pierre, un de leurs cicerones qui les attendait, un bon sourire sur les lèvres : on échangea, avec émotion, une dernière poignée main, en y mêlant le doux mot : « France ».

Puis les voyageurs remontèrent à cheval et une heure après ils avaient regagné leurs navires, tout heureux et tout émus d'avoir si inopinément trouvé, sur cette terre lointaine, une si cordiale hospitalité. « Il nous semblait, disait l'un d'eux, que, en appareillant de Caïfa, nous quittions une escale française ».

Et tous les voyageurs et voyageuses qui reviennent des pays d'outre-mer ont mille anecdotes charmantes et délicates du même genre à raconter ; ils sont même si bien habitués à retrouver çà et là ces petits coins de terre où l'on parle français, où l'on aime la France, où la religion catholique est pour ainsi dire placée au second rang et la patrie au premier, qu'ils seraient fort étonnés si on leur disait que nos politiciens et nos hommes d'État n'ont pour tous ces braves gens qu'une médiocre estime, et qu'un de leurs plus gros ennuis est de ne pouvoir les supprimer d'un trait de plume comme ils essayent de supprimer en ce moment tant de bonnes choses qui tiennent à l'âme même du Français.

*
* *

Ne sont-ce pas les *missonnaires français*, ces messagers de paix et de vérité, qui ont été porter au loin la civilisation ? Ne sont-ce pas eux qui ont découvert et transformé des peuples entiers, qui leur ont donné, avec les idées de justice, l'amour du prochain, sans aucun bénéfice pour les apôtres, si ce n'est la gloire et le contentement d'avoir fait le bien.

Demandez aux peuplades lointaines lesquels ils préfèrent ou des missionnaires français qui leur apportent sans nulle arrière-pensée le bien-être moral qui prélude au bien-être matériel ou du missionnaire protestant et anglais qui s'occupe de son petit commerce et dont le but principal est de tâcher de faire une colonie où, sous l'abri du pavillon britannique, on pourra s'enrichir. Ces colons-là cultiveront et sueront à la peine pour que les blondes misses puissent caracoler avec joie dans les belles allées de Hyde-Park ou que quelques millionnaires anglais puissent à leur aise se payer toutes les jouissances imaginables. Les missionnaires français donnent le sang et l'or de la France sans grand bénéfice, si ce n'est celui de l'influence que fondent leurs bienfaits, rendant populaire la foi qu'ils enseignent, la langue dans laquelle ils parlent, la patrie au nom de laquelle ils font le bien.

Un écrivain chrétien, qui assistait au départ de missionnaires, raconte ainsi ses impressions (1) :

De nombreux fidèles assistaient aux touchantes et impressionnantes cérémonies qui précèdent l'adieu des soldats du Christ à leur terre natale ; exhortation pathétique d'un des vénérables directeurs qui les ont formés et préparés aux plus rudes combats ; salut du saint-sacrement pendant lequel on invoque Celui qui seul peut donner la force de souffrir et mourir pour la foi chrétienne ; hommage du baisement des pieds rendu par ceux qui restent à ceux qui vont accomplir leur mission sainte ; chant de la séparation définitive peut-être ici-bas :

— Frères, allez ! adieu pour cette vie !
Portez au loin le nom de notre Dieu !

(1) Patrie, 3 mai 1889.

Nous nous retrouverons un jour dans la patrie.
Adieu, Frères, adieu !

Les huit partants d'hier se rendent les uns au Tong-King, les autres en Cochinchine, d'autres en Birmanie, d'autres enfin en Corée ; ceux-ci, on peut le dire, tout à fait au bout du monde.

Il y a vingt ans, nous assistions, également au même endroit, à un départ de missionnaires.

Ils étaient quatre, dont un notre ami. Tous quatre pour la Corée. Quelques mois à peine s'étaient écoulés que tous les quatre avaient la tête tranchée. Ils avaient atteint leur destination suprême, la patrie d'en haut où se donnent rendez-vous et se retrouvent les saints et les martyrs.

On le voit, ce n'est pas un jeu que cette vocation sublime et l'on peut bien saluer d'une façon solennelle ceux qui peut-être vont mourir.

Les dangers sont moins grands aujourd'hui, il faut le reconnaître. Même dans la Corée, qui, à l'époque dont nous parlons, était encore à peu près inabordable, où l'on ne pouvait pénétrer que par ruse, en se cachant et en faisant d'avance le sacrifice de sa vie, la sécurité maintenant est tout autre. Mais il faut compter avec les réveils possibles et soudains du fanatisme. Il faut compter aussi avec les atteintes de climats plus ou moins meurtriers et d'un genre de vie que nos organismes européens ne supportent guère.

Tout abandonner, en pleine jeunesse : parents, amis, espoirs d'avenir, joies terrestres, doux sol natal, avec une simplicité telle que l'héroïsme de l'acte en disparaît presque aux yeux des observateurs superficiels, n'est-ce pas d'une grandeur rare et qui mérite bien l'éloge qu'en fait le poète inspiré : *Quam speciosi pedes evangelizantium pacem, evangelizantium bonum !*

Ah ! non, ce ne sont pas les premiers venus, ces soldats

du Christ qui vont intrépidement répandre la lumière de la foi parmi les populations païennes dont la condition est si pitoyable qu'un capitaine de notre armée, de retour du Tonkin, profondément remué pour l'avoir *de visu* constatée, vient d'entrer lui aussi aux Missions étrangères.

Quoi de plus éloquent que de lire dans une simple colonne de journal ces quelques lignes :

« Le même jour et sur le même paquebot, se sont embarquées à Marseille, pour se rendre en Asie, les *Petites Sœurs des Pauvres*, dont les noms suivent : sœurs Antoine de Sainte-Marie, Raphaël-Marie, Alexandrine de Saint-Joseph, Mélanie de la Présentation, Arsène des Sept-Douleurs, Amélie du Bon-Pasteur, Alphonsine de l'Assomption, Philomène de Marie, Apolline de la Pentecôte, Bénédicte du saint-sacrement, Vincente de saint Joseph (1). »

« En travaillant pour Dieu et pour l'Église le missionnaire aide la civilisation, il agrandit, pour ainsi dire, le monde matériel en faisant connaître de nouveaux peuples et de nouvelles terres, il étend le monde moral, en établissant des relations entre les nations les plus éloignées ; il aide sa patrie, dont il enseigne le nom, la langue, la puissance et la gloire, il devient l'interprète des généraux ou des ambassadeurs, explique leurs intentions, défend leurs intérêts, prépare et parfois conclut des traités et des alliances ; il aide les lettres et les sciences, en publiant les études sur les mœurs, sur les coutumes, sur la langue, sur la géographie, sur l'histoire des pays inconnus (2). »

L'amiral Aube écrivait en 1881 :

« Les missions catholiques sont essentiellement françaises, c'est ce qui explique comment la France joue encore un si grand rôle dans ces lointaines régions et

---

(1) *Gazette de France* du mardi 11 décembre 1888.
(2) Adrien Launay, *Nos Missionnaires*.

comment son influence y balance celle de toutes les autres nations maritimes (1). »

En 1883, l'amiral Aube écrivait de nouveau :

« Moins que personne nous avons qualité pour juger la politique intérieure de notre pays ; mais il nous est permis de dire que le *fanatisme antireligieux* est aussi odieux que le fanatisme religieux, et, au point de vue pratique de notre action extérieure, il a exercé dans le passé une influence déplorable ; autant que nous avons pu voir de nos yeux, l'histoire même nous a confirmé dans cette opinion (2). »

Déjà en 1883 aussi, M. Foncin avait écrit :

« On aura peine à se figurer chez nous qu'un ordre religieux puisse quelque part représenter la France et tressaillir de sentiments patriotiques. Il en est ainsi pourtant ; j'en appelle à tous ceux qui ont voyagé en Orient. L'enseignement de la langue nationale s'est perpétué grâce aux bonnes sœurs. »

Et c'est un adversaire du clergé qui écrit ces pages, et cependant les Chambres françaises n'ont même pas souci de notre clergé à l'étranger.

Les Chambres refusèrent un crédit de 100,000 francs au cardinal Lavigerie. Ces 100,000 francs étaient destinés au clergé africain de la Tunisie. Nul n'ignore l'influence que ce clergé a dans notre nouvelle colonie.

Un journal de Tunis s'écriait :

« Et qu'on ne dise pas que l'influence des prêtres français sur la terre africaine est de peu de valeur. Leur action, quelque désintéressée qu'on la suppose des conflits politiques, s'exerce nécessairement au profit de la France. Ils catéchisent, consolent, enseignent dans notre

---

(1) *Entre deux campagnes.* — On trouvera dans ce travail d'autres notes qui montreront l'influence si utile aux intérêts nationaux du clergé français.

(2) *Revue des Deux-Mondes*, 15 septembre 1884.

langue, et l'un des véhicules les plus importants encore aujourd'hui du français parmi ces colons d'origine étrangère, c'est la prédication régulière qu'ils entendent dans les églises... La situation de M. Lavigerie est à cet égard tout à fait éminente. On peut dire, sans exagération aucune, qu'il est le maître spirituel de la colonie étrangère sur ces rivages. Son ministère est tout-puissant pour calmer les irritations, pour déjouer les complots contre la France, pour maintenir dans l'obéissance et le devoir toutes ces populations dont une religion commune est le seul bien... (1) »

C'était à ce sujet qu'un écrivain, qu'on ne peut appeler clérical, M. Paul Leroy-Beaulieu, écrivait aussi :

« Mon cœur de patriote se révoltait aussi contre cette catégorie de fanatiques obtus, les libres-penseurs parlementaires. En rencontrant dans les rues de Bizerte un père capucin italien, qui est curé de la ville, en constatant que, dans beaucoup d'autres localités tunisiennes, ce sont aussi des capucins d'Italie qui détiennent ces merveilleux instruments d'influence : la chaire, le confessionnal, la consolation du malheureux. Je me disais qu'il faut que le Parlement soit triplement fou (attrapez, M. Sabattier, député d'Oran, qui avez mené si vigoureusement la campagne contre les 100,000 francs du cardinal) pour refuser quelques secours au clergé français africain, et je trouve momentanément quelque excuse à ceux qui veulent jeter par les fenêtres les Parlements. Ce n'est pas qu'il faille déposséder violemment les Italiens qui détiennent ces fonctions ; mais, partout où cela sera possible, il convient avec le temps de les remplacer par des recrues françaises... (2) »

Et cependant, voyez ce qu'a fait dans notre nouvelle

---

(1) *L'Indépendant tunisien*, 27 juin 1885. Voir aussi les *Odeurs de Tunis*, par le président Pontois.

(2) *Journal des Débats*, 18 mai 1888.

colonie, la Tunisie, le cardinal Lavigerie, celui auquel on a donné le titre de *grand français d'Afrique* (un titre pas volé, celui-là !).

Il a pris les aumôniers militaires français que les opportunistes ont mis à la retraite, et il leur a confié des paroisses nouvelles qu'il a créées : celles de Saint-Vincent de Paul, à Tunis; de Saint-Louis, à Carthage; de Tabarca, de Hammonet, de Vebeul, de Gabès, de la Marsa, etc... Il a établi des écoles gratuites, dirigées par les Frères de la doctrine chrétienne, qui instruisaient soi-disant si mal en France et qu'on est bien heureux d'avoir là-bas où ne veulent pas aller les instituteurs laïques. Il y a de ces Frères à Tunis, à Sousse, à Sfax, à Méhédin, à Béja, à Bizerte. Tous ces auxiliaires au contraire sont des membres du clergé français.

Et c'est à eux qu'on a refusé des ressources.

« En Orient comme en Afrique, s'écriait M. Lefèvre-Pontalis, quand s'ouvre une école, qu'elle soit tenue par un instituteur laïque ou par un instituteur congréganiste, ce n'est pas seulement la France qui passe, c'est la France qui arrive, et c'est la France qui reste.

» En même temps, partout où va un missionnaire, ce n'est pas seulement la croix, c'est la France qu'il porte avec lui, ne demandant rien à la mère-patrie et lui donnant tout ! »

*
* *

Voyons ce qui s'est passé au loin en ce siècle :

Les missionnaires ont abordé l'Océanie en 1830; ils étaient tous Français, à part un Irlandais. Ils se sont répandus dans divers archipels situés à nos antipodes, risquant leur vie parmi les peuplades cannibales et dans des contrées très fiévreuses.

(1) Discours prononcé à la Chambre des députés le 24 décembre 1888, par M. Lefèvre-Pontalis, député du Nord.

La plupart appartenaient aux R. P. Maristes. Il y a 64 ans exactement, il n'y avait pas dans toute l'Océanie un seul catholique, pas le moindre autel. Aujourd'hui la chrétienté y est très florissante. L'Australie compte vingt et un évêchés, la Nouvelle-Zélande, quatre, etc., et, dans les îles Wahlis et Fontana notamment, tous absolument sont catholiques et en même temps sous le protectorat français.

D'autre part, les missions catholiques, dans l'Empire Céleste, ont pris un développement considérable durant ces trente dernières années. A l'heure actuelle, il n'y a pas une petite province, si lointaine qu'elle soit, qui n'ait été catéchisée par les missionnaires français et étrangers. Les églises, les écoles, les orphelinats s'y sont multipliés.

Les missions françaises occupent le premier rang dans cette lutte généreuse pour la civilisation chrétienne. Leur rayon d'action est immense. Les missions étrangères de France possèdent là-bas 600 églises et 800 écoles dirigées par une phalange de 750 missionnaires.

On sait que depuis deux siècles, les missionnaires catholiques et les Jésuites en particulier, sont établis en Chine. Grâce à leurs connaissances scientifiques, à leur capacité administrative, ils jouissaient de la faveur des anciens empereurs et dans les provinces, malgré les terribles persécutions dont ils ont été souvent l'objet, ils ont su s'assimiler les usages et les idées chinoises bien plus que les missionnaires protestants.

Les Pères Jésuites possèdent en Chine les vicariats de Kiang-Nam et de Gam-Hong, où ils ont fait construire 900 églises ou chapelles, et 900 écoles. Ils ont catéchisé 155,000 Chinois sur une population de soixante millions d'âmes.

Les Pères de la Mission ont six vicariats, y compris celui de Pékin, avec 700 églises et 500 écoles.

Les Franciscains ont fait construire 300 chapelles; leurs catéchismes s'élèvent actuellement à 40,000 personnes.

Les Dominicains espagnols dirigent deux vicariats. La Congrégation du Sacré-Cœur de Marie, de Belgique, en a trois. Les missions étrangères de Hollande ont plusieurs vicariats dans le Chang-Tong méridional; le séminaire de Saint-Pierre et Saint-Paul, de Rome, catéchise le Cheng-Sy méridional. Les Pères Augustins, de Manille, dirigent le Fon-San septentrional. Les Réformés ont en Chine 4 vicariats et 200 chapelles.

En résumé : les Missions catholiques en Chine comprennent près de 120 missionnaires, 400 prêtres indigènes, 800,000 chrétiens et environ 300 chapelles et autant d'écoles. Nous ne parlons pas des Sœurs françaises qui ont créé en Chine d'admirables institutions : asiles, orphelinats, hôpitaux auxquels ces vaillantes filles du Christ consacrent leur existence toute d'abnégation.

Je tiens à citer ici, un trait qui peint bien nos missionnaires; il est de Mgr Buléon, vicaire apostolique de la Sénégambie.

Le P. Buléon se trouvait seul, un soir, au soleil couchant, sur un mont élevé, au pays des Eshiras, à 2,500 mètres d'altitude. Comme il devait passer la nuit dehors, — ce qui arrive souvent aux missionnaires, — il se décida à rester dans ce lieu élevé. Mais, avant de se livrer au sommeil, il prit deux petits morceaux de bois dont « avec plus de piété que d'art », selon son expression, il fit une croix. Il tira ensuite de sa valise un morceau d'étoffe aux couleurs françaises et le mit près de sa croix. Sa prière terminée, il s'endormit.

Le lendemain matin, quand il se réveilla, le soleil éclairait de ses premiers feux une plaine immense. Ravi de ce spectacle et poussé par sa foi de breton, le R. P. Buléon dressa sur la montagne un petit autel. Là, à l'ombre de la croix que lui-même avait plantée et du drapeau français qu'il avait déployé, il dit la Sainte Messe.

« Il m'est impossible, disait un jour dans une conférence le R. P. Buléon, de traduire les sentiments qui, alors, envahirent mon âme ! A ma parole, Notre-Seigneur Jésus-Christ descendait du ciel sur ce coin de terre où jamais jusqu'alors n'avait été offert le Saint-Sacrifice ! Et tandis que j'offrais la sainte Victime, près de moi, sur ce sol où jamais, non plus, n'avait été arboré le drapeau national, flottait mon petit lambeau d'étoffe, aux couleurs françaises ! Quelles émotions je ressentis alors ! Non, jamais je ne pourrai les oublier !... »

*
* *

Le catholicisme seul produit de vrais missionnaires, comme il est seul à produire des Sœurs de charité et des Petites-Sœurs des pauvres ; et, il faut le dire bien haut, sur 70,000 missionnaires qu'il y a au monde, les deux tiers sont français.

Ainsi que nous l'avons déjà montré, les quelques missionnaires protestants que donne l'Angleterre sont plutôt les pionniers des intérêts anglais. Ils donnent pour rien des bibles, mais ils fraient la voie à ceux qui vendent. Ils poussent le service de l'expansion anglaise jusqu'à lutter contre l'influence rivale de la France. En un mot, l'apostolat des missionnaires, qui est chez nous une forme de l'héroïsme humanitaire, est chez les Anglais une forme de l'égoïsme national. Nos missionnaires servent assurément les intérêts de la France, mais tout à fait secondairement et par surcroît.

Leur inspiration étant ainsi d'ordre inférieur, il n'est pas étonnant que les missionnaires anglais soient inférieurs eux-mêmes. On n'entend pas dire qu'on connaît parmi eux beaucoup de martyrs, ni qu'ils fassent beaucoup de prosélytes.

La supériorité de nos missionnaires tient à bien des raisons dont voici l'une : le célibat voulu pour un idéal. Rien ne donne plus de force morale pour le dévouement, l'abnégation et le sacrifice. Napoléon Ier, qui se connaissait en hommes, songeait, quand il fonda l'Université, à n'y admettre pour professeurs que des célibataires. Le pasteur et le missionnaire protestants ont une famille à laquelle ils se doivent; le prêtre et le missionnaire catholiques de France peuvent se donner tout entiers.

*
* *

Victor Hugo a magnifié le missionnaire :

> Il s'est dit qu'il est bon d'éclairer dans leur nuit
> Ces peuples égarés loin du progrès qui luit,
>   Dont l'âme est couverte de voiles,
> Puis il s'en est allé dans les vents, dans les flots,
> Vers les noirs chevalets et les sanglants billots,
>   Les yeux fixés sur les étoiles...
> O saint prêtre, grande âme ! Oh ! je tombe à genoux !...

Ces *chevalets* et ces *billots* ne sont pas une amplification poétique. Pour le missionnaire qui part, le martyre est dans l'ordre des possibilités plus que ne l'est la mort pour le soldat qui va en guerre. Et ce qui est une certitude, c'est la tristesse de l'exil, l'inclémence des climats, les duretés matérielles de toute sorte. Nos explorateurs et nos marins ne bravent ces maux que pour peu de temps ; nos missionnaires, pour toute la vie.

En même temps qu'ils prêchent la foi, ils pratiquent la charité. Ils se familiarisent avec des horreurs qui nous sont inconnues, la lèpre, par exemple. Presque toutes les léproseries sont tenues par nos religieuses et par nos missionnaires français. Tel le Père Damien, qui a été atteint par l'affreux mal et qui en est mort, il y a quelques années.

Ils servent aussi la science et le progrès. Ils découvrent et importent chez nous des recettes et des plantes, comme le quinquina. Ils étudient sur place les choses du présent et les vestiges du passé. Lisez, dans le *Journal officiel*, ou ailleurs, dans les comptes-rendus de l'Académie des

Sciences, des Académies diverses et des Sociétés savantes, et vous y verrez à tout instant figurer des religieux et des missionnaires.

Ils servent enfin les intérêts de la France, et cela explique pourquoi nos gouvernants s'inspirent encore du mot de Gambetta : « L'anticléricalisme n'est pas un article d'exportation ». Tous nos ministres, tous nos gouverneurs et nos représentants soutiennent énergiquement les missions, tous, même Paul Bert, le haineux sectaire, M. Constans, et aujourd'hui MM. Doumer et Pichon qui siégeaient à la Chambre parmi les radicaux. Beaucoup de fondations françaises de nos missionnaires reçoivent des subventions, par exemple la très prospère Université que les Jésuites dirigent à Beyrouth. M. Goblet, qui, lui aussi, est loin d'être suspect de cléricalisme, a dit un jour à la Chambre, alors qu'il était ministre des affaires étrangères :

« Personne ici ne conteste l'importance de notre protectorat dans les pays d'Orient. Vous savez que ce protectorat tient à la diffusion de l'enseignement de notre langue par les écoles qui sont presque toutes entre les mains des congrégations religieuses... Dans ces régions où presque tous les intérêts sont liés à la religion, notre protectorat est l'une des causes les plus efficaces de notre influence, en même temps qu'il est une des traditions glorieuses de la France ».

Le siècle qui vient de finir peut donc, à juste titre, s'enorgueillir de l'auréole de gloire chrétienne que les missionnaires ont faite à la France (1).

---

(1) Je demande ici la permission de citer un modeste exemple emprunté à la *Croix du Morbihan* du 12 août 1900.

UN MISSIONNAIRE MORBIHANNAIS
massacré en Chine.

« Un des quatre missionnaires qui viennent d'être massacrés en Mandchourie, par des soldats chinois, était notre compatriote. Né à

Dans un admirable plaidoyer en faveur des Religieux et des *Religieuses* de France qui représentent si dignement la Grande Patrie Française en Orient, Mgr Charmettant, directeur général de l'Œuvre d'Orient, rendait aussi un vibrant hommage au dévouement catholique.

« Tout le monde, dit-il, connaît le bien considérable et réel que nos Religieux et *Religieuses*, qui ont tout abandonné pour se consacrer au peuple, aux malheureux, aux déshérités, rendent à l'intérieur. Cela se passe sous nos yeux ; je n'ai donc pas à m'y appesantir ; mais l'œuvre immense, si profitable à la France, que nos congrégations accomplissent au dehors, on la connaît moins. Or, voici en raccourci, pour l'Orient seulement, le bilan de leurs œuvres essentiellement françaises.

» Nos communautés des divers ordres de Religieux et de *Religieuses* possèdent, dans le Levant, environ 500 maisons, auxquelles se rattachent plus de 1,500 groupes, ayant ensemble près de 5,000 écoles où l'on enseigne le français à 80,000 enfants de toute nation, de toute race, de

---

Vannes, sur la paroisse Saint-Patern, en 1875, M. Auguste Le Guével, ses premières études terminées, était entré dans la marine, où il voulait devenir mécanicien. Intelligent et pieux, il sentit plus vivement l'appel de Dieu vers une mission plus haute, et, triomphant de tous les obstacles, tant était fort son désir de se dévouer pour les âmes, il parvint, après de bonnes et rapides études classiques, au séminaire des Missions étrangères, où il se prépara à son apostolat futur, lisons-nous dans la *Semaine religieuse*.

» L'année dernière, quelques jours avant son départ, il eut la joie de célébrer sa première messe solennelle dans l'église de sa paroisse. Et il se rendit dans sa mission lointaine, où il vient d'être massacré par ces bandits dont la cruauté étonne le monde.

» Cette mort nous attriste, mais elle est glorieuse, car il est tombé pour Dieu et pour la France. Prions pour lui, sans le plaindre : pour l'apôtre, une telle mort n'est-elle pas un martyre entrevu, désiré même, depuis l'heure où il a fait son généreux sacrifice en partant sans espoir de revenir ?

» Ceux qui le pleurent peuvent être saintement fiers de l'avoir donné à Dieu. »

toute religion, sans compter les œuvres hospitalières, qui leur sont annexées, et où sont recueillis, consolés, soignés, tous les ans, plus de 100,000 malades ou infirmes indigents.

. . . .

Parlant aussi de cette œuvre des Écoles d'Orient, dont Gambetta, dont Paul Bert eux-mêmes avaient hautement reconnu les services, M. Paul Deschanel disait :

« Partout où elle paraît, elle bat ses concurrents; les écoles protestantes, c'est-à-dire anglaises et allemandes doivent fermer leurs portes; et les Italiens eux-mêmes ont reconnu, dans un rapport sur leurs écoles à l'étranger, que nulle part leurs agents ne peuvent se mesurer avec elle ! Nous avons donc là une situation unique, incomparable que nous serions impardonnables de laisser amoindrir... La France est vraiment pour ces peuples une seconde patrie ! Les Orientaux n'ont jamais rien compris à la longue querelle qui se poursuit chez nous entre l'État et l'Église : aux yeux de tous, la France c'est le catholicisme; l'Angleterre, c'est le protestantisme; la Russie, c'est la religion grecque. Il ne s'agit pas de savoir si cela répond ou non à nos idées, à notre tour d'esprit : cela est ainsi. »

*
* *

Au moment où une armée française vient de se rendre en Chine, il est intéressant de voir comment se comportent en ce pays lointain nos missionnaires catholiques français. Voici à ce sujet un témoignage qui vient de leur être rendu par Henry Normand, qui fait ce parallèle entre le missionnaire français et le missionnaire protestant anglais :

« Il est nécessaire, dit-il, d'établir une distinction entre le missionnaire catholique français et le protestant anglais.

» Le premier est l'objet d'une considération beaucoup

plus grande de la part des indigènes aussi bien que des étrangers, et le résultat de ses travaux est, sans conteste, beaucoup plus heureux. Il s'établit en Chine une fois pour toutes, il adopte le costume, la façon de vivre du peuple, arrive à subsister avec les ressources les plus modiques; il est la vivante expression des qualités qui, dans l'idée des Orientaux comme des Occidentaux, sont essentielles au sacerdoce : la pauvreté, la chasteté, l'obéissance. Il fait plus encore, il sait tourner les superstitions locales en amalgamant le culte des ancêtres, cette partie vitale des croyances de tout Chinois, avec le culte des saints; il apprend à ses convertis une prière pour l'empereur, laquelle se termine par ces mots : « Accordez lui une vieillesse heu-
» reuse et prolongez la prospérité de Son empire, afin que
» nous puissions plus tard jouir avec Lui de la paix éter-
» nelle. » Enfin, il n'est soumis qu'à une seule autorité, prêche et pratique une seule doctrine. Je n'ai certes pas besoin d'expliquer que je ne suis pas prévenu en faveur de la propagande catholique. Mais je manquerais de loyauté si je ne déclarais que j'ai conçu un respect profond pour les nombreux missionnaires catholiques français que j'ai rencontrés en Chine, pour leur caractère et pour leur œuvre... »

*
* *

J'ai parlé précédemment de l'œuvre des Écoles d'Orient. Voici, à titre d'exemple, la liste des principales œuvres, écoles, orphelinats, séminaires, où les Jésuites, les Frères, les Sœurs, apprennent à aimer la France en même temps que l'étude de la religion chrétienne.

Frères des Écoles chrétiennes.

Palestine. — Noviciat de Bethléem.
Égypte. — École des arts et métiers d'Alexandrie.

Grèce. — Noviciat oriental de Rhodes.

— Noviciat apostolique pour l'Orient, à Saint-Maurice-l'Exil.

Asie-Mineure. — École du presbytère de Kadi-Keuï.

— Trébizonde et Erzeroum.

— Smyrne.

Constantinople. — Péra et Galata.

— École des Frères de Pancaldi.

Égypte. — Le Caire et Alexandrie

— Port-Saïd.

— École gratuite de Ramleh.

— Tahta.

— Mansourah.

Palestine. — Jérusalem, Jaffa.

— Caïffa.

— Nazareth.

Syrie. — Tripoli ville.

— Latakié.

— Écoles de la Conférence de Saint-Vincent de Paul, à Beyrouth.

Tunisie. — Tunis et la Goulette.

Asie-Mineure. — École de la Pointe de Smyrne.

— École professionnelle de la Conférence de Saint-Vincent de Paul, à Smyrne.

Petits Frères de Marie.

Asie-Mineure. — École de Samsoun.

Syrie. — École de Djounieh.

Jésuites.

Égypte. — Séminaire copte du Caire.

Grèce. — École de Syra.

Syrie. — École normale de Deïr-es-Saïdet.

— École apostolique de Beyrouth.

Palestine. — Écoles de la région de Nazareth.

Asie-Mineure. — Écoles arméniennes d'Adana, Amasie, Césarée, Marsivan, Sivas et Tokat.
Égypte. — École de Minieh (Haute-Égypte).
Syrie. — Écoles de Syrie.
— École de Tanaï.
— École de Homs.

Lazaristes.

Macédoine. — Séminaire de Zeitenlik.
Perse. — Écoles de Mgr le Délégué apostolique.
Constantinople. — École et orphelinat Saint-Georges.
Macédoine. — Écoles bulgares de Salonique.
Perse. — Mgr Bedjean, impression de ses livres chaldéens.
Syrie. — École de Damas.
— École d'Akbès.
Abyssinie. — Écoles et presse scolaire en Abyssinie.

Mineurs conventuels.

Constantinople. — Écoles de Péra, Buyukdéré, Déagatch, Beycos, Rodosto, Caragatch.

Franciscains.

Asie-Mineure. — Écoles arméniennes d'Aïn-Tab.
Égypte. — Écoles de la Haute-Égypte.
— Écoles de Port-Saïd et Suez.
Palestine. — Écoles de Terre-Sainte.
Syrie. — Écoles de Tripoli de Syrie.
Tripolitaine. — École de Benghazi.

Sœurs de la Charité.

Syrie. — Écoles de Beyrouth.
— Écoles de Ras-Beyrouth.
— Tripoli de Syrie.

— Damas.
— Zouk-Mikaïl.
— Broumana.

Franciscaines.

Constantinople. — Péra.
Égypte. — Basse-Égypte : le Caire, Ismaïlia, Mansourah, Cafr-Zaïat, etc.
Grèce. — Rhodes.
Mésopotamie. — Martin, Orfa, Diarbékir.

Sœurs de Saint-Joseph de l'Apparition de Marseille.

Asie-Mineure. — Samsoun.
— Trébizonde.
Bulgarie. — Sofia.
Chypre. — Nicosie et Larnaca.
Grèce. — Le Pirée.
— Athènes.
— Candie (la Canée).
— Chio (école de garçons).
Palestine. — Jaffa, Jérusalem, Ramleh, Ramallah.
— Betjalla.
Roumélie. — Philippopolis.
Syrie. — Orphelinat de Saïda.
— Alep, Beyrouth, Deïr-el-Kamar, Tyr.
Tripolitaine. — Tripoli de Barbarie, Benghasi.
Tunisie. — Tunis, la Goulette, Sfax, Sousse, Monastir, Mahdia, etc., etc.

J'arrête ici ce tableau qui, malgré sa longueur, est encore très incomplet, mais ce que je viens de citer suffira certes pour montrer l'importance des missions catholiques françaises à l'étranger.

CHAPITRE XVI

LA PERSÉCUTION

> Ce sont des moines.
> Leur lit est une paillasse étroite et dure, étendue sur une planche; ils y couchent tout habillés. Ils se lèvent au milieu de la nuit, pour chanter les louanges à Dieu. Leur journée se partage entre l'Eglise où ils célèbrent l'office divin, la ferme et les champs où ils travaillent de leurs bras, la salle capitulaire où ils étudient. Leur nourriture est d'une frugalité qui passe l'imagination; le poisson, la viande et les œufs leur sont inconnus. Ils ne parlent jamais entre eux, hors le cas d'absolue nécessité.
> Quant à la politique, ils l'ignorent; ils savent seulement que Notre-Seigneur a dit de rendre à César ce qui est à César. Aussi, par obéissance à la divine parole, ils respectent l'autorité, ils sont soumis aux lois. Et, du fond de leur cloître, ils prient pour la France.
> Du pays qui les environne, ils ne connaissent plus que les misères; et, par les aumônes qu'ils reçoivent, augmentées du modeste fruit de leurs rudes labeurs, ils s'efforcent de les soulager.
>
> FRANÇOIS VEUILLOT.

Un retour en arrière. — La Franc-Maçonnerie et l'Enseignement. — Dès 1870. — Quelques beaux jours. — Ferry. — La persécution. — Les Universités catholiques. — La laïcisation. — A la porte les Frères et les Sœurs. — Les infamies. — Les crochetages. — Une triste période. — Une belle figure de prélat. — La charité chrétienne.

Remontons en arrière :
Dès l'arrivée au pouvoir des nouvelles couches sociales

franc-maçonnes, dès 1870, la lutte contre l'enseignement chrétien commença âpre et violente.

Qui ne sait les excès de pouvoir et les attentats contre l'enseignement religieux commis, après le 4 septembre, par quelques maires de Paris, tels que MM. Mottu, Clémenceau, et Bonvalet? Dès le 30 septembre, foulant aux pieds la loi existante et s'érigeant en législateur souverain, M. Mottu, maire provisoire du onzième arrondissement, décrétait, pour les écoles communales, « l'enseignement purement laïque, » c'est-à-dire l'exclusion de tous les instituteurs religieux, lesquels, depuis longues années, dirigeaient sur cet arrondissement, avec un dévouement justement apprécié des familles populaires, quatorze maisons d'éducation, neuf écoles et cinq asiles. Et quand, trois jours après, le 3 octobre, jour fixé pour la rentrée des classes, les petits garçons et les petites filles se présentèrent chez les Frères et chez les Sœurs, de braves gardes nationaux, envoyés par M. Mottu, se trouvèrent là pour les repousser ; des instituteurs et des institutrices, recrutés de partout, furent mis au lieu et place des Frères et des Sœurs expulsés ; le crucifix et l'image de la Vierge furent arrachés des classes, toute prière fut supprimée, la *Marseillaise* suffisait. Enfin défense fut faite aux instituteurs et aux institutrices de conduire les enfants à l'église et au catéchisme.

Ainsi agissait le citoyen maire M. Mottu. Il faut dire, à l'honneur de la presse parisienne, que ces incroyables abus de pouvoir et ce grotesque et odieux emploi de la garde nationale furent unanimement flétris par les honnêtes gens.

*
* *

Cela devait être d'ailleurs de courte durée ; l'Assemblée nationale nommée à la fin de la guerre allait être en majorité chrétienne :

La Basilique du Sacré-Cœur allait être élevée et de nouveaux beaux jours allaient luire pour les catholiques.

Par suite, l'enseignement chrétien devait en profiter. Des universités libres, des universités catholiques s'élevaient dans les grandes villes pour devenir une pépinière de savants. Cela donc, jusqu'à cette triste année de 1880 si fertile en événements lugubres et dont les effets désastreux se font encore sentir.

Un homme qui allait être le mauvais génie de la France chrétienne arrivait au Pouvoir. C'est de Jules Ferry que je veux parler. Ce ministre de l'Instruction publique a fait plus de mal à la France que vingt défaites.

Il est l'auteur principal de la laïcisation à outrance qui devait causer tant de tristesses et de hontes.

A partir de son arrivée au pouvoir la France fut remuée de fond en comble.

Au nom de la *Liberté*, de l'Égalité, de la Fraternité, on chasse Dieu du collège, de l'école, de l'asile même. Les Frères et les Sœurs furent mis à la porte des maisons hospitalières qu'ils occupaient depuis nombre d'années.

Ferry avait fait supprimer les jurys mixtes, enlever le titre d'université ou de faculté aux établissements libres d'enseignements supérieurs, obligeant les élèves de ces établissements à prendre leurs inscriptions dans les Facultés de l'État, et déclarait (article 7) impropre à participer à l'enseignement public ou libre, ou à diriger un établissement d'enseignement tout membre d'une congrégation religieuse non autorisée.

Et, en la même année (1880), où pour la première fois on célébrait la « fête du 14 juillet » dite « fête nationale », où, dans une grande revue, le Président de la République distribuait aux troupes de nouveaux drapeaux, le gouvernement se fondant, disait-il, sur des lois existantes, dispersait visiblement, au moyen de simples décrets, les congrégations religieuses non autorisées. Cet acte inique et que rien ne justifiait, si ce n'est la rage franc-maçonnique, fut suivi de la démission d'une foule de magistrats qui ne voulurent pas y paraître participer :

« De saints religieux des vieillards, des malades, a écrit M. Edouard Drumont, étaient pris par les épaules, brutalisés par des argousins, et jetés dans la rue !... On pénétrait par effraction dans ces cellules blanchies à la chaux, où des êtres d'abnégation et de sacrifice méditaient sur le problème de la vie éternelle.

» Un vieux légiste trônait à l'Elysée ; il n'avait qu'à prononcer un mot au nom du droit pour sauver les religieux à cheveux blancs que l'on accablait d'outrages. Le pharisaïque personnage restait impassible; on prodiguait l'or à la presse républicaine pour qu'elle dénonçât chaque matin les ministres de ce Christ que les Juifs haïssent aujourd'hui comme le jour où ils l'ont crucifié (1).

» *A bas les Jésuites ! à bas les capucins !* s'écriait la foule ameutée ».

De son côté, M. Cornély, témoin de ces actes dignes de sauvages, écrivait aussi après avoir assisté à l'expulsion des Capucins :

« Le 4 novembre 1880, j'ai vu, de mes yeux vu, excommunier M. Clément, commissaire de police aux délégations. On expulsait les capucins de la rue de la Santé. On commença par vider l'église, pleine de femmes qui chantaient l'*Ave maris Stella*.

» Je vois encore les agents de M. Clément emporter, les

---

(1) Au nom d'une loi dont on avait corrompu jusqu'à la notion, car la loi est juste, ou elle cesse d'être la loi, a raconté mon vieil ami Charles Buot; au nom de décrets fabriqués par un chef d'État et des ministres, sombrés depuis lors dans les plus misérables catastrophes, chassés du pouvoir par la honte et le ridicule, on violait le domicile de citoyens français, on attentait à la propriété d'autrui, on démolissait les murs, on enfonçait les portes, on maltraitait des vieillards, **on insultait des prêtres**, on jetait dans la rue des gens arrachés à leurs maisons, enfin on faisait légalement, et de façon délibérée, ce que le Code pénal prévoit et punit, ce qui n'avait été vu, dans l'histoire, qu'aux jours des émeutes sanglantes et des Révolutions victorieuses.

unes après les autres, les femmes accrochées aux barrières du chœur et dont les voix aiguës montaient d'un ton à chaque couplet du cantique, au fur à mesure qu'elles devenaient moins nombreuses.

» Quand l'église fut vide et mise sous scellés, on força les portes du couvent.

» Derrière l'entrée principale, nous étions quelques-uns entourant le père gardien qui attendait.

» La rue était pleine de rumeurs et derrière nous, dans le petit jardin carré du cloître, un mince jet d'eau murmurait dans son bassin au milieu du silence général.

» M. Clément frappa à la porte. On refusa de lui ouvrir et le gardien lui lut les articles du Code consacrant l'inviolabilité du domicile.

» Alors nous entendîmes le bruit sourd des haches qui frappaient le chêne.

» M. Clément avait ajouté quelques pompiers à ses serruriers ordinaires.

» Bientôt un débris de porte sauta, vint déchirer le collet de mon pardessus et alla ouvrir le front du docteur Ozanam qui se trouvait derrière moi.

» En même temps apparurent les têtes casquées des deux pompiers qui travaillaient la malheureuse porte. Celle-ci tomba, et M. Clément s'avança dans son encadrement.

» Le père gardien leva la main et prononça contre le commissaire de police la formule latine d'excommunication... »

*
* *

M. de Bonnefois a ainsi résumé cette triste période :

« A la chute du maréchal de Mac-Mahon, qui sortait pauvre de l'Élysée où il était entré riche, tous les agioteurs entrèrent en joie. Grevy allait ouvrir l'ère des scandales ; Ferry, le bouffon sanglant, ramasse le sceptre de carton laissé par Gambetta et dirige les affaires. »

Il faut voter cet article 7, qui tue la liberté de l'enseignement, et dont la conséquence fut cette nouvelle Saint-Barthélemy qui s'appelle « l'exécution des décrets. »

L'exécution des décrets est un de ces crimes qui condamnent à jamais un régime et les hommes qui l'ont commis.

Constant étant ministre, 9,729 citoyens français furent chassés de leur domicile. On crocheta les serrures, on enfonça les portes, on assiégea les couvents, on confisqua leurs propriétés.

On vit un général français, Billot, à la tête de ses troupes, faire le siège de l'abbaye de Frigolet, derrière les murs de laquelle priaient quelques religieux sans armes. 2,200 avocats protestèrent contre cette violation de la liberté et du droit, 363 commissaires de police refusèrent de s'y associer, 386 magistrats jetèrent leur robe à la face du ministre.

On enlève la liberté de la parole aux parquets, les tribunaux sont étranglés par le tribunal des conflits. La presse proteste ; 90 procès ont lieu en 87 jours.

Les collèges religieux sont fermés, et la liberté de l'enseignement à son tour écrasée par les tribunaux universitaires. Et pour rendre plus odieux encore, par le contraste, cette persécution contre les religieux, le 14 juillet 1879, la Chambre amnistie les anciens communards de 1871. Les héros du pétrole viennent fraterniser avec les héros du crochetage.

Puis vinrent les laïcisations en masse à laquelle s'associèrent les Hérold, les Paul Bert. Les princes qui faisaient partie de l'armée furent mis en non-activité. Tous ces attentats à la liberté devaient amener le Boulangisme et plus tard le socialisme. Maintenant, comme si ce n'était pas assez, c'est la liberté d'enseignement qui est en cause ; on voudrait en arriver à déchristianiser complètement la France.

*
* *

A ces sectaires, à ces ennemis de la religion, ennemis de toute liberté et par suite de toute fraternité, combien il est doux d'opposer une de ces figures de vénérables prélats, de religieux, affable à tous, bon aux pauvres. Je ne puis résister au plaisir de rappeler cette anecdote concernant un archevêque de Paris.

Son Éminence le cardinal Guibert avait une écurie, à son grand regret. Il aurait souhaité qu'elle fût aussi déserte que ses salons de réception. Mais il lui fallut se résigner à garder un cheval. Le successeur des Gondi, des Noailles, des Beaumont, des Guigné et autres prélats de grande lignée sortait en *demi-fortune* et regrettait de ne pas aller à pied comme le dernier des desservants. François, cocher de Son Éminence, parvint pourtant un jour, à force de diplomatie, à faire rentrer un second cheval dans la maison. L'introduction du cheval d'Ulysse et de son complice dans Troie fut moins difficile. L'unique cheval de l'archevêché se faisait trop vieux ; il lui fallait un successeur ; il y avait inhumanité à le faire travailler. Bref, monseigneur consentit à l'achat d'un cheval. Le cocher se croyait vainqueur.

— Que ferons nous de l'ancien ? dit le cardinal.

— Nous les garderons tous les deux, si Son Éminence le permet, et ils fatigueront moins, attelés ensemble.

— Je te vois venir, dit l'archevêque en riant. Aujourd'hui, tu veux que j'aie deux chevaux. Si je te laissais faire, plus tard tu m'imposerais un groom. Non, non ! garde le nouveau cheval, puisqu'il est acheté, et tu conduiras l'ancien chez les Petites-Sœurs des pauvres. Elles pourront l'utiliser quand elles iront chercher de porte en porte la nourriture de leurs vieillards.

Le cheval de Son Éminence fut reçu chez les Petites-Sœurs des pauvres, comme on le pense, avec une grande reconnaissance, et, par une pieuse pensée, il eut sa place d'honneur dans sa nouvelle écurie et s'appela *le cheval de la charité cardinalice.*

Juifs et francs-maçons, en auriez-vous fait autant ? Chasser la sœur du chevet des malades, l'aumônier du lit du mourant, le moine de sa cellule, voilà votre rôle. Un jour vous en serez châtiés, croyez-le bien.

CHAPITRE XVII

L'ENSEIGNEMENT CHRÉTIEN AU DIX-NEUVIÈME SIÈCLE

> L'éducation chrétienne des enfants *est une affaire de conscience*; or, celui qui a reçu de Dieu même la direction des consciences, *c'est le prêtre*... Lisez l'Evangile : « Celui qui vous écoute m'écoute », disait Jésus-Christ aux Premiers Prêtres.
>
> « La morale chrétienne, après avoir lutté d'abord contre les mœurs dissolues de l'Empire, puis contre la brutalité des barbares, triompha de tout ; elle parvint à dominer la législation et les mœurs... Elle a fait disparaître les injustices les plus choquantes ; elle a banni les usages les plus féroces ; elle a mis un frein à la licence des mœurs les plus éhontées : le vice est appelé en tous lieux de son propre nom ; on ne le déguise plus sous des couleurs mensongères ; on ne le divinise plus avec cette impudence que nous voyons chez les anciens.
>
> » BALMÈS. »

L'Enseignement chrétien au dix-neuvième siècle. — Le décret de 1808. — Sous la Restauration. — Mgr de Frayssinous. — De Falloux. — Lacordaire. — Montalembert. — Une parole de Jouffroy. — Le R. P. de Ravignan. — Montalembert et le Prince Napoléon. — L'enseignement est libre. — La loi de 1850. — Un article du R. P. Burnichon. — Les gloires et les savants du Clergé. — Les élèves. — Les grands savants religieux. — L'éducation chrétienne et le Patriotisme. — Pasteur et Victor Hugo. — Une page d'autrefois.

Dans le vingtième siècle, qui devrait être un siècle de progrès, de liberté et de lumière, l'enseignement sera-t-il libre et sera-t-il par suite permis de lui donner une base chrétienne ? Redoutable problème. Un siècle de luttes n'a-t-il donc pas suffi pour faire comprendre toute l'utilité et toute la grandeur de l'enseignement chrétien ?

Dès 1808, un décret n'avait-il pas dit : « Toutes les écoles de l'université impériale prendront pour base de leur enseignement *les préceptes de la religion catholique*. Hélas ! que de luttes pourtant vit à ce sujet le siècle qui vient de finir.

*
* *

La Restauration, qui fut une brillante époque pour la Religion, pour les lettres, les arts, les sciences, fit aussi beaucoup à ses débuts pour l'enseignement et dirigea tous ses efforts pour le rendre chrétien (1).

En 1822, le premier soin de Mgr de Frayssinous, arrivant à l'Instruction publique, fut de s'adresser aux archevêques et aux évêques pour leur demander leur concours intime.

« Sans doute, disait l'évêque d'Hermopolis, il importe d'ouvrir devant la jeunesse la carrière des connaissances humaines, et de donner à son esprit un essor généreux pour le rendre capable d'exercer avec honneur les diverses professions qui partagent la société ; mais il importe da-

---

(1) Déjà, en 1809 (janvier), le grand-maître de l'Université, Fontanes, écrivait aux archevêques et évêques :

« Je n'ignore pas quelles passions ou quelle indifférence ont présidé la plupart du temps au choix des maîtres d'école. Je sais qu'il en est parmi eux qu'une ignorance grossière devrait éloigner de l'enseignement ou que des habitudes vicieuses rendent indignes de cette profession.

» Plusieurs fois, j'ai été affligé en apprenant les désordres et les scandales que ces écoles semblaient devoir ignorer à jamais. J'ai cherché les moyens d'en arrêter le cours et *je n'en ai pas trouvé de plus prompt et de plus efficace que le secours de vos lumières.* »

vantage encore de la prémunir par des habitudes vertueuses contre l'abus des lumières et des talents et de donner à sa probité la meilleure de toutes les garanties. Et c'est ici que se fait sentir le besoin de cette religion si puissante sur le cœur de l'homme, dont vous êtes, Monseigneur, établi par Dieu même comme le dépositaire et le gardien.

» Mon désir le plus sincère est de voir régner partout l'accord le plus parfait entre le sacerdoce et l'Université, et de resserrer de plus en plus les liens qui doivent unir au clergé, dépositaire des doctrines divines, le corps chargé de l'enseignement des sciences humaines.

» C'est à vous, Monseigneur, qu'il appartient, par votre sollicitude pastorale, par des visites paternelles, par des avis salutaires donnés aux aumôniers de nos établissements, par la condescendance que vous aurez de nous céder quelquefois des ecclésiastiques capables de les diriger ; c'est à vous, dis-je, qu'il appartient de contribuer puissamment à pénétrer de sentiments religieux le cœur de l'enfance et de la jeunesse, cette portion si précieuse de votre troupeau.

» Je me réjouis de l'heureuse influence que vous donnent votre dignité et votre zèle, tant sur ces maisons principales où les enfants des classes plus riches et plus élevées reçoivent une éducation digne du rang qu'ils doivent occuper un jour, que sur ces écoles modestes où l'enfant de l'artisan et du pauvre trouve aussi l'instruction dont il a besoin. Ainsi, par l'accord et par les soins réunis de l'épiscopat et de l'Université, l'éducation publique formera un plus grand nombre de sujets instruits et vertueux, bienfait immense pour la religion comme pour la société. »

Des ecclésiastiques furent mis à la tête des collèges et liberté entière fut laissée aux Jésuites d'ouvrir des établissements. Il en sortit une brillante pléiade d'élèves.

Mais, hélas ! de mauvais jours devaient venir et ce ne fut que plus tard, avec de Falloux, Montalembert que put être établie la liberté de l'enseignement.

Au cours du siècle les luttes entre le pouvoir temporel et le pouvoir spirituel devaient se renouveler.

Après de longues années de tranquillité devait arriver de nouveau une Révolution.

En 1830, le catholicisme semble avoir été frappé du coup qui emporta la monarchie traditionnelle. *Le moment arrive*, disait Casimir Perier à des ecclésiastiques, *où vous n'aurez plus qu'un petit nombre de dévotes*; et Montalembert s'écriait : *Jamais et nulle part on n'a vu une nation aussi officiellement anti-religieuse*. Le sac de Saint-Germain-l'Auxerrois, des croix abattues, des séminaires pillés et fermés, les prêtres obligés de déposer leurs vêtements ecclésiastiques pour circuler dans les rues, le gouvernement donnant presque la main aux attaques contre l'Église, et se faisant louer *de ne pas faire le signe de croix*. Telle était la situation de la Religion, au début du règne de Louis-Philippe. Il est vrai que les années qui suivirent lui furent beaucoup moins nuisibles qu'on avait eu sujet de le penser.

C'est dans un pareil moment que quelques chrétiens courageux osèrent réclamer, pour eux et pour leurs frères, leur place au soleil. Trois hommes, *Lamennais*, *Lacordaire* et *Montalembert* proclamèrent dans le journal l'*Avenir*, les principes catholiques. Malheureusement, ils réclamaient la séparation de l'Église et de l'État, la liberté jusqu'à la licence et l'avènement de la démocratie. Le Pape condamna le journal. Lamennais se révolta et sortit bruyamment du sanctuaire. Lacordaire et Montalembert se soumirent. Lacordaire, en 1835, monta dans la chaire de Notre-Dame de Paris et vit se presser à ses pieds plus de 5,000 jeunes gens. En 1837, Jouffroy, étonné de ce mouvement, disait : *Le christianisme verra mourir bien des doctrines qui ont la prétention de lui succéder. Mieux vaut mille et mille fois un bon acte de foi chrétienne, que tous les systèmes de philosophie*. Lacordaire rétablit les *Frères-Prêcheurs*, dom Gueranger l'*Ordre de Saint-*

Benoît; les *Jésuites* revinrent peu à peu. Le gouvernement, cédant au mouvement qui entraînait vers l'Église les esprits les plus éclairés, laissa ce qu'on appela le parti catholique se constituer définitivement.

LIBERTÉ D'ENSEIGNEMENT. — Telle était la situation des esprits lorsque se posa, en 1841, la liberté d'enseignement, dont le principe se trouvait inscrit dans la charte. En 1831, Lacordaire et Montalembert, se fondant sur ce principe, avaient ouvert une école libre pour les enfants pauvres. Ils furent condamnés, et leur école fermée, mais la lutte était engagée. Le gouvernement céda sur l'*enseignement primaire*, par la loi du 28 juin 1833. La question de l'*enseignement secondaire* fut plus difficile.

Montalembert excita les catholiques à réclamer vivement cette liberté. La *liberté ne se reçoit pas,* disait-il, *elle se conquiert.* Mgr Parisis, évêque de Langres, Mgr Affre, archevêque de Paris, et l'abbé Dupanloup, depuis évêque d'Orléans, vinrent se ranger solennellement à côté du noble pair de France, qu'ils exhortèrent à persévérer dans la voie où il était courageusement entré. L'effet de ce langage fut immense; à la suite de l'évêque de Langres, l'épiscopat se leva tout entier.

En même temps un journaliste ministériel, récemment converti au catholicisme, prenait la direction du journal l'*Univers.* Louis Veuillot ouvrit en faveur de l'enseignement un feu d'autant plus terrible qu'il recommençait chaque jour et qu'il était dirigé par une main exercée.

A bout d'arguments, les partisans du *monopole* imaginèrent une diversion et crièrent *au jésuite!* Le R. P. de Ravignan répondit par la brochure: *de l'existence et de l'institut des jésuites,* qui eut un grand retentissement.

Dans cette lutte, le gouvernement ne savait quel parti prendre. Le roi, sceptique, désirait avant tout sa tranquillité. Le gouvernement promit la proscription des Jésuites. Il négocia avec le pape Grégoire XVI, qui demanda aux jésuites français de se disperser.

La lutte donna cependant des résultats. Le lendemain de la Révolution qui brisa le trône de Louis-Philippe, M. Cousin, qui avait soutenu le gouvernement, dit à M. de Rémusat : *Mon cher ami, courons nous jeter aux pieds des évêques, eux seuls peuvent nous sauver aujourd'hui.* M. Thiers, à son tour, déclarait qu'il était complètement changé quant à la liberté d'enseignement, qu'il ne voyait de salut que dans cette liberté et dans l'enseignement du clergé. *L'ennemi c'est la démagogie*, ajouta-t-il. La constitution votée par l'Assemblée constituante disait : *L'enseignement est libre.* M. de Falloux fut chargé de préparer un projet de loi qui fût favorable à la liberté religieuse. Il fut voté le 15 mars 1850. Les catholiques s'imposaient enfin.

Montalembert a fait beaucoup pour cette belle loi de 1850. Il l'avait préparée dès les élections de 1848. Il écrivait aux évêques une lettre confidentielle pour leur signaler, au point de vue de l'Église, l'importance des élections :

« Il s'agit, leur disait-il, de consacrer la liberté d'enseignement et le droit sacré des pères de famille.

» Il s'agit de consacrer la liberté des séminaires ecclésiastiques et de l'enseignement théologique, ce droit exclusif des évêques.

» Il s'agit de consacrer la liberté des Conciles et des Synodes, en même temps que la souveraine indépendance des mandements et autres actes épiscopaux, nonobstant l'appel comme d'abus et autres usurpations analogues. »

En même temps, Montalembert conseillait aux évêques :

« 1° de se concerter sans peur et sans bruit... d'une part avec les curés du canton, de l'autre avec les amis de la liberté religieuse dans leurs diocèses... à l'effet de reconnaître et de désigner les hommes les plus dignes, au point de vue social et catholique, des suffrages des honnêtes gens ;

2° d'inviter les curés à soutenir ces listes... par l'emploi de conseils confidentiels et verbaux. »

Quelques mois plus tard, Montalembert songeant au Prince Louis Bonaparte disait :

« Qui sait, si cet homme, n'est pas celui que Dieu destine à châtier l'orgueil de nos scribes et de nos pharisiens ? » (1)

Et ayant eu une entrevue avec le Prince, Montalembert la consignait ainsi dans son *journal :*

« 30 octobre. — Entrevue avec le prince Louis Bonaparte. Ses manières et sa conversation me plaisent beaucoup, et je ne conçois pas d'où lui vient sa réputation d'incapacité. Il me plaît encore plus par ses opinions libérales, tout à fait centralisatrices, et en même temps conciliantes. Je lui pose une question sur la liberté d'enseignement et la liberté d'association. Il est évident qu'il ne comprend pas toute la portée de ces questions, mais aussi qu'il n'y est pas du tout hostile. Il me permet d'y réfléchir sérieusement pour son futur programme, mais en m'annonçant qu'il ne dira rien de contraire à sa pensée, fût-ce même pour obtenir trois millions de suffrages. Nous nous séparons en nous donnant la main. J'emporte de cette conversation une impression très favorable. »

D'ailleurs, à la suite de cette convocation avec le grand écrivain catholique, le Prince avait dû réfléchir, car dans son manifeste du 29 novembre il disait : « *La protection de la Religion entraîne comme conséquence la liberté d'enseignement.* » Cette liberté n'allait pas tarder à se faire.

*
* *

Du reste, cette question de l'Enseignement passionnait alors tous les grands esprits, les politiques comme les autres. C'est ainsi, qu'après les journaux de mai et de juin 1848, M. Thiers, en arrivait, lui révolutionnaire, à

(1) Mémoires inédits de M. A. Chevalier.

devenir un farouche défenseur de l'Enseignement chrétien.

En 1849, il prononçait un discours dont voici le passage le plus significatif :

« Ah! si c'était comme autrefois, si l'école devait toujours être tenue par le curé ou par son sacristain, je serais loin de m'opposer au développement des écoles pour les enfants du peuple.

»..... *Je demande formellement autre chose que les instituteurs laïques dont un trop grand nombre sont détestables* ; JE VEUX DES FRÈRES, *bien qu'autrefois j'aie pu être en défiance contre eux : je veux encore, là, rendre toute-puissante l'influence du clergé ; je demande que l'action du curé soit forte, beaucoup plus forte qu'elle ne l'est, parce que je compte beaucoup sur lui pour propager cette bonne philosophie qui apprend à l'homme qu'il est ici pour souffrir,* et non cette autre philosophie qui dit au contraire à l'homme : « Jouis », car, comme l'a dit M. Marrast, tu es ici-bas pour faire *ton petit bonheur* ; et si tu ne le trouves pas dans ta situation actuelle, frappe sans crainte le riche dont l'égoïsme te refuse cette part de bonheur ; c'est en enlevant au riche son superflu que tu assureras ton bien-être et celui de tous ceux qui sont dans la même position que toi. » Oui, je ne saurais trop le redire, *l'enseignement primaire ne produira de bons résultats qu'autant que le clergé obtiendra une très grande part d'influence sur ce même enseignement.* »

Certes, M. Thiers n'était pas un clérical, mais c'était un homme d'Etat qui envisageait le *danger de l'École laïque* et prévoyait qu'un jour il en sortirait les pires maux pour la France.

*
* *

Il n'y a pas longtemps (1), le R. P. Burnichon, S. J., a publié, dans les *Études Religieuses*, un excellent article

(1) 20 février 1900.

où il rappelle comment fut votée la fameuse loi de 1850, connue sous le nom de *Loi Falloux,* sur la liberté de l'enseignement. Il a fait cette judicieuse remarque qu'on pourrait aussi l'appeler : la « *Loi Thiers* », parce M. Thiers prit à sa discussion une part très active et décisive.

Le R. P. Burnichon rappelle que quatre noms surtout entre beaucoup d'autres s'imposent à la gratitude et à l'attention des partisans de la liberté d'enseignement : Montalembert, Falloux, Dupanloup et Thiers. Montalembert fut le héros de cette croisade. C'est lui qui, dès 1831, sonna la charge, lui qui pendant plus de quinze ans assembla des troupes, les anima de son ardeur chevaleresque et dirigea les assauts contre la forteresse du monopole. Puis, au lendemain de la Révolution de 1848, il s'efface devant le jeune ministre de l'Instruction publique M. de Falloux, qui n'avait accepté cette charge qu'en faisant promettre à ses amis, et à M. Thiers lui-même, de l'aider à fonder la liberté de l'enseignement. La loi sera si bien son œuvre qu'elle portera son nom ; comme il le disait spirituellement, « on l'appelle la Loi Falloux quand on en veut dire du mal, et la loi de 1850 quand on en veut dire du bien. »

... La Commission extra-parlementaire qui prépara le projet de loi comprenait des universitaires : Cousin, Saint-Marc-Girardin, Dubois, directeur de l'École Normale; puis des membres de l'Assemblée nationale : Thiers, de Corcelles, le pasteur Cuvier, Fresneau, etc. Le parti catholique y était représenté par MM. de Montalembert, de Melun, Laurentie, de Riancey, les abbés Sibour et Dupanloup. En l'absence du ministre, la présidence fut donnée à M. Thiers... La discussion ne fut le plus souvent qu'un dialogue, un duel entre lui et M. Dupanloup. — On raconte qu'il arrivait au président (M. Thiers) de quitter

(1) 20 février 1900.

son fauteuil pour se camper debout, en face de son contradicteur et séparé de lui seulement par la largeur de la table.

La discussion fut longue ; en suivant la belle étude du R. P. Burnichon, je glanerais dans son récit les anecdotes et les faits principaux dont il a eu l'heureuse idée de la très savamment orner.

... L'admission des Congrégations religieuses au bénéfice de la liberté commune se dressa devant lui (M. Thiers aidé de Cousin) comme une barrière infranchissable. C'est qu'au fond il s'agissait des Jésuites, et en 1849, M. Thiers n'avait pas eu le temps d'oublier les hauts faits de 1845. On imagine difficilement quelles préventions il fallait vaincre. Ce fut le triomphe de l'abbé Dupanloup, triomphe doublement glorieux pour sa mémoire ; car il n'avait pas peut-être personnellement beaucoup de sympathies pour ceux qu'il ne consentit pas à sacrifier. Il parvint à faire comprendre aux opposants que l'Église non plus ne pouvait les sacrifier, car ce serait les reconnaître coupables. Sa parole eut ce jour-là une telle puissance de persuasion que M. Thiers déclara immédiatement la discussion générale close. Et, au sortir de la séance, saisissant le bras de Cousin, il lui dit à haute voix :

« Cousin, Cousin, avez-vous bien compris quelle leçon nous avons reçue là, lorsqu'il a parlé de Jésuites ? Il a raison, l'abbé. Oui, nous avons combattu contre la justice, contre la vertu, et nous lui devons réparation. »

Ah ! si les hommes de notre temps, qui combattent avec tant de mauvaise foi contre la justice et la vertu, voulaient se souvenir de cette noble parole de M. Thiers, peut-être rougiraient-ils de la honteuse campagne qu'ils mènent aujourd'hui contre la liberté !... Mais ces politiciens sont pour la plupart des ignorants et des sectaires.

... Le projet de loi vint en discussion le 14 janvier 1850. A partir de ce moment, c'est M. Thiers qui a fait de la cause de la liberté de l'enseignement son affaire personnelle...

Et M. H. de Lacombe a pu dire avec raison :

« La Loi Falloux pourrait s'appeler aussi la *Loi Thiers*, tant M. Thiers l'avait épousée avec ardeur, tant il la défendit courageusement, dissipant tous les nuages, ayant réplique à tout, intervenant dans une seule séance jusqu'à cinquante fois dans la discussion, prononçant trois grands discours qui, dans cette assemblée républicaine de 1850, si hésitante, si tiraillée par des compétitions et des préoccupations de toute sorte, entraînèrent en faveur de la loi une majorité énorme. »

... L'histoire de cinquante années de l'enseignement libre a donné raison à ceux qui pensaient (malgré de nombreuses critiques) que l'œuvre était bonne, en dissipant les appréhensions de ceux qui la déclaraient mauvaise. On avait prédit que les prêtres, et les religieux surtout, ne pourraient tirer aucun parti sérieux d'une liberté aussi précaire et aussi manifeste ; qu'ils n'arriveraient même pas à faire vivre des collèges ; que la situation de l'Université serait consolidée et celle de l'Église affaiblie.

Dieu merci, ces fâcheux pronostics ne se sont pas réalisés.

Les établissements religieux ont surgi partout, et partout ils ont porté leurs fruits.

Dès l'année 1850, 256 maisons se constituaient sous le régime de la loi d'émancipation : elles comptaient un total de 21,195 élèves.

En 1898, le nombre des maisons était de 438, avec 67,643 élèves.

En y ajoutant les 140 Petits Séminaires et leurs 23,947 élèves, on atteignait un total de 578 établissements d'enseignement secondaire ecclésiastique ou religieux, avec une population de 91,570 élèves, soit 5,269 de plus que l'État n'en rassemble dans ses lycées et collèges.

« L'enseignement secondaire libre, conclut le R. P. Burnichon, a profondément modifié l'état du pays au point de vue religieux. Les classes aisées, auxquelles il s'adresse plus spécialement, sont redevenues chrétiennes.

» Sous Louis-Philippe la présence d'un homme du monde à l'église était quasi un phénomène ; il n'en est plus de même aujourd'hui, et il n'y a nul préjugé mondain à braver pour paraître aux offices de sa paroisse, ni même pour faire ses Pâques.

» Tandis qu'une portion considérable et assurément la plus considérée de la bourgeoisie, autrefois tout entière voltairienne, revient au christianisme, c'est aujourd'hui le peuple qui se laisse entraîner dans l'indifférence religieuse. Si nous n'avions pas nos écoles, et surtout nos collèges libres, si toute cette élite de la jeunesse française qui reçoit une culture supérieure devait en même temps subir le souffle desséchant de la neutralité universitaire, c'en serait fait de la France catholique en l'espace de deux ou trois générations. Ce n'est pas trop s'avancer que de dire qu'elle devra à la Loi de 1850 de sortir plus saine et plus robuste d'une crise où elle pouvait périr... »

*
* *

C'est que c'est vraiment une chose précieuse pour l'avenir et la gloire d'un pays que l'Enseignement chrétien, et tous les grands esprits sont d'accord là-dessus.

Dans un livre qui a pour titre *La France du Centenaire*, M. Édouard Goumy, maître de conférence à l'École Normale pour la langue et la littérature latines et qui, appartenant à l'Université, ne peut être taxé de clérical, a consacré à l'enseignement et à la Religion ces belles et saines réflexions.

« ... Mais ici éclate une autre erreur de l'École politique en question. Ils se trompent en jugeant la religion mauvaise parce qu'ils n'y veulent voir que du mal, semblables à des hommes qui déclareraient le feu mauvais parce qu'on s'y noie. Ils ne se trompent pas moins en estimant que la religion est une manifestation passagère de l'esprit humain, correspondant à une certaine phase du développement de notre espèce, et que le moment est précisément venu pour la politique d'éliminer ce facteur du passé, qui n'a plus de place dans les combinaisons de l'avenir.

La religion a eu son temps avant l'avènement de la science; mais le règne de la science est arrivé et la religion doit disparaître. En vérité toute religion repose sur l'affirmation du dieu personne ou conscient, par opposition au dieu machine ou inconscient, monde, univers ou nature, le dieu des athées en un mot, car *les athées eux-mêmes n'échappent pas à la nécessité d'avoir un Dieu,* seulement le leur n'a point d'âme, pour nous servir de notre langage humain.

Eh bien ! où donc la démonstration a-t-elle été faite en faveur de celui-ci contre celui-là ? Il est assez curieux, en vérité, de juger que, devant la raison pure, la religion est une hypothèse, et de ne pas voir que l'anti-religion en est une autre. *Le vrai, c'est que toute la science n'arrivera jamais à connaître ni le commencement ni la fin de rien.*

Tout ce qui lui sera permis, ce sera de poursuivre infatigablement ces deux termes, pour s'en rapprocher toujours, sans les atteindre jamais.

Et cette science, ainsi fatalement limitée, est-elle le tout de l'homme, par hasard, ou aurait-elle la prétention de le devenir ? Et toutes ces facultés qui n'ont rien à démêler avec les procédés et l'objet de la science, la sensibilité, l'imagination, le besoin d'un idéal, la soif de croire et d'espérer, ce je ne sais quoi que les hommes appellent l'âme ou le cœur, tout cela s'évanouira-t-il devant le progrès indéfini de la raison scientifique ?

Toutes ces puissances finiront-elles par abdiquer, laissant l'humanité réduite à la portion congrue des vérités démontrées par les mathématiques ou l'expérience ? *Or, tout cela est le fond même de la religion. C'est dans ces profondeurs qu'elle a ses racines, qui se confondent avec l'âme même de l'humanité et n'en peuvent être arrachées qu'avec elle. Et, loin d'y voir ce témoignage de l'infirmité de l'homme, il faut y voir la meilleure preuve de sa noblesse. »*

Quel beau et vrai langage n'est-ce pas ? Et comme cela console des turpitudes de Renan et Cie.

Je sais bien que l'on entend dire de tous côtés par les libres-penseurs et les ignorants que l'Église catholique est l'ennemie née de la science et du progrès.

A ces allégations mensongères ou ignorantes, il est peut-être utile de rappeler brièvement quelques-uns des travaux, quelques-unes des belles découvertes scientifiques dues à des moines, à des prêtres et même à des religieuses.

Voici à ce sujet une très succincte et naturellement incomplète nomenclature.

On doit à Denis-le-Petit, moine scythe, le cycle qui porte son nom et qui a fixé le commencement de l'ère chrétienne.

A Boèce, prêtre, les orgues à tuyaux, les puits artésiens, les ciments hydrauliques et la première sphère terrestre.

A Alcuin, moine, le classement astronomique des planètes.

Au vénérable Bède, la dactylonomie et la forme actuelle du calendrier.

A Guy, moine d'Arrezo, la portée musicale et la gamme.

A Roger Bacon, le télescope, les corrections du calendrier Julien, que complètera plus tard le P. Clavius, un jésuite.

Au prêtre Virgile, la première affirmation de la rondeur de la terre et de l'existence des antipodes.

A Vincent de Beauvais, chanoine, l'attraction centrale, comme raison d'équilibre de la terre au milieu des airs.

A Albert le Grand le zinc et l'arsenic.

A Richard Warlingfort, abbé de Saint-Alban, la première horloge astronomique.

Au moine Gerbert, depuis pape sous le nom de Sylvestre II, les montres à rouages, le cadran de Magdebourg, la machine à vapeur et l'importation du système décimal, que saint Jean Damascène avait enseigné à Damas, quand il était professeur du Grand Vizir, du terrible calife Abd-el-Maleck.

Au diacre Giosa, l'aimant et la boussole.

A Spina, de l'ordre de Saint-Dominique, les lunettes.

A Bazile Valentin, religieux du même ordre, la première application de la chimie à la médecine.

Au cardinal Pierre d'Aix, la correction des tables d'Alphonsius, des sourds-muets, que les abbés de l'Épée et Sicard devaient plus tard perfectionner.

Au P. Lava, jésuite, l'instruction des aveugles.

Au chanoine Copernick, le système du monde.

Aux cardinaux Cusa et Schombert et à Forcarini, de l'ordre des Carmes, l'affirmation, avant Galilée, que la terre tourne autour du soleil, immobile par rapport à elle.

Au P. Guernay, jésuite portugais, la construction du premier aérostat.

Au P. Kucher, jésuite, la lanterne magique et le miroir ardent.

Au P. Ricci, le catalogue d'éclipses chinoises.

Au P. Boscowile, la mesure de l'équateur des planètes.

A l'abbé La Condamine, l'attraction du fil à plomb par les montagnes.

A Jean Wallin, l'arithmétique des infinis.

A l'abbé Giraud Soulavie, la chronologie des fossiles.

A Mgr Rendu, le mouvement des glaciers.

Au P. Secchi, les lois de l'unité des forces physiques, et les instruments si parfaits de météorographie qui lui ont valu la grande médaille d'or, hors concours, à l'Exposition Universelle de Paris en 1867.

Au curé Capani, l'art de tailler les pierres précieuses.

A Jean Dutéon, supérieur général des Antonins, les signes algébriques.

A l'abbé Chappe, la télégraphie aérienne.

Aux PP. Jacquier et Lescud, franciscains, la naturalisation, pour ainsi dire, dans le monde savant des lois de la gravitation universelle.

A l'abbé Picard, la première mesure du méridien terrestre.

A l'abbé Lacaille, la première mesure directe de la paralaxe lunaire.

Au diacre Nollet de Pimpré, d'avoir, deux ans avant Franklin, expliqué les orages par la présence de l'électricité dans les nuages.

Au P. Cartel, le clavecin.

A l'abbé Lacaille, les niveaux à bulles et à lunettes.

Il y a dix ans, à l'Exposition scientifique de Turin, l'une des plus remarquables de ce siècle, le P. Benza, barnabite, directeur de l'Observatoire, était nommé à l'unanimité président du jury des récompenses.

On pouvait lire dans une correspondance adressée de Tananarive au *Journal des Débats*, à la date du 10 Mars 1890 :

« La construction d'un observatoire royal astronomique et météorologique est décidée, sous la direction d'un Français, le R. P. Colin, de la compagnie de Jésus, qui a fait ses études à Sandhurst. En créant le premier établissement scientifique à Madagascar, le gouvernement malgache prouve qu'il veut entrer dans la voie du progrès et des réformes utiles. »

Ajoutons que, dans ces dernières années, les élèves de ces mêmes religieux, des PP. Jésuites par exemple, en sont venus à remplir la moitié, les deux tiers des établissements de l'État, notamment de l'École militaire de Saint-Cyr.

Comme il est amusant après cela d'entendre les libres-penseurs, les francs-maçons, les orateurs de cabaret, venir parler de l'ignorance du Clergé et le montrer comme le plus grand ennemi du progrès et de la science.

*

D'autre part, à cause de l'Enseignement, il y a des œuvres d'Éducation chrétienne.

Ce que l'enseignement aura fait, d'autres œuvres le compléteront. Au sortir de l'école, l'enfant chrétien trouvera de nouveaux guides. S'il est pieux, enclin au sacerdoce, il aura affaire à l' « *Œuvre des vocations religieuses.* » S'il est apparenté, on l'affiliera à l' « *Œuvre de Persévérance pour les étudiants et jeunes gens du monde.* ». Enrôlé sous les drapeaux, il sera enrôlé aux « *Œuvres militaires* ». Plus tard, on le fera entrer à l' « *Œuvre des mariages* », ou à l' « *Œuvre des saintes Familles* », à l' « *Œuvre des renseignements et consultations* », à l' « *Œuvre de défense religieuse et de propagation.* » Il sera des « *Œuvres d'assistance* », des « *Œuvres de retraite et pèlerinage.* » Il sera en même temps de l' « *Œuvre des catéchismes et premières communions* »; côté des adolescents; et côté des adultes, il sera des « *Conférences de Saint-Vincent de Paul* ».

Est-il de condition humble? Vit-il de son labeur? Le clergé lui ouvrira les « *Écoles professionnelles catholiques* » les « *Cercles d'ouvriers et d'employés de commerce* ». Il trouvera du travail aux « *Œuvres de placement* ». En attendant, il trouvera du pain à l' « *Œuvre des fourneaux* » (1).

Le grand rôle social de l'Église serait de prendre l'homme au berceau et de ne le rendre qu'à la tombe.

---

(1) Voir le *Guide pratique de l'homme d'œuvre,* Rondelet, éditeur; le *Manuel général des Œuvres charitables et sociales,* Poussielgue, éditeur.

Avec les patronages chrétiens, je n'aurais garde d'oublier les écoles professionnelles catholiques.

Je sais bien qu'on peut nous dire que les libres-penseurs ont, eux aussi, des patronages et des écoles professionnelles, mais, nous avons sur eux d'immenses avantages.

D'abord, la première idée de toutes ces œuvres sociales nous appartient, nos adversaires n'ont fait que nous copier.

Les premières Unions protestantes de jeunesse ne remontent pas au-delà de 1860. Nos patronages chrétiens datent, le premier de tous de 1799 et les autres de 1840.

Aujourd'hui, en France, rien que nos patronages catholiques, au nombre de 36,842, préservent et moralisent, au sens le plus élevé du mot, 4 millions de jeunes Français, garçons et filles.

Nos adversaires pourraient-ils aligner de pareils chiffres? Non, et ils le sentent si bien qu'ils ont fait en ces derniers temps des efforts prodigieux dans le sens des œuvres similaires, qu'ils appellent post-scolaires. Un résultat a été produit, pourquoi le nier? Des instituteurs se sont mis, avec un admirable dévouement, à organiser des réunions du soir et des réunions dominicales ou grouper leurs anciens élèves. Les tentatives cependant restent isolées, et la masse rechignera toujours à entrer dans le mouvement, si elle ne doit pas avoir à sa peine d'autre récompense que de stériles félicitations.

Avec nos Frères et Sœurs, avec nos jeunes gens catholiques n'attendant rien des hommes, nous avons et nous garderons toujours une avance considérable!

Dans cette lutte dont l'âme des enfants de France est l'enjeu, les catholiques peuvent se rendre cette justice d'avoir fait tout leur devoir; ils peuvent également se glorifier de leurs succès.

Il est évident que l'enseignement laïque à tous les degrés manque de fondement moral, puisqu'il n'a pas pour base l'idée chrétienne, il est par lui-même incomplet et chancelant!

Il ne s'appuie d'ailleurs sur rien; il n'a pas, pour l'étayer, comme l'enseignement chrétien, un corps de doctrines et un ensemble de vérités éternelles, placées au-dessus de toute discussion, à l'abri de toute critique, protégées entièrement contre le doute.

Si on conçoit, néanmoins, que l'enseignement supérieur, qui est scientifique, soit avant tout un enseignement critique, il n'en saurait être de même de l'enseignement primaire, ni de l'enseignement secondaire. L'enfant est incapable de discuter, de critiquer; il faut donc qu'il reçoive avant d'arriver à la maturité de son esprit des principes moraux dont il fera le guide de toute sa vie.

En lui enseignant dès son jeune âge les éléments de la morale chrétienne, il l'élevera certainement pour en faire un homme de bien et un homme de liberté surtout, car ce n'est que dans les rangs des chrétiens que l'on trouve les vrais libéraux.

Comme premier enseignement, comme base morale de toute l'éducation, il faut mettre à l'enfant sous les yeux les grands principes chrétiens qui font aimer Dieu, la Famille, la Patrie. Avec cela on pourra faire des hommes de bien, de grands hommes même comme les Lamartine, les Chateaubriand, les Lacordaire, les Didon, les Pasteur, et non des sectaires comme les Jules Ferry, les Paul Bert et autres...

Et les libres-penseurs, les francs-maçons, le savent si bien, que c'est pour cela que depuis le commencement du siècle qui vient de finir ils ont lutté pour avoir l'âme de l'enfant, qu'au catéchisme ils veulent opposer la déclaration des Droits de l'Homme, qui fait apprendre peut-être quelques droits mais jamais les grands principes de Justice, de Bonté, de Liberté et de Grandeur que seul l'enseignement chrétien pourra donner.

⁂

Louis Veuillot disait d'un collège chrétien : « *Voilà un des cœurs de l'humanité !* »

Ces admirables paroles me revenaient à la mémoire en lisant le compte rendu de la célébration du cinquantenaire de la liberté d'enseignement (1) à l'École Libre de Saint-Joseph de Sarlat. Il me semblait voir revivre les grandes journées de la lutte catholique de 1831 à 1850, avec les combats et les victoires d'autrefois.

Ce collège, qui occupe une grande place dans l'enseignement de toute la jeunesse chrétienne d'une région, avait été fondé en 1689 par Mgr F. de Salignac-Fénelon, évêque de Sarlat.

En ce cinquantenaire le R. P. Maignen rappela dans une émotionnante allocution tous les souvenirs qui lui montaient au cœur.

Parlant du collège, il montra la vie s'échappant comme un sang vigoureux et coulant à travers des milliers d'âmes d'enfants élevés sur ses bancs et leur donnant à la fois le sens de la vie et la science de la mort. Il célébra en passant la gloire de ses élèves, que l'on vit sur tous les champs de bataille, donnant leurs forces, donnant leur temps, donnant leur vie ; il chanta les douceurs de la mort chrétienne et les tendres émotions du retour des prodigues et invita les auditeurs à rester unis à leur collège, source de tous ces biens, et à l'Eucharistie, où le collège les prend pour les distribuer à ses fils.

L'orateur termina son éloquent discours par un cri d'espérance ; revenant à la pensée de son texte : *sub umbra illius... sedi*, il rappelle la parole d'un ancien recteur de Saint-Joseph de Sarlat : « On n'arrache pas un chêne de 25 ans. » « Un quart de siècle, dit-il, a passé

(1) Juillet 1900.

depuis. Le chêne a grandi encore ; il tient plus que jamais par ses racines à la terre de l'Église. Pas plus contre lui que contre l'Église, espérons-le et demandons-le par de ferventes prières, les efforts de nos ennemis n'auront de puissance (1) ».

Ces paroles si sensées, à la fois si françaises et si chrétiennes, méritent certes de trouver place dans un chapitre consacré à l'Enseignement chrétien.

***

> « Nul ne s'y trompe ; tout le monde sent que la Patrie et l'Église, le sentiment national et le sentiment religieux, loin de s'exclure, se fortifient l'un par l'autre, s'élèvent l'un par l'autre, et que, touchant à la poitrine de chacun de nous, le ciel et la terre y rendront ce cri célèbre :
>
> » *A tous les cœurs chrétiens que la Patrie est chère.* »
>
> LACORDAIRE.

Il n'y a pas à dire, car les preuves sont là, c'est encore l'Enseignement chrétien qui enseigne le véritable patriotisme ; ce sont l'éducation et la foi chrétienne qui engendrent les héros du patriotisme (2).

---

(1) « Regardez autour de vous. L'œuvre de prédilection des prétendus libres-penseurs, leur fameuse école neutre, c'est-à-dire hypocritement hostile, se lézarde de toutes parts et va s'écrouler. Lisez, à cet égard, le travail si fortement documenté et si concluant de M. de Lamarzelle, la *Crise universitaire*, et encore, dans le même ordre d'idées, l'excellente étude de M. Paul Fesch, la *Faillite de l'enseignement gouvernemental*. De l'aveu des universitaires eux-mêmes, fait dans une enquête officielle, l'impuissance est absolue, pour les écoles de l'État, de donner à la jeunesse aucune éducation, dans le sens supérieur du mot, aucune direction morale ; et, toujours d'après les mêmes aveux, les familles, effrayées de l'avenir de leurs enfants, les confient de plus en plus aux maisons que surmonte et protège la croix toujours victorieuse. » (François COPPÉE.)

(2) « *La morale religieuse enseignée dans les écoles congréganistes est un des principaux soutiens de la morale publique.* »

(Alfred FOUILLÉE.)

C'était ce que voulait démontrer récemment M. François Coppée.

A une fête militaire donnée au Patronage de Notre-Dame Auxiliatrice de Clichy, M. François Coppée qui présidait disait ces belles paroles qui viennent à l'appui de ce que j'avance :

« Nous traversons, hélas ! une période non moins douloureuse pour notre patriotisme, et nous avons bien besoin que Dieu nous vienne en aide et nous envoie des héros et des saints ou, tout au moins, des vaillants pour nous préserver des malheurs qui nous menacent.

» C'est à vous, jeunes gens, qu'il appartient de conjurer ces périls et de contribuer un jour à rendre à la France sa place honorée et respectée dans le monde. Comment cela ? En répondant toujours comme vous le faites aux efforts de ceux qui travaillent à votre formation religieuse et morale.

» La France se meurt parce que la vieille foi catholique, qui lui a fait accomplir tant de grandes choses, s'en va du cœur de ses enfants, parce que des sectaires impies s'efforcent d'en tarir la source parmi la jeunesse des écoles, parce qu'ils ont déclaré une guerre sacrilège à Dieu et à la Patrie. Remerciez le Ciel d'être à l'abri de ces odieuses menées et d'avoir auprès de vous des maîtres chrétiens pour entretenir en vos âmes ce feu sacré des croyances religieuses, qui double en vous l'esprit de sacrifice, et par conséquent le patriotisme.

» Vos exercices physiques eux-mêmes, mes chers amis, tendent à ce but, les assauts si bien réussis dont vous venez de nous donner le spectacle, et que nous avons applaudis avec tant de plaisir, ces jeux patriotiques, *ludus pro patria*, disaient les anciens, ont une portée plus haute qu'il ne paraît au vulgaire. Il s'agit du développement de l'activité physique, sans doute, mais c'est aussi une initiation morale, car elle est l'ennemie de la paresse, de l'inertie, de l'apathie qui enfantent tant de vices ! N'est-ce pas encore une préparation aux luttes futures que la Patrie nous demandera en stimulant en vous l'énergie qui semble nous manquer aujourd'hui ? N'est-ce pas enfin un moyen d'arriver à cette endurance, à cette patience qui font les hommes vraiment forts, ceux qui n'ont pas peur, ceux qui ne craignent pas, même, comme les vieux Gaulois, nos pères, que le ciel ne tombe sur leurs têtes ?

» Vous voyez, mes amis, que la religion, qui préside à vos exercices, est la meilleure école de patriotisme que vous puissiez fréquenter. Soyez donc fidèles à cette œuvre qui vous offre de si nobles enseignements à côté de si saines distractions, et préparez-vous, par là, à délivrer plus tard la France des ennemis qui l'envahissent au dedans ou au dehors, comme le fit Jeanne d'Arc. Comme elle, crions *Vive labeur !* et souhaitons que la grande nation, autrefois sauvée par elle, se relève bientôt par un de ces mouvements irrésistibles où l'on reconnaît le geste même de Dieu ».

* * *

Dans un discours sur l'Enseignement chrétien et le Patriotisme, M. le comte de Rorthays montrait aussi comment la foi engendrait des héros :

« Ah ! s'écriait-il, que l'éducation, que la foi chrétiennes soient faites pour engendrer des héros du patriotisme, je vous en prends à témoin, vous tous qui non loin d'ici, tombés, la prière aux lèvres, sous les balles prussiennes, dormez votre dernier sommeil à l'ombre du clocher de Loigny !

» Ah ! que ces enfants que j'adjure de rester fidèles à leurs croyances puissent avoir confiance dans ma parole, quand je leur dis que l'amour de Dieu et l'amour de la patrie ne font qu'un dans les âmes chrétiennes, je t'en prends à témoin, cher et héroïque ami, qui répandais sous les murs de Blois, pour la défense de la France, les premières gouttes de ton sang généreux, dont les dernières, versées pour la défense du Droit contre la Force, de la justice contre l'iniquité, devaient arroser le sol lointain de l'Afrique; de l'Afrique où tu reposes dans ta tombe glorieuse, ayant comme Marceau le drapeau national pour linceul !

» Je t'en prends à témoin, Georges de Villebois-Mareuil, qui, intrépide comme Bayard, et croyant comme lui, as dû sûrement à son exemple, si les balles anglaises t'ont laissé le temps de te reconnaître, baiser pieusement, à défaut de la croix, le croisillon de ton épée, avant de rendre ta grande âme à Dieu ! »

*
* *

Je rappellerais encore ici ces *paroles d'un soldat chrétien*. Il s'agit d'un discours inédit du général Le Flô, ancien ambassadeur.

En 1879, au moment où le général Le Flô revenait de Saint-Pétersbourg, M. l'abbé Roull, aujourd'hui curé archiprêtre de Saint-Louis de Brest, alors principal du collège de Lesneven, invita le glorieux soldat à présider la distribution des prix de ce collège.

Le général y prononça un discours qui, depuis lors, est resté inédit. J'ai pensé qu'une partie des chrétiens, vigoureux et nobles accents de soldat chrétien que le général Le Flô fit entendre aux élèves de Lesneven, il y a vingt ans, seraient bons à replacer sous les yeux des lecteurs au milieu des circonstances actuelles (1).

---

(1) Le général Le Flô venait d'avoir la grande douleur de perdre son fils ; ce dernier, officier d'avenir, venait de mourir, jeune encore, en Algérie. Ses sentiments se peignent admirablement dans ces deux mots qu'il chargera un de ces amis de rapporter à son père : « *Allez dire à mon père que je meurs en soldat et en chrétien.* »

Après avoir rappelé les morts glorieuses des anciens élèves, le général s'écriait :

« Mais qu'est-ce à dire, chers élèves ? et ces douloureux souvenirs doivent-ils donc vous faire perdre confiance et amollir vos fiers courages ? Non pas ! Ils doivent au contraire les fortifier, les élevever surtout. Ces malheurs après tout ne sont que des accidents ordinaires du rude combat de la vie, que quelques-uns d'entre vous vont engager dès demain, et c'est tout particulièrement à ceux-là que je vais adresser mes dernières paroles.

Sur le champ de bataille, alors que le boulet et la mitraille font leurs funèbres trouées, ceux qui restent debout disent simplement : « Serrez les rangs » et la bataille continue, ardente et sans qu'aucun désespère de la victoire. Vous le ferez comme ces braves, jeunes élèves, et prenant pour devise cette belle parole d'une oraison de l'Église : *Sursum corda !* vous souvenant de la pieuse éducation que vous avez reçue, des exemples de dévouement et d'abnégation que vos maîtres vous ont donnés, de la sollicitude éclairée et paternelle dont vous avez été l'objet de leur part, et vous gardant surtout et par-dessus tout des stériles et malsaines agitations de la politique, qui amoindrit les caractères et vicie les âmes, la tête haute et le cœur rempli des riantes et fraîches espérances de votre heureuse jeunesse, vous entrerez hardiment sur le chemin de la vie, assurés d'avance, quelle que soit la carrière que vous embrassiez, que l'honneur, ce suprême bien, restera intact, si vous avez toujours présents à la pensée trois mots, trois objets qui doivent être le but et qui renferment à eux seuls tous les devoirs et tous les intérêts :

« Dieu, vos familles, la patrie ! »

*
* *

Tout récemment encore un aumônier, l'abbé Dien, s'adressant à des soldats, leur disait :

« Lieutenant du Christ, je m'adresse à vous, soldats de Dieu, pour vous rappeler ces paroles de saint Paul : *Vigilate, state in fide et confortamini.*

» Ces mots sont sur la bouche de vos deux mères : l'Église et la France.

» Le soldat doit aimer le drapeau partout et toujours, « se défendre contre » l'esprit d'indiscipline et l'égoïsme et incarner en lui le loyalisme et le dévouement. »

Puis, après avoir rappelé éloquemment aux jeunes conscrits ce que la patrie leur demande, l'orateur résume ainsi leurs devoirs.

« Vous serez, leur dit-il, les champions de Dieu et vous ne livrerez votre âme à aucune compromission malsaine. Un chrétien et un Français ne courbe le front que devant son Dieu, sa mère et son drapeau !

» Si, chaque matin, vous ne pouviez à la caserne faire une longue prière, regardez votre sabre-baïonnette dont la poignée figure la croix, collez vos lèvres dessus et du fond du cœur, dites : Mon Dieu, c'est pour vous que je lutte et que je travaille ! »

*
**

L'importance de l'éducation chrétienne est si grande — et nos adversaires les francs-maçons le savent si bien, — qu'ils s'attaquent surtout à l'enfant. L'Homme n'est, en effet, que l'enfant exagéré. Vertus et vices sont les mêmes dans l'un et dans l'autre. L'éducation intervient quelque temps pour cultiver ce sol encore en jachère ; elle sème, arrache, donne ici un coup de ciseau, dresse là un tuteur, arrose, bêche, sarcle ; le soleil du bon Dieu fait le reste, et selon que l'éducateur jardinier a été attentif ou indifférent, respectueux de l'idéal divin ou sceptique, le collégien monté en vige s'épanouit en lys comme Lacordaire ou aboutit en triste comme Renan.

Aujourd'hui la question est brûlante d'actualité. Sur les

avenues du siècle qui rentre dans la nuit, toutes nos libertés pleuvent comme feuilles mortes : liberté de la pensée arrachée, liberté de la presse flétrie, liberté contestée aux prélats de dire que le mal est malsain, liberté de l'enseignement qui aura juste vécu un demi-siècle si la franc-maçonnerie a raison... contre MM. de Montalembert et Lacordaire. Hier, on refusait à l'instituteur le droit d'accrocher un crucifix sur le mur blanc de la salle d'école : le buste en plâtre de la République devait suffire à l'édification des enfants cherchant plus haut que le pupitre et la chaire un symbole où reposer leur cœur.

Demain, on va reprendre aux maisons congréganistes le droit de former des citoyens, oubliant que les Marbot, les Cafarelli, les Destrem, les Lapeyrousse, les Barbès, avaient appris des maîtres en robe noire ou robe blanche, le dévouement, le sacrifice, le patriotisme. L'heure est bien choisie pour le rappeler.

Qu'on le veuille ou non, il faut bien le reconnaître en France, le foyer est compromis, ainsi que je l'ai dit d'autre part. Avec le relâchement des sentiments chrétiens, la dissolution est entrée dans les familles. L'irrespect, né de l'incroyance ; le divorce a séparé les époux ; et l'on entend le cri de la bête humaine, hurlant après l'indépendance et la liberté brutale, parce qu'elle ne veut plus porter un joug intolérable à ses désirs.

Recueillir les premiers venus, les confier à ceux qui, ayant gardé leur foi, ne désespèrent pas de l'avenir, et, pour eux, récompenser la famille. Proudhon, un écrivain qui ne saurait être suspect, ne l'a-t-il pas écrit : « La religion est encore, pour l'immense majorité des mortels, le fondement de la morale... » N'est-ce pas désigner le prêtre, le religieux comme le soutien naturel de l'école ?

Si l'on a supprimé la religion des règlements universitaires, en revanche, voici quelques années qu'on s'ingénie à y introduire toutes sortes de réformes.

Les doubles muscles reviennent à la mode. On aère les

lycées, on préconise le plein air, et, pour un peu, au régime des amphithéâtres et des salles d'étude éclairées au quinquet, on substitue les conférences garden-party. Cette maladie a déjà trop sévi en notre beau pays et ce cher Musset la railla bien joliment en son temps :

> L'univers mon ami, sera bouleversé,
> On ne verra plus rien qui ressemble au passé ;
> Les riches seront gueux et les nobles infâmes,
> Nos maux seront des biens, les hommes seront femmes,
> Et les femmes seront... tout ce qu'elles voudront.

Un poète a le droit de rire devant certaines prétentions de la sagesse, mais un moine, un prêtre, un chef d'institution a le devoir de se dresser devant le mal qui se prépare, d'interroger les sinistres ouvriers de notre ruine et de leur dire, avec le P. Lacordaire, qui fut éducateur aussi : « Ah ! il vous va bien de vouloir faire de nous des parias de l'humanité, vous à qui nous avons donné tout ce qui fait l'humanité ! Allez, vous n'y réussirez pas, vous ne nous ôterez ni la science, ni l'amour, ni rien de ce qui fait l'homme. »

*
* *

« *Les sages de tous les temps l'ont proclamé. A nos yeux, disent-ils, l'unique moyen de réformer le genre humain, c'est de réformer l'éducation de la jeunesse. L'éducation est le seul levier avec lequel on puisse soulever le monde. L'éducation c'est l'empire, parce que l'éducation c'est l'homme, et l'homme c'est la société.*

» *Quand les sages n'auraient pas rendu cet hommage unanime à l'impérissable vérité que nous signalons, il suffirait, pour n'en pas douter, de voir l'acharnement opiniâtre avec lequel, dans tous les temps et dans tous les lieux, les deux puissances du bien et du mal se disputent l'empire de l'éducation. Sous la question, en apparence fort secondaire, de savoir qui approchera de l'enfant pour lui enseigner la lecture, l'écriture, le calcul, le grec ou le latin, se cache, en dernière analyse, une question de souveraineté : La férule du maître est le sceptre du monde.* »

(Mgr GAUME.)

Dieu des souffrants, né sur la paille
Et mort sur un gibet affreux,
Regarde... La France défaille,
Et nous sommes bien malheureux !
. . . .

Cette noble France, tu l'aimes ;
Elle a fait ton geste souvent.
Protège-nous contre nous-mêmes.
Fais un miracle, ô Dieu vivant !

Rends-nous vraiment égaux et frères
Sous un ciel pacifique et doux ;
Et, si c'est l'orage des guerres
Qui menace, ô Jésus, rends-nous

La foi du soldat catholique
A qui le trépas semble beau,
S'il voit ton Paradis mystique
A travers les trous du drapeau !

Arrête-nous au bord du gouffre.
Pour Noël, divin nouveau-né,
Dis-nous que ce peuple qui souffre,
Par toi n'est pas abandonné.

Car, cette nuit, fils de Marie,
Tel qui prétend ne croire à rien
Malgré lui sent son cœur qui prie
Et se retrouve un peu chrétien.

Vois, dans ces heures menaçantes,
Les pauvres mères tout en pleurs
Joindre les deux mains innocentes
D'un petit enfant sous les leurs.

Et vers les clartés sidérales
Et les abîmes effrayants,
Toutes nos vieilles cathédrales
Tendre leurs clochers suppliants !

François COPPÉE.

C'est aussi avec l'enseignement et l'éducation chrétiens qu'on fait de grands hommes, de grands savants, de beaux caractères dont s'honore un pays. C'est à l'Enseignement chrétien que l'on doit ces grandes figures qui ont honoré la France au dix-neuvième siècle, telles que celles de Chateaubriand, Lamartine, Hippolyte Flandrin, Montalembert, de Saint-Arnaud, général Drouot, Ozanam, de Sonis, Charette, P. Lacordaire, P. Didon, Pasteur, Lasserre, Marchand, l'amiral Courbet et tant d'autres.

*
* *

Quelle belle vie et quelle belle fin, par exemple, que celle du savant Pasteur que je viens de citer, de ce Pasteur qui disait : « Quand on a bien étudié on revient à la foi du paysan breton ; si j'avais étudié plus encore, j'aurais la foi de la paysanne bretonne (1). »

Elles ont été d'une autre grandeur émotionnante les funérailles de Victor Hugo.

On a fait des obsèques nationales à Victor Hugo, mais son entrée au Panthéon a été une pompe toute païenne.

Cependant Victor Hugo avait proclamé en beaux vers le besoin de la prière pour les morts :

> C'est la plainte des morts ! Les morts pour qui l'on prie
> Ont sur leur lit de terre une herbe plus fleurie,
> Nul démon ne leur jette un sourire moqueur.
> Ceux qu'on oublie, hélas ! leur nuit est froide et sombre,
> Toujours quelque arbre affreux, qui les tient sous son ombre,
> Leur plonge sans pitié des racines au cœur.

Pauvre Victor Hugo !

On a soigneusement écarté tout symbole religieux de cette cérémonie du 4 août au Panthéon ; les trois orateurs ont omis le nom de Dieu ; on a même poussé la bêtise jusqu'à voiler les peintures de M. Joseph Blanc, représentant la Bataille de Tolbiac et le Baptême de Clovis.

Tout a été d'une laïcité irréprochable, mais tout aussi a manqué de grandeur. On avait voituré ces restes au Panthéon dans des fourgons quelconques, comme les condamnés à mort.

Il aurait mieux valu pour lui l'humble et glorieuse fosse du champ de bataille pour y dormir le dernier sommeil à l'ombre d'une croix ! Bien triste cimetière que cette cave du Panthéon, et bien triste cérémonie.

Un sénateur, M. Noel Parfait, a lu pourtant devant tous ces vers d'Hugo :

> Ceux qui pieusement sont morts pour la patrie,
> Ont droit qu'à leur cercueil la foule vienne et prie.

---

(1) Voir notre livre : *Un bienfaiteur de l'Humanité, Pasteur, sa vie et son œuvre.* Tolra, éditeur.

Mais personne n'a compris cette leçon du poète.

Pourtant, il y a quelque quarante ans passés, Victor Hugo, que l'on enterrait ainsi civilement, adressait la jolie lettre qui suit à une de ses parentes qui lui avait annoncé son entrée chez les Carmélites :

« Jersey, 22 juillet 185...

» Je te remercie de ton souvenir, chère enfant. Ta petite peinture est charmante ; la rose ressemble à ton visage et la colombe à ton âme, c'est presque une peinture de toi que j'ai, en attendant l'autre. Tu me la promets et j'y tiens.

» Les vers que tu nous as envoyés, ce printemps, avaient beaucoup de grâce ; il y avait sur toi particulièrement des strophes très douces et très heureuses. Dis-le de ma part, à l'auteur, qui doit être charmante, si elle ressemble à sa poésie.

» Chère enfant, tu vas donc bientôt faire ce grand acte de sortir du monde. Tu vas t'exiler, toi aussi ; tu le feras pour la foi comme je l'ai fait pour le devoir. Le sacrifice comprend le sacrifice. Aussi, est-ce du fond du cœur que je te demande ta prière et que je t'envoie ma bénédiction.

» Je serais heureux de te voir encore une fois dans cette suprême journée de famille dont tu me parles. Dieu Nous refuse cette joie ; il a ses voies. Résignons-nous. J'enverrai près de toi l'ange que j'ai là-haut. Tout ce que tu fais pour ton frère est bien ; je sens là ton cœur dévoué et noble. Chère enfant, nous sommes, toi et moi, dans la voie austère et douce du renoncement, nous nous côtoyons plus que tu ne penses toi-même. Ta sérénité m'arrive comme un reflet de la mienne. Aime, crois, prie ; sois bénie.

» Toute ma famille t'envoie les plus tendres paroles et t'embrasse.

» VICTOR HUGO. »

Que n'eût-il pas ajouté à sa gloire, s'il s'était toujours

laissé guider par les sentiments dont la lettre ci-dessus est l'expression !

*
* *

Je viens de parler des funérailles de Victor Hugo, de cette cérémonie plutôt carnavalesque d'où Dieu a été absent mais où se trouvaient en revanche ceux qui représentaient la France.

Je voudrais maintenant, comme opposition frappante, montrer ce qu'était l'une de ces cérémonies d'autrefois. Cela donnera à méditer et pourra indiquer d'un trait combien ceux qui étaient aux siècles passés à la tête de ce grand pays de France, savaient donner à tous l'exemple de la Charité et de l'amour de Dieu.

Au haut de l'escalier de marbre, dans la prestigieuse salle des gardes du Château de Versailles, une chaire a été dressée par le prédicateur. Près d'elle se tient l'abbé Foissard et, mître en tête et crosse en main, le cardinal de Rohan. Devant eux, singulièrement habillés de drap rouge, avec « un grand linge blanc qui leur pend au col », treize petits enfants attendent, curieux, inquiets. Enfin le Roi fait son entrée, accompagné de Mgr le Dauphin, du duc d'Orléans et de tous les princes. L'abbé prêche, complimente Sa Majesté ; les chantres entonnent l'antienne, le Grand Aumônier dit les oraisons, et le silence se fait. Lentement, avec quelque peine, le Roi se lève de son fauteuil : il a soixante-dix-sept ans. Le prince de Dombes le suit, tenant l'aiguière d'argent et le linge de lin. Et Louis XIV se penche, verse l'eau sur les pieds mignons des enfants, les essuie et les baise de sa bouche royale. Treize fois, il recommence, toujours grave, silencieux, perdu dans les pensées que fait surgir en lui la vue de ces bambins pleins de santé, de vie, de force, de jeunesse épanouie, lui qui a perdu le grand Dauphin, la duchesse de Bourgogne, le second Dauphin, le duc de Bretagne, le duc de Berry, lui à qui il ne reste que ce frêle, tout frêle duc d'Anjou...

Devant le dernier, il a mis plus de temps à s'incliner, et c'est lentement, bien plus lentement qu'il a posé ses vieilles lèvres sur la peau rose du petit pied... Enfin, il a fini. Il regagne son fauteuil le front emperlé d'une légère sueur.

Le marquis de Dreux est venu se mettre devant lui, très respectueusement, attendant un ordre.

Sans parler, le roi lui a fait un signe : le marquis s'incline, se relève et lève sa canne : alors, suivant M. Desgranges, s'avancent en file douze maîtres d'hôtel avec leur bâton de commandement, le marquis de Livry, M. le Duc enfin, ayant lui un bâton parsemé de fleurs de lys d'or avec une couronne au bout. En passant devant Sa Majesté, ils font une révérence. Le Roi se lève de nouveau et commande qu'on lui apporte les plats afin qu'il puisse servir les pauvres.

Le premier lui est présenté par le Dauphin, — c'est un plat de bois sur lequel sont trois petits pains et une galette. Le second par le duc d'Orléans : c'est une cruche pleine de vin et une coupe, cruche et coupe en bois également, puis le comte de Charolais, le prince de Conti, le prince de Dombes, le comte d'Eu, le comte de Toulouse viennent avec le poisson, les légumes, les confitures, les fruits, suivis du grand échanson, du grand panetier et des gentilshommes-servants qui, treize en tout, portent aussi des plats de bois ornés de fleurs.

Et le vieillard, toujours dominé par la haute idée, va de l'un à l'autre choisissant les morceaux, les prenant de sa main ridée, et, d'un joli geste, avec une coquetterie naturelle qui fait voleter la broderie de sa manchette, il tend à chaque enfant qui le saisit de ses petits doigts, sans trop comprendre, considérant curieusement, les yeux ronds, ce vieux seigneur en habit violet et à l'air si grave, qui le comble de tant de bonnes choses.

Minutieusement il remet à chacun sa part. Treize fois

dans le même ordre le cortège recommence, apportant treize plats à chaque pauvre, pendant que le petit Dauphin fait tous ces voyages jusqu'aux cuisines, qui sont fort loin, ferme sur ses petites jambes, portant son plat adroitement, trouvant très amusant de servir ces petits vilains, suivi de madame de Vantadour, inquiète, tremblante, qui voudrait bien cette cérémonie terminée.

*
**

L'esprit de la Révolution, l'esprit athée et matérialiste, peut être enrayé si les classes dirigeantes comprennent qu'elles ont le devoir de faire donner à la jeunesse une éducation et une instruction absolument chrétiennes

« Quelque profond que soit le mal qui désagrège la société actuelle, a écrit l'abbé Dementhon, nous pourrons arriver à y remédier, peu à peu, par notre influence sur la jeune génération qui grandit à nos côtés. »

Non, cette espérance n'est point présomptueuse.

D'après la dernière statistique officielle pour l'année 1892, la population scolaire des divers établissements de l'enseignement secondaire en France ne comprend pas moins de 175,000 jeunes gens.

Eh bien! supposez que, sur les bancs de la classe d'instruction religieuse, cette jeunesse d'élite apprenne à mieux connaître et, dès lors, à aimer ou au moins à respecter notre belle et sainte religion, quelle transformation prochaine dans notre vie sociale! Quelle rénovation dans le peuple lui-même, par l'influence de leurs idées et de leurs sentiments

Ne dût-on même compter que sur les élèves des institutions ecclésiastiques, où l'action de l'enseignement religieux est mieux secondée, quels gages d'espérance pour l'avenir de notre pays, si le cours de religion y portait tous ses fruits de salut! Le nombre des élèves de nos 400 séminaires ou collèges dépasse le chiffre de 75,000. Calculez leur nombre dans dix ans, et dites ce que pourrait alors cette armée de chrétiens instruits faisant apôtres au milieu de nos assemblées politiques, dans les carrières libérales et les mille fonctions de l'État — quand même les défaillances en enlèveraient la moitié à la cause du catholicisme pur !

D'ailleurs ce n'est pas seulement sur le nombre des élèves dans les établissements libres que reposent nos espérances de régénération sociale par l'instruction religieuse.

Une autre base de nos espérances, c'est le rôle que peuvent aspirer à remplir plus tard les élèves de l'enseignement secondaire. C'est parmi eux, en effet, que se recrutent la plupart de ceux qui, dans quinze ou vingt ans d'ici, se trouveront à la tête de la société dans chacune des plus importantes carrières ; et ce sont eux qui exerceront une toute puissante action sur l'opinion et les affaires, par la presse, par le rang social.

« ... Puisque c'est dans nos maisons que se prépare la jeunesse qui est l'avenir, semons dans les esprits ce que nous voulons récolter dans la société... »

CHAPITRE XVIII

POUR LA DÉFENSE DE L'ENSEIGNEMENT

> « Les catholiques ont le droit de favoriser les écoles dont la loi reconnaît l'existence et qui enseignent à aimer Dieu. Je dirai même qu'ils en ont le *devoir.* »
>
> (Mgr LATIEULE.)

La défense de l'Enseignement. — La liberté d'Enseignement. — La liberté des Conventionnels et celle d'aujourd'hui. — Un *Tract*. — La beauté de l'Enseignement religieux. — Les fruits et les bienfaits. — Une pépinière de grands hommes. — La science et les jésuites. — Les preuves. — La Science et la Foi. — La prière du Géomètre.

Au moment où il est question de priver la France de la liberté d'enseignement, il est intéressant de rappeler ce qu'en pensaient les « grands ancêtres » de nos sectaires d'aujourd'hui. L'extrait suivant d'un article publié par le R. P. Burnichon, dans les *Études religieuses* du 20 octobre 1899, nous l'apprendra.

Nous y pourrons constater que les hommes de la troisième République sont encore plus ennemis de la liberté que les Conventionnels :

Mirabeau, grisé par les premiers sourires de la liberté à son aurore, ne veut pas même entendre parler d'enseignement d'État ; que dis-je, pas même de surveillance des écoles par l'État ; « car si l'État était chargé de surveiller les écoles publiques, l'enseignement y serait subordonné à ses vues, lesquelles ne sont pas toujours conformes à l'intérêt du peuple. Le corps enseignant ne dépendra donc pas de l'État !... »

L'État ne doit pas intervenir dans le libre commerce que les citoyens font de leurs connaissances.

« On peut, dit le tribun, s'en rapporter à l'intérêt des maîtres, à l'émulation des élèves, à la surveillance des parents, à la censure publique, sauf dans le développement des sciences spéciales, comme la médecine, la chirurgie, la pharmacie, où le législateur a des abus criminels à prévoir... »

Talleyrand insère dans son projet de décret un article ainsi conçu :

« Il sera libre à tout particulier, en se soumettant aux lois générales sur l'enseignement public, de former des établissements d'instruction ; il sera tenu d'en instruire la municipalité et de publier le règlement. »

Condorcet, l'un des patrons préférés de l'Université contemporaine, fait dans son fameux rapport à l'Assemblée législative la philosophie de la liberté d'enseignement.

Il la revendique au nom des droits de la vérité qui doivent être, les uns comme les autres, soustraits aux atteintes « de toute autorité politique ».

Au reste, ajoute-t-il, la concurrence stimulera le zèle des institutions officielles, et « il en résultera, pour les écoles nationales, l'invincible nécessité de se tenir au niveau des institutions privées ».

La Convention a nommé un comité de l'instruction publique. Il est présidé par l'ex-abbé Sieyès ; autour de lui siègent l'ex-orateur Daunou, l'ex-doctrinaire Lakanal, l'évêque constitutionnel Grégoire, etc...

Les rapports successivement présentés à l'Assemblée par Daunou et Lakanal consacrent le principe de la liberté :

« Vous ne devez, dit Daunou, porter aucune atteinte à la liberté des établissements particuliers d'instruction, ni aux droits plus sacrés encore de l'éducation domestique. »

En conséquence, le projet de la loi arrêté par le comité renferme un article ainsi conçu :

« Art. 40. — La loi ne peut porter aucune atteinte au droit qu'ont les citoyens d'ouvrir des cours ou écoles particulières et libres, sur toutes les parties de l'instruction, et de les diriger comme bon leur semble. » Mieux encore l'article 41 déclare que « la nation accorde des encouragements et des récompenses aux instituteurs et professeurs, tant nationaux que libres... »

C'est le 26 juin 1793, en pleine Terreur, que Lakanal apportait ces propositions à la tribune de la Convention. Il est vrai qu'à ce moment le jacobinisme devenait tout-puissant. Aussi le projet fut-il accueilli par les clameurs furieuses de la Montagne. Une nouvelle commission fut nommée pour examiner le projet de Lepelletier de Saint-Fargeau, qui ramenait purement et simplement l'éducation nationale au type spartiate : « Tous les enfants élevés ensemble aux frais de l'État dans des maisons nationales, où ils demeurent enfermés pendant six ou sept ans. »

C'est Robespierre qui présente à la Convention ce plan, dont l'auteur avait été assassiné quelque temps auparavant. Toutefois, un amendement en faveur de la liberté fut proposé et soutenu. Par qui? Par Danton. L'Assemblée vota la rédaction suivante : « La Convention nationale décrète qu'il y aura des établissements nationaux où les enfants seront élevés et instruits en commun, et que les familles dans la maison paternelle auront la faculté de les envoyer recevoir l'instruction publique dans des classes particulières instituées à cet effet. »

Pires que des Conventionnels, nos francs-maçons d'aujourd'hui !

⁂

Comme je travaillais à ce livre, ma bonne fortune me fit rencontrer un de mes confrères de province : M. Octave Chambon, de la Bourgogne, qui lutte pour le bon combat.

Tout en causant, nous en arrivâmes à parler de la *Liberté d'Enseignement*.

M. Octave Chambon m'avoua alors qu'il était en train de faire imprimer, sous forme de feuille populaire, de *Tract*, un Appel à la sincérité et au *Patriotisme de la Nation* en faveur de la *Liberté de l'Enseignement* ; et comme je lui annonçais que je terminais un livre pour la jeunesse chrétienne, il me donna gracieusement l'autorisation de reproduire son *Tract*.

Je vais le donner ici, en grande partie, car c'est un document important qui devrait être dans toutes les mains des catholiques de France (1).

« La France, dit ce placard, est menacée d'un grand danger.

» Par une loi infâme, liberticide, nos gouvernants actuels, qui se proclament à outrance les champions de la liberté, veulent attenter à la liberté des pères de famille, en les obligeant à passer sous les fourches caudines de l'État omnipotent, de l'État SEUL MAÎTRE D'ÉCOLE.

» Oui, qui que vous soyez, fonctionnaire ou industriel, commerçant ou ingénieur, croyant sincère ou indifférent, si vous voulez qu'un jour vos fils aient droit d'entrée dans les carrières libérales, si vous voulez qu'ils émargent, grâce à un emploi, à une fonction quelconque, à ce budget qui pèse si lourdement sur les épaules des contribuables, il faudra que vous abdiquiez le droit de donner à vos enfants l'instruction et l'éducation là où il vous plaît.

» Quiconque ne portera pas l'estampille de l'État, qui-

---

(1) On peut se le procurer, pour propagande, au bureau du journal *la Bourgogne*, 8, rue du Collège, à Auxerre.

conque n'aura pas fréquenté les collèges ou lycées de l'État, ne sera pas digne de concourir pour une place ou emploi public.

» Vous avez des diplômes, vous êtes d'une intelligence supérieure, vos aptitudes sont hors de pair : que m'importe ! répond le gouvernement actuel. Vous ne sortez pas de chez nous, vous avez étudié dans l'établissement voisin, vous ne portez pas la marque de fabrique : repassez une autre fois !

» Mais quel est donc le motif qui pousse ces sectaires à agir ainsi ?

» Ils prétendent que l'enseignement de l'État est seul le bon, le vrai, qu'il est même supérieur à tout autre.

» Ils prétendent que l'enseignement libre ne forme que des élèves inférieurs, des ennemis de la République; qu'il crée dans la jeunesse une sorte d'antagonisme qui doit avoir sa répercussion plus tard dans le mouvement social et économique du pays !

» Raisons piteuses et de mauvais aloi !

» Ces raisons alléguées ne sont pas les vraies ; il n'y en a qu'une, mais que les hypocrites se gardent bien de dire tout haut : ce serait l'aveu d'une faillite.

» Cette raison, la voici :

» Grâce à des statistiques, dressées par des *représentants officiels*, il vient d'être prouvé que l'enseignement LAÏQUE est en BAISSE, et que l'enseignement LIBRE est en HAUSSE.

» L'État, marchand de soupe, ne fait plus ses frais.

» *Et c'est la grande raison, l'unique*, qui a fait concevoir à nos gouvernants le projet d'une loi obligeant les citoyens à venir quand même, mendier chez lui un peu de cette instruction qu'il trouve ailleurs à *meilleur compte et de meilleure qualité.*

» Or, il est bon, il est nécessaire que vous, pères de famille, vous sachiez la vérité.

» Et, puisque, sur tous les tons, on vous répète que l'enseignement laïque est supérieur à l'enseignement libre, puisque le projet de loi en question n'est, en somme, qu'une attaque déguisée contre l'enseignement libre dont il veut la mort à brève échéance, nous allons mettre les choses au point.

» Quels seront nos arguments ?

» *Des Témoignages,*
    » *Des Chiffres*
        » *Et des Faits.*

» Des témoignages ? Nous n'interrogerons pas que des amis de notre cause. Tous : adversaires, amis, indifférents diront de quel côté est le bon droit.

» Des chiffres ? Non pas des chiffres fantaisistes, inventés pour les besoins du moment, mais des chiffres officiels.

» Des faits ? Non pas des imaginations mensongères, mais des fait constatés, prouvés, et contre lesquels personne ne peut s'inscrire en faux.

» Deux parties dans cette étude :

» Dans la première, nous défendons l'enseignement libre des attaques dirigées contre lui.

» Dans le seconde, nous nous retournons contre l'adversaire, pour attaquer à notre tour, et nous prouverons, avec la clarté de l'évidence, que l'enseignement laïque est en train de faire faillite.

DÉFENSE

« Les idées répandues parmi le peuple ont sûrement une action directrice sur l'avenir social du pays. Car, le peuple, ne l'oublions pas, c'est la masse géante à laquelle on ne peut résister dans sa poussée ; le peuple, c'est le nombre, le peuple, c'est la *foule qui vote.*

» Oh ! ces suffrages du peuple, que ne fait-on pas pour les conquérir ! Car, seuls, ils assurent le maintien au pouvoir ! Or, ceux qui sont au pouvoir étant corrompus, ils veulent que le peuple, leur soutien aveugle, le soit aussi.

» Et ils le corrompent par l'Idée ; l'idée mauvaise, bien entendu.

Reproche général : l'Église hait la science.

« Les adversaires de la Liberté déclament ou font déclamer par leurs feuilles publiques que l'*Église est, par principe, ennemie de la Science*. Science et Religion, ajoutent-ils, sont deux termes contradictoires ; et, donc, le siècle présent, qui est un siècle de science, ne peut avoir aucun rapport avec l'Église catholique.

» De cette accusation générale, ils descendent aux faits particuliers et concluent, par voie d'induction, que les représentants de l'Église, les tenanciers de l'enseignement libre sont inférieurs à ceux de l'enseignement laïque, ou plutôt (parlons franchement), de l'enseignement athée.

» L'accusation n'est pas neuve. Il y a longtemps qu'on nous berce les oreilles de pareilles sornettes. Il est temps de les réfuter, non plus par des phrases sonores, mais bien plutôt par des faits ou des paroles de témoins autorisés.

» Vous dites, hypocrites modernes, que quiconque vit sous le joug de l'Église est inévitablement inférieur au point de vue scientifique.

Savants Jésuites.

» Le P. MARQUETTE atteint en 1673 le bassin du Mississipi. La République américaine, pour donner à cet humble religieux un souvenir mémorable, fit frapper en 1798 un timbre-poste à l'effigie du Père.

» Le P. ALBANEL, jésuite, découvrit la mer d'Hudson, en 1874.

» Le P. SECCHI, célèbre astronome du dix-neuvième siècle, était jésuite.

» Le P. Colin, Jésuite, fondateur de l'observatoire de Tananarive, à Madagascar, vient d'être élu membre de l'Académie des Sciences.

» Un missionnaire jésuite de Madagascar a été nommé, au commencement de 1899, chevalier de la Légion d'honneur, par le gouvernement de la République.

» J'en passe et des meilleurs : mais nous retrouverons ces bons jésuites tout à l'heure.

» Roger Bacon, célèbre physicien, était un religieux franciscain. Il inaugura les méthodes de l'expérimentation instrumentaire. Et je recommande à nos athées modernes la belle pensée du moine savant : « Le vrai bonheur
» comme la véritable sagesse consiste à la fois dans la
» science et l'amour de Dieu, et la vraie piété est l'aro-
» mate qui empêche la première de corrompre. »

» Copernic, le célèbre astronome, était un *chanoine*. Il eut la gloire de découvrir le système planétaire qui est admis aujourd'hui.

» Mariotte, le célèbre physicien, était *abbé* : c'est lui qui décrivit la loi fondamentale sur la compression des gaz.

» Citons encore Gabriel Mouton, vicaire de la paroisse de Saint-Paul, à Lyon. Il découvrit, en 1670, les avantages qu'il y avait à se servir du mètre comme base du nouveau système de poids et mesures. Ces principes ne furent mis en application que cent-vingt-neuf ans plus tard, le 22 juin 1899.

» L'abbé Mouton avait proposé de prendre pour unité linéaire une fraction du méridien terrestre, à laquelle il donnait le nom de *virga*, et d'établir les multiples et sous-multiples suivant l'ordre décimal, en leur donnant des noms tirés du latin. Ce furent les savants Delambre et Méchain qui mirent en pratique la découverte de l'abbé Mouton.

» Mais, nous dira-t-on, tout cela sent bien le vieux ; et nous voudrions des noms plus modernes. A votre aise : c'est l'*Académie des Sciences*, elle même.

Savants modernes du Clergé.

» Dans sa séance du 18 décembre 1899, cette assemblée décernait :

» Le prix Desmazière (1,600 fr.), à l'abbé Hue.

» Le prix Montagne (500 fr.), au père Héribaud. (L'appellera-t-on encore ignorantin, celui-là ?)

» L'*Académie française* a décerné, à l'abbé Boissonnet le prix Juteau-Duvigneaux, de 1,000 francs.

» Au P. Baudrillart, le prix Gobert, de 10,000 fr., pour son remarquable ouvrage : « Philippe V et la cour » de France. »

» L'abbé Martin, une partie du prix Thérouanne. (500 fr.)

» L'abbé Lecigne, une partie du prix Bardin (500 fr.), pour son ouvrage : « Brizeux et ses œuvres. »

» L'abbé Launay, un prix magnifique pour son « his- » toire des Missions dans l'Inde. »

» Et sur la liste des prix décernés par l'Académie française en sa dernière séance, nous relevons les deux prix suivants :

» Prix Juteau-Duvigneaux, 2,500 fr., ainsi partagé : 2,500 fr. à M. l'abbé Klein : « Vie de Mgr Dupont, évêque de Metz (1804-1886) » ; 500 fr. à M. l'abbé Ricard : « Joseph-Auguste Séguret ou le jeune martyr de Laos (1). »

» L'*Académie des Incriptions et Belles-Lettres* a décerné le prix Stanislas Julien, de 1,500 fr., à deux prêtres catholiques chinois :

---

(1) Dans un livre que Mgr Guilbert fit paraître en 1889 sous le titre : *Divine synthèse*, l'illustre prélat démontre qu'il n'y a pas et ne peut y avoir d'antagonisme entre la foi et la science et que bien au contraire, « pour quiconque est libre des préjugés, de l'orgueil et de la tyrannie des sens, la science vraie et intègre sera toujours l'échelle mystérieuse par où l'homme doit monter à travers les splendeurs de l'univers créé et s'élever jusqu'à Dieu le suprême Créateur. »

» Le R. P. Pierre Hoang : « Le mariage chinois au
» point de vue légal. »

» Le R. P. Étienne Zi : « Pratique des examens mili-
» taires chinois. »

» L'abbé Olivier obtint le prix Gabriel-Auguste Prost, pour son ouvrage : « Châtel-sur-Moselle avant la Révolu-
» tion. »

» Les RR. PP. Lagrange et Delattre obtiennent 600 fr. sur le prix Piot, le premier pour des relevés topographiques de la Palestine, le second pour la continuation de ses fouilles dans la région de Carthage.

» L'Académie des *Sciences Morales et Politiques* a décerné un prix au R. P. Dom Marius Fortin, bénédictin de la Congrégation de France, pour sa publication sur l'abbaye de Silos, en Espagne.

» Le R. P. François Balme, de l'ordre des Frères prêcheurs, a été couronné par l'Académie des Inscriptions et Belles-Lettres avec le R. P. Marie-Joseph Belon, pour deux ouvrages intitulés :

» 1° « Jean Brehal, grand inquisiteur de France. »

» 2° « La réhabilitation de Jeanne d'Arc. »

» Pierre Berthelot, en religion R. P. Denys, de la Nativité, qui vient d'être béatifié, était pilote et cosmographe du roi de Portugal.

» Soixante-dix cartes marines fort belles se trouvent à la bibliothèque nationale de Paris. — Fut martyrisé à Atchine (Sumatra).

» Voilà, je pense, des preuves assez convaincantes, et qui établissent qu'en plein dix-neuvième siècle, les membres du clergé séculier et régulier font bonne figure parmi le monde scientifique.

Opinions sur les Jésuites.

» Mais revenons à nos Jésuites.

» Ils sont un peu (beaucoup même) la bête noire de tous

les écrivaillons du jour. L'influence jésuitique, voilà la
« tarte à la crème » de ceux qui, à court d'arguments,
emploient tour à tour l'insulte ou le mensonge.

» Or, les Jésuites sont Français et travaillent pour la
France !

» Qui donc a dit cela ? M. Laroumet membre de l'Institut, titulaire de cours public à la Sorbonne.

» Les Jésuites montrent un dévouement absolu pour le nom Français. »

» Ces paroles sont de Douville-Maillefeu, célèbre par sa prêtrophobie !

« Les Jésuites ont tous le cœur français. »

» Témoignage de l'amiral Jurien de la Gravière.

« Il n'est pas jusqu'à M. Constans. ambassadeur de la France à Constantinople, qui, lui aussi, ait tenu à détruire la légende établie à plaisir sur le compte des Jésuites.

Écoutez ce témoignage, il n'est pas suspect :

» Dans les écoles dirigées par les religieux français ou par les Latins que nous patronnons, nous élevons 36,000 enfants, mais nous demeurons à peu près stationnaires. Ce n'est pas que nos religieux et religieuses soient inférieurs à leur tâche, mais nos ressources sont trop restreintes ; nous n'avons que 700,000 fr. à dépenser pour patronner et soutenir tant d'œuvres, tandis que les autres nations, la Russie en particulier, dépensent *des millions* pour favoriser leurs coreligionnaires.

» Heureusement, *nos religieux sont désintéressés et courageux jusqu'à l'héroïsme.*

» *Avec quelques centaines de francs reçus chaque année, nos religieux font des prodiges !* Ils s'entretiennent, ils construisent des écoles, des dispensaires, des asiles ; tous les jours et de toutes les manières, ils se dévouent sans compter, et leur *désintéressement absolu* leur concilie l'estime et la confiance de tous les Orientaux.

» Et en même temps qu'ils font œuvre de *prosélytisme*

religieux, ils font œuvre de bons Français; ils font connaître et aimer la France.

» — Vous êtes peut-être surpris, Messieurs, disait-il encore, de m'entendre parler de la sorte, mais je rends hommage à la vérité. Je vous dis en toute simplicité et franchise ce que j'ai vu et entendu, ce que j'ai constaté par moi-même. En Orient, les religieux et les religieuses nous rendent *d'immenses services;* la France se doit à elle-même de les aider et de les protéger; le jour où elle les abandonnerait, c'en serait fait de *son prestige dans tout l'Orient.*

» *Les Pères Jésuites en particulier (je suis peut-être peu autorisé à faire leur éloge)* exercent en Syrie une action puissante. *Ils ont une Université* très florissante à Beyrouth; autour de Beyrouth et dans tout le Liban, *ils ont fondé plus de 130 écoles* qu'ils dirigent et inspectent, et qui leur assurent dans le pays une immense influence. Qu'ils délaissent ces œuvres, et le crédit de la France sera, dans tout ce pays, *complètement ruiné.*

» — Monsieur l'ambassadeur, lui disait un jour finement un de ses compagnons de voyage, *vous avez donc appris à les estimer ?*

» Eh! oui, répondit M. Constans, je les ai vus à l'œuvre et je suis heureux de rendre hommage à leur activité et à leur patriotisme.

» Quant à nos religieuses, elles font merveille aussi; elles ont sur les musulmans une influence extraordinaire. Ah! si nous avions des ressources plus abondantes ! Tout le crédit qui nous a été alloué est à peu près dépensé aujourd'hui, et nous avons encore beaucoup. Vous avez sans doute rencontré deux Petites-Sœurs de l'Assomption, en venant me rendre visite; d'ici j'entends leur requête : elles viennent me demander 400 francs pour une école qu'elles ont récemment construite. Le moyen de les leur refuser ! Il faudra les prendre sur les sommes destinées à l'entretien de l'ambassade; les jardins seront un peu moins bien entretenus, et ces braves filles pourront continuer à se dévouer et à faire aimer la France. »

Exemple des autres nations.

Ce qui prouve bien encore l'influence excellente de cet ordre religieux, d'une organisation merveilleuse, c'est la conduite des gouvernements étrangers à son égard.

L'empereur d'Allemagne vient d'ouvrir aux Jésuites les portes de son empire.

En 1898, aux Indes, le gouverneur anglais de la province de Bombay, Lord William Sandhurst, se rendit officiellement, en grande pompe, au collège des Jésuites de Saint-François-Xavier, renfermant plus de QUINZE CENTS élèves, pour les féliciter publiquement, au nom de la reine d'Angleterre, de leur immense dévouement pendant la peste qui désolait le pays.

Le président de la république américaine, de 60 millions d'habitants, Mac-Kinley, ne croit pas compromettre sa dignité présidentielle en allant présider une imposante cérémonie de l'Université catholique de Georgetown, dirigée par les RR. PP. Jésuites.

Élèves des Jésuites.

Des maîtres, passons aux élèves.

Dans les sciences aussi bien que dans la littérature, dans l'industrie, dans les arts, dans la carrière des armes, les noms abondent des hommes illustres qui eurent pour éducateurs ces maîtres, dont les méthodes d'enseignement portent, de siècle en siècle, la marque du plus haut talent, j'allais presque dire du génie.

Furent élevés par les Jésuites :

DESCARTES, célèbre mathématicien et philosophe.

CORNEILLE, poète, le véritable créateur de l'art dramatique français.

Molière, le premier des auteurs comiques.

Bossuet, l'un des plus profonds écrivains français et des plus grands orateurs, une de nos gloires nationales.

Condé, le plus grand capitaine de Louis XIV.

Théophile Malo Corret de La Tour d'Auvergne.

Miribel, des Garrets, généraux.

Mathieu de Lesseps, père du créateur de Suez.

Lamartine, un de nos plus grands poètes.

Villebois de Mareuil, élèves des Jésuites de Vaugirard.

Certes, la liste serait longue, si nous voulions énumérer tous ceux qui, sortis des collèges dirigés par les Jésuites, savent conquérir un nom illustre dans les annales de notre pays.

Qu'on nous permette encore de citer quelques noms :

Drouot, le maréchal Ney, Royer-Collard, Mac-Mahon, l'amiral Courbet, Berryer, le célèbre avocat, le commandant Marchand, le capitaine Baratier, le général de Négrier, de Sonis, le célèbre médecin Laënnec, Davoût, Flandrin, peintre célèbre, le fra Angelico de la peinture moderne, Berlioz et Gounod, deux de nos plus grands musiciens, furent tous élevés soit dans des petits séminaires, ou des établissements religieux.

Le général Voyron, commandant en chef du corps expéditionnaire de Chine, a été élevé au petit séminaire de Valence de 1853 a 1859.

Autres célébrités élevées par les Religieux.

L'amiral Decrès, l'amiral Ganteaume, l'amiral Duperré, le général Desaix, vainqueur de Marengo, le général de Narbonne, le général Paule de Lamothe, le général Rohant de Fleury, le maréchal Suchet, duc d'Albuféra, Devaux de Saint-Maurice, commandant de l'artillerie de la Garde, à Waterloo, tous élevés par les religieux de l'Oratoire, au collège de Juilly.

Et en dernière ligne, il nous plaît de citer la profession de la foi chrétienne d'un de nos plus grands mathématiciens du dix-neuvième siècle, CAUCHY :

« Je suis chrétien, écrivait-il, c'est-à-dire que je crois à la divinité du Christ avec Tycho-Brahé, Copernic, Descartes, Newton, Fermat, Liebnitz, Pascal, Grimaldi, Euber, Guldin, Boscswich, Gerdit. Avec tous les grands géomètres des siècles passés. Je suis même catholique avec la plupart d'entre eux, et, si l'on m'en demandait la raison, je la donnerais volontiers. On verrait que mes convictions sont le résultat, non de préjugés de naissance, mais d'un examen approfondi. Je suis catholique sincère, comme l'ont été Corneille, Racine, La Bruyère, Bossuet, Bourdaloue, Fénelon, comme l'ont été et le sont encore un grand nombre d'hommes les plus distingués de notre époque, de ceux qui ont fait le plus d'honneur à la science, à la philosophie, à la littérature, qui ont le plus illustré nos académies.

» Je partage les convictions profondes qu'ont manifestées par leurs paroles, par leurs écrits, tant de savants de premier ordre, les Ruffini, les Haüy, les Laënnec, les Ampère, les Pelletier, les Freycinet, les Coriolis ; et j'évite de nommer ceux qui restent de peur de blesser leur modestie. »

Les Frères.

A côté des religieux, des prêtres qui préparent aux carrières libérales l'élite de la jeunesse française et qui, soit dans l'enseignement secondaire, soit dans l'enseignement supérieur, peuvent, sans pâlir, soutenir la comparaison avec les établissements similaires de l'État, il y a *les humbles, les maîtres d'école primaire*, les descendants de Jean-Baptiste de La Salle : LES FRÈRES.

Silencieusement, mais sûrement, avec l'autorité de méthodes incontestées et dont les succès acquis établissent la perfection, ils travaillent à la formation de l'adolescence avec une abnégation surhumaine.

Les a-t-on assez ridiculisés ! Leur a-t-on assez jeté à plaisir l'épithète d'ignorantins ! A-t-on assez essayé de salir l'humble robe qu'ils portent si simplement et si dignement !

En face des insultes, proclamons les témoignages de respect et d'admiration. Et notez qu'ils ne viennent pas des *cléricaux*.

Napoléon Ier, qui n'était certes pas un clérical bien passionné, disait en plein Conseil d'État :

« *Je ne conçois pas l'espèce de fanatisme dont quelques personnes sont animées contre les Frères. C'est un véritable préjugé. Partout on redemande leur rétablissement. Ce cri général démontre assez leur utilité.* »

Gambetta (1), dans une lettre du 26 novembre 1881, écrivait au Supérieur général des Frères pour le remercier de faire aimer partout la France, et lui allouait une importante subvention.

Waddington, dans sa lettre du 7 décembre 1878, félicite le Supérieur général de l'Institut de l'heureux résultat de ses efforts et se déclare disposé à *alléger les lourdes charges qu'il s'est imposées*.

M. Barthélemy Saint-Hilaire, cédant au désir de donner un nouveau témoignage du bienveillant intérêt de la République aux établissements scolaires fondés par les Frères, se déclare heureux de venir en aide à un Institut qui contribue, dans une large mesure, à la propagation de la langue française. (Lettre du 2 juin 1977.)

M. Freycinet, dans sa lettre du 24 mai 1886, se déclare assuré du dévouement patriotique que les Frères apportent à l'exécution de leur mission.

---

(1) Ces témoignages et les suivants sont extraits du rapport de M. le comte d'Haussonville à l'Assemblée générale de l'Œuvre du Bienheureux de La Salle (Séance du 2 mars 1900.).

M. Flourens, appréciant les services que les Frères des Écoles chrétiennes sont appelés à rendre au développement de l'influence française, leur accorde une allocation. (Lettre du 9 mai 1887.)

M. René Goblet écrit, le 2 juillet 1888, au Supérieur général des Frères, qu'il lui octroie une subvention, et rend hommage au dévouement patriotique avec lequel les membres de l'Ordre ont toujours poursuivi la propagation de la langue française dans les pays où ils se trouvent établis.

M. Félix Faure, visitant, en 1894, les établissements scolaires des Frères, en Orient, s'exprimait en ces termes, en présence du Consul, dans une allocution adressée aux élèves du Collège d'Alexandrie : « La France, mes chers amis, est fière de ses œuvres en Égypte ; elle est fière de vos maîtres qui ont quitté une patrie tant aimée pour étendre la civilisation. *Ils sont nos amis*, puisqu'ils travaillent *pour le progrès*, puisqu'ils se dévouent pour la liberté. Je le sais, ce n'est pas un esprit étroit qui préside à votre éducation ; les différences de peuples et de nationalités ont disparu ; vous êtes amis sans distinction de religion ; *c'est l'esprit le plus large qui préside à votre formation intellectuelle et morale.* »

M. Duruy, dans son rapport sur l'enseignement technique, a dit avec une sincérité qui l'honore : « C'est à l'abbé de La Salle que la France est redevable de la mise en pratique et de la vulgarisation de cet enseignement... Bientôt, de ce premier essai, sortit un enseignement qui, s'il eût été généralisé, *aurait avancé d'un siècle* l'organisation des écoles d'adultes et même de l'enseignement secondaire spécial. » (*Journal officiel*, samedi 2 mars 1867, page 228.)

M. Buisson, qui a été longtemps directeur de l'enseignement primaire, disait, dans son rapport sur l'Exposition Universelle de Vienne : « Les Frères sont arrivés à élever le niveau de l'enseignement, à en régulariser la marche, à en faire profiter la masse et non plus seulement l'élite des élèves. » Dans le même rapport, il faisait honneur aux Frères, « d'avoir entrepris résolument la transformation des méthodes primaires » et il applaudissait à l'hommage rendu par le jury Viennois au *Frère Alexis*, « auquel, disait-il, *revient l'honneur d'avoir, le premier, osé faire pénétrer dans l'école populaire un ensemble de procédés rigoureusement scientifiques.* »

Terminons par le témoignage de quelqu'un qu'on n'accusera certainement pas d'une tendresse exagérée pour l'enseignement congréganiste, M. Compayré, l'auteur de l'*histoire de la Pédagogie* : « *Les fondations de La Salle*, dit-il, *ont droit à l'estime et à la reconnaissance des amis de l'instruction. Elles représentent le premier effort suivi de l'Église catholique pour organiser l'enseignement du peuple. Ce que les Jésuites ont fait en matière d'enseignement secondaire, avec des ressources immenses et pour des élèves qui les rétribuaient de leurs peines, La Salle l'a tenté pour l'enseignement primaire, à travers mille obstacles, pour des élèves qui ne payaient pas.* »

N'ajoutons rien à de telles paroles ; venant d'un adversaire, elles n'ont que plus de valeur, et elles constituent un argument invincible en faveur de l'enseignement libre.

Succès de l'Enseignement libre.

Mais ce n'est pas tout.

Si l'on doit juger l'arbre aux fruits qu'il porte, il faut reconnaître que l'enseignement libre est excellent, étant donnés les succès qu'il remporte tous les jours.

Les chiffres que nous allons donner ne sont pas de pure fantaisie : ils ont été pris aux statistiques officielles.

Commençons par :

L'Enseignement secondaire et supérieur.

En 1897,

Le N° 1 de l'École Polytechnique sort de l'École Lacordaire, tenue par les Dominicains ;

Le N° 1 de l'École Saint-Cyr sort de l'École libre catholique de Saint-Sigisbert (Nancy);

En 1898,

Le N° 1 de l'École Polytechnique sort de l'École Sainte-Geneviève;

Le N° 1 du Borda sort du Collège de Jersey;

Le N° 3 de Saint-Cyr sort de l'École Sainte-Geneviève, tous établissements tenus par les Jésuites.

En 1899,

M. Richter, major de la promotion de Saint-Cyr, est élève de la rue des Postes, tenue par les Jésuites;

L'École Saint-Charles, à Saint-Brieuc, a présenté au Borda 16 élèves : 7 ont été reçus avec les numéros 3, 15, 17, 25, 29, 55, 84;

10 élèves du Pensionnat Notre-Dame, à Doulon-lès-Nantes, ont obtenu en juin le diplôme d'élèves de la marine marchande de 1re et de 2e classe; 4 d'entre eux occupaient les premières places sur les listes d'admissibilité.

En 1899,

Le N° 1 de l'Agrégation d'Histoire et de Géographie a été obtenu par le professeur de l'Université catholique de Lille.

Enseignement primaire.

Nous avons sous les yeux, la déposition faite par le Frère Justinus devant la commission de l'enseignement et dont M. Ribot était président, déposition que nous avons trouvée reproduite in-extenso dans la « *Justice Sociale* ». Il y a là des documents très nets et très précis qui prouvent la supériorité de l'Enseignement primaire congréganiste.

1re *Preuve.* — Pendant une période de trente années, de 1848 à 1878, sur 1,445 bourses mises au concours pour les écoles primaires d'enseignement primaire pour la Ville de Paris, 1148 places ont été données aux élèves des Frères.

Moyenne pour les Frères, 80 pour 100.
Moyenne pour les laïques, 20 pour 100.

2° *Preuve*. — En 1878, année du dernier concours où les Frères étaient admis, sur 339 concurrents déclarés admissibles, 242 appartenaient aux écoles des Frères, et sur les 50 premières places, les Frères en obtenaient 34.

Ces succès devenaient inquiétants. C'est pourquoi, sans doute, au nom de l'égalité et de la liberté, on supprima les concours, à partir de 1878, afin de n'avoir pas à enregistrer, sur le terrain de l'enseignement primaire, les défaites inévitablement répétées des écoles laïques.

3° *Preuve*. — Sur 23 concours, de 1848 à 1870, les 10 premiers numéros, dans le classement par ordre de mérite, ont été dévolus à des élèves des Écoles des Frères, savoir :

Le N° 1, 20 fois ; le N° 2, 22 fois ; le N° 3, 20 fois ; le N° 4, 18 fois ; le N° 5, 19 fois ; le N° 6, 23 fois ; le N° 7, 17 fois ; le N° 8, 18 fois ; le N° 9, 18 fois ; le N° 10, 22 fois.

Et cependant, le nombre des écoles congréganistes ne représentait que 48 pour 100 de l'ensemble des établissements primaires de l'État !

4° *Preuve*. — Moyenne des certificats obtenus par les Frères et les laïques de 1869 à 1878.

	LAIQUES		FRÈRES	
	Certificats obtenus.	Moyenne par école.	Certificats obtenus.	Moyenne par école.
1869	177	2.76	274	5.48
1870	264	4.06	419	7.76
1871				
1873	322	4.35	471	8.72
1874	483	6.35	601	11.13
1875	593	7.32	711	13.17
1876	656	7.63	692	12.81
1877	755	7.67	687	12.72
1878	852	8.78	980	14.44

Consultez le tableau des « moyennes par école » et comparez : il vous est facile de voir de quel côté est la supériorité.

5ᵉ preuve. — Pour le seul établissement de Passy, de 1892 à 1898, les Frères ont compté 365 succès à l'enseignement du Baccalauréat de l'enseignement moderne, soit pour 7 années et pour un seul établissement, une moyenne de 52 succès par année.

De 1887 à 1898, le pensionnat de Passy a eu 4 fois le major de la promotion à l'École centrale, 2 fois le sous-major.

De 1887 à 1898, sur 134 élèves présentés à l'École centrale, 119 ont été admis, soit plus de 89 0/0.

Ces chiffres ont leur éloquence.

6ᵉ preuve. — Pendant les dix dernières années, les élèves de l'École des Frères de Saint-Étienne ont obtenu la place de major *11 fois sur 20*, à l'École des Mines de Saint-Étienne.

Et sur *100* places, ces mêmes élèves en ont conquis 51.

Sur la liste des adhérents à la Société amicale des anciens élèves du pensionnat de Passy, on peut relever *les noms de 31 chevaliers de la Légion d'honneur*.

7ᵉ preuve. — *Au point de vue agricole*. — Si l'on consulte l'annuaire du département du Finistère pour l'année 1899, on relève les noms de :

74 maires, 97 adjoints, 10 conseillers d'arrondissement, 2 conseillers généraux, anciens élèves du pensionnat Sainte-Marie, tenu par les Frères à Quimper.

8ᵉ preuve. — *Le 1ᵉʳ lauréat de la Société des Agriculteurs de France* a été, pour l'enseignement de l'Agriculture un *Directeur d'école de Frères*.

Le prix d'honneur de la même société, en 1898, ainsi que la médaille d'or pour la publication d'un cours d'agriculture à l'usage des établissements d'instruction, ont été décernés aux *Frères* des Écoles chrétiennes.

Les jeunes apprentis de l'École d'Igny (Seine-et-Oise) ont obtenu 44 prix, savoir :

19 au concours de Reims ;
13 au concours de Paris ;
12 au concours de Versailles ;

parmi lesquels un prix d'honneur et un premier grand prix.

9⁰ preuve. — *Au point de vue industriel.* — Aux derniers examens d'admission pour l'École des apprentis élèves-mécaniciens de la flotte, les établissements des Frères de Brest, de Quimper, de Lambézellec, ont fait admettre 27 de leurs élèves.

L'École de Brest a eu le numéro 1 de la promotion.

Le pensionnat de Lambezéllec a eu le numéro 3.

L'École de Saint-Éloi d'Aix a fait admettre à elle seule 30 élèves à l'École nationale des Arts et Métiers dans les examens du 30 juin au 2 juillet 1898.

Le pensionnat secondaire moderne de Rodez a fait admettre de 1890 à 1898 :

88 élèves à l'École nationale d'Arts et Métiers, aux équipages de la flotte ou à l'École des contremaîtres de Cluny.

Enfin, dans sa séance du 12 juin 1897, l'Académie des Sciences morales et politiques décernait à l'œuvre Saint-Nicolas, des Frères de Paris, reconnus d'utilité publique, le prix Andéoud, avec des éloges très motivés.

Ajoutons que la célèbre École Sainte-Geneviève, tenue par les Jésuites, a eu pendant la guerre :

86 élèves tués à l'ennemi.

184 ont été décorés.

Voilà l'éducation que les R. P. Jésuites donnent à nos jeunes gens.

UNE OBJECTION

Très bien, disent les adversaires de l'Enseignement libre, mais les élèves sortis des Écoles congréganistes, une fois entrés dans les écoles de l'État, perdent le rang qu'ils avaient au début. On veut insinuer par là que ces élèves ont reçu une instruction forcée, qu'ils ont été, disons le mot, « chauffés » pour l'examen et qu'une fois arrivés dans une école de l'État, ils ne profitent pas de leur acquis.

L'objection tombe à faux; et c'est encore par des chiffres que nous allons le prouver.

Les élèves de Passy *admis* à l'École Centrale dans la proportion de 119 à 134 (89 0/0) obtiennent 6 fois le rang de major de la promotion, 2 fois celui de sous-major, de 1897 à 1898, puis sortent avec d'excellents numéros, en qualité d'ingénieurs diplômés.

A l'École des Mines de Saint-Étienne, durant les dix dernières années, les Frères ont eu ONZE majors sur les VINGT réunis de l'entrée et de la sortie. Et sur l'ensemble des 10 premiers de chaque année, soit 100 au total, les Frères comptaient *51* de leurs élèves à l'*entrée* et *53* à la *sortie*.

Dans ce dernier cas, bien loin qu'il y ait fléchissement, il y a, au contraire, progrès.

Le concours d'entrée de l'École des Mines de Saint-Étienne, en juillet-août 1898, a donné, pour les 19 élèves des Frères, admis, le classement suivant : 1. 2. 3. 8... et 37, soit un total de 382 pour l'ensemble des places obtenues. Or, au classement de janvier 1899, à *l'intérieur de l'école*, ces mêmes élèves obtenaient le classement suivant : 1. 2. 4. 5. 6. 8... et 30, soit un total seulement de 283 pour l'ensemble des places : ce qui constitue une avance de 99 points (382-283) sur les résultats déjà brillants du concours d'admission.

On le voit, lorsque les élèves de l'enseignement libre se présentent aux concours, ils remportent, de haute lice, les premières places. Et cette valeur intellectuelle se maintient pendant le séjour dans les écoles de l'État, ce qui prouve le mal fondé des objections auxquelles nous venons de répondre.

Ici se termine la défense de l'Enseignement libre. Nous

avions promis de citer des autorités, des chiffres, des faits. Avons-nous tenu notre promesse?

Au lecteur impartial de répondre et de décider de quel côté sont et la justice, et le bon droit, et la vérité.

Trop heureux seraient nos adversaires, si nous les laissions quittes à si bon compte. Savoir se défendre, être prompt à la riposte, c'est bien; savoir attaquer de front, sans trêve, ni merci, c'est mieux.

Et nous l'osons ouvertement : avec loyauté, sans doute, mais avec une fermeté et une énergie persévérantes qui ne se démentiront jamais. Aujourd'hui nous commençons la guerre; nous livrons le premier assaut, ce ne sera pas le dernier.

ATTAQUE

Nous disions, en commençant, que la véritable raison qui poussait *nos gouvernants* (il serait plus vrai de dire les *francs-maçons*) à voter la loi de l'enseignement, était la constatation faite par eux du discrédit dans lequel tombent les écoles de l'État.

Voulez-vous des preuves?

Professeurs

Au moment du vote de la loi de juin 1881, sur l'enseignement obligatoire, il y avait en fonctions, dans l'enseignement public ou libre, 49,381 religieux ou religieuses. Or, les derniers « *États de situation* » dressés par le ministère de l'Instruction publique (année 1897) constatent la présence, à titre régulier, dans les écoles congréganistes, de 53,502 instituteurs et institutrices, remplissant toutes les conditions légales. Différence en plus, 3,121 instituteurs et institutrices, et, depuis 1897, le nombre des religieux et religieuses voués à l'enseignement s'est encore accru.

Donc, *premier échec de l'enseignement laïque.*

Écoles

En 1886, on comptait, d'après les statistiques officielles 11,754 écoles libres congréganistes.
En 1897, 16,129.
Différence en plus : 4,375 écoles libres.

Second échec de l'enseignement laïque.

On comptait dans les écoles chrétiennes libres:
En 1896, 907,246 élèves.
En 1897, 1, 477, 310.
Différence en plus : 570,064 élèves.

Troisième échec de l'enseignement laïque.

Et pourtant, Dieu sait quels expédients tous les laïcisateurs aux abois inventèrent, pour tarir dans sa source le recrutement du personnel congréganiste enseignant.

On vota la loi militaire du 16 juillet 1889 qui imposait aux instituteurs congréganistes le service de trois ans, tandis que les instituteurs laïques ne sont appelés à faire qu'un an. On pensait que ces humbles vocations ne résisteraient pas aux railleries de la caserne, aux tentations des grandes villes. Quel a été le résultat?

Le voici :

En 1889, on compte en France 9,046 instituteurs congréganistes.
En 1897, 9,685.
Différence en plus : 639.

Et encore faut-il tenir compte que ce chiffre n'est pas le véritable. En effet, l'application de la loi militaire force, en ce moment, près de 1,100 maîtres congréganistes, pourvus de leur brevet, à passer trois ans sous les drapeaux, de sorte que l'effectif des maîtres congréganistes s'élève en ce moment à près de 11,000.

Quatrième échec de l'enseignement laïque.

Donc, la vraie raison du nouvel attentat contre la liberté d'enseignement est bien celle que nous disions : l'État a peur, il ne peut supporter la concurrence loyale et écrasante de l'enseignement libre ; et alors, comme le disait M. de Cassagnac dans la séance de la Chambre des députés, le 21 novembre 1899, « ne pouvant l'emporter sur un adversaire supérieur à tous égards, vous essayez de lui donner du poignard dans le dos. »

GRAVES CONSÉQUENCES DU PROJET DE LOI CONTRE LA LIBERTÉ D'ENSEIGNEMENT

1º Suppression de la liberté du père de famille.

Ce projet de loi, c'est tout simplement l'expropriation de l'enfant dans la famille, pour cause d'utilité publique. Le père de famille, désormais, n'aura plus le droit de choisir, pour son enfant, l'école qui lui plaît, l'école dans laquelle on transmettra pieusement ses croyances et sa foi, car cet enfant lui sera volé, pour subir au front l'estampille d'un gouvernement athée.

Le père, comme chef de famille, met son enfant où il veut ; l'enfant ne saurait ni discuter, ni refuser, ni se révolter, il doit se soumettre à obéir au père.

Et c'est cet enfant que l'on excite d'avance, pour le jour où les carrières du gouvernement lui seraient fermées, c'est cet enfant que l'on dresse contre son père, afin qu'il lui reproche de lui avoir obéi, d'avoir reçu le dépôt de ses croyances, de sa foi : en un mot, afin de le renier et de le maudire !

La révolte du père de famille contre sa conscience, la

révolte du fils contre le père, la haine et le mépris assis au foyer patriarcal, voilà l'œuvre que l'on veut accomplir.

2° *Surcroît de dépense considérable.*

S'il est voté, le projet de loi coûtera à la France la bagatelle de

Cinq Milliards !

Le chiffre, au premier abord, paraît fantastique.
Le Projet de loi est contraire à l'esprit de la Révolution.
En somme, qu'est-ce que demandent les catholiques français ?
Tout simplement la Liberté d'enseignement, comme la comprenaient ceux qui ont fait la grande Révolution, dont se réclament à cor et à cris nos gouvernants actuels.

Article I. de la loi du 29 Frimaire An II : « L'Enseignement est libre. »

Mirabeau, le grand orateur, disait :
Si l'État était chargé de surveiller toutes les écoles publiques, l'enseignement y serait subordonné à *ses vues, lesquelles ne sont pas toujours conformes à l'intérêt du peuple. Le corps enseignant ne dépendra donc pas de l'État...* On peut, ajoutait-il, s'en rapporter à l'intérêt des maîtres, à l'émulation des élèves, à la surveillance des parents, à la censure publique, sauf dans le développement des sciences spéciales, comme la médecine, la chirurgie, la pharmacie, où le législateur a des abus criminels à prévoir.

Condorcet (philosophe, 1744-1794).
Après avoir, dans son rapport à l'Assemblée législative, soustrait la liberté d'enseignement, conséquence néces-

saire des droits de la famille et des droits de la vérité, aux atteintes de toute autorité politique, il célébrait les bienfaits de la concurrence qui stimule le zèle des institutions officielles et d'où résulte, pour les écoles nationales, l'invincible nécessité de se tenir au niveau des institutions privées.

Daunou (1741-1840), littérateur, membre de l'Institut, disait à la Convention :

« Vous ne devez porter aucune atteinte ni à la liberté des établissements particuliers d'instruction, ni aux droits plus sacrés encore de l'Education domestique.

Lakanal (1762-1845), un des membres de la Convention, le 26 juin 1793, sur les articles 40 et 41 d'un projet de loi arrêté par le Comité d'instruction publique que présidait Sieyès :

Art. 40. — La loi ne peut porter aucune atteinte au droit qu'ont les citoyens d'ouvrir des cours ou écoles particulières et libres sur toutes les parties de l'instruction, et de la diriger comme bon leur semble.

Art. 41. — Déclare que la Nation accorde des encouragements et des récompenses aux instituteurs et professeurs tant nationaux que libres.

Grégoire, membre de la Convention, dans son rapport du 31 août 1795, au comité de l'Instruction publique, jugeait ainsi le projet de Robespierre et Lepelletier de Saint-Fargeau, qui voulaient ce que veulent nos sectaires fin-de-siècle :

« Robespierre voulait ravir, aux pères qui ont reçu mission de la nature, le droit sacré d'élever leurs enfants. Ce qui, dans Lepelletier, n'était qu'une erreur, était un *crime* dans Robespierre ; sous prétexte de nous rendre Spartiates, il voulait faire de nous des ilotes. »

Talleyrand disait, dans un projet de loi qu'il rédigeait :

« Il sera libre à tout particulier, en se soumettant aux lois générales sur l'enseignement public, de former des établissements d'instruction; il sera tenu d'en instruire la municipalité et de publier le règlement. »

De Lanessan, (ministre actuel de la Marine), disait au sujet de la liberté d'enseignement :

« Je n'hésite pas à me prononcer très nettement contre le monopole de l'État, en matière d'enseignement secondaire. Je pense qu'il faut maintenir la liberté de l'enseignement comme l'arme la plus sûre contre l'abus que l'État pourrait faire de son autorité... contre ses fautes ou ses passions. »

Le peuple manque de confiance dans les professeurs de l'État en général.

Qu'on ne se méprenne pas sur la signification de ces paroles.

Nous ne prétendons pas que tous les professeurs de l'Université, sans aucune exception, sont indignes du rôle d'éducateurs de la jeunesse; mais nous affirmons qu'en thèse générale, leurs idées, leurs tendances n'offrent pas une garantie sûre aux pères de famille.

Les professeurs de l'Université en font eux-mêmes l'aveu.

Lisez la déposition suivante, faite par M. Rocafort, professeur de rhétorique au lycée de Nîmes, à propos de l'enquête sur l'enseignement : *elle prouve bien que le religieux seul est armé, dressé* pour être un éducateur de premier ordre :

« L'entraînement particulier que les religieux subissent au point de vue de l'apostolat sacerdotal les prépare admirablement au métier d'éducateurs.

» Les pensées élevées sur lesquelles on les tient atta-attachés, les sentiments de dévouement, de sacrifice, dont on les pénètre, les leçons de psychologie pratique et de direction spirituelle qu'on leur enseigne, tout cela constitue des ressources pédagogiques de premier ordre, utilisables dès leur entrée en fonctions. »

Voilà qui est parler net. Et cet aveu fait honneur à l'impartialité de M. Rocafort, qui sait reconnaître le mérite chez un adversaire.

Voici, maintenant, la conclusion de cet intéressant travail que je qualifierai de patriotique :

De tout ce qui précède, il est temps de tirer des conclusions.

La *Première*, c'est que nos lecteurs, tous les amis de la Liberté, tous les hommes indépendants doivent faire lire autour d'eux les documents et chiffres précités, afin de faire pénétrer dans la masse des électeurs la vérité telle qu'elle est.

La *Seconde*, c'est que, à toute occasion, et principalement devant les adversaires, ils doivent venger les droits de la Liberté méconnue et démasquer les *Hypocrites*, quelques noms qu'ils portent, quelque situation qu'ils occupent.

La *Troisième*, et la plus importante, c'est qu'ils doivent au nom de l'honneur, au nom de la Patrie, assurer à la jeunesse française une éducation loyale, saine, chrétienne.

Électeurs, citoyens, pères de famille, souvenez-vous de ceci :

Un peuple sans Dieu ne se gouverne pas; on le mitraille.

C'est là, suivant la parole de Napoléon Ier, que nous en viendrons si nous laissons élever les jeunes générations dans le mépris des traditions chrétiennes qui ont assuré la gloire de la France.

Oui, quiconque ne veut pas de la liberté de l'enseignement est un hypocrite.

Hypocrite

parce qu'il clame sur tous les toits la liberté et qu'il veut pour l'État un monopole.

Hypocrite.

parce qu'il clame sur tous les toits l'égalité et qu'il veut un privilège odieux.

Hypocrite

parce qu'il clame sur tous les toits la fraternité et qu'il veut la guerre des classes.

Tout peuple doit fatalement disparaître, qui veut vivre dans l'oubli du code sublime donné par le plus grand des législateurs : Dieu.

Ce code, c'est l'Évangile, où se trouvent inscrites en lettres de feu la *Liberté*, l'*Égalité*, la *Fraternité*.

A nous de le défendre par tous les moyens, et par celui, urgent, au premier chef, du maintien de la *liberté* de l'enseignement.

* * *

On me permettra, ici, de reproduire cette lettre que m'adressait l'éditeur de cette Défense de l'Enseignement, M. Octave Chambon, car elle renferme quelques vérités bonnes à connaître :

« *A M. François Bournand.*

» Auxerre, 8 août 1900.

» Mon cher Confrère,

» Vous nous préparez un beau livre sur *la Patrie française au dix-neuvième siècle*, et sûrement vous allez mettre en pleine lumière *les grands bienfaits de l'enseignement chrétien*, les hommes illustres qu'il a enfantés. Si j'osais vous donner un conseil fraternel, je vous dirais : Surtout évitez l'écueil et ne faites pas un livre où, comme cela se voit trop souvent, les catholiques semblent faire partie d'une société d'admiration mutuelle et se congratulent à l'envi...

» Oh! dites donc plutôt à tous la vérité qui délivre les âmes, à savoir que nous n'avons plus d'*hommes* et que nous n'avons plus de *femmes* dans l'acception vraie et sociale des mots.

» Dites donc à vos contemporains que la liberté d'Enseignement nous a été donnée pour que nous nous en servions... non pas pour faire de nos fils des bacheliers, des intellectuels, des savants même — (nous en aurons toujour assez), — *mais pour faire d'eux des hommes d'action, de caractère, des citoyens indépendants et des apôtres*.

» Et que dès lors, dans nos écoles catholiques, les maîtres chrétiens devraient s'appliquer à détruire l'esprit d'égoïsme et de mollesse chez leurs élèves, les habituer à la pensée qu'ils se doivent plus tard et tout entiers à l'Église, à leur pays, à la défense de ses intérêts sociaux et économiques. Qu'ils leur enseignent donc, et tous les jours, que la vie sera pour eux un champ de bataille où seront en jeu et leurs foyers, et leurs autels, et leur nationalité elle-même...

» Oh! je sais bien que pour sauver la France, il a suffi à Dieu d'envoyer Jeanne d'Arc; mais au temps de Jeanne, la France n'avait guère qu'un ennemi : l'*Anglais*.

» Aujourd'hui les Anglais sont partout, et ils ont pris toutes les formes de la malfaisance... Il y a le Juif, le Protestant, le Franc-maçon, l'Anarchiste.

» Tous s'entendent pour faire l'œuvre maudite : voilà pourquoi ce sont de petites Jeannes d'Arc qu'il faut à tous les foyers français, car c'est encore aujourd'hui, comme au temps de Jeanne : « La grande pitié du royaume de France. »

» Oct. CHAMBON. »

Dans la défense pour la liberté de l'Enseignement (1) que je viens de citer, on a pu voir qu'on reprochait — reproche de mauvaise foi — à l'Église d'être ennemie de la science, ce qui veut dire que les élèves des religieux sont des ignorants, mais, en dehors des preuves données dans les précédentes pages, on le verra plus d'une fois dans le courant de ce livre, ce ne sont pas des ignorants que font les religieux qui instruisent la jeunesse, puisque ce sont leurs élèves qui très souvent occupent les premières places dans les examens. D'ailleurs, de tout temps et en tous les siècles, *la Foi s'est accordée avec la science.*

Voyez Képler : C'était à la fois un grand savant et un profond chrétien, comme notre grand Pasteur.

Ah ! laissez-moi ici vous reproduire cette touchante prière qui est trop peu connue, c'est un acte de foi qu'on devrait mettre continuellement sous les yeux de ceux qui demandent que l'École soit neutre et la science athée.

LA PRIÈRE DU GÉOMÈTRE

Avant de quitter cette table sur laquelle j'ai fait toutes mes recherches, il ne me reste plus qu'à élever mes yeux et mes mains vers le ciel et à adresser avec dévotion mon humble prière à l'Auteur de toute lumière.

O toi qui, dans les lumières sublimes que tu as répandues sur toute la nature, élèves nos désirs jusqu'à la divine lumière de ta grâce, afin que nous soyons un jour transportés dans la lumière éternelle de ta gloire, je te rends grâces, Seigneur et Créateur, de toutes les joies que

---

(1) Au Congrès de l'Enseignement ouvert à l'Exposition Universelle (de 1900), un instituteur strasbourgeois s'est levé dès le début pour déclarer que, « *les Peuples qui chassent Dieu de l'École sont marqués pour être asservis.* »

j'ai éprouvées dans les extases où m'a jeté la contemplation de l'œuvre de tes mains.

Voilà que j'ai terminé ce livre qui contient le fruit de mes travaux, et j'ai mis à le composer la somme d'intelligence que tu m'as donnée. J'ai proclamé devant le monde toute la grandeur de tes œuvres, je lui en ai expliqué les témoignages, autant que mon esprit m'a permis d'en embrasser l'étendue infinie. J'ai fait tous mes efforts pour m'élever jusqu'à la vérité par les voies de la philosophie, et s'il m'était arrivé de dire quelque chose d'indigne de toi, à moi, méprisable vermisseau, conçu et nourri dans le péché, fais-le moi connaître afin que je puisse l'effacer.

Ne me suis-je point laissé aller aux séductions de la présomption, en présence de la beauté admirable de tes ouvrages? Ne me suis-je pas proposé ma propre renommée parmi les hommes en élevant ce monument qui devait être consacré uniquement à ta gloire? Oh! s'il en était ainsi, reçois-moi dans ta clémence et dans ta miséricorde, et accorde-moi cette grâce que l'œuvre que je viens d'achever soit à jamais impuissante à produire le mal, mais qu'elle contribue à ta gloire et au salut des âmes.

Depuis huit mois, j'ai vu le premier rayon du soleil; depuis trois mois, j'ai vu le jour; enfin, depuis peu de jours, j'ai vu le soleil de la plus admirable contemplation. Je me livre à mon enthousiasme... Si vous me pardonnez, je m'en réjouirai; si vous m'en faites un reproche, je le supporterai; le sort en est jeté. J'écris mon livre; il sera lu par l'âge présent ou par la postérité, peu importe; il pourra attendre son lecteur... Dieu n'a-t-il pas attendu six mille ans un contemplateur de ses œuvres?

. . . .

La sagesse de Dieu est infinie, ainsi que sa gloire et sa puissance. Cieux, chantez ses louanges! Soleil, lune et planètes, glorifiez-le dans votre ineffable langage! Harmonies célestes, et vous tous qui savez les comprendre, louez-le. Et toi mon âme, loue ton créateur! C'est par lui et en lui que tout existe. Ce que nous ignorons est enfermé en lui aussi bien que notre vaine science. A lui, louange, bonneur et gloire dans l'éternité ! (1)

(1) Képler. *Harmonices mundi*. Extrait des pages choisies des savants modernes, par Rebière.

CHAPITRE XIX

LA SITUATION DE L'ÉGLISE DE FRANCE A LA FIN DU DIX-NEUVIÈME SIÈCLE

> « Certes ni combats, ni souffrances ne lui furent épargnés, durant ces cent années. Et si vous lui demandez, à cette Église immortelle, comment elle a pu faire pour les traverser quand même, sous le feu de tant de haines, de tribulations ou de menaces, elle peut bien répondre avec actions de grâces le mot étonné d'un illustre survivant de la Terreur : « J'ai vécu ! » Elle peut répondre mieux encore ; et, avec la même fierté qu'un autre tenant du droit et de l'honneur, sous un régime d'abaissement, elle peut répondre, le front haut : « Je suis restée debout ! » Est-ce assez ? Non, messieurs. Et, au sein de tant de choses qui, au cours de ce siècle, sont tombées et continuent plus que jamais de tomber autour d'elle, il est juste de dire non seulement qu'elle est restée debout, mais qu'aujourd'hui, chez nous, il n'y a plus qu'une chose qui reste encore debout, et c'est l'Église, c'est elle !
>
> (Mgr BAUNARD.)

La situation de l'Église de France. — Les instructions de Mgr Delannoy, de Mgr l'évêque de Viviers. — Une lettre de Mgr Bouvier. — Un mandement de Mgr l'évêque de Versailles. — Nobles paroles. — De quel côté est la Liberté ? — Le R. Père Coubé et la Liberté.

En 1900, plusieurs évêques ont consacré leur instruction de carême à examiner la situation de l'Église au cours du siècle qui finit. Je citerai d'abord cet éloquent tableau, tracé par Sa Grandeur Mgr Delannoy, évêque d'Aire, de la situation actuelle de l'Église en France opposée à ce qu'elle était à la fin du siècle précédent :

« Une ligue, qui étend au loin ses ramifications, a entrepris de déchristianiser le monde, et de refaire la société, sans Dieu ou plutôt contre Dieu. Signalée plus d'une fois dans ses odieux desseins par les Souverains Pontifes, elle a longtemps conspiré dans l'ombre, mais aujourd'hui elle a jeté le masque, et, forte de l'appui des pouvoirs dont elle paraît avoir toutes les faveurs, elle va jusqu'à annoncer son prochain triomphe sur l'Église.

» Déjà, il faut le reconnaître, elle lui a porté des coups terribles, et suscité contre elle une persécution qui, pour être dissimulée et hypocrite, n'en est que plus dangereuse,

» Grand, assurément, est le mal qui peut en résulter; et tout chrétien devrait regarder comme un devoir de s'en préoccuper pour le combattre; il ne faudrait cependant pas s'en effrayer outre mesure. Ce que vous voyez, N. T. C. F., n'est qu'un épisode de la guerre entreprise il y a cent ans par l'incrédulité moderne. Si cette guerre paraît redoutable pour le siècle qui commence, combien plus menaçante n'était-elle pas à l'origine de celui qui vient de finir !

» En quel état, en effet, était alors l'Église, particulièrement en France ? Depuis cinquante ans, une philosophie railleuse et impie travaillait à saper peu à peu tout l'édifice de la religion. Ses doctrines, si l'on peut appeler ainsi le cynisme de ses plaisanteries et l'effronterie de ses négations, avaient trouvé chez les beaux esprits de l'époque un écho d'autant plus facile, qu'elles s'harmonisaient mieux avec leurs mœurs généralement dissolues. Les grands personnages de presque toutes les cours, les souverains eux-mêmes, favorisaient ce mouvement anti-chrétien. Commencée par la moquerie, cette conspiration devait se continuer par le meurtre et les ruiner; on y avait entraîné le peuple, on lui avait représenté l'Église comme une puissance de ténèbres et d'oppression; aussi lorsque la Révolution éclata, en fût-elle la première victime.

» Au cri de : Écrasons l'infâme! » poussé par l'homme néfaste qui avait semé le vent d'où devait sortir tant de tempêtes, on se rua sur elle, et après dix ans d'abominations telles que l'Histoire n'en offre d'exemple chez aucun peuple, on put croire l'avoir à jamais anéantie en France : l'épiscopat tout entier en exil; le clergé décimé par la guillotine et la déportation; les fidèles privés de tout secours spirituel, et sur une simple apparence de fidélité à la religion, déclarés suspects et exposés à porter leur tête sur l'échafaud. Plus une seule des institutions catholiques que la foi des siècles avait établies, qui eût été respectée; plus un sanctuaire ouvert, plus un autel debout : tout avait été ruiné de fond en comble. « Partout, dit Chateaubriand (1), on voyait des églises et des monastères qu'on achevait de démolir; c'était une sorte d'amusement d'aller se promener dans ces ruines. »

» En regard de ce spectacle de mort qu'offrait la fille aînée de l'Église, il y a cent ans, voyez, N. T. C. F., la vie religieuse qui, en dépit de tout ce que l'on a fait pour entraver son essor, s'accuse aujourd'hui sous toutes les formes, étonne et irrite nos ennemis; et en présence de cette merveilleuse résurrection opérée en un siècle pourtant si tourmenté, demandez-vous une fois de plus s'il est permis à un chrétien de douter du sort que l'avenir réserve à sa religion.

» Sans parler de tant de magistrales études des apologétiques qui ont depuis longtemps réduit à néant les objections de Voltaire, à ce point que l'on n'ose plus même les rappeler, et font chaque jour de nos véritables intellectuels des prosélytes inattendus, admirez, N. T. C. F., les monuments, les œuvres de tout genre dans lesquels s'est traduit le réveil de la foi.

(1) *Génie du Christianisme.* Préface.

» Sur tous les points de la France, quelle étonnante végétation d'églises nouvelles, de sanctuaires, de monastères, élevés ou restaurés au prix des plus admirables sacrifices! Est-ce que notre diocèse ne s'en est point enrichi pour sa part comme par enchantement, grâce à une inépuisable générosité? Qui d'entre vous, N. T. C. F., n'a entendu parler, entre autres merveilles, de cette gigantesque basilique de Montmartre à l'édification de laquelle la France chrétienne apporte chaque année un million et dont chaque pierre porte un nom, et est en réalité un acte de foi et d'espérance?

» Écoutez ce que nous trouvons dans l'exposé officiel du fonctionnement de nos œuvres catholiques durant l'année qui vient de finir.

» Œuvres d'enseignement : nos écoles libres et nos diverses institutions ont distribué l'enseignement primaire à plus de deux millions d'enfants, et l'enseignement secondaire à quatre-vingt-onze mille adolescents. Elles ont procuré l'enseignement supérieur et professionnel à dix mille jeunes gens, sans demander le moindre subside à l'État.

» Œuvres de bienfaisance : les congrégations sur lesquelles, outre les impôts ordinaires, pèsent des impôts d'exception et dont l'existence paraît en ce moment menacée, ont hébergé, nourri et vêtu dans leurs hospices, leurs alumnats, leurs divers refuges, environ deux cent cinquante mille déshérités, parmi lesquels soixante mille orphelins et plus de cent mille vieillards, sans qu'il en ait absolument rien coûté au budget. Au souffle de la religion, une noble émulation de charité s'est emparée de la société tout entière. Il n'est pas une localité de quelque importance qui n'ait ses conférences de Saint-Vincent-de-Paul, qui ne voie les dames du meilleur monde dans les galetas ou descendre dans les taudis où se cachent tant de misères ignorées, et adopter des veuves et des orphelins auxquels elles vont porter, en même temps que l'aumône qui soulage, la douce parole et le sourire qui consolent. A eux seuls, les membres des conférences d'hommes ont distribué dans leurs visites aux pauvres dont ils se font les protecteurs et les amis, 13 millions 300 mille francs.

» Que d'autres œuvres ne pourrions-nous citer encore ! Jamais, peut-être, elles n'ont été ni plus nombreuses ni plus variées.

» Jamais non plus les vocations pour tout ce qui est apostolat et dévouement, ne se sont multipliées davantage. On avait espéré tarir la source des vocations ecclésiastiques en supprimant les immunités accordées de temps immémorial à ceux qui se vouent au sacerdoce, et malgré la perspective de la caserne qui attend le jeune lévite, la plupart des diocèses voient le nombre des élèves de leur séminaire s'accroître dans les proportions les plus consolantes.

» On avait cru qu'à force de déverser l'odieux et le ridicule sur la religion, le Français, hélas ! il faut le dire, si accessible à la fausse honte du respect humain, hésiterait à se montrer publiquement chrétien, et on le voit au contraire s'indigner sous l'injure faite à ses convictions, n'en tenir que plus fièrement sa place dans nos églises ou dans nos cérémonies, organiser des pèlerinages qui sillonnent le pays dans tous les sens et attestent une vigueur de foi digne des plus beaux âges.

» Jamais peut-être depuis l'époque où des multitudes venaient se grouper autour d'un Pierre l'Ermite pour demander à marcher à la croisade, on ne vit un spectacle comparable à celui qu'offrait récemment la ville de Lourdes. Soixante mille hommes accourus de toutes les extrémités de la France étaient là, se confondant dans une même prière, dans les mêmes cantiques, dans les mêmes acclamations, dans ce même *Credo* qui, sorti à la fois de toutes les poitrines ou plûtot des cœurs de ces vaillants chrétiens, montait vers la Vierge au nom de la vraie France, comme une attestation solennelle de sa fidélité à la foi des anciens jours.

» Dans tous ces faits, quelle réponse aux faux prophètes qui n'en persistent pas moins à affirmer que la religion se meurt ! »

*
* *

De son côté, S. G. Mgr l'évêque de Viviers, consacrant son Instruction pastorale à *l'Année Sainte,* y jetait un regard sur le siècle écoulé.

Voici un extrait de cette page éloquente :

« Nous ne sommes pas seulement des hommes et des chrétiens ; nous sommes les citoyens d'un grand pays qui a trop reçu, au cours du siècle qui s'en va, pour n'avoir pas de vives actions de grâces à faire monter vers le ciel ; qui a été trop coupable pour n'avoir pas de repentirs à exprimer, des pardons à obtenir.

» Il serait injuste et peu français de méconnaître les initiatives généreuses et les gloires chrétiennes qui, pendant ce dix-neuvième siècle, ont honoré notre belle patrie. Grâce à Dieu, la vie catholique s'y est affirmée par de grandes œuvres et de vaillants exemples. Il n'est pas de vertu si haute et si austère dans laquelle on n'ait vu « exceller un grand nombre d'âmes ». La religion n'a cessé de manifester chez nous sa puissante vitalité, et elle y demeure une source permanente et intarissable d'héroïsme dans la fatalité et le dévouement

» Mais si nous tournons nos regards d'un autre côté, quelles ténèbres ! que d'erreurs ! quelle multitude d'âmes se précipitent vers la mort éternelle ! C'est le cœur étreint par une angoisse bien douloureuse que nous nous arrêtons à considérer cette masse de chrétiens qui, séduits par la licence de penser et de juger, boivent avidement le poison des mauvaises doctrines et corrompent chaque jour en eux-mêmes le précieux bienfait de la foi. De là le dégoût de la vie chrétienne et la diffusion des mauvaises mœurs ; de là l'ardente et insatiable convoitise de tous les biens sensibles ; de là cet abaissement des préoccupations et des pensées, qui se détournent de Dieu pour se fixer à la terre. On ne saurait énumérer tous les maux qui ont découlé de cette source malsaine et se sont attaqués aux principes mêmes qui servent de fondement à la société. »

Puis, Mgr Bonnet en terminant, s'adresse à la France elle-même, en un beau passage, dont voici la conclusion :

« Ne laisse jamais, ô ma douce et belle France, ne laisse jamais l'impiété sectaire étendre sa main brutale sur cet ensemble d'institutions chrétiennes, ton bouclier et ta couronne. Ce sacrilège attentat, tu ne le permettras jamais, car jamais tu ne voudras renier ta noble origine, violer le serment de ton baptême, déchirer le pacte sacré qui t'a faite si grande parce qu'elle t'a faite, dans le monde nouveau qui a pris naissance au Calvaire, le vrai peuple de Dieu, le lieutenant du Christ, le glorieux instrument des gestes divins, *Gesta Dei per Francos*. Non, tu ne livreras jamais le patrimoine sacré dont tu as été constituée la gardienne et le défenseur : tu sortirais de ton rôle providentiel, tu trahirais ta mission, tu perdrais ta raison d'être. On l'a dit et ton caractère, ton histoire le disent plus hautement encore : Tu seras chrétienne ou tu ne seras plus.

» Oh ! reste, reste chrétienne; et tu remonteras à ton rang d'honneur, tu reprendras ta place à la tête des nations, tu redeviendras la missionnaire de la civilisation, l'arbitre de la paix, le soutien des faibles, l'effroi des oppresseurs. Il te suffira d'une parole ou d'un éclair de ton épée pour maintenir les individus aussi bien que les peuples dans le respect du droit et des légitimes libertés. Le siècle qui se lève te rendra grande et prospère, car il te verra constamment unie au Christ, constamment protégée par son puissant et fidèle amour... »

De son côté aussi, Mgr Bouvier, évêque de Tarentaise, a adressé à ses diocésains une lettre pastorale sur l' « Histoire de l'Église au dix-neuvième siècle ». Après avoir esquissé à grands traits l'histoire religieuse de la France depuis la Révolution de 1789 jusqu'à la présente année qui va clore un siècle si rempli d'événements, le savant prélat s'est demandé si l'Église avait progressé durant cette période, au triple point de vue *de la doctrine, de la vie et du nombre*. Il a résumé de la manière suivante, qui est très remarquable, sa réponse à la première des trois questions :

« En face de l'erreur, allant ainsi jusqu'au fond de l'abîme, par des négations qui s'appellent les unes les autres ; la Vérité a-t-elle progressé elle aussi ? Oui, son principal organe, officiellement constitué par le Fils de Dieu, pour enseigner toute vérité à toute créature, le Pontife Romain a reçu la consécration solennelle d'une définition dogmatique. Le privilège de l'infaillibilité, dont il a été revêtu par Jésus-Christ, et qu'il a exercé à travers les siècles, le Concile du Vatican l'a proclamé.

» Ainsi le phare illuminateur, dont la bienfaisante lumière rayonne sur le monde entier, est signalé à toutes les intelligences. N'y a-t-il pas là une intention miséricordieuse de la Providence en ces temps si difficiles, si pleins de ténèbres ? Élevé au sommet des choses divines et humaines sur la terre, le Pape, avec une autorité placée désormais hors de toute discussion, dit à l'humanité où est le vrai et le faux, le bien et le mal.

» Le Radicalisme de la Vérité se dresse contre le Radicalisme de l'Erreur ; les deux camps sont mieux tranchés que jamais, les nuances intermédiaires se sont effacées. Le Catholicisme, qui est l'affirmation totale, a en face de lui l'Anarchie qui est la négative totale. Le Protestantisme et le Déisme, négations partielles, restent simples auxiliaires de la négation totale.

» Il y a donc eu, en notre siècle, progrès de la vérité et

progrès de l'erreur, mais avec une différence profonde : le progrès est une force pour la vérité, qui, mieux connue, attire les âmes droites, tandis qu'il est une faiblesse pour l'erreur, qui, mieux connue, ne peut plus aussi facilement séduire les intelligences. L'Athéisme, le Matérialisme, le Socialisme, dépouillés d'un masque trompeur et montrés à visage découvert, inspirent de la répulsion ; et l'Anarchie, leur fille légitime, effraie ceux qui veulent le maintien de la Société humaine. »

***

Mgr Pierre-Antoine-Paul Goux, évêque de Versailles, à son tour, dans un éloquent mandement pour le carême de l'an de grâce 1900, a montré l'état de l'Église en France au dix-neuvième siècle.

Nous citons presque en entier ces lignes si éloquentes et si patriotiques.

I

Le dix-neuvième siècle, compris entre la Révolution française et les hostilités de l'heure présente, avait trouvé l'Église de France dans un état bien douloureux.

Héritier de celui qui venait de finir, s'il n'en continuait pas les attaques, il naissait au milieu des ruines immenses et profondes qu'elles avaient causées.

Le dix-huitième siècle, en effet, s'il compte parmi ceux où l'esprit humain s'est développé, est un de ceux où la liberté de penser et d'écrire contre la foi reçue s'est le plus exercé. En littérature, en philosophie, en critique, en histoire, il a produit des œuvres remarquables, mais où la licence des mœurs et des idées se donne libre cours. Dans la seconde moitié surtout, il fut dominé par une pléiade d'hommes distingués, dont l'action peut être à bon droit regardée comme ayant formé une sorte de conjuration antichrétienne, dont il est impossible de nier les succès.

L'Église avait bien conservé son établissement séculaire, mais elle avait perdu de son empire sur les intelligences et sur les âmes. Le P. Lacordaire, dans une de ses conférences de Notre-Dame, a tracé avec la hardiesse de son imagination et l'ardente vivacité de son style un tableau saisissant de ce douloureux état. Il rend hommage aux auteurs éminents, poètes, historiens, moralistes, romanciers, jurisconsultes qui posaient devant le public et s'agitaient dans les Académies pour établir l'empire de la raison pure à la place du règne de la foi; puis il s'écrie : « Que fait cependant l'Église ? L'Église semble pâlir. Bossuet ne rend plus d'oracles ; Fénelon dort dans sa mémoire harmonieuse; Pascal a brisé au tombeau sa plume géométrique; Bourdaloue ne parle plus en présence des Rois; Massillon a jeté au vent du siècle les derniers sons de l'éloquence chrétienne. Espagne, Italie, France, par tout le monde catholique, j'écoute; aucune voix puissante ne répond aux gémissements du Christ outragé. Ses ennemis grandissent chaque jour. Les trônes se mêlent à leurs conjurations. Catherine II, du milieu des steppes de la Crimée; au sortir d'une conquête sur la mer ou sur la solitude, écrit des billets tendres à ces heureux génies du moment. Frédéric II leur donne une poignée de main entre deux victoires; Joseph II vient les visiter, et dépose la majesté du saint Empire romain au seuil de leurs Académies. Qu'en dites-vous? Que dites-vous du silence de Dieu? Qu'est-ce qu'il fait? Déjà le siècle a marqué le jour de sa chute; attendez : une heure, deux heures, trois heures... demain matin, ils enterreront le Christ. Ah! ils lui feront de belles funérailles ; ils ont préparé une procession magnifique ; les cathédrales en seront, elles se mettront en route, et s'en iront comme les fleuves qui vont à l'Océan, pour disparaître avec un dernier bruit (1).

---

(1) *Conférences de Notre-Dame*, année 1844, 23ᵉ conf.

Quelle fut la fin de cette orgie de la pensée qui eut pour corollaire une effroyable licence de mœurs dont les chambres et les escaliers secrets du château de Versailles ont gardé le souvenir ? La Révolution française, avec ses délires, ses massacres, ses échafauds, ses fanfaronnades d'impiété. Quand sa période sanglante prit fin avec le siècle, l'Église semblait anéantie.

Les autels étaient détruits, les églises ravagées, les évêques en exil, les prêtres déportés ; plus d'enseignement chrétien, plus de culte, les chaires étaient muettes, et aucune voix ne s'élevait pour protester contre tant de maux.

Car ils n'avaient pas le droit de parler, surtout au nom de Dieu, ces prêtres schismatiques et déshonorés, dont quelques-uns survivaient au règne de la Constitution civile du clergé, et dont les fidèles s'écartaient avec mépris.

Le dix-neuvième siècle s'ouvrit dans ces conditions déplorables ; mais même lorsque la France sentit lui monter au cœur le dégoût du culte rendu sous une forme impure à la *déesse Raison*, elle ne se décidait pas encore à revenir à la foi séculaire qu'elle avait abandonnée.

Le mal était aussi ailleurs. Rome n'avait plus de Pape, l'Église catholique n'avait plus de chef. Pie VI, arraché de son siège par les armées du Directoire, était mort à Valence, et les cardinaux ne savaient où se réunir pour lui donner un successeur. Le calendrier lui-même ne datait plus ses années, comme il le faisait depuis des siècles, par le temps écoulé depuis la venue au monde de Notre-Seigneur Jésus-Christ. Il n'y eut pas de 1ᵉʳ janvier, dans l'usage public, au début du dix-neuvième siècle. Son premier jour fut le II nivôse, an VIII. Cette éphéméride révolutionnaire était en rapport avec l'histoire du temps qu'elle était destinée à marquer.

Mais avec l'aurore du nouveau siècle le jour de Dieu se leva. Un homme de génie, qu'on peut appeler sans témérité un homme providentiel, devenu maître de la France, après avoir gagné les batailles de Rivoli et de Marengo, comprit qu'un peuple ne peut vivre sans religion, et au lieu d'imiter Henri VIII, comme certains le lui conseillaient, en se faisant chef d'une Église nationale, il rendit à la France son culte d'autrefois.

Le Concordat fut conclu, et le jour de Pâques 1802, dans la vieille cathédrale de Paris, aux accents du *Te Deum*, en présence du Premier Consul et des vainqueurs de l'Europe, le Christ renaissait. Désormais, on pouvait chanter ce que les Papes ont fait graver sur le socle de l'obélisque qui orne la place Saint-Pierre : « *Christus vincit, Christus regnat, Christus imperat*, le Christ est vainqueur, il règne, il commande »; mais dans cette nouvelle naissance il porte ce signe que connaissait en lui, quand il fut présenté au Temple, le saint vieillard Siméon : « *Positus est, hic in signum qui contradictur* (1), il sera un sujet de contradiction. »

Mais contredit et menacé, il triomphe toujours, il voit dans tous les siècles ceux qui l'ont combattu disparaître dans le tombeau, si bien qu'on pourrait dire à propos de chacun d'eux ce qui fut répondu à Julien l'Apostat quand il demandait ironiquement pendant une persécution à quoi s'occupait, puisqu'il ne secourait pas les siens, celui qu'il appelait ironiquement le *Galiléen* ou le *Fils du Charpentier* : « Il fait un cercueil. » Fidèle à son ancien état, il n'a cessé d'en faire à l'usage de ses ennemis.

La contradiction suivit de près dans le dix-neuvième siècle la restauration du culte. La plus grave vint de celui-là même qui venait de s'illustrer en relevant le culte national. Dans l'enivrement de sa puissance, il osa porter la main sur le trône et sur la personne même de celui qui l'avait sacré, et qui l'aimait comme un fils, il tint le Pape captif pendant plusieurs années à Savone et à Fontainebleau, puis il alla lui-même mourir à Sainte-Hélène.

(1) Luc, II, 34.

La contradiction existait aussi dans les rangs moins élevés. Voltaire était encore en faveur dans la classe lettrée, ses œuvres s'étalaient à la place d'honneur dans les bibliothèques, le respect humain enchaînait les âmes et détournait de toute pratique religieuse. L'enseignement théologique était encore infecté des erreurs de Jansénius. On croyait conforme au droit national de garder une certaine indépendance vis-à-vis de Rome, les Actes pontificaux, même lorsqu'ils ne concernaient que les choses spirituelles, ne pouvaient être publiés qu'après avoir obtenu le visa de l'autorité laïque. L'Église était honorée, mais tenue dans la dépendance comme cela existe encore aujourd'hui. Les gouvernements qui se sont succédé lui ont fait sentir durement le poids de ces entraves et aucun, même parmi les meilleurs, ne l'en a complètement affranchie.

Cette défiance persistante contre l'Église a été entretenue par l'esprit révolutionnaire qui s'est perpétué en France et qui a causé toutes les révolutions par lesquelles notre pays a passé. Le Premier Consul avait clos l'ère de la Révolution violente, il n'avait pu en faire disparaître l'esprit qui s'était infiltré dans les mœurs, dans les idées, dans les lois, et qui a empêché l'entente avec l'Église, regardée toujours par ceux qui en sont imbus comme *la grande ennemie*.

Obligé cependant de respecter, au moins en apparence, les principes de liberté proclamés par la Révolution française et de se plier aux conditions en dehors desquelles un État régulier ne peut vivre, il a produit le *libéralisme*, doctrine politique professée pendant la plus grande partie du siècle par les politiques et par les lettrés, qui, n'ayant pas encore répudié les tendances voltairiennes, auraient cru abdiquer l'exercice de leur raison s'ils s'étaient soumis aux enseignements de la foi.

Le siècle a vu encore une autre forme de *libéralisme* qu'on a assez justement qualifiée d'*illusion libérale*, erreur parfois naïve de gens bien intentionnés, qui, pour couper court aux accusations portées contre l'Église de vouloir tout dominer, se plaçaient d'une façon absolue sur le terrain de la liberté, reconnaissant à l'erreur les mêmes droits qu'à la vérité elle-même. Ils oubliaient que l'Église, qui représente la vérité, ne peut consentir au partage, comme la bonne mère du jugement de Salomon qui aimait mieux perdre son enfant que d'en posséder seulement la moitié.

II

Tandis que la pensée et la politique dénuées de principes fixes se laissaient ainsi entraîner par la suite des événements et que la logique des erreurs suivait son cours, l'esprit scientifique, laissant de côté les idées convenues qui avaient cours dans les siècles précédents, et se fondant uniquement sur l'observation, marchait de découvertes en découvertes, et assurait au dix-neuvième siècle une gloire qui ne peut lui être contestée.

Aidée par les communications de la presse, favorisée par les institutions et par la liberté plus grande des relations internationales, la science a notablement accru le domaine et le bien-être de l'homme. Elle lui a permis d'atteindre les extrémités du globe, de fouiller les océans, de s'élever dans les airs. Les applications de la vapeur, de l'électricité, de l'optique, l'usage des chemins de fer et du télégraphe ont changé les relations des peuples, et créé de nouvelles mœurs. L'Église a profité de ces avantages, et comme autrefois les voies romaines prolongées dans le monde entier avaient aidé à la diffusion de l'Évangile, les vaisseaux rapides qui sillonnent les mers, les chars de feu qui roulent sur la terre et rapprochent les continents, ont transporté les missionnaires dans les pays les plus barbares et les plus reculés.

Il ne faut pas croire que l'Église soit ennemie du progrès, elle le bénit au contraire, et le regarde comme un légitime usage des facultés de l'homme. Mais la science a ses dangers. L'esprit, orgueilleux de ses conquêtes sur la matière et sur l'inconnu, devint infatué de lui-même. Habitué à se rendre compte de tous les faits qu'il observe et de toutes les lois qu'il découvre, il transporte ces mêmes procédés dans l'étude des choses surnaturelles, et, trouvant une barrière qui arrête sa vue, il nie ce qui échappe à son regard, et célèbre les merveilles de la nature sans arriver à en reconnaître *l'auteur*.

De cette disposition des esprits naît le naturalisme, qui est opposé à la vérité chrétienne, qu'il méconnaît et qu'il traite légèrement. C'est un des maux intellectuels les plus communs et les plus funestes dans notre siècle. Détournant les cœurs de ce qui est grand et généreux, il contribue à la décadence des caractères et au relâchement des mœurs; il facilite le progrès des connaissances humaines, mais il écarte de la vérité qui les domine toutes.

III

Cette ascension vers le progrès matériel et le désir du bien-être qui est en est la suite, joints à la diffusion de l'instruction dans les milieux populaires, ont favorisé l'esprit démocratique dont l'extension et les conquêtes sont des signes caractéristiques du siècle qui s'en va.

Appuyé sur la force du nombre, l'essor de la démocratie s'est montré irrésistible toutes les fois qu'il n'a pas été contenu par une main exceptionnellement ferme ou par des institutions nationales que l'esprit révolutionnaire n'avait pu entamer. De même que par l'action du temps les vallées se comblent et les sommets s'abaissent, les couches inférieures de la société se rapprochent de celles qui sont au-dessus et aspirent à les dominer, c'est le *Tiers-État* qui n'est rien et qui veut être *Tout* (1).

D'après les idées reçues et les faits contemporains, il semble à première vue que l'Église et la démocratie sont deux puissances ennemies qui se jalousent et se combattent. C'est une erreur. L'erreur n'a pas peur de la démocratie, d'abord parce qu'elle est appuyée sur une forme divine qui ne lui fera pas défaut, ensuite parce qu'elles ont beaucoup d'aspirations communes et que leur action s'exerce sur le même milieu. L'Église, quoique avec un but différent, travaille aussi pour le peuple et tient à lui par d'innombrables rapports. Les petits et les pauvres sont ses préférés, son auteur mania presque pendant toute sa vie les outils de l'ouvrier ; ses propagateurs, ses premiers adeptes sortaient presque tous du peuple, elle n'admet aucune distinction de naissance ou de richesse parmi ses enfants ; tous peuvent parvenir aux premiers rangs de sa hiérarchie, ses plus hauts dignitaires sortent parfois des familles les plus humbles, et l'on a vu un prêtre assis sur la chaire de Saint-Pierre.

Quoi de plus démocratique que cette constitution, et comme il semble que le peuple devrait aimer cette puissance qui l'honore, qui porte ses enfants aux sommets de la société, ne l'opprime jamais, et ne lui demande ni ses sueurs, ni son sang !

Au contraire, parmi nous, la démocratie tient l'Église en suspicion et s'arme contre elle. A l'heure présente, les tribuns et ceux qui prétendent agir au nom du peuple lui font une guerre acharnée. D'où cela vient-il ? On peut en trouver la cause dans la barrière que les commandements divins opposent aux passions désordonnées de l'homme. A celui qui convoite le bien d'autrui et qui veut l'acquérir par des moyens trop rapides et peu justes, l'Église répète : « Le bien d'autrui tu ne prendras. » A celui qui ne

---

(1) Titre d'une célèbre brochure de l'abbé Siéyès (1789)

veut plus de frein à ses passions, elle oppose les saintes lois de la morale ; à ceux qui méprisent l'autorité, elle enseigne avec saint Paul, et par sa bouche, le respect dû à ceux qui portent le glaive et qui sont les représentants de Dieu (1). Or, ces rebelles aux lois divines sont nombreux parmi les hommes, et ceux qui cherchent à dominer les masses par la séduction et les vaines promesses voudraient anéantir la force qui s'oppose à la réalisation de leurs desseins. Voilà la cause de l'*antagonisme* que nous signalons et qui, par l'effet d'une déplorable connivence ou d'une pression victorieuse, aboutit à une véritable persécution, car il est impossible de le nier, l'Église traverse actuellement une ère de persécution.

La *persécution* n'est pas sanglante, il est vrai, comme celle qui a sévi pendant les premiers siècles, *elle est surtout fiscale* et emprunte autant qu'elle le peut les apparences de la légalité. Contraire à la justice qui réclame le droit commun pour tous, elle est en opposition avec les principes du droit moderne inaugurés par la Révolution française. *La déclaration des droits de l'homme* avait dit : « Nul ne doit être inquiété pour ses opinions politiques et religieuses. » Au contraire, la profession apparente de la foi chrétienne est devenue un crime pour ceux qui exercent des fonctions publiques, ou doit se cacher pour aller à la messe, et le chef de l'État lui-même a été fort maltraité par une certaine presse parce que dans un jour de fête particulièrement cher à tous les chrétiens, il avait fait célébrer la messe pour y assister en famille dans la chapelle de son palais ; la liberté n'existe donc pas pour tous. Ceux qui voudraient la supprimer ont sans cesse à la bouche le mot de liberté de conscience, mais, cette liberté telle qu'ils l'entendent n'est pas autre chose que l'oppression des consciences, l'obligation de se conformer à un

---

1) *Rom.*, XIII, 4.

programme sectaire, la négociation de la plus sainte et de la plus nécessaire des libertés.

Le droit moderne, même accepté par la Révolution française, avait dit : « La confiscation est abolie. » Hélas, elle revient sous diverses formes et, pour indiquer les cas où elle est appliquée, il y aurait une assez longue énumération à faire. Mais nous ne voulons pas insister sur ce sujet, de peur qu'on ne nous accuse de mettre les pieds sur un terrain qui nous est interdit.

Désireux de voir la liberté naturelle, qui est un don de la Providence, fleurir au profit de tous dans notre cher pays, nous croyons pouvoir la revendiquer contre l'esprit sectaire qui en est la contrefaçon, et fait peser sans scrupule sur ceux qui ne le sont pas une tyrannie qui pour être déguisée n'en est pas moins absolue. La libre-pensée veut que toutes les âmes soient obligées de passer sous le même niveau. Nous ne craignons pas de le dire, cette haine professée par les partis extrêmes de la démocratie est aussi injuste qu'elle est acharnée. L'Église n'est pas, comme on le suppose trop facilement, l'adversaire de la démocratie. Elle ne rejette pas ses principes, elle ne redoute que ses excès. Qu'on lui accorde la liberté des âmes, qu'on respecte les institutions qui tiennent à sa nature, l'accord sera facile, même avec les gouvernements issus de la démocratie. Faite pour régner sur les âmes, elle ne demande pas autre chose, et désavoue ses enfants quand ils poursuivent un autre but.

Mon royaume n'est pas de ce monde (1), disait le Christ devant Pilate, même en affirmant qu'il était Roi. Obéissant à cette déclaration de son auteur, l'Église est indifférente de sa nature à toutes les formes de gouvernement. Elle n'en repousse aucune, et reste en bonne harmonie avec toutes pourvu qu'on respecte en elle et dans ses adeptes les droits de la conscience et de l'honneur. Fidèle

---

(1) *Joan.*, XVIII 36.

dans le passé aux monarchies qui l'ont protégée, elle a vécu aussi et ne demande pas mieux que de vivre en paix avec les républiques. C'est le conseil que ne cesse de donner aux catholiques français le Pape Léon XIII qui aime, malgré tout, notre pays, et qui gouverne l'Église avec une si profonde et si sereine sagesse. La discorde entre les citoyens d'une même patrie est toujours un malheur. Pour s'y soustraire, le mieux est, sans rechercher s'il pourrait exister quelque chose de plus parfait, d'accepter loyalement et sans arrière-pensée l'empire de la constitution en vigueur, en tâchant seulement de l'améliorer, si cela est nécessaire, par des lois plus parfaites et mieux accommodées aux intérêts de tous.

IV

Comment se fait-il qu'un programme si bienveillant et si simple ne soit pas accepté avec empressement, et que les haines dont les catholiques sont l'objet s'enveniment au lieu de se calmer? Il y a une cause bien naturelle et qu'on ne peut méconnaître. De même que l'ombre et le jour se disputent la terre, un esprit opposé à celui que représente l'œuvre de Jésus-Christ la poursuit sans interruption et voudrait la détruire. *Quæ societas luci ad tenebras? Quæ autem conventio Christi ad Belial?* Comme l'écrit énergiquement saint Paul dans sa deuxième *Épître aux Corinthiens :* « Quel accord peut-il exister entre la lumière et les ténèbres? Que peut-il y avoir de commun entre le Christ et Bélial (2) ? » Toutes les fois que l'ivraie germe dans le champ où le divin Semeur n'avait jeté que du pur froment, on peut dire avec l'Évangile : « *Inimicus homo hoc fecit.* C'est l'homme ennemi qui a fait cela (1). » Cet homme ennemi a toujours existé depuis la faute ori-

(1) *Ad Corint.*, II, vi, 14, 15,
(2) *Math.*, xiii, 28.

ginelle que lui a donné naissance et il ne mourra qu'à ce moment prévu par l'Apôtre où le Christ en finira avec toutes les puissances de ce monde et soumettra lui-même sa puissance universelle à Celui de qui il la tenait, afin que Dieu soit tout en tous : *Ut sit Deus omnia in omnibus* (1).

La France est foncièrement catholique, elle le prouve, malgré des torts nombreux, par une fidélité aux choses essentielles et une générosité qui ne se démentent pas. Le Français est bon, loyal, capable de généreux sentiments, il n'est pas implacable dans les oppositions auxquelles sa nature frondeuse le porte quelquefois. Comment donc expliquer la longueur et l'acuité de la lutte actuelle, les moyens insidieux et détournés qu'elle emploie ? Ce n'est pas la France qui est coupable, elle est dominée et entraînée elle-même par des sectaires, nombreux et bien organisés, mais qui ne sont qu'une faible minorité en regard des 36,000,000 de Français.

Dans les sous-sols de la nation, il existe, en effet, une secte qui incarne en elle-même la lutte contre le christianisme, et qui est par sa cohésion une vraie puissance au milieu de la poussière humaine dont se compose notre société.

Étrangère à la France par son origine, modeste à ses débuts, elle s'est développée dans l'ombre où elle se tenait, employant pour étendre son empire tous les moyens, même celui de la terreur et du crime. A elle revient une grande part dans tous les mouvements révolutionnaires qui se sont accomplis en Europe depuis un siècle, et cette influence s'est exercée surtout sur les nations de race latine. Regardée autrefois comme une société de bienfaisance, tout au plus, comme une association d'appui mutuel, elle est entrée dans la politique, garde soigneusement les avenues du pouvoir, et groupe ses adeptes dans

---

(1) *Ad Corint.*, xv, 24, 25.

un parlement qui dicte souvent à l'autre ses volontés.

C'est dans ses conciliabules que se préparent les projets de loi ou les motions législatives hostiles à la liberté chrétienne, qu'on cherche à limiter ou à détruire en se servant de termes équivoques destinés à dissimuler la vraie portée des attaques. La négation, même radicale, de la divinité du christianisme s'appelle la *neutralité*, l'oppression des âmes catholiques devient la *liberté de conscience*. Les naïfs ou les égoïstes s'accommodent de ce que dans le vieux français on appelait la *piperie des mots*, cela les dispense d'agir et de se défendre, tandis que sous le doux nom de Frères qu'ils écrivent avec une orthographe qui leur est particulière, les sectaires poursuivent leur odieuse besogne contre des concitoyens inoffensifs. Il y aurait là-dessus bien des détails à apporter, mais nous arrêtons à dessein notre plume, nous sommes des pacifiques, nous ne voulons pas encourir le reproche d'avoir porté la guerre, même pour nous défendre, sur un terrain ennemi.

Toutefois nous ne pouvons nous empêcher de signaler les trop justes alarmes des hommes sages, ou peut-être timides, qui redoutent dans l'avenir les progrès de l'*Anarchie*. Car cette puissance fatale ne dissimule plus ses espérances, elle espère avoir son tour pour dominer la société, sauf à passer sur elle comme ces torrents qui ne laissent rien subsister de ce qui s'opposait à leur passage. On l'a vue, il n'y a pas bien longtemps, promener dans les rues de Paris son hideux drapeau rouge et saccager les églises dont elle aurait voulu chasser Dieu. *Ni Dieu ni maître*, c'est la devise courante et le programme de cette école qui est le dernier mot de l'esprit révolutionnaire, et qui ne signale sa puissance que par les destructions qu'elle opère. Puissent le bon sens français et l'action d'une Providence qui s'est plusieurs fois manifestée en faveur de notre pays, arrêter ses progrès et l'empêcher de devenir maîtresse de nos destinées! Car alors ce serait pour l'Église la persécution violente, l'effondrement de la patrie et la ruine de la liberté. Tous les despotismes sont redoutables, celui d'un seul est un grand mal, celui d'une multitude est le pire de tous.

V

Nous venons d'exposer avec sincérité, N. T. C. F., les épreuves de l'Église pendant le dix-neuvième siècle et nous avons le regret d'avoir à arrêter cette revue sur un spectacle d'un état douloureux qui pourrait faire craindre des maux plus grands pour l'avenir.

Faut-il en conclure que le siècle qui s'achève est une époque néfaste, pire que l'âge précédent, pendant laquelle s'est accentuée la décadence de l'Église, si bien qu'on a peine à répondre à ceux qui prédisent pour un prochain avenir sa ruine complète ou même sa disparition ?

Ces prévisions pessimistes ne sont pas fondées. Sans doute, le dix-neuvième siècle n'a pas été un temps de trêve et une ère de paix. Il ne nous montre pas l'Église honorée et puissante comme au treizième ou au dix-septième siècle, pendant lesquels il ne faut pas croire qu'elle ait rencontré de la part de tous une soumission parfaite et qu'elle ait joui d'une paix sans épreuves. Le treizième siècle avait vu naître l'hérésie des Albigeois, et les *libertins* que réfute Bossuet n'étaient pas des êtres imaginaires. Comme nous avons eu occasion de le dire plus haut, l'Église de Jésus-Christ n'a jamais été sans subir la contradiction : « Ils m'ont persécuté, disait son divin Auteur, ils vous persécuteront vous-même (1). » Et cela durera jusqu'à la fin des temps.

Mais nous pouvons constater à l'avantage de notre siècle qu'il a été un âge réparateur pendant lequel l'Église a reconquis une partie de l'empire qu'elle avait exercé sur les âmes, a connu des temps plus mauvais.

---

(1) *Joan.*, xv, 20.

A son début, le ciel était très noir et la situation bien autrement difficile, il semblait que tout était perdu. Il faut quelque temps pour que l'herbe repousse dans les terrains dévastés et qu'ils puissent se recouvrir d'une végétation nouvelle. Le premier quart du nouveau siècle se passa dans ce travail presque insensible, mais continu. Le monde était d'ailleurs agité par les grandes guerres, le cliquetis des armes absorbait son attention.

Quand la paix fut rendue à l'Europe, un mouvement remarquable s'opéra dans les esprits. Les lettres, la philosophie, l'éloquence brillèrent d'un éclat nouveau, qui a laissé un rayon de lumière dans l'histoire de l'art et de la pensée. La foi chrétienne eut aussi ses conquêtes. Elles se firent par un travail latent qui s'opéra dans les institutions et dans les âmes, mais surtout par la parole ardente des missionnaires qui ramenèrent une grande partie de la France aux pieds des autels. A défaut des religieux qui étaient encore bannis et dont la robe n'aurait pu se montrer dans les rues, des prêtres courageux se vouèrent à ce travail qui fut couronné d'un succès qui justifia le nom qu'ils se donnaient de *Pères de la Foi*.

La crise révolutionnaire de 1830 abattit les croix qu'ils avaient plantées et ralentit le mouvement qui portait les âmes fatiguées de ne rien croire vers le culte catholique. Mais l'étincelle avait jailli, et malgré le respect humain qui sévissait assez fortement dans les classes intelligentes, le feu ne s'éteignit pas. Peu de temps après, de jeunes hommes à la tête desquels se trouvait Ozanam dont nous citons le nom avec vénération, s'unirent afin de se soutenir réciproquement par l'exemple dans la pratique de la foi chrétienne. Pour se donner un but apparent, ils résolurent de visiter les pauvres, et formèrent ainsi cette admirable Société de Saint-Vincent-de-Paul, si nombreuse aujourd'hui, si populaire, si utile, qui forme au service du bien une véritable armée, redoutable seulement au vice et à la misère.

Un auteur célèbre de notre temps, avec un sentiment peut-être exagéré de fierté nationale, mais que bien d'autres justifient, a écrit cette phrase : « La France pour second génie a son cœur ; quand la Providence veut qu'une idée fasse le tour du monde, elle l'allume dans l'âme d'un Français (1). »

C'est elle sans doute qui inspira à deux pauvres filles de Lyon l'idée d'établir, avec le concours de tous, même avec le sou du pauvre, l'œuvre de la *Propagation de la Foi.* Encore une ruine de la Révolution française ! La connaissance de l'Évangile était répandue autrefois dans les pays barbares qu'elle avait civilisés, par des religieux qui s'expatriaient et bravaient tous les maux, même la mort, pour étendre le règne de Jésus-Christ. Celui de la France en avait profité, et les gouvernements catholiques aidaient ces apôtres modernes de leur influence et de leurs subsides. Mais il n'y avait plus de gouvernement catholique, même plus de religieux, l'apostolat était éteint ou détruit. Avec la paix, les institutions monastiques refleurirent, le séminaire des *Missions étrangères* rouvrit ses portes, les apôtres étaient trouvés. Cependant il fallait vivre dans les pays lointains, il fallait des ressources pour payer les voyages, pour soutenir les chrétientés naissantes et pourvoir aux besoins des pauvres, comme au temps de Jésus-Christ, qui accueillent les premiers la prédication de l'Évangile. La *Propagation de la Foi* y pourvut avec les aumônes recueillies surtout en France ; et maintenant encouragée par les Souverains Pontifes, répandue dans le monde entier, aidée par d'autres œuvres similaires, elle reçoit des millions avec lesquels elle entretient des légions de missionnaires. C'est l'or de la France, le sang de ses enfants pour la plus grande partie ; notre influence y gagne et le règne de Dieu s'étend. Malgré les nombreuses infidélités dont nous avons à gé-

---

(1) Lamartine, *Histoire des Girondins.*

mir, la France n'a pas à redouter l'effet d'une menace semblable à celle que Dieu adressait par la bouche de l'apôtre saint Jean aux fidèles d'Éphèse tombés dans le relâchement : « *Movebo candelabrum tuum de loco suo.* Je déplacerai le candélabre qui t'éclaire (1) », menace qui s'est réalisée dans la suite des temps pour des chrétientés autrefois florissantes. Si le courroux de Dieu était excité à ce point contre nous, une légion de martyrs et d'apôtres, une multitude infinie de chrétiens généreux se lèverait pour crier « Miséricorde » et arrêter son bras.

En France, pendant que ces merveilles s'opéraient à l'étranger, le libéralisme, qui n'a rien de commun avec la liberté que la ressemblance du nom et l'aspect mensonger du masque dont il se recouvre, continuait sous une monarchie d'origine révolutionnaire à traiter l'Église en suspecte, il lui mesurait tout ce qu'il devait lui donner, surtout, redoutant son influence, il lui marchandait la liberté. Une de celles que l'Église revendique le plus volontiers est le droit de faire des chrétiens des jeunes hommes destinés à entrer dans la bataille de la vie et à soutenir le choc des idées. Ce n'est pas un privilège qu'elle réclame pour elle ou pour ses ministres, c'est la liberté de tous, la possibilité pour le père de famille de choisir, sans les vouer à un préjudice social, l'école où seront élevés ses enfants. Au commencement du siècle, le despotisme impérial, plus tard l'obstination peu loyale du libéralisme, avaient méconnu le droit que l'homme tient de la nature. Les catholiques, dès 1832, le revendiquèrent, et pendant quinze ans soutinrent vaillamment la lutte auprès des pouvoirs publics et devant l'opinion jusqu'à ce qu'enfin en 1850, sous la deuxième république, la liberté de l'enseignement secondaire prit place dans nos lois. Cette concession attendait un couronnement. Elle l'a reçu lorsque sous la troisième république la liberté de l'enseignement supérieur fut décrétée à son tour. Le monopole n'existait plus, c'était une victoire pour l'Église qui avait eu autrefois ses Universités libres fondées ou instituées par les Papes. On pouvait croire à un progrès : en réalité, ce n'était que le retour vers un glorieux passé.

La jouissance de la liberté d'enseigner à tous les degrés n'a pas été paisible. On a tâché à diverses fois de reprendre ce qu'on avait concédé à regret, la liberté ne nous est parvenue que mutilée. Cependant nous la possédons encore, quoique sous le coup d'une terrible menace. Espérons que sous le régime du suffrage universel le vœu du plus grand nombre des familles sera respecté et que la France saura conserver, en dépit des haines sectaires, une liberté qu'elle aime et dont elle peut tirer grand profit. Au Parlement et dans la Presse, des voix indépendantes se sont élevées, la liberté a trouvé des défenseurs, même dans ceux que n'émeuvent pas ordinairement au même degré les intérêts catholiques. Nous acceptons volontiers le concours de ces honnêtes auxiliaires et nous espérons que la cause de Dieu, qui est la cause de tous, ne sera pas vaincue.

En même temps qu'il était affranchi dans les écoles des vieilles entraves qu'il avait longtemps portées, l'enseignement religieux était donné plus largement aux fidèles dans les églises, et les nombreuses foules qu'il attirait montraient à quel point il était goûté.

Les *Conférences* de Notre-Dame sont la preuve du besoin d'instruction que le siècle ressentait ; elles furent le principe d'une restauration et d'une évolution de la chaire chrétienne. La France n'oubliera pas de sitôt les noms respectés de Dupanloup, de Ravignan, de Lacordaire, du P. Félix et du P. Monsabré, qui ont eu d'éloquents et de nombreux imitateurs.

La parole de Dieu n'était plus enchaînée. La liberté laissée aux ordres religieux voués à la prédication a produit des légions d'orateurs chrétiens, des missions fréquentes viennent tirer de leur indifférence ou de leur ignorance les habitants des campagnes, et nous voyons avec bonheur se développer, surtout dans les grandes villes, les sentiments et les habitudes de la foi.

Le respect humain n'existe plus ou devient rare, les vieux systèmes de philosophie sont abandonnés, beaucoup d'hommes sont revenus à la pratique des sacrements. Chaque année la fête de Pâques groupe à Notre-Dame de Paris des milliers d'hommes, à Versailles et ailleurs des centaines, qui vont à la communion en chantant le *Credo*. L'enfer enrage de cette nouvelle attitude, il lutte contre nous par tous les moyens, mais il ne faut pas nous décourager quoi qu'il arrive, nous avons la parole du divin Maître : *Portæ inferi non prœvalebunt*. Les efforts de l'enfer ne pourront prévaloir (1).

La foi qui est vivante ne va pas sans œuvres. En se réveillant dans la société française, elle a produit un nombre incalculable d'œuvres de charité qui s'exercent en faveur de l'enfance, des malades, des pauvres, de tous les malheureux, de tous les abandonnés. Il existe pour l'honneur de la charité parisienne un livre qui est le catalogue des œuvres établies par l'initiative privée dans notre vaste capitale (2). On est saisi d'admiration à la lecture de ces pages en voyant qu'il n'y a pas une misère, même de celles dont on n'avait pas l'idée, qui n'ait trouvé des cœurs charitables pour la comprendre, des mains vaillantes pour la soulager.

. . . .
. . . .

La charité s'exerce sur les corps, la piété est bien nécessaire, mais elle a un objet plus noble et non moins intéressant quand elle est pratiquée au profit des âmes. Parmi bien d'autres qu'on pourrait nommer, *une de ces formes les plus utiles est celle qui se fait par l'enseignement en faveur des enfants.*

---

(1) *Matth.*, VI, 18.
(2) *La charité à Paris.*

Nous avons la consolation de pouvoir dire que celle-ci est comprise dans notre diocèse. Les écoles libres y sont nombreuses. Pour les soutenir, les ressources arrivent, les dévouements se multiplient, les enfants qu'elles élèvent font bonne figure dans les concours, et l'on peut espérer que s'ils sont fidèles aux leçons qu'ils ont reçues, ils seront la consolation et l'honneur de leurs familles. La religion est nécessaire pour former le cœur, contenir les passions, et préparer les enfants à la pratique des devoirs sociaux. Les philosophes païens le proclamaient, les parents même peu chrétiens le comprenaient, et l'un de ces derniers jours nous recevions la visite de deux notables de village qui n'ont point l'habitude de paraître à l'église, et qui venaient en compagnie de leur curé pour demander de leur faciliter l'établissement d'une école chrétienne.

L'expérience le démontre tous les jours ; il ne faut point abandonner les enfants à eux-mêmes et aux soins de familles qui ne se préoccupent pas assez de leurs intérêts religieux. Après les avoir initiés par le catéchisme et la première communion à la pratique de la vie chrétienne, il faut continuer de les instruire et de les porter vers Dieu. Cet âge est mobile, et le vieil Horace, dans le tableau si vrai qu'il a tracé des quatre âges de la vie, disait de l'adolescent : *Cereus in vitium flecti*. Il est de cire pour être formé au vice (1).

Pour conserver ces jeunes plants, les mettre à l'abri de tout contact dangereux, on a créé, principalement dans la dernière moitié de ce siècle, en faveur des garçons et des jeunes filles, des réunions connues sous le nom de *Patronages*, où des voix amies les conseillent, où des jeux appropriés à leur âge les retiennent, où Dieu lui-même par la présence de ses ministres et par l'action des sacrements réside et les fortifie.

Les *Cercles catholiques*, établis après nos revers par

---

(1) Horat. : *Ars poët*.

l'initiative d'un noble soldat devenu un grand orateur, continuent les patronages, et grâce à ces institutions utiles, grâce à la liberté de l'enseignement et aux *Instituts catholiques*, la France possède aujourd'hui une jeunesse vaillante et chrétienne, qui, au lieu de se laisser déprimer par les dogmes négatifs de la *libre-pensée*, marchera fièrement, même à l'ennemi, s'il le fallait, sous les plis du drapeau national, en invoquant le souvenir héroïque de Jeanne d'Arc et la protection du Christ.

Ce progrès, dans les nobles sentiments que nous venons de décrire, est à la gloire de notre siècle, et nous permet de concevoir de bonnes espérances pour celui qui s'ouvre devant nous. Non, ce n'est pas en vain que tant de dévouement aura été dépensé. La Providence ne veut pas qu'il en soit ainsi. Qui sème, moissonne ; l'arbre qui est vivant portera tôt ou tard des fruits. Il peut se faire qu'une portion de la semence se perde, que des bourgeons se dessèchent, mais le Créateur, qui n'entend pas recommencer son œuvre qu'il a trouvée parfaite, a pourvu à ce dommage par la fécondité, la vie engendre la vie.

*
* *

De quel côté est la liberté, la vraie et grande liberté ? Est-ce du côté de l'Église ou du côté de ses ennemis ? Telle est la question que se posent, au milieu du chaos actuel, certains esprits.

Mais, voulez-vous une réponse à cette question. Écoutez simplement nos religieux parler de la liberté. Voyez comment ils la comprennent. C'est en ces termes éloquents et émus que le R. P. Coubé parlait un jour de la liberté dans une allocution prononcée en l'église Saint-Augustin (1) :

« La liberté, Messieurs, l'Église ne demande pas autre

(1) Pour le service de M. Chesnelong, 15 novembre 1899.

chose aux législateurs et aux gouvernements de ce temps. La liberté est un grand bien, ou plutôt c'est la racine et la condition de tout bien. Ce siècle est avide de liberté. Comme la cavale échappée qui aspire bruyamment l'air dans l'immensité des savanes, ce siècle, qui s'est jeté à corps perdu dans la liberté, en a respiré l'air avec amour et s'est enivré de ses parfums et de ses brises. Jouissez donc de la liberté, ô Sociétés modernes, mais ne la gardez pas pour vous seules. L'Église y a droit comme vous. Est-ce donc trop pour votre libéralisme de ne pas lui forger des chaînes? N'est-ce pas pour tous que vous avez proclamé la liberté, l'égalité, la justice? Et, à défaut de justice, votre intérêt ne plaide-t-il pas en faveur de la liberté?

» Ce n'est pas pour elle, en effet, c'est pour vous que l'Église veut être libre. Ce qu'elle vous demande, c'est la liberté de faire le bien et de répandre la lumière; c'est la liberté de rendre vos enfants bons et purs, de secourir vos pauvres, de soigner vos malades, de consoler vos mourants; c'est la liberté de vous entr'ouvrir les perspectives immortelles, si douces après les maux de cette vie; c'est la liberté de vous défendre contre l'anarchie qui menace, entendez-vous, vos fortunes et vos jours; c'est la liberté de vous aimer et de vous sauver, de souffrir et de mourir pour vous. Voilà, ô sociétés modernes, ce que vous réclame l'Église.

» C'est cette liberté que les grands catholiques de ce siècle, les Montalembert et les Cornudet, les Veuillot et les Falloux, les Lacordaire et les Ravignan, les Dupanloup et les Freppel, les Ernoul et les Lucien Brun n'ont cessé de défendre; et les accents les plus pathétiques qu'aient entendus nos assemblées parlementaires, c'est elle, la divine liberté, qui les a inspirés.

. . . .

. . . .

» Lorsqu'on expulse la liberté d'un pays comme la

France, elle y revient toujours, entourée de plus d'amour et de plus d'honneur! Nous vivons, en effet, Messieurs, nous vivons avec ténacité, et nous ne craignons pas la mort. La mort est, tout au plus pour nous, une disparition momentanée après laquelle nous renaissons fortifiés et rajeunis, et à laquelle nous commençons à être habitués. Nous ressemblons à ces fleuves qui rentrent pour quelque temps sous terre, mais qui, loin d'y rester stagnants, coulent et vivent, et, après avoir passé sous la montagne qui leur faisait obstacle, reparaissent dans la splendeur des rives ensoleillées pour féconder de nouvelles terres. Et si nous reparaissons ainsi, ce n'est pas pour jeter à ceux qui avaient cru nous détruire le défi des résurrections, c'est pour recommencer à les aimer et à les servir, car nous ne savons nous venger que par l'amour... »

La liberté est donc bien du côté de l'Église!

CHAPITRE XX

LA LUTTE ET L'AVENIR

> « C'est la volonté en définitive, qui décide de la vie de l'homme.
> » C'est l'énergie de la volonté qui fait l'homme véritable. »
>
> BAUTAIN

Un souvenir d'enfance. — Un livre préféré. — Travail et récompense — Une belle devise. L'histoire du lévite de la tribu d'Ephraïm. — L'énergie et le courage. — Il faut lutter. — Une anecdote datant de la Commune. — A Mazas. — Un discours du R. Père de Ravignan.

Autrefois, quand nous étions enfants, on s'occupait de nous donner de bons livres d'étrennes, de prix, de lecture. Ce n'était certes pas de la littérature fin de siècle, de cette littérature de clinquant, flattant les sens, apprenant peut-être trop de la vie, mais, on nous racontait en des pages plus enfantines mais aussi plus émues, de beaux faits; on nous enseignait à aimer tout ce qui était beau et bien ; il y avait là des histoires édifiantes des missions, des prêtres se dévouant au lointain, des histoires de sœurs de charité, de dévouement filial, d'amour du travail, de pauvres enfants nés d'une humble condition et qui, à force de travail, d'énergie, devenaient de grands hommes, de grands savants. Cela, croyez-le, avait bien son charme et était d'une plus grande importance qu'on ne le pense généralement.

Laissez-moi vous citer à ce sujet un fait personnel :

On m'avait donné tout jeune un petit livre intitulé : « *L'Écolier ou Travail et récompense.* » Eh bien ! je n'ai jamais oublié la lecture de ce livre. Je dois ajouter que c'était un livre chrétien. Les principes qui s'y trouvaient m'ont d'ailleurs, en grande partie, servi de guide dans la vie.

Voici quel en était le sujet :

Un écolier, élevé dans une maison d'éducation dirigée par de bons religieux, de braves Pères, écoutant de mauvais conseils, voulait s'enfuir du pensionnat. Il n'avait heureusement pas encore perdu l'habitude de prier, et la veille du jour où il devait s'enfuir, il s'agenouilla sur son lit et adressa à Dieu sa prière.

Dieu devait l'exaucer, car il fit un rêve. Et dans ce rêve il se vit s'enfuyant de l'école; obligé de travailler misérablement pour vivre, tombant dans la misère, finalement devenir voleur et porter sa tête à l'échafaud.

En se réveillant, le jeune écolier — il s'appelait Fabrice et était fils d'un pauvre garde — pris d'une sueur froide, réfléchit, se mit à nouveau à genoux sur son lit et remercia le ciel du rêve qu'il venait de faire.

Fabrice alla se confesser à l'un des Pères, et travailla, si bien qu'il s'enrichit honnêtement et arriva aux plus grands honneurs. Il mourut grand d'Espagne. Sur ses armoiries il avait fait mettre : « *Avec du travail et de la patience, la feuille du mûrier devient satin...* »

Je l'avoue, je n'ai jamais oublié cela. Et aux moments de défaillance et de découragement je me suis souvenu de la fière devise du grand d'Espagne. Si le malheureux Fabrice n'avait pas été chrétien, que serait-il advenu ?

Vous voyez de quel poids pèse dans la balance de la vie l'éducation chrétienne et combien sont coupables ceux qui veulent la détruire, l'anéantir. Ce ne seront pas les déclarations déclamatoires des *Droits de l'Homme* qui les remplaceront, car, à côté des Droits il y a encore — et surtout — les *Devoirs*, les *grands Devoirs* envers Dieu, la famille, la société.

Et, c'est cette éducation qui nous enseigne la bonté, la reconnaissance, l'énergie nécessaires dans la vie. Ah! cette énergie, nous autres chrétiens, nous devons l'avoir plus que jamais, car c'est par mollesse que nos adversaires sont arrivés à être si puissants.

Dans les trois derniers chapitres du Livre des Juges se trouve l'histoire d'un lévite de la tribu d'Ephraïm qui, voyageant avec sa femme entre Jérusalem et Jéricho, s'arrêta, le soir venu, dans la ville de Gabaa, sur le territoire de la tribu de Benjamin.

Il reçut l'hospitalité d'un homme appartenant, comme lui, à la tribu d'Éphraïm. Mais, pendant la nuit, les habitants de la ville, connus pour leur corruption, se saisirent de la femme du lévite qui s'enfuit.

Celui-ci, quand se leva le jour, sortit de sa retraite pour continuer son chemin. Il trouva sa femme couchée par terre, ayant les mains étendues sur le seuil de la porte. Croyant d'abord qu'elle était endormie, il lui dit : — Levez-vous et allons nous en. — Mais, elle, ne répondant rien, il reconnut qu'elle était morte.

Le grand peintre alsacien Henner qui recevait, en 1893, la médaille d'honneur du Salon pour son tableau représentant le lévite d'Éphraïm devant le cadavre de sa femme, a merveilleusement rendu la douleur immense dont cet homme est saisi.

Le corps, en pleine lumière, ressort au premier plan, avec une chaste vigueur. Les membres, étirés, reposent sur le sol, pesants comme du plomb.

Dans l'ombre, en arrière, apparaît le lévite. Accoudé près de la morte, immobile et muet, il contemple la jeune femme. Or, on voit la méditation, l'amour, le désespoir se réfléchir sur son visage. Mais on y chercherait vainement la révolte; il n'y a pas de colère sur ce masque. C'est bien là l'être pusillanime et mou qui, lors de l'agression, se dérobait lâchement, abandonnant sa compagne à l'abominable attentat.

Et il semble bien que cette figure, s'il fallait symboliser par quelque image la France d'aujourd'hui, réunirait tous les traits qui nous distinguent. Car nous avons, nous aussi, délaissé, sans risquer notre vie pour la défendre, celle en qui reposaient notre foi, notre honneur et tous nos plus chers sentiments.

Les catholiques — ont abandonné la lutte, laissé la place aux autres, se contentant de gémir.

Tout se passe en réflexions attristées, en méditations graves et douloureuses, en dissertations d'une philosophie éplorée.

Nous attendons. Quoi? Nous attendons que la France se dresse. Comme le lévite d'Ephraïm, nous imaginons qu'elle dort; et nous nous proposons de lui crier, quand le premier rayon de l'aube éclairera la route : « Debout ! il est temps. Levez-vous, afin que nous marchions ensemble vers le soleil et vers la vie ! »

Mais à l'heure où nous prononcerons ces mots, qui sait si nous ne serons pas terrifiés par son silence, s'il ne sera pas trop tard !

Il faut lutter par tous les moyens possibles.

Je rappellerai ici une anecdote datant de la Commune :

Des anciens sergents de ville, des soldats, des gardes républicains, gars solides ayant vu plus d'une fois le feu, extraits de la prison, furent conduits par les communards à travers les rues de Belleville jusqu'au lieu de sinistre mémoire, où ils furent fusillés. Ils s'y rendirent comme des moutons que l'on conduit à l'abattoir, marquant le pas presque. Leur escorte de gens avinés et sans aveu n'était pas très forte; ils avaient le droit pour eux, le droit de défendre leur vie, et pas un d'eux n'eut l'idée —

j'allais dire le courage ! — l'idée de demander à ses camarades de se révolter, de sauter sur les bandits qui les escortaient, de prendre leurs armes. Ils se sont laissés tuer bêtement, comme s'ils étaient voués au martyre, eux qui étaient du côté du droit.

Ah ! combien j'aime mieux l'héroïque résistance de ces soldats et de ces pauvres prêtres qui, enfermés dans la grande prison de Mazas, écoutent les conseils d'un gardien — celui-là avait été élevé par les Frères ! — d'un gardien, dis-je, qui a résolu de les arracher à la mort.

Ils se barricadent fortement, se mettent à genoux et prient Dieu. L'un des prêtres bénit ceux qui vont se défendre avant de mourir et tous s'arment. Ils vont lutter, ils n'auront pas peur. Dieu est avec eux, car ils sont courageux et ils seront sauvés. Ils pourront encore voir le drapeau tricolore et se dévouer pour Dieu et la France ! C'est que ceux-là ont pensé que l'action et le courage étaient nécessaires aux jours sombres de l'histoire.

*
* *

Que demandons-nous, nous autres catholiques ? Nous demandons la *Liberté*, la grande Liberté, aussi bien pour nous que pour les autres, la liberté d'association, la liberté d'enseignement, toutes ces revendications en somme qui sont sacrées et qui sont une question de vie pour une nation.

Entendons le R. P. Ravignan s'écrier dans un discours, dans un mouvement de haute et belle éloquence : « Je demande pour nous la liberté au soleil commun de la patrie et de la justice, sans arrière-pensée contre autrui ; nous aurions horreur de cette duplicité, comme nous avons horreur de l'anarchie et de la licence : nous n'avons jamais trahi l'ordre social, et, après tout, nous ne demandons que la liberté du dévouement. »

« Mon Dieu, disait-il en terminant, vous ne permettrez pas que l'iniquité triomphe sans retour ici-bas, et vous ordonnerez à la justice du temps de précéder la justice de l'éternité. »

Il faut lutter, lutter sans cesse, Dieu aide toujours ceux qui ont du courage !

CHAPITRE XXI

UNE LIGUE. — « LA PATRIE FRANÇAISE ».

> « L'Armée ! C'est ce qu'il y a de plus généreux dans la Nation. C'est, — avec les écrivains de génie, — ce qui nous fit et nous garde une patrie. »
>
> (Jules CLARETIE, *de l'Académie française.*)

L'armée ! — La ligue de la « *Patrie Française* ». — Son historique. — Les vrais Patriotes. — Les intellectuels. — MM. François Coppée et Jules Lemaître. — Une première déclaration. — Pour la France !

On sait qu'un capitaine d'artillerie juif fut accusé d'avoir vendu à l'Allemagne des secrets dépendant de son service à l'État-Major et que son procès fut cause de la division des Français en deux camps : d'un côté les défenseurs de l'officier, alliés aux faux intellectuels et aux étrangers unis contre la France, et de l'autre les vrais Patriotes.

C'est de ces luttes que naquit la Ligue de la Patrie Française.

En voici l'historique d'après son secrétaire :

« Au mois d'octobre 1898, très exactement dans la soirée du 25, après la chute du ministère Brisson, deux professeurs de l'Université de Paris résolurent de réunir dans une protestation générale ceux de leurs collègues qui réprouvaient la campagne menée par les défenseurs universitaires du capitaine incriminé. Depuis longtemps, en effet, de simples professeurs aussi bien que de hauts fonctionnaires de l'enseignement ne craignaient pas de mettre leurs noms sur certaines listes, d'assister, de parler même à des meetings où l'on tolérait les pires excès de langage, et de se solidariser ainsi avec les ennemis les plus dangereux de l'armée et de la patrie. A peine les initiateurs de ce mouvement eurent-ils confié leur projet à quelques amis, qu'ils furent assurés de pouvoir opposer bientôt une grande protestation de discipline à l'intervention coupable d'un petit nombre d'*intellectuels*. Ils rédigèrent donc une première circulaire qui fut en peu de jours couverte de signatures recueillies seulement dans les lycées de Paris.

» Ce premier succès les encouragea à étendre hors de l'enseignement, dans tout le public littéraire et artistique, une manifestation qui, à l'origine, devait rester purement universitaire. Ils se partagèrent alors la mission délicate d'aller, un peu au hasard des bruits, des indiscrétions, et même des pronostics personnels, trouver des maîtres de l'enseignement, de la littérature et des arts. Ils se rappellent encore avec émotion telle démarche qui, en toute autre circonstance, leur eût semblé téméraire, et d'où sortit, au premier mot, la plus cordiale et la plus familière sympathie. Ils n'éprouvèrent aucun refus. Évidemment l'entreprise était mûre, et partout on les attendait.

Déjà MM. François Coppée, Jules Lemaître, Brunetière, de Vogüé, Marcel Dubois, Maurice Barrès, avaient promis non seulement leur adhésion formelle, mais encore leur concours le plus dévoué. D'autres noms éminents venaient chaque jour s'ajouter à ceux-là. Il convenait de se manifester publiquement au plus tôt.

Le mardi 20 décembre, dans une réunion tenue chez M. Marcel Dubois et composée surtout de membres de l'Institut et de l'Université, on arrêta définitivement les termes d'une déclaration qui fut rédigée en grande partie d'après un projet de M. Brunetière. On décida ensuite que le groupement devait se transformer en Ligue, à cause de la quantité des adhésions qui étaient déjà parvenues ; que cette Ligue s'appellerait : « la Patrie française » ; qu'elle serait placée en dehors et au-dessus de l'Affaire, et durerait plus qu'elle.

Dès le lendemain on envoya de tous côtés des feuilles autographiées qui contenaient le manifeste suivi de quarante-sept signatures.

« Voici ce document historique :

PREMIÈRE DÉCLARATION DE « LA PATRIE FRANÇAISE »

» Les soussignés,

» Émus de voir se prolonger et s'aggraver la plus funeste des agitations ;

» Persuadés qu'elle ne saurait durer davantage sans compromettre mortellement les intérêts vitaux de la Patrie française, et notamment ceux dont le glorieux dépôt est aux mains de l'Armée nationale ;

» Persuadés aussi qu'en le disant ils expriment l'opinion de la France ;

» Ont résolu :

» De travailler, dans les limites de leur devoir professionnel, à maintenir, en les conciliant avec le progrès des idées et des mœurs, les traditions de la Patrie française ;

» De s'unir et de se grouper, en dehors de tout esprit de secte, pour agir utilement dans ce sens, par la parole, par les écrits et par l'exemple ;

» Et de fortifier l'esprit de solidarité qui doit relier entre elles à travers le temps toutes les générations d'un grand peuple. »

MM. Gaston *Boissier* ; H. *de Bornier* ; duc *de Broglie* ; Ferdinand *Brunetière* ; François *Coppée* ; *de Costa de Beauregard* ; *d'Haussonville* ; J. M. *de Hérédia* ; Henry

Houssaye; Henri *Lavedan*; Ernest *Legouvé*; Jules *Lemaître*; A *Mezières*; A de *Mun*; Albert *Sorel*, professeur à l'école des sciences politiques; André *Theuriet*; *Thureau-Dangin*; Albert *Vandal*; E. M. de *Vogué*, membres de l'Académie française; Émile *Gebhart*, Gustave *Larroumet*, de *Lasteyrie*, membres de l'Institut; *Crouslé*, Marcel *Dubois*, Émile *Faguet*, *Petit de Julleville*, *Puech*, professeurs à la Sorbonne; *Rainaud*, professeur à la Faculté de Rennes; Frédéric *Plessis*, maître de conférences à l'École normale supérieure; Maurice *Barrès*; Ch. *Champigneulle*; Jules *Domergue*, directeur de la « Réforme économique »; *Grosclaude*, explorateur; baron *Hulot*, secrétaire général de la Société de Géographie; Félix *Jeantet*, directeur de la « Revue hebdomadaire; » Maurice *Pujo*; *Terrier*, secrétaire du Comité de « l'Afrique française; » *Chambry*, *Dausset*, *Froidevaux*, *Lecomte*, *Lehugeur*, S. *Rocheblave*, E. *Salone*, *Strowski*, *Syveton*, *Vaugeois*, professeurs de l'Université de Paris. »

Ces circulaires ne tardèrent pas à revenir couvertes de noms. Les fonctionnaires, et en particulier les professeurs, se firent remarquer les premiers par leur empressement; ils avaient enfin trouvé l'occasion de prendre part à une manifestation régulière et pacifique, qui leur permettait de répudier ouvertement certaines compromissions. Des hommes de tous les partis, depuis M. de Mun catholique et réactionnaire, jusqu'à M. Giard, socialiste et libre-penseur, se pressaient déjà dans la nouvelle Ligue qui prit d'abord le caractère qu'elle a toujours conservé, en réalisant la fusion des opinions les plus diverses autour de l'idée de Patrie et du respect de l'Armée (1). »

(1) Louis Dausset.

CHAPITRE XXII

LE CATHOLICISME ET LA FRANCE

SERVEZ LA FRANCE

Si vous voulez dans votre cœur,
Quand mes os seront sous la terre,
Sauver ce que j'eus de meilleur;
Gardez mon âme toute entière...
Aimez, sans vous lasser jamais,
Sans perdre un seul jour l'espérance,
Aimez-la comme je l'aimais,
    Aimez la France !

Qu'importent les labeurs ingrats
Et l'injustice populaire !
Travaillez de l'âme et des bras,
Et je vous réponds du salaire ;
Conservez ma robuste foi ;
Vous aurez de plus la vaillance,
Enfants, servez-la mieux que moi,
    Servez la France !

Servez-la dans l'obscurité
Avec la même idolâtrie.
Arrière toute vanité
Et gloire à toi, sainte patrie !
Votre honneur, amis, c'est le sien.
Humbles soldats de sa querelle,
Souffrez, sans lui demander rien,
    Souffrez pour elle !

Vous tenez d'elle et des aïeux,
De ce grand passé qu'on envie,
Vos mœurs, votre esprit et vos dieux ;
Vous lui devez plus que la vie.
Ne marchandez pas votre sang,
Afin de la rendre immortelle,
    Mourez pour elle !

V. DE LAPRADE.

Sauvez la France. — Comment la France pourra-t-elle reprendre sa suprématie dans le monde. — La France chrétienne et l'amour du travail. Le christianisme et les sociétés modernes. — Ce que pensent Taine et Paul Bourget. — L'Évangile. — Une prière pour la France. — Une page de Michelet. — Les Espérances chrétiennes. — Ce qu'il faut faire. — Pour Dieu et pour la France! — Une invocation de Mgr Freppel.

Comment la France pourra-t-elle reprendre sa suprématie dans le monde?

Elle le pourra *en redevenant chrétienne*, en donnant à la jeunesse une éducation chrétienne, familiale, patriotique.

Le devoir de tous les Français est de travailler à faire la Patrie Française chaque jour plus grande et plus prospère. Oh! il ne s'agit pas de faire de chacun de nous des héros et des savants, mais des travailleurs capables et énergiques et surtout, des honnêtes gens. Ce n'est pas seulement à l'école qu'il appartient d'améliorer l'âme française, mais aussi à la famille, par l'éducation. Si la base est bonne, l'édifice est solide.

La régénération de la France se trouve dans la régénération de l'idée chrétienne et dans celle de la famille, à laquelle il faut donner l'amour du travail et l'objectif pour chacun de ses membres non de son propre bonheur, mais du bonheur de ceux au milieu desquels il vit. L'amour de Dieu, de la Patrie et du travail, voilà les puissants leviers : que tous ceux qui aiment le travail se fassent apôtres des autres, car si la charité est ce qui plaît aux femmes, c'est aussi ce qui doit plaire aux hommes.

L'amour du travail et la recherche du bonheur des autres feraient disparaître de grandes plaies sociales : l'alcoolisme et son fatal cortège chez l'homme, la frivolité et l'ennui chez la femme.

Si on a pu dire que l'homme était le tyran de la maison, n'est-ce pas souvent parce que la femme n'a pas su en rester la reine? Nous avons beaucoup à attendre de la femme chrétienne dans la régénération de la famille, puisque c'est elle qui prépare dans l'enfant l'honnête homme et le bon citoyen. Il faut aussi et surtout que l'enseignement primaire soit non neutre mais *chrétien*. On néglige souvent trop l'éducation au profit de programmes surchargés. Les programmes ne devraient indiquer que le minimum à atteindre. « Mieux vaut une tête bien formée qu'une tête bien meublée, » a dit Montaigne.

L'enseignement secondaire technique se développe de plus en plus; de nombreuses écoles pratiques d'agriculture, d'industrie et de commerce ont été fondées. On sait avec quel zèle les Frères et les Maristes s'occupent de cet enseignement et les superbes résultats qu'ils ont obtenus.

Malheureusement il existe une catégorie de déshérités qui doivent quitter l'école dès qu'ils ont pu obtenir le certificat d'études primaires; c'est surtout de ceux-là que nous devons nous occuper. Un admirable mouvement se produit depuis quelques années en ce sens, des cours, des conférences sont organisés pour ces déshérités, et il serait à désirer qu'ils répondissent en plus grand nombre à l'appel qui leur est fait.

C'est ici qu'il faut faire comprendre l'utilité de ces cercles catholiques, de ces patronages chrétiens, de ces réunions de jeunes gens catholiques, d'anciens élèves d'institutions chrétiennes.

Ainsi admirablement guidés à la sortie de l'école, ainsi élevés, les jeunes gens seraient merveilleusement préparés pour la société, ils préféreraient les excursions, les jeux en plein air, la musique, au cabaret; ils auraient la force, la souplesse, la résistance; ils seraient admirablement préparés pour remplir les devoirs du bon soldat. Ces jeunes gens deviendraient des citoyens éclairés, connaissant la valeur de leur bulletin de vote. Il faut apprendre à la jeunesse à s'occuper des questions du travail et des sociétés de prévoyance; tâchons que les Français ne craignent plus de mettre leurs capitaux dans nos entreprises agricoles, industrielles et commerciales.

Exploitons nous-mêmes nos colonies, nos bénéfices n'en seront que plus considérables et le salaire des ouvriers s'en augmentera.

Sous ces divers rapports nous avons fait de sensibles progrès, mais nous pouvons en attendre davantage depuis la création des offices commerciaux de l'extérieur, des syndicats professionnels et des sociétés de prévoyance.

La question est de faciliter la formation d'une élite, de plus en plus nombreuse, de travailleurs chrétiens honnêtes et intelligents et nous ne verrons plus ainsi se produire d'injustes réclamations.

Comme l'a dit le Dr Saffray : « La France a compris qu'elle peut s'améliorer, elle possède la force de caractère pour résister, donc la France sera sauvée. »

Mettons-nous à l'œuvre, transformons-nous en apôtres, répandons partout la bonne semence, et nous aurons la satisfaction d'avoir participé au bonheur social du pays. Mais, pour cela, soyons avant tout de bons catholiques, de bons patriotes, et que notre devise soit : *Dieu et la Patrie!*

*
* *

La question sociale qui semble une menace terrible au commencement du vingtième siècle ne pourra être résolue pacifiquement, sûrement, que par des hommes ayant au cœur les préceptes de l'Évangile, et ces hommes ne pourraient les avoir que s'ils sont élevés et instruits chrétiennement.

Et qui donc enseigne à aimer les pauvres, les déshérités, si ce ne sont les Religieux ?

Le grand évêque de Meaux, Bossuet, ne s'est-il pas révélé aussi grand que les premiers Pères de l'Église le jour où il s'est écrié :

« Je dis donc, ô riches du siècle, que vous avez tort de traiter les pauvres avec un mépris injurieux : afin que vous le sachiez, si nous voulions monter à l'origine des choses, nous trouverions peut-être « qu'ils n'auraient pas » moins que vous le droit aux biens que vous possédez. » La nature, ou plutôt, pour parler plus chrétiennement, Dieu, le Père des hommes, a donné dès le commencement « un *droit égal* à tous ses enfants sur toutes » choses dont ils ont besoin pour la conservation de la » vie ». Aucun de nous ne peut se vanter d'être plus avantagé que les autres par la nature; mais « l'insatiable désir » d'amasser » n'a pas permis que cette « belle fraternité » pût durer longtemps dans le monde. Il a fallu venir au » partage et à la propriété qui a produit toutes les que- » relles » et tous les procès ; de là est né ce mot de mien et de tien, cette parole si froide, dit l'admirable saint Jean-Chrysostôme ; de là cette grande diversité des conditions : les uns vivant dans l'affluence de toutes choses, les autres languissant dans une extrême indigence. C'est pourquoi plusieurs des saints Pères ayant eu égard, et à l'origine des choses, et à cette libéralité générale de la nature envers tous les hommes, n'ont pas fait de difficulté d'assurer que « c'était frustrer les pauvres de leur propre bien, » que de leur dénier celui qui vous est superflu ».

Ce ne sera pas l'enseignement officiel laïque et athée qui apprendra cet amour des pauvres. On le voit, les conséquences de l'enseignement religieux se font sentir dans tous les domaines. C'est par cet enseignement qu'on pourra éviter bien des catastrophes sociales ou révolutionnaires.

L'influence de l'idée chrétienne, la grandeur que le christianisme apporte aux nations sont si considérables, qu'en cette fin de siècle, de grands esprits, d'abord sceptiques, se sont plu à le reconnaître hautement.

N'est-ce pas, à ce sujet, le moment de rappeler ce superbe passage écrit par un philosophe, M. Taine, ancien élève de l'École normale et qui fut longtemps un sceptique, presqu'un libre-penseur. Sur les dernières années de sa vie.

il trouva sa voie : ses études puis ses ouvrages sur la Révolution lui ayant montré comment les luttes contre Dieu, la religion, les principes sacrés, l'absence de valeur morale que seule peut combattre l'enseignement chrétien, pouvaient mener un grand peuple à la ruine ou le rendre mûr pour le despotisme.

Voici cette admirable page que Taine a écrite sur l'œuvre des apôtres :

« Aujourd'hui, après dix-huit siècles, sur les deux continents, depuis l'Oural jusqu'aux montagnes rocheuses, dans les moujicks russes et les setlers américains, le christianisme opère comme autrefois dans les artisans de la Galilée et de la même façon, de façon à substituer à l'amour de soi l'amour des autres. Il est encore, pour 400,000,000 de créatures humaines l'organe spirituel, la grande paire d'ailes indispensables pour soulever l'homme au-dessus de lui-même, au-dessus de sa vie rampante et de ses horizons bornés, pour le conduire à travers la patience, la résignation et l'espérance, la pureté et la bonté jusqu'au dévouement et au sacrifice. Toujours et partout, depuis dix-huit cents ans, sitôt que ces ailes défaillent ou qu'on les casse, les mœurs publiques et privées se dégradent.

» Quand on s'est donné ce spectacle, et de près, on peut évaluer l'appui du christianisme dans nos sociétés modernes, ce qu'il y introduit de pudeur, de douceur et d'humanité, ce qu'il y maintient d'honnêteté, de bonne foi et de justice. Ni la raison philosophique, ni la culture historique et littéraire, ni même l'honneur féodal, militaire et chevaleresque, aucun code, aucune administration, aucun gouvernement ne suffit à le suppléer dans ce service. Il n'y a que lui pour nous retenir sur notre pente natale, pour enrayer le glissement insensible par lequel, incessamment et de tout son poids originel, notre race rétrograde vers ses bas-fonds, et le vieil évangile présente aujourd'hui le meilleur auxiliaire de l'instinct social. »

Il y a là à la fois un aveu et un grand enseignement à retenir : l'aveu que seule la religion chrétienne pourra sauver le monde et l'enseignement que seule aussi l'éducation chrétienne peut faire des hommes véritables.

*
**

Nous trouvons chez nombre d'écrivains contemporains ayant le courage d'exprimer franchement leur opinion, l'aveu précieux de la grande influence de l'idée chrétienne sur la grandeur de la France.

Je signalerais tout particulièrement la très remarquable évolution des idées politiques et religieuses de M. Paul Bourget. Je crois intéressant de détacher de la préface qui ouvre la dernière édition de ses œuvres un des passages les plus caractéristiques :

« Pour ma part la longue enquête sur les maladies morales de la France actuelle, dont ces *Essais* furent le début, m'a contraint de reconnaître à mon tour la vérité proclamée par des maîtres d'une autorité bien supérieure à la mienne : Balzac, Le Play, Taine, à savoir que pour les individus comme pour la société, le christianisme est à l'heure présente la condition unique et nécessaire de santé et de guérison. L'auteur de la *Comédie humaine* disait : « J'écris à la lueur de *deux vérités éternelles* : *la religion et la monarchie*, deux nécessités que les événements contemporains proclament, et vers lesquelles tout écrivain de bon sens doit essayer de ramener notre pays. » Ce sont presque les mêmes termes dont se servait le philosophe de la *Réforme sociale* : « L'étude méthodique des sociétés européennes m'a appris que le bonheur et la prospérité publics y sont en proportion de l'énergie et de la pureté des convictions religieuses. » Et Taine, comparant le christianisme à une grande paire d'ailes indispensables à l'âme humaine : « Toujours et partout, depuis dix-huit cents ans, sitôt que ces ailes défaillent ou qu'on les casse, les mœurs publiques et privées se dégradent. En Italie pendant la Renaissance, en Angleterre, sous la Restauration, en France, sous la Convention et le Directoire, on a vu l'homme se refaire païen comme au premier siècle.

« Du même coup il se retrouvait tel qu'au temps d'Auguste et de Tibère, c'est-à-dire voluptueux et dur. Il abusait des autres et de lui-même. L'égoïsme brutal et calculateur avait pris l'ascendant. La cruauté et la sensualité s'étalaient. La société devenait un coupe-gorge ou un mauvais lieu... « La rencontre de ces beaux génies dans une même conclusion a ceci de bien remarquable, qu'ils y sont arrivés tous les trois par l'observation, à travers des milieux et avec des facultés de l'ordre le plus différent. En adhérant à la conclusion si nettement exposée par ces maîtres, je ne fais non plus que résumer ma propre observation de la vie individuelle et sociale. Je crois donc dégager mieux le sens de ces *Essais* et des ouvrages qui les ont suivis, en demandant qu'on veuille bien les considérer comme une modeste contribution à cette espèce *d'apologétique expérimentale*, inaugurée par les trois analystes que je viens de citer, — apologétique dont relèvent tôt ou tard, d'ailleurs, qu'ils le veuillent ou non, tous ceux qui, étudiant la vie humaine, sincèrement et hardiment, dans ses réalités profondes, y retrouvent une démonstration constante de ce que cet admirable Le Play appelait encore : le Décalogue éternel. »

**

Je ne saurais trop le répéter, l'enseignement chrétien est plus que jamais nécessaire à la jeunesse, qui au commencement de ce nouveau siècle aura à lutter pour le triomphe de la liberté. Si le présent nous inspire des craintes, l'avenir nous paraîtra moins sombre si les catholiques s'unissent sur le terrain de l'enseignement pour faire couler plus large dans les cœurs des jeunes générations, qui sont l'espoir de la France chrétienne, le fleuve de vérité et de vie surnaturelle.

« Oui, s'écriait récemment un de nos confrères, aujourd'hui comme autrefois, pour Dieu et pour la France il faut s'unir (1), il faut lutter, il faut accepter des alliances utiles, des compromis nécessaires, repousser le système du tout ou rien et prendre la liberté par lambeaux, sans attendre un triomphe douteux, au lendemain des plus dangereux bouleversements.

Oui, aujourd'hui comme alors, fatigués des menottes et des carcans, que nous portons encore, et de ceux dont on nous menace, agissons en hommes (2). »

. . . .

> Eh bien, pour les croyants, c'est assez de servage !
> Nous avons fait la France et nous sommes chez nous !
> Nous croit-on parias et nés pour l'esclavage
> Parce que, devant Dieu, nous ployons les genoux ?
> Parlons haut, parlons fier, l'Église sera libre :
> Celui qui n'est pas craint, voit son droit contesté,
> Qu'en un coup de clairon, chrétiens, notre foi vibre,
> Et demain, c'est la liberté !

Il n'y a pas dire, c'est parmi ceux qui aiment et protègent la religion que se trouvent les vrais patriotes, car la religion et le patriotisme se rencontrent toujours dans une parfaite harmonie. Les francs-maçons sectaires ont la force brutale pour eux, ils croient avec cela être toujours les maîtres. « Le royaume des cieux, disait Frédéric Ier, se gagne par la douceur, ceux de ce monde appartiennent à la force ».

C'est possible pour un moment, mais ce qui est gagné

---

(1) Dans une de ses lettres, M. Paul Bourget, m'écrivait : « ... Ni un homme, ni un peuple ne sauraient se passer de vie religieuse sans de grandes souffrances. »
(2) L'*Univers*, 20 juillet 1900.

uniquement par la force brutale ne profite pas toujours (1).
« La *première des libertés*, disait M. Thiers, ce n'est pas la liberté politique, c'est la *liberté sociale*. »

Dans cette liberté sociale se trouve forcément comprise la liberté religieuse. Les gouvernants actuels ne comprennent pas cette liberté-là. Avec eux, c'est une oppression qui se cache sous le masque d'un faux libéralisme. Lacordaire avait prédit et deviné cette oppression : « De ce libéralisme qui l'attire, écrivait-il à Montalembert, sais-tu s'il ne sortira pas le plus épouvantable esclavage qui ait jamais pesé sur la race humaine ? Sais-tu si la servitude antique ne sera pas rétablie par lui, si tes fils ne gémiront pas sous le fouet impie du républicain victorieux ? »

Mais la liberté, cette chose sacrée, sainte, nous sommes en droit de l'avoir aussi bien que les autres. Il y a cinquante ans environ, celui que je citais tout à l'heure, Lacordaire, se voyait conduit devant les juges parce qu'il avait fondé une école libre.

— Où avez-vous pris le droit d'agir ainsi ? lui dit le magistrat.

— Monsieur, répondit fièrement Lacordaire, *la liberté se prend*.

Oui, la liberté se prend quand on ne l'a pas et il est de notre premier devoir de la prendre.

Sans religion, on fait de grands savants, pour lesquels le cœur n'est rien et qui, avec leur grande science, ne sont souvent que de purs poseurs faisant à l'humanité plus de mal que de bien. Témoin Paul Bert, de triste mémoire. Toute la grande et profonde science du passé ne vaut pas l'humble connaissance de la vie future et nul ne sera véritablement un grand historien s'il n'est chrétien.

On objecte que le devoir et le rôle d'un ecclésiastique,

---

(1) « Les lois de violence, l'esprit public en fait toujours justice. » (Camille Pelletan. *La Justice*, 18 juillet 1885.)

fût-il très haut placé, très savant, est de demeurer modeste et d'éviter le bruit. C'est possible, mais c'est aussi son devoir de prendre résolument sa place dans le monde, sans quoi ses adversaires l'occuperont; c'est logique.

Il faut que la bonne parole rayonne. La vie toute intérieure de méditation et de prière doit occuper la plus grande partie du temps du prêtre, mais cela ne doit pas lui faire négliger l'action extérieure, selon ce portrait que faisait de lui saint Grégoire le Grand : « *Interiorum curam in exteriorum occupatione non minuens exteriorum providentiam in interiorum sollicitudine non relinquens.* »

Mais nous, nous avons dix-neuf siècles de christianisme derrière nous, dix-neuf siècles pendant lesquels la religion et le clergé ont dû nous civiliser, et ceux qui font du mal maintenant à la religion et à ses représentants sont plus cruels que les empereurs romains et les proconsuls. Ils savent ce qu'ils font, ils n'ont plus le fanatisme païen pour excuse et ce sont de grands coupables qu'il est de notre devoir de remplacer partout, de dévoiler partout et de mépriser de toutes nos forces.

Je ne vois pas trop quels sont les principes généreux que la Révolution française a puisés ailleurs que dans l'Évangile et quels sont les bienfaits qu'elle nous a donnés.

Dites-moi si la divine parole : « Il faudra que le plus grand se fasse le plus petit et que celui qui gouverne soit le serviteur », dites-moi si ces paroles superbes sont appliquées aujourd'hui par ceux qui sont les Grands, qui gouvernent et dont le plus grand plaisir est de tourmenter les petits, les pauvres, les honnêtes et les bons.

Assez de martyre et de résignation, il faut relever les défaillants et lutter.

« Vous voyez, Seigneur, disait dernièrement S. S. le pape Léon XIII, comme les vents se sont de toutes parts déchaînés, comme la mer se soulève par la violence des flots irrités. Commandez. Nous vous en supplions, vous qui le pouvez seul, commandez aux vents et à la mer !

Rendez à la race humaine la véritable paix, celle que le monde est impuissant à donner, la tranquillité de l'ordre ! Par votre grâce et sous votre impulsion, que les hommes rentrent dans l'ordre légitime, en rétablissant, selon leur devoir et par l'assujettissement de leur passion à la raison, la piété envers Dieu, la justice et la charité envers leur prochain, la tempérance envers eux-mêmes ! Que votre règne arrive et que la nécessité de vous être soumis et de vous servir soit comprise de ceux-là mêmes qui, pour chercher loin de vous la vérité et le salut s'épuisent en vains efforts. Vos lois sont pleines d'équité et de douceur paternelle, et pour en procurer l'exécution, vous nous offrez vous-même le secours de votre vertu. La vie de l'homme sur la terre est un combat, mais vous-même *vous assistez à la lutte, vous aidez l'homme à triompher, vous relevez ses défaillances, vous consommez sa victoire.* »

Monseigneur Fonteneau, archevêque d'Albi, dit qu'il est du devoir des évêques de défendre les pasteurs à la face du monde (1).

« Nous gémissons des attaques des méchants contre vos pasteurs, qui sont les bienfaiteurs de la société ; c'est *notre devoir d'évêque* de les défendre à la face du monde. Si nous nous taisions, ils parleraient bien haut, les ignorants, les malades, les pauvres, les orphelins, qui ont dans le prêtre un ami, un protecteur, une providence. Quel est celui d'entre vous qui a frappé à la porte du modeste presbytère sans être accueilli avec bonté ? Dans les fléaux, dans les épidémies, n'avez-vous pas vu à vos côtés ce consolateur, vous apportant souvent l'aumône matérielle, toujours l'aumône spirituelle ? Oui, le prêtre est, de nos jours, plus grand que jamais, l'homme du dévouement infatigable, désintéressé. Et pourtant il n'est pas rare de voir la calomnie l'atteindre, la haine le persécuter et s'acharner à sa perte. »

(1) Lettre pastorale à l'occasion du carême de 1889.

Et il ajoute avec raison que le clergé n'est pas si ignorant que ses détracteurs injustes veulent le faire croire :

« Que deviendrait la société privée du sacerdoce qui en est la lumière ? On a pu, dans le passé, accuser le clergé d'ignorance, répéter qu'il ne marche pas avec le siècle et qu'à part la doctrine chrétienne, il sait peu de choses. Ces accusations, absurdes de tout temps, ne se formulent plus aujourd'hui avec autant d'instance ; on y croit moins. Nous avons des prêtres au sein des académies, dans le sanctuaire de la science ; les lettres, les arts proclament avec orgueil les noms de ces hommes « qui », profondément versés dans les connaissances religieuses, brillent du même éclat dans les études profanes.

» Mais le clergé n'aurait-il en partage que la science divine, il serait encore la lumière de l'humanité. »

Nos politiques, hélas ! devraient voir ce qui se passe à l'étranger ; ils pourraient y trouver des leçons même chez nos ennemis, dans l'empire d'Allemagne :

« Le 23 mars 1887, à la Chambre des seigneurs, à Berlin, M. de Bismarck a posé la question des ordres religieux sous un jour tout nouveau, qui appelle l'attention des catholiques. Il a dit : « *L'essentiel, c'est que la paix soit rétablie dans l'État ; et le projet qui vous est soumis tend à ce but... Si les catholiques déclarent que sans les ordres religieux ils ne peuvent vivre en paix avec nous, je ne puis pas, à mon point de vue personnel, leur donner raison ; mais je ne puis pas non plus leur imposer ma manière de voir... Pour moi, le côté essentiel est que les catholiques y tiennent... C'est l'affaire des catholiques de savoir pourquoi ils soulèvent cette question du retour des ordres, et non pas la mienne.* »

Bismarck s'apercevant qu'il a fait fausse route dans sa lutte contre le catholicisme et changeant de conduite pour le bien de sa patrie, quel enseignement pour nos gouvernants !

Combien M. Drumont avait raison, dans la lettre qu'il

adressait jadis aux étudiants suisses, en montrant qu'il faut être brave, ne pas craindre de dire que l'on est catholique en face de tous les mécréants. C'est la lâcheté et la peur qui nous tiennent.

Je ne puis résister au désir de citer une partie de cette lettre.

« Le *bon jeune homme* d'autrefois ne reconnaîtrait plus ceux qui lui ont succédé, disait M. Drumont. Ce fut une des plaies du catholicisme pendant la première moitié de ce siècle que ce bon jeune homme. Il avait été chrétiennement élevé, il était animé de sentiments excellents, mais il appartenait à un monde où le fait de crier fort dans la rue ou d'entrer avec un chapeau mou dans un salon semble plus grave qu'un péché mortel. Il ne reniait pas le Christ, mais c'est à peine s'il osait avouer du bout des dents le divin Maître qui poussa l'amour pour nous jusqu'à endurer l'horrible supplice de la croix. Il ne cachait pas tout à fait ses croyances, mais il leur mettait un cache-nez, il les dissimulait comme une maladie presque honteuse.

» Ce fut Veuillot, que les catholiques ne loueront jamais assez pour sa noble vaillance intellectuelle, pour sa belle humeur courageuse, qui commença à guérir le bon jeune homme de sa timidité excessive. En voyant Veuillot rire si franchement des pieds plats qui insultaient l'Église, tout le monde se mit à rire, et le bon jeune homme reprit quelque confiance.

» Aujourd'hui, je vous le répète, ce type suranné est remplacé par de jeunes catholiques autrement virils, qui ne craignent pas d'informer publiquement leurs camarades libre-penseurs du jour où ils se confessent.

» Malgré tout, ce qui nous manque un peu en France, c'est la notion nette de nos droits de citoyen ; c'est la conviction, qu'après tout, nous ne sommes pas des prêtres ; que l'admirable immolation des prêtres n'est point obligatoire pour nous, et que, s'il plaît à un quidam de polissonner à notre endroit, de nous invectiver à propos de nos croyances, *nous avons parfaitement le droit de répondre sur le même ton.* »

Tous les mangeurs de prêtres verront un jour leur conscience se réveiller ; par habitude, cette conscience est chrétienne et malgré sa hâblerie, le mangeur de curés est triste. Il pense qu'au moment suprême il aura besoin d'être absous par le prêtre et il se dit intérieurement qu'alors il n'obtiendra peut-être pas l'absolution. Il a peur. Tous les grands méchants sont des peureux et des lâches.

« On reviendra à la religion, dit Mgr Meignan, archevêque de Tours, à la religion chrétienne, parce que, seule, elle a une base divine, historique et solide ; parce que, seule, elle satisfait, quel que soit le degré de la civilisation, à toutes les nécessités et à tous les besoins de l'humanité.

» On reviendra à la religion catholique, parce que, seule, elle est la force apostolique, traditionnelle, authentique et intègre de la religion du Christ (1). »

Oui, on y reviendra, mais pour cela il ne faut pas que nous autres, écrivains chrétiens, nous suivions les conseils trop pacifiques des timides et des timorés.

Décius, ce grand meurtrier, l'un des plus grands persécuteurs de l'Église, voulut tout ramener au paganisme officiel ; il avait peur, comme les politiciens et les potentats de nos jours, de la liberté de conscience réclamée alors par les chrétiens et qui, selon lui, diminuait l'autorité césarienne.

Il fit tout au monde pour faire périr la religion du Christ.

A quoi cela lui servit-il ? A affermir davantage la religion chrétienne.

Après la mort de Décius, l'Église resta debout, purifiée par l'épreuve, retrempée dans du sang de martyre.

« Après la mort de Décius (2), dit M. Allard, soixante

---

(1) *De l'irréligion systématique.*
(2) *Histoire des persécutions*, par Paul Allard.

ans vont s'écouler avant qu'un empereur, jetant sur l'avenir de la civilisation romaine le regard du vrai politique, *reconnaisse dans le christianisme la seule force capable de vaincre ou du moins d'absorber la barbarie...* »

Eh bien ! aujourd'hui encore, dans cette guerre intestine que la société moderne a à soutenir, le *catholicisme* est la seule force capable de lutter victorieusement et de sauver la civilisation.

« On peut beaucoup, a dit Mgr Dupanloup, quand on a la force matérielle ici-bas ; mais il y a des choses qu'on ne peut pas. On peut renverser les murailles d'airain et les portes de fer, mais *on ne peut pas renverser les cœurs* et forcer les remparts que font les âmes ; on s'y brise. »

Jamais le courage et l'action n'ont été aussi nécessaires !

CHAPITRE XXIII

CE QU'IL FAUT FAIRE POUR LA FRANCE

> « Les peuples aussi ressuscitent quand ils ont été baignés dans la grâce du Christ; et quand, malgré leurs vices et leurs crimes, ils n'ont pas abjuré la foi; l'épée d'un barbare et la plume d'un ambitieux ne peuvent pas les assassiner pour toujours. Quand l'expiation touche à son terme, ce sang se réveille et revient, par sa pente naturelle, se mêler au courant de la vieille vie nationale !... »
>
> Le R. P. Monsabré.

Une page de Michelet. — Au lendemain de l'invasion. — La France et les nations. — Quel est l'ennemi véritable ? — Il y a des choses qui ne meurent pas. — Ce qu'il faut faire pour la France. — Le mal social. — Une lettre de l'apôtre saint Paul. — Un enseignement donné par l'Évangile. — M. François Coppée et *le devoir des jeunes*. — L'exemple d'un noble mouvement. — Une admirable mission. — Un discours de l'amiral de Cuverville. — Une parole du Saint-Père. — L'esprit de famille. — La religion et le respect du foyer. — Une vieille prière pour la France. — Il faut travailler pour la France et pour Dieu. — Le Colisée. — *Prière invocatrice*.

Au lendemain de l'année terrible, un historien que l'on ne soupçonnera certes pas de partialité, Michelet, répondait aux nations soi-disant amies et hypocrites qui plaignaient la France après avoir souhaité de toute leur âme le mal qui lui arrivait :

« Si l'on voulait entasser ce que chaque nation a dépensé de sang et d'or, et d'efforts de toute sorte pour les choses désintéressées qui ne devaient profiter qu'au monde, la pyramide de la France irait montant jusqu'au ciel ! et la vôtre, ô nations ! toutes tant que vous êtes ici, eh ! oui, la vôtre, l'entassement de vos sacrifices irait aux genoux d'un enfant !

» Ne venez donc pas me dire : « Comme elle est pâle » cette France ! » elle a donné son sang pour vous !... » « Qu'elle est pauvre ! » pour votre cause elle a donné sans compter, et n'ayant plus rien, elle a dit : « Je n'ai ni or, ni argent, mais ce que j'ai, je vous le donne. Alors elle a donné son âme !... et c'est de quoi vous vivez !... ce qui lui reste, c'est ce qu'elle a donné ! »

Trente ans, presqu'un tiers de siècle, ont passé depuis «"... et si nous ne sommes pas au lendemain de l'invasion par les armes, nous sommes au lendemain de l'invasion lente, mais sûre, qui ne connaît ni l'acier, ni la poudre, mais dont l'agent destructeur est l'or, grâce auquel les plumes trempées dans le fiel et le venin ont pu faire œuvre de mort... comme il y a trente ans, l'étranger, en suscitant nos discordes, nous a outragés, atteints dans nos forces vives !... comme il y a trente ans, il a cherché à vaincre : « Nous n'avons pu l'anéantir par le fer, il nous » reste le poison », dirent-ils ; et l'on voit ce qu'ils en ont gonflé nos veines depuis deux ans !... Comme il y a trente ans, ils ont visé l'armée... préférant cette fois, les lâches !... couvrir notre épée de leur bave, plutôt que de leur sang !...

« Et c'est devant ce spectacle de notre France toujours grande et toujours attaquée, que les paroles de Michelet redeviennent d'une actualité poignante — que nos âmes de Français ont besoin de les relire (1). »

De grands scélérats ont crié de toutes leurs forces : *Le cléricalisme, voilà l'ennemi !*

---

(1) J.-Hector Eymard.

Crions-nous aussi de toutes nos forces : *La Révolution des athées, des juifs et des francs-maçons, c'est l'ennemi !*

Mais ne nous contentons pas de pleurer. La tristesse énerve et ne sauve pas. *Il faut réagir*; il faut imiter les pauvres femmes qui pleuraient *sans cesser de marcher et de travailler.*

Ni la civilisation, ni le catholicisme ne peuvent périr. Au lieu de pleurer, de nous lamenter et de gémir, tâchons de les servir mieux.

En nous souvenant de l'histoire, nous aurons confiance en l'avenir de notre foi.

« On croyait tout fini après Robespierre et Voltaire, tout fini après Luther et Calvin, tout fini après Arius et Photius. On avait même tout cru fini après Hérode et Pilate (1).

On pourrait ajouter qu'on croyait tout fini après Gambetta et Ferry. Mais l'histoire est là pour nous enseigner qu'il y a des choses qui ne meurent pas, et la religion catholique est de ce nombre.

* * *

Ce qu'il faut faire maintenant pour la France, je vais vous l'indiquer.

Je viens de vous parler d'action et de courage.

Cela vous est plus nécessaire que jamais, jeunes catholiques qui, à l'aurore du vingtième siècle, allez entrer dans la vie, car jamais plus qu'à notre époque la lutte pour la vie n'a été difficile.

Mais faut-il borner votre horizon à une question de gros sous ? A plus forte raison ne serez-vous pas de ces jeunes vieillards, flétris et blasés, qui, après avoir épuisé la coupe de leurs décevants plaisirs, répondent par l'amer sourire du sceptique à toutes les généreuses idées.

---

(1) Henri Cochin : *Les Espérances chrétiennes.*

A la jeunesse, il faut de l'idéal; c'est pour elle un besoin d'aimer ce qui est beau, de défendre ce qui est vrai, de faire ce qui est bien.

Pour vous qu'une éducation chrétienne a formés, c'est plus qu'un besoin, *c'est un devoir*.

Donc, *vous aurez de l'idéal*, vous croirez aux grandes choses qui font battre les grands cœurs.

Mais encore ne faudra-t-il pas s'en tenir aux rêves ni aux phrases. Il est toujours nécessaire de réaliser par quelque endroit son idéal, si on ne veut pas en porter le deuil dans la tombe.

Et que manque-t-il aux vaillants d'aujourd'hui pour se faire une belle vie?

Ici, c'est l'Église qu'une secte et un parti se sont efforcés de séparer de la France, en opposant leurs lois à ses lois, leur esprit à son esprit, leurs aspirations à ses aspirations. Là, c'est la Patrie, elle, en train de s'amoindrir aux mains d'incapables. Partout, c'est le peuple souffrant du mal social né d'un individualisme égoïste et d'un système économique antichrétien et vicieux.

Réconcilier l'Église et le siècle, grandir la France, éclairer et soulager le peuple, n'est-ce pas assez pour tenter des enthousiasmes de vingt ans?

Les moyens d'atteindre une belle fin sont peut-être durs, mais il faudra les prendre, il faudra les étudier, pour que votre parole et votre plume soient un jour respectées et bienfaisantes. Il faudra, par un continuel effort, tendre le ressort de la volonté et élever le caractère, pour ne jamais retomber dans les basses compromissions ou fuir dans de honteuses reculades. Vous ne craindrez pas surtout, dépouillant une sotte morgue, d'aller au peuple, de mettre votre main dans celle de ces jeunes paysans, de ces jeunes ouvriers si heureux d'être associés à vos espérances et à vos luttes.

Rappelez-vous ici cette lettre de l'apôtre saint Paul :

« Mes frères, ayez, comme il convient à des élus de

Dieu, saints et bien-aimés, des entrailles de miséricorde, de bonté, d'humilité, de modestie, de patience ; vous supportant mutuellement, vous pardonnant les uns aux autres les sujets de plainte que vous pouvez avoir ; comme le Seigneur vous a pardonnés, pardonnez de même. Mais surtout ayez la charité qui est le lien de la perfection. Faites régner dans vos cœurs la paix de Jésus-Christ, à laquelle vous avez été appelés pour ne faire qu'un corps, et soyez reconnaissants. Que la parole de Jésus-Christ demeure en vous avec plénitude, et vous comble de sagesse ; instruisez-vous et exhortez-vous les uns les autres par des psaumes, des hymnes et des cantiques spirituels, chantant de cœur avec édification les louanges de Dieu. Quelque chose que vous fassiez, soit en parlant, soit en agissant, faites tout au nom du Seigneur Jésus-Christ, rendant par lui des actions de grâces à Dieu le Père, par Jésus-Christ Notre-Seigneur. »

Vous serez des œuvres, des assemblées où ne manquent ni les bonnes exhortations, ni les nobles exemples.

Vous vous souviendrez aussi de l'enseignement que vous donne l'Évangile selon saint Mathieu :

« En ce temps-là, Jésus proposa au peuple qui le suivait en foule une parabole, en disant : Le royaume des cieux est semblable à un homme qui avait semé du bon grain dans son champ ; mais pendant que tout le monde était endormi, son ennemi vint, sema de l'ivraie parmi le froment et se retira. Quand l'herbe eut poussé et fut montée en épis, l'ivraie parut aussi. Alors les serviteurs du père de famille vinrent lui dire : « Seigneur, n'avez-vous pas semé du bon grain dans votre champ ? d'où vient donc qu'il y a de l'ivraie ? — Il leur répondit : C'est mon ennemi qui l'a semée. — Les serviteurs lui dirent : Voulez-vous que nous allions l'arracher ? — Non, leur répondit-il, de peur qu'en arrachant l'ivraie, vous n'arrachiez en même temps le bon grain. Laissez croître l'un et l'autre jusqu'au temps de la moisson, et alors je dirai aux moissonneurs :

Arrachez d'abord l'ivraie, et liez-la en bottes pour la brûler ; mais renfermez le froment dans mon grenier. »

Tout cela, vous ne le ferez pas sans peine ; et bien souvent, en travers de la route, vous rencontrerez des adversaires décidés comme vous, étudiant, agissant comme vous, mais dont l'ambition et la cupidité sont tout le but. *Ne soyez pas émus, Dieu sera pour vous.* Vous refoulerez les sentiments grossiers qui diminuent et songerez que vous avez mieux à faire.

Ce sera un combat qu'il vous faudra livrer avec courage.

Mais « pour la jeunesse, s'écriait un jour M. de Mun, combattre, c'est vivre ; et pour les fils de l'Église catholique, *combattre, c'est vaincre.* »

* * *

C'est encore ici à M. François Coppée que je laisse la parole. Présidant une « fête des différentes œuvres de l'École Massillon » et s'adressant aux jeunes gens, il leur traçait le *Devoir des jeunes.*

« Vous entrez dans la société moderne, leur disait-il, vous y entrez en des heures bien sombres, où vos ennemis semblent triomphants, où la coalition des athées et des sectaires poursuit son rêve criminel de déchristianiser la France, où ces hommes eslaves, malgré leur démence, d'on ne sait quelle obscure logique, entreprennent de détruire à la fois l'idée de Dieu et l'idée de Patrie.

» Ils nous montrent dans un lointain, très lointain avenir, un Univers chimérique, sans églises et sans frontières, où tous les hommes ayant pris apparemment leur part de la douleur et de la mort, et obéissant — par quelle étrange métamorphose de leur nature ? — à une morale sans crainte et sans espérance, seront devenus, on ne sait comment, tous bons, justes et fraternels. La science, assurent-ils, accomplira ce prodige, bien que, jusqu'à présent, la microbiologie n'ait encore découvert aucun *sérum* contre les passions, ni la lumière électrique jeté la moindre lueur sur les mystères de l'âme. C'est dans l'attente de cet impossible âge d'or, c'est pour la réalisation de cet absurde idéal, que ces aliénés veulent démolir les autels et jeter bas les drapeaux.

« Plus de prière ! plus de vie future ! » clament ces misérables insensés, alors que le combat pour le pain est toujours plus acharné et qu'elle est si triste et si morne, l'aridité des cœurs désertés par les espérances éternelles. « Plus d'armée ! plus de devoir militaire ! » osent-ils crier encore, au moment même où nous assistons, dans la plus injuste des guerres, au cynique triomphe de la force, et cela aux yeux de l'Europe déshonorée pour avoir souffert cette lâcheté, et aux yeux aussi de la pauvre France qui, si elle laissait briser ses armes, pourrait voir, un jour, ses fils devenir soldats allemands, comme les fils des héroïques paysans du Transvaal deviendront bientôt, hélas ! des soldats anglais !

» Voilà l'affligeant et hideux spectacle que vous avez devant vous. Cette croix, à l'ombre de laquelle vous avez grandi ; cette croix, où l'image d'un Dieu mort pour les hommes vous a enseigné la loi d'amour, la loi de charité envers autrui, et du sacrifice de soi-même ; cette croix que vous baiserez dans votre dernier soupir, on prétend la renverser ! Ce drapeau, héritier de quinze siècles de luttes et de gloire ; ce drapeau, qui vous rappelle par ses trois couleurs le doux ciel de la patrie, la pureté de l'honneur et le sang versé par nos aïeux, nos tyrans du jour le laissent traîner dans la boue !

» Voilà, jeunes gens qui m'écoutez, l'œuvre maudite et les artisans du mal que vous avez à combattre par la parole et par l'action.

» Vous le ferez, j'en suis sûr, avec courage, et vous triompherez, j'en ai le ferme espoir ; car toujours les persécutions préparent et assurent la victoire de la foi, et déjà nous reconnaissons autour de nous les signes évidents d'une reconnaissance chrétienne. Vous défendrez les droits essentiels qu'on ose menacer aujourd'hui, le droit qu'ont les religieux de vivre en commun pour prier et pour faire le bien, le droit qu'a le père de famille d'élever ses enfants dans sa croyance, le droit qu'a l'écrivain de publier et de répandre toute la vérité ; et, pour la garde du drapeau, je compte sur l'instinct de la race militaire qui palpite en vous, sur vos énergiques résolutions de Français et de soldats.

» Cela, c'est votre devoir urgent, immédiat, mais vous devez encore, vous devez surtout songer à l'avenir ; car il est bien sombre et bien inquiétant, et il nous réserve sans doute de terribles jours, si les privilégiés de ce monde ne se décident pas à rompre avec leurs coupables habitudes d'indifférence et d'égoïsme, s'obstinant à fermer les yeux et à se boucher les oreilles devant la tempête sociale qui est prochaine, imminente, dont nous voyons les nuages s'amonceler, dont nous entendons le grondement et dont il me semble déjà, pour ma part, sentir le souffle sur mon visage.

» Le peuple, surtout le peuple des villes, chez qui l'on a détruit l'espoir en une autre vie, et qui, dans celle-ci, voit sans cesse reculer la réalisation des excessives promesses faites à sa misère, le peuple souffre plus que jamais ; il est, on peut l'affirmer, à bout de patience, et ce n'est pas à vos cœurs pleins de charité qu'il est besoin de redire ce qu'il y a de légitime dans ses plaintes et dans ses revendications.

» C'est pour vous, jeunes catholiques qui appartenez à l'élite de l'intelligence et du cœur, que je voudrais donner l'exemple de ce noble mouvement. Oui, je voudrais vous voir aller les premiers vers le peuple, lui parler cordialement, l'interroger sur ses souffrances et ses besoins et lui apprendre à vous connaître et à vous aimer.

» Malgré les calomnies répandues contre nous par les

sectaires de l'impiété, vous triompheriez aisément des premières résistances, j'en suis suis sûr, vous sauriez faire pénétrer dans les cœurs simples vos paroles de paix et de sympathie, et le peuple ne tarderait pas à reconnaître que les vrais, les seuls socialistes, sont les élèves du Maître qui nous a ordonné avant tout de nous aimer les uns les autres.

» Quelle admirable mission, quel touchant apostolat vous entreprendriez, si chacun de vous, groupant autour de lui quelques prolétaires, leur apportait non pas des aumônes dont souvent leur fierté s'offense, mais un secours intellectuel et moral : étudiant avec eux leurs intérêts, les aidant amicalement et sans arrière-pensée de domination à fonder et à perfectionner leurs œuvres d'association et d'épargne, et devenant — oh! jamais leur chef — mais seulement leur conseiller et leur guide! Il n'aurait même pas besoin de parler le premier à ses humbles amis de la foi qu'on leur a ravie, car, eux-mêmes reconnaîtraient bientôt que le Dieu de l'Évangile, le Dieu qui inspire de tels actes, est vraiment leur Dieu, le Dieu des petits et des souffrants, en un mot le *Dieu du peuple!...*

» Laissez-moi, mes jeunes amis, laissez le vieux poète qui vous parle s'arrêter sur ce beau rêve! Laissez-lui espérer que c'est par la jeunesse chrétienne que sera fait ce premier pas vers la fin des haines, vers la fusion des classes, vers la paix sociale, et que plusieurs d'entre vous vont partir pour le voyage à travers ce monde du travail et de la misère en emportant dans leur cœur ce trésor de charité du bon Samaritain! »

*
* *

Écoutez et méditez aussi ces admirables paroles que l'amiral de Cuverville prononçait le 21 juillet 1900 à la distribution des prix du collège Saint-Charles, à Saint-

Brieuc. Il faut lire en quels termes éloquents et émus il montre la beauté de l'âme française, comment la foi était nécessaire à l'éducation et pourquoi elle devait être intimement liée à l'étude de la science.

» Dans l'éducation, s'écriait-il, il y a maintenant deux écoles. Pour l'une, vraie est la science de Dieu. L'autre laisse le Christ à la porte, proscrit son nom et jusqu'à son image. Aussi aboutit-elle à cette triste devise : « Ni Dieu, ni maître. »

» Eh bien, messieurs, voilà en quelques mots le résumé de la situation. Un peuple sans Dieu touche à sa ruine. « L'éducation fait l'homme, » a dit Mgr Dupanloup, et Léon XIII : « *L'école est le champ de bataille* dans lequel » se décide si oui ou non la société restera chrétienne. » Or, messieurs, la France restera chrétienne ou bien elle disparaîtra. « La religion est nécessaire à la France », disait avec raison Portalis.

» Ah! messieurs, remerciez avec moi Dieu qui vous a donné la foi. Remerciez vos familles qui vous ont confiés à une maison chrétienne.

» En terminant, laissez-moi vous répéter ce que je disais, il y a quelque temps, à vos aînés de la conférence Olivaint, conférence fondée par un religieux martyr :

» Vous appartenez à cette jeunesse laborieuse, active, qui est pour nous l'espoir du pays. Jeunes gens, vous n'avez pas vu l'Année terrible, mais vous êtes appelés à réparer l'édifice national dont la tempête a pu découronner le faîte, mais dont les assises sont encore solides. Ces assises reposent sur l'âme française faite d'abnégation, d'héroïsme, toutes vertus écloses à l'ombre de la Croix.

» Faites-vous apôtres de vos croyances, comme disait le Saint-Père. Allez au peuple, mettez votre main dans la sienne, cherchez le chemin de son cœur, et alors bien des préjugés tomberont, bien des yeux s'ouvriront à la lumière. Allons, messieurs, pour Dieu, pour la patrie, réalisez cette belle devise que les païens eux-mêmes avaient

su trouver; ne disaient-ils pas : « *Pro aris et focis :* pour
» nos autels et nos foyers. »

» Pour Dieu, disait un évêque d'Angoulême, pour Dieu, car il donne la victoire ; pour la Patrie, car il a choisi la France pour son apôtre, et il a voulu que l'épée de la France soit inséparable de la croix. »

Il est bon encore ici, de rappeler que dans une solennité officielle (1), s'adressant aux élèves des établissements de l'État réunis à la Sorbonne, le professeur de l'Université chargé de prononcer la harangue d'usage, M. Bompard (il faut retenir son nom, car il a été le premier qui, en Sorbonne, depuis vingt ans, ait osé prononcer le nom de Dieu!), M. Bompard, dis-je, a aussi montré l'influence de la France à l'étranger ; il a d'abord développé cette idée *que la littérature française est une école de sincérité,* de raison et de justice, et que, par elle, la France exerce une véritable magistrature en Europe. Après avoir adjuré la jeunesse de s'attacher à conserver au pays cette suprématie morale, le professeur s'est écrié : « Gardiens humbles, mais incorruptibles, du trésor de la Patrie, nous vous le confions. Puissiez-vous, mes amis, l'accroître encore ! Que Dieu accorde à quelques-uns d'entre vous d'y ajouter un jour peut-être quelques nouvelles pages ! Je ne le désire pas seulement pour votre honneur et la joie de vos vieux maîtres ; vous me permettrez d'en former le souhait pour la gloire de la France, je veux dire pour le bien moral de tous les peuples et de tous les hommes. »

Cette fois, un professeur de l'Université s'est trouvé d'accord avec les professeurs chrétiens. C'est un aveu important à retenir.

***

Il faut aussi remettre en honneur l'esprit de famille.
On faisait des hommes autrefois.

(1) Juillet 1900.

Un spectacle charmant et qui reposait l'âme jadis, c'était une famille groupée autour d'un père et l'enveloppant de son amour comme d'une atmosphère chaude, comme d'une auréole.

C'était une véritable joie pour les vieux parents d'avoir à leur table de nombreux convives pris dans leur famille.

Le plus vieux, bien souvent dépassait la soixantaine et le plus jeune n'avait pas six mois.

La famille moderne a peut-être quelque chose de plus gracieux à l'œil, de plus élégant que la famille antique.

Mais il faut savoir aller au fond des choses.

Nos pères étaient certainement plus sévères, et, pour lâcher le grand mot gâtaient moins leurs enfants.

Ces admirables parents ne sacrifiaient jamais l'âme à la santé.

Ils avaient une foi plus vive en l'autre vie et préféraient voir mourir leurs enfants, très aimés cependant, plutôt que de les voir « tourner à gauche ».

Les enfants avaient bien un peu peur de leurs parents, mais ils ne les aimaient pas moins.

Des hommes mûrs tremblaient encore devant le reproche de leurs mères ; cependant ils avaient pour ces terribles mamans un amour d'une tendresse que la nôtre ne surpasse pas.

« On faisait des hommes autrefois », ai-je dit plus haut.

Aujourd'hui, la famille n'existant presque plus, il est difficile qu'elle forme des hommes.

Hélas ! oui, la famille s'en va.

Et pourquoi ?

Parce que la famille moderne n'a plus de foyer et ses membres s'en sont créé de factices.

Pourquoi ?

Parce que beaucoup ne reçoivent pas d'enseignement chrétien, parce qu'ils n'ont pas le bon maître, le religieux qui leur enseigne les préceptes de l'Évangile.

La religion enseigne toujours à l'enfant l'amour des parents, le respect du foyer.

Et c'est là que l'homme retrempe ses forces, oublie les déceptions et les amertumes de l'existence.

Là seulement sont les vraies joies, les tendresses profondes et sereines.

Plus tard, dans vingt ans, quand Bébé sera un homme, il se souviendra encore de cette demeure paisible et respectée, où sous les regards de son père et de sa mère, il a appris à prier Dieu, à respecter ses parents et à se préparer un avenir.

Et il se plaira, s'il a du cœur, à revenir à ce foyer béni qui le rajeunira, comme il aime aussi à revenir voir cette école, ce collège, cette demeure chrétienne d'où l'image du Christ et le nom de Dieu n'ont pas été bannis.

*
* *

PRIÈRE POUR LA FRANCE

O Dieu, nous te prions, au retour de l'année,
Que tu veuilles en grâce avec nous retourner
Et faire en ce pays le bonheur séjourner,
Par une heureuse paix qui nous soit tôt donnée.
Appointe des Français la querelle intestine,
Et fais cesser la lutte avecque l'an passé ;
Garde-nous de famine, et bien loin soit chassé
Le mal contagieux dont la mort est voisine.
Donne au printemps des fleurs et des fruits en
    [automne ;
Ne permets que l'hiver soit plus froid qu'il ne faut ;
Des trois mois de l'été modère aussi le chaud ;
Bref, que toute l'année en sa course soit bonne.
C'est ores que tu dois, pauvre France affligée,
Une telle prière à ton Dieu présenter,
Et, toute larmoyante, à ses pieds te jeter,
Si des maux que tu sens tu veux être allégée.

                 Robert Estienne (1530-1570).

« Ouvrons l'histoire ; consultons impartialement les faits, et nous y trouverons la preuve que la force vitale de notre nation ne peut exister qu'avec la force moralisatrice et chrétienne.

» Si grave que soit la crise traversée actuelle-

> ment par l'Église, faut-il désespérer ? Non, mille fois, et l'on pourrait constater un progrès immense si l'on comparait ce que font aujourd'hui les catholiques avec ce que l'on pouvait obtenir d'eux il y a un demi-siècle.
>
> R. P. TOURNADE.

Laissez-moi, ici encore, en terminant, vous demander de travailler pour la France et pour Dieu.

Ayons au cœur cette foi confiante et sûre d'elle-même qui, malgré tout, en dépit des obstacles et des apparences, devant le triomphe extérieur de la force sur le droit, s'affirme, se proclame et se sent, dans la défaite du présent, victorieuse de l'avenir !

Ah ! le christianisme a traversé des crises bien plus dures desquelles il est sorti vainqueur ! Que sont les pygmées, les fantoches de la Révolution moderne, à côté des monstres du paganisme ? Que sont leurs attentats à la liberté, leurs spoliations auprès des persécutions d'autrefois ?

Les puissants Césars ont été terrassés. Que pèseront dans sa main les pauvres créatures sans foi et sans honneur qui osent aujourd'hui le menacer et lui disputer son royaume ?

A Rome, où le Colisée dresse encore vers le ciel ses murs gigantesques, où les Catacombes ouvrent au visiteur leurs effrayantes profondeurs, pour raconter aux générations les quatre siècles de persécutions dont l'Église a souffert à Rome aussi, sur la place Saint-Pierre, en face de la merveilleuse basilique, au sommet de l'obélisque de Néron, s'élève la *Croix triomphante*.

Cette croix triomphante, nous la retrouverons bientôt, si nous sommes des catholiques persévérants et courageux, nous la retrouverons, dis-je, à côté du drapeau tricolore, sur la plus humble école aussi bien qu'aux sommets gigantesques des monuments publics, ce sera l'union rêvée de la Croix et du Drapeau, la réalisation de cette belle parole : « *Pour Dieu et pour la France !* »

Et nous ne saurions mieux faire pour terminer, que de répéter avec Mgr Freppel cette prière invocatrice (1) :

« Grand Dieu ! qui, depuis l'origine de la France, n'avez cessé de proportionner vos grâces à sa mission, et qui pour manifester sur elle vos desseins de miséricorde, avez aux plus mauvais jours de son histoire fait germer l'héroïsme militaire avec la sainteté jusque dans le cœur d'une pauvre fille des champs, Dieu de Godefroy de Bouillon, de Saint-Louis et de Jeanne d'Arc, suscitez parmi nous des serviteurs du pays qui soient en même temps des fils dévoués de l'Église, des hommes en qui la religion et le patriotisme s'unissent pour élever leur âme à la hauteur du devoir. Ajoutez à ce patrimoine d'honneur que les siècles nous ont légué, en ramenant parmi nous ce qui fait la force d'une nation, les grands cœurs et les grands caractères. Tout ce qui profite à la France tourne au bien de votre Église, car entre l'un et l'autre, il y a des liens d'amour qui ne se rompront jamais ! »

(1) Oraison funèbre de l'amiral Courbet.

CONCLUSION

Le but de ce livre. — Un aperçu historique général. — Sous le premier Empire. — Une épopée. — Ce qui manquait à Napoléon. — Le Code et l'Évangile. — L'idée chrétienne absente. — La Restauration. — L'intervention en Espagne. — Un discours de Chateaubriand. — En Algérie. — Le règne de Charles X. — Sous Louis-Philippe. — Les lettres, les sciences et les arts. — Les grands noms. — L'expédition de Rome. — La Prospérité matérielle sous Napoléon III. — Le commerce et l'industrie. — Sous le maréchal de Mac-Mahon. — L'armée. — Le rôle de la France.

Comme on a pu s'en rendre compte à la lecture des pages précédentes j'ai voulu surtout montrer les grands faits qui intéressent la France du dix-neuvième siècle au point de vue patriotique et religieux.

Il est bien évident que je n'ai pas eu la prétention d'écrire l'histoire de France complète depuis cent ans.

J'ai laissé volontairement de côté certains faits secondaires que l'on trouvera dans n'importe quel livre d'histoire.

Je voudrais, pour terminer ce modeste travail, donner ici en quelques pages succinctes, un aperçu historique général, une sorte de *memento* du dix-neuvième siècle.

Ainsi qu'on a pu le voir au début de mon travail, au commencement du siècle, la France a été surtout une nation guerrière.

La gloire des armes était alors la grande préoccupation et c'est ce qui devait perdre Napoléon. Cet homme qui avait le génie de la guerre n'a pas su réfréner son ambition, ce fut sa perte ; les guerres d'Espagne et de Russie devaient porter une atteinte fatale à sa puissance.

Il manquait à cet homme de génie, issu de la Révolution, la grande notion chrétienne sur laquelle s'appuie le *vrai droit*. C'est ainsi que son Code civil qui nous régit encore, tout en étant merveilleux dans son ensemble, pèche par la base. C'est un code emprunté au Code romain. L'Évangile, ce Code du Droit et de la Fraternité, n'a point eu de place dans sa rédaction et le pauvre est plus maltraité que le fortuné. C'est ainsi que grâce à ce Code tout imprégné des principes de l'antiquité païenne et non de l'idée chrétienne, on voit de grands voleurs, à proportion, moins condamnés que de pauvres gens qui, en proie aux affres de la faim, ont dérobé une livre de pain.

Ah ! si Napoléon avait bien lu l'Évangile et les écrits des premiers Pères de l'Église, il n'en aurait probablement pas été de même, et qui sait si bien des calamités n'auraient pas été évitées.

Il faut donc considérer surtout le règne de Napoléon Ier comme celui d'une grande épopée militaire où la gloire des armes était tout.

A Napoléon devaient succéder Louis XVIII et Charles X. Ce fut ce qu'on appelle la *Restauration*.

La France eut encore, au point de vue militaire, de beaux jours de gloire.

Elle profita de son ascendant en Europe pour intervenir en Espagne en 1823 et en Russie en 1830.

Par son intervention en Espagne, Louis XVIII voulut montrer, suivant l'expression de Capefigue, « qu'il y avait encore de la gloire et de l'honneur à acquérir, sous le drapeau blanc. »

En somme c'était toujours le drapeau de la France !

Le roi voulait aussi montrer que la France, au lendemain de Waterloo, comptait tout de même en Europe.

A ce sujet Chateaubriand disait à la Chambre :

« ... N'oublions jamais que, si la guerre d'Espagne a, comme toute guerre, ses périls et ses inconvénients, elle nous aura créé une armée, elle nous aura fait remonter à notre rang militaire parmi les nations, elle aura décidé notre émancipation, rétabli notre indépendance. Il manquait peut-être quelque chose à la réconciliation complète des Français, elle s'*achèvera sous la tente*. Les compagnons d'armes sont bientôt amis et tous les souvenirs se perdent dans une commune gloire... »

Cette intervention fut marquée par le combat d'Olot (3 mai 1823), celui de Molins-de-Rey (9 juillet) et notre entrée à Barcelone le 4 novembre.

Sous Charles X, le 27 avril 1827, notre consul était frappé par Hussein, dey d'Alger. Une réparation s'imposait et le 11 mai une armée de 37,000 hommes s'embarquait à Toulon sous les ordres du ministre de la guerre comte de Bourmont.

Le 19 juin la victoire de Staouëli nous ouvrait l'Algérie et la conquête était terminée en trois semaines. Bourmont était fait maréchal de France. Il venait de conquérir une terre nouvelle à la France.

*
* *

L'éclat des lettres, des sciences et des arts fut grand durant les quinze années de la Restauration.

Il y eut deux partis, les uns glorifiant le Moyen-Age monarchique et religieux, les autres glorifiant les idées modernes.

C'est à cette trop courte période qu'appartiennent les beaux et grands noms de Chateaubriand, Fraysinous, Lamartine, Victor Hugo, Cousin, Villemain, Augustin Thierry, Courier pour les lettres; Berryer, Dupin, Barot, pour la tribune; Hubert, Delacroix, Scheffert, Vernet,

Paul Delaroche, Champollion, pour les Beaux-Arts ; Boieldieu, Auber, pour la musique.

Pour les mêmes, nous avons à citer Ampère, de Beaumont, de Jussieu, Flourens, Al. de Humboldt, Chevreul, Thenard, Jouffroy, Fremy, Arago, Séguin, etc.

Sous Louis-Philippe, devait avoir lieu notre interposition en Morée (déc. 1830, août 1833).

Le 15 janvier 1833, les troupes françaises sous le commandement du colonel Stoffel devaient se couvrir de gloire à Argos.

En 1831-1832, la France intervenait de nouveau en Belgique et l'armée, sous le commandement du maréchal Gérard, accomplissait des prodiges de valeur au siège d'Anvers (du 25 novembre au 13 décembre). C'était l'affranchissement assuré de la Belgique.

Le règne de Louis-Philippe fut aussi illustré par la conquête définitive de l'Algérie.

Signalons tout particulièrement l'occupation d'Oran (10 déc. 1830) ; la prise de Bône (1832) ; la prise de Bougie (1833) ; le siège de Constantine, le combat de Mazagran (1) (février 1840) ; la prise de la Smala, la reddition d'Abd-el-Kader au duc d'Aumale (23 décembre 1849).

Ajoutons qu'on peut dire que le règne de Louis-Philippe a été le règne des émeutes et des soulèvements populaires. Nombreux furent les attentats et les insurrections. Sous un roi un peu voltairien, les sociétés secrètes devaient s'épanouir. Cela était dans la logique naturelle.

A côté des belles figures du duc d'Orléans, du prince de Joinville, l'intrépide marin, du brave duc d'Aumale (2), il convient de citer ceux de Michelet, David d'Angers, Dumont d'Urville, Élie de Beaumont, Flandrin.

On avait accompli de 1830 à 1848 d'immenses travaux :

(1) Consulter notre ouvrage : *Au Drapeau!* (Ch. Delagrave, éditeur. Paris.)

(2) Voir notre livre : *Le Duc d'Aumale* (Eug. Ardant et Cie, éditeurs à Limoges).

2,380 kilomètres de canaux ; près de 3,000 kilomètres de chemins de fer ; 1,500 kilomètres de routes ; fortifié Paris, Dunkerque, Toulon, Toulouse, etc...

* *

La seconde République qui succédait à Louis-Philippe allait être ensanglantée par les journées de juin où l'archevêque de Paris, Mgr Affre, devait trouver la mort (le 25) en voulant s'interposer entre l'armée et les insurgés, affligé de voir les Français s'entretuer : « Je désire que mon sang soit le dernier versé » s'écriait le prélat avant d'expirer. D'autres émeutes devaient encore désoler la capitale (1).

S. S. Pie IX ayant invoqué le concours des puissances catholiques contre les Révolutionnaires d'Italie, une expédition de Rome fut résolue sous la présidence du prince Louis-Napoléon, en vue de rétablir Pie IX sur le trône pontifical (février 1849).

Le siège de Rome, commencé le 30 mai, était terminé le 3 juillet. L'intervention de la France faisait succomber le parti révolutionnaire.

Ainsi que nous l'avons montré d'autre part, sous le règne de Napoléon III les armées françaises se couvraient de gloire en Chine, en Syrie, en Crimée, au Mexique, en Italie et hélas ! aussi en France, car on peut dire que nos défaites furent de glorieuses défaites.

On peut attaquer le Second Empire au point de vue politique, mais on ne peut s'empêcher de reconnaître que, durant dix-huit années, la France fut grande et prospère. L'agriculture, l'industrie, le commerce eurent des jours florissants. De grandes satisfactions furent données aux besoins généraux du pays et aux intérêts du peuple. De nombreux hôpitaux, des asiles, des crèches, des orphelinats, des Sociétés de charité furent fondés en grand

(1) Voir le livre : *Les Archevêques de Paris au XIXe siècle*, par Monseigneur Émile Lesur et François Bournand (Taffin-Lefort, éditeurs).

nombre. On multiplia les caisses d'Épargne. Paris et les grandes villes furent assainis. Paris devint une ville superbe et salubre. Les voies de communication reçurent un développement considérable ; de nombreux établissements financiers furent créés pour mettre le crédit à la portée de l'agriculture et de l'industrie. La liberté commerciale fut inaugurée et une grande impulsion fut donnée à l'Instruction publique.

La seconde République, née de nos désastres, allait à ses débuts avoir à combattre la formidable insurrection de la *Commune*. Sous le septennat du maréchal de Mac-Mahon de beaux jours semblaient encore luire pour la France ; l'arrivée au pouvoir de sectaires tels que Ferry et Paul Bert devait encore tout compromettre et diviser la France en deux camps. Mais, dans des expéditions lointaines, en Afrique, en Indo-Chine, à Madagascar l'armée attestait toujours la vitalité et la grandeur de la France. Et, malgré les jours tristes, les heures lugubres qui ont laissé une trace au cours du siècle écoulé, la *France a eu de tels jours de gloire*, a montré une telle splendeur et combattu souvent pour de si nobles causes, que nous ne devons pas désespérer et penser, au contraire, qu'au vingtième siècle, elle reprendra son rang à la tête des nations chrétiennes, car, il est dans son rôle à Elle, « la fille aînée de l'Église », d'être là, où il faut combattre pour la Foi, la Civilisation, le Droit et le Progrès.

Et, comme l'a si bien dit S. E. le cardinal Ferrata, ancien nonce : « Le bonheur de la France dépend de sa fidélité à sa tradition chrétienne, et le plus grand péril pour elle réside dans le matérialisme qu'il faut combattre avec énergie. »

FIN

INDEX ALPHABÉTIQUE

A

Abadie, 229.
Abd-el-Kader, 21, 427.
Abel (Fr.), 236.
Affre (Mgr), 286, 428.
Albanel (S.-J.), 323.
Alcuin, 295.
Alençon (duc d'), 199.
Alençon (duchesse d'), 101, 196, 197, 198, 199, 200.
Algais, 124.
Allard (abbé), 120, 168, 175, 179, 181, 182, 183, 184, 192, 194, 407.
Albufera (duc d'), 330.
Alexis (Fr.), 334.
Ambert (général), 44, 49.
Ampère, 427.
André (Fr.), 120.
Angoulême (duc d'), 68.
Arago, 427.
Ardant (Eug.), 69, 427.
Arnold, S. J., 119.
Arsac (J. d'), 133.
Arschot (comtesse Léop.), 200, 201.
Aube (amiral), 260.
Auber, 427.
Aubonne (R.-P.), 119.
Augereau, 36.
Augustin (Dom), 119.
Aumale (général-duc d'), 68, 69, 427.
Avenel (vicomtesse), 200.
Avrezac de la Pouze (marquis), 120.

B

Bailly (Révérend Père), 198.
Balme (P.), 326.
Barrail (général du), 88.
Barat (mère), 215.
Baratier (capitaine), 330.
Barbès, 308.
Bardinet, 99.
Baron, 324.
Barrès (Maurice), 282, 390, 392.
Barthélemy, 332.
Barthou, 201, 212.
Batbie, 225.
Bathilde (Sœur), 146, 147.
Baunard (Mgr), 235, 352.
Bautain, 383.
Bayard, 7.
Bayle, 115, 185.
Bazaine, 22.

Baze, 25.
Beaumont (Élie de), 427.
Beauregard, 391.
Beauvoir (R. de), 126.
Bécaut (abbé), 185.
Bedel, 71.
Bellangé, 49.
Beluze, 220.
Belzunce (Mgr de), 217.
Benat, 186.
Bengy (P. de), 168, 185.
Benque (de), 223.
Benza (P.), 267.
Bergerat, 77.
Berghes (prince de), 124.
Berlioz, 330.
Bernier (abbé), 102.
Bert (Paul), 269, 279, 429.
Berteli, 50, 148.
Berthaut, 88.
Berthelot, 326.
Bertin, 168.
Billot (général), 274.
Bisson, 91.
Blanc (capitaine), 144.
Blanc (Joseph), 311.
Blaze (Elzéar), 46.
Blondeau (abbé), 168.
Blount, 196.
Boieldieu, 427.
Boin (Bobèche), 187, 188.
Boissier, 391.
Boissonnet, 329
Bompard, 419.
Bonald (vicomte de), 225.
Bonaparte, 35, 36, 37, 101, 102, 106, 108, 109.
Bonjean, 178, 179, 181, 182, 183, 184, 191, 192.
Bonnefon (J. de), 277.
Bonnemain (général de), 75.
Bonnet (Mgr), 358.
Bonneval (vicomtesse), 200.
Borel, 88.
Bornier (vicomte de), 391.
Bourbaki (général), 69, 70.
Bourbon (C.), 7.
Bourdon, 221.

Bourget (Paul), 395, 400, 401.
Bourmont (maréchal), 68.
Bournand (Gabriel), 192, 194.
Bosquet, 69, 81.
Bossuet, 8, 330, 373.
Boutroux, (Émile), 31.
Bouvier (Mgr), 359.
Boyer, 41.
Brame, 114.
Briel (abbé), 125.
Briey (Mgr de), 11, 249.
Brisson (Adolphe), 25.
Brisson (H), 389.
Broglie (de), 391.
Brun (L.), 381.
Brunetière, 62, 390, 391, 392.
Buisson, 241, 333.
Burker (capitaine), 22.
Burnichon (S.-J.), 290, 291, 317.

C

Cafarelli, 308.
Cambronne (général), 55, 61.
Canrobert (maréchal), 68, 69, 78, 80, 81, 82, 83, 84, 85.
Capefigue, 425.
Capiomont, 41.
Captier (P.), 188, 189, 190.
Carloix, 8.
Cassagnac (de), 342.
Cassaigne, 84, 85.
Castellane, 51.
Catherine, 11, 361.
Cavaignac (colonel), 21.
Cavaignac (Godefroy), 15, 18.
Chambon (Octave), 320, 347, 348.
Champignolle, 392.
Champollion, 427.
Chappe (abbé), 267.
Changarnier, 68, 69.
Charette (de), XXV, XXVI, XXVII, 78, 98, 223, 230, 231, 310.
Charles X, 65, 68, 425, 426.
Charlemagne XIX, 18.
Charmettant, 268.
Charner (Al.), 91.
Chateaubriand, 9, 106, 108, 310, 354, 426.

Chaulieu, 185.
Chesnelong, 240, 380.
Chevals (Mme la générale), 200.
Chevilly (Mlles de), 200.
Chevreul, 427.
Cissey (de), 88.
Claretie (Jules), 389.
Clari (Mgr), 196.
Clauzel (maréchal), 68.
Clément, 277, 278.
Clément-Thomas (général), 215, 216.
Clémentin (Frère), 133.
Clerc (P.), 168, 175, 179, 180, 182, 192, 194.
Clovis, 18.
Cobentzel (comte de), 103.
Cochin (Henri), 401.
Colbert, 8.
Colin (S.-J.), 267, 324.
Compayré, 334.
Condé, 203, 330.
Condorcet, 317, 318, 343, 381.
Consalvi (cardinal), 101, 102, 111, 112.
Constans, 267, 268, 327, 338.
Conti (prince de), 19.
Coppée (François), III, IX, 30, 95, 235, 302, 303, 310, 330, 391, 394.
Corneille, 8, 99, 329.
Cornely, 277, 331.
Cornillière (Jeanne de), 201.
Cornudet, 223, 224.
Cornulier-Lucinière, 225.
Corréard (capitaine), 23.
Cosnac, 90.
Cosnier, 145.
Cotrault (P.), 188.
Courbet (amiral). 78, 89, 93, 94, 95, 96, 310, 330, 420.
Cousin, 187.
Cransac (de), 124.
Crétet, 102.
Crouslé, 392.
Crozes (abbé), 168.
Curely (général), 33, 53, 54.
Cuverville (de), 97, 417.

D

Dachères, 7.
Damas (vicomtesse de), 200.
Damas (R.-P.), 119.
Damrémont (général), 69.
Darboy (Mgr), 115, 159, 167, 168, 169, 175. 177, 179, 181, 182, 183, 192, 193, 194. 195.
Daunou, 344.
Dausser, 392.
David (d'Angers), 427.
Davout, 330.
Decaisne, 132.
Decrès (amiral), 330.
Deguerry, 168, 169, 175, 176, 177, 179, 192, 194.
Delacroix (Eug.), 225.
Delannoy (Mgr), 352.
Delaroche (Paul), 227.
Delattre (P.), 326.
Delavigne (Cas.), 61.
Deloncle (comte), 89, 99.
Delpit (A.), 225.
Denfert, 73, 74.
Denormandie, 80, 81, 82, 83.
Déroulède, 177.
Descartes, 329.
Deschanel (Paul), XXXI, 269.
Desgenettes, 41.
Després (Dr), 171, 172.
Despug (C.), 109.
Detaille (Edmond), 29.
Devaux (de Saint-Maurice), 330.
Didon (P.), 310.
Dodds (général), 78, 85, 86.
Douai, 69.
Douay (général), 78.
Doumer, 267.
Doussot (R.-P.), 119.
Douville-Maillefeu, 327.
Drault (Jean), 58.
Dreux (marquis de), 314.
Drouot (général), 33, 43, 44, 48, 310.
Drumont (Ed.), 124, 203, 245, 277, 405, 406.

Ducoudray, 168, 175, 179, 180, 181, 184, 185, 192, 194.
Dubois (Marcel), 390, 392.
Du Camp (Maxime), 172.
Ducrot (général), 69.
Dumont d'Urville, 427.
Dupanloup (Mgr), 144, 145, 286, 290, 377, 409.
Duparc, 99.
Duperré (amiral), 91, 330.
Duruy, 333.

E

Élisabeth (Mme), 218.
Erlon (comte d'), 60.
Ernoul, 381.
Escaille (Mgr de), 205.
Eugène (prince), 47.
Euler, 330.
Excelmans (amiral), 91.
Eynard (sœur), 148.

F

Fabvier (colonel), 65, 66.
Faidherbe (général), 69.
Falloux, 292, 295.
Faré, 40.
Faure (Félix), 212, 214, 333, 399.
Favre (Jules), 74.
Félix (P.), 377.
Fénélon, 8, 301.
Fermon (Sœur Marie), 200.
Ferré, 180.
Ferrata (cardinal), 429.
Ferry, 429.
Fesch (P.), 111, 302.
Feuillette (R. P.), 2.
Feulard (docteur), 200.
Feulard (Mlle), 200.
Fézensac (comte de), 54.
Flandrin, 310, 330, 427.
Fleuriot, 392.
Fleury (comte), 80, 85.
Fleury (général), 330.
Flo (Le), 305, 306.
Florès (marquise de), 200.

Flourens, 129, 333, 427.
Foncin, 260.
Fontevreau (Mgr), 404.
Fothe (Eug. de), 236.
Fouillée (A.), 302.
Frédéric, 11, 17, 19, 361.
Frémy, 427.
Freppel (Mgr), 94, 103, 381, 423.
Frérot (Alb.), 118.
Freycinet, 331, 332.
Frayssinous (Mgr), 283, 426.
Fririon (général-baron), 33, 38.
Froidevaux, 392.

G

Galli, 392.
Gambetta, 267, 332.
Ganniers (A. de), 44.
Gardès (comte), 13.
Garnier (F.) 78.
Garrets (général des), 330.
Gaume (Mgr), 309.
Gayraud (abbé), 1.
Gebhart (E.), 392.
Genton, 179, 183.
Gérard (maréchal), 427.
Giard, 392.
Giraud (colonel), 22.
Giry (Aug.), 243.
Goblet, 267.
Goumy, 293.
Gounod, 330.
Goux (Mgr), 360.
Grandmaison (Geof. de), 63.
Gravigny (de) 146.
Greffuhle (comtesse), 197.
Grélier, 173.
Grégoire, 344.
Grégoire, XVI, 286.
Grosclaude, 392.
Gruber (comtesse), 232.
Guibert (Mgr), 221, 222, 223, 226, 227, 228, 229.
Guéranger (Dom), 285.
Guillaume II, 74, 77, 204.
Guldin, 331.

INDEX ALPHABÉTIQUE

H

Hanotaux, 212.
Haussmann (Mme J.), 200.
Haussonville (d'), 235, 236, 237, 238, 239, 240, 397.
Heine (H.), 196.
Henner (J.-J.), 385, 386.
Henrion, 179.
Henri IV, 8.
Henri VIII, 363.
Heredia (de), 395.
Hérold, 279.
Hondal (Sœur de), 200.
Horteloup (docteur), 138.
Hoskier (Mme), 200.
Hoskier (Mlle), 200.
Houillon (R.-P.), 185.
Houssaye (Henri), 7, 9, 60, 78, 392.
Hue (abbé), 325.
Hugo (Victor), 52, 66, 117, 121, 266, 311, 312, 313, 426.
Hulot (B.), 392.
Humbold, 40.
Hunolstein (comtesse d'), 199.

J

Jacquier (P.), 267.
Jauréguiberry (amiral), XXIII.
Javouley (R. M.), 250.
Jeanne d'Arc, 7, 9.
Jeantel, 392.
Jecker, 179.
Joinville (prince de), 91.
Jonquet (S.-J.), 231.
Joseph II, 361.
Jothod-Durutte, 61.
Jouffroy, 285, 427.
Jourdan (abbé), 223.
Judet (Ernest), 12.
Julleville (de), 392.
Jurien (de La Gravière), 90, 327.
Jussieu (de), 427.
Justin (Fr.), 169.
Justinius (Fr.), 335.

K

Keller, 225, 226, 227.
Kepler, 349, 351.
Kergaradec (R. de), 124.
Keridec, 98.
Kerviller (J. de), 91.
Klein (abbé), II, 325.

L

Lacaille (abbé), 267.
Lacordaire, 285, 302, 308, 361, 377, 381, 402.
Lacreux, 122.
Lafayette, 155.
Lagarde (abbé), 222, 223.
Lagrange (P.), 326.
Lakanal, 319, 344.
Lamennais, 285.
Lamartine, 310.
Lamarzelles (de), 302.
Lamoricière, 68.
Lamothe (général de), 330.
Lanessan (de), 345.
Langénieux (cardinal), 223, 227, 228, 229.
Lanti (S.), 148.
Laprade (V. de), 393.
Larrey, 53.
Larroumet, 327, 392.
Lasserre, 310.
Lasteyrie (de), 392.
Latuile (Mgr), 317.
Launay, 259.
Lauzahaye (docteur de), 181.
Lava (S.-J.) 296.
Lavedan (H.), 392.
Langénieux (cardinal), 222, 223.
Lavigerie (cardinal), 260, 261, 329.
Lebrun, 69.
Leclerc, 140.
Lecomte (général), 74, 215.
Lefèvre-Pontalis, 262.
Legentil, 220, 221, 222, 229.
Legouvé, 392.
Legrand (général), 38.
Lejeune (général), 40.

Lemaître (Jules), III, XI, 74, 390 392.
Léon XIII, XXXI, 214, 218, 219, 370, 403, 415.
Lesseps (de), 340.
Lesur (Mgr), 113, 176.
Lezinska (Marie), 217.
Lhéritier (général), 38.
Linage (R. de), 21.
Livry (marquis de), 314.
Lonlay (D. de), 75.
Loth (Arthur), 231.
Loti (P.), 94, 95.
Loubet (E.), 85, 86, 91, 97.
Louis-Philippe, 66, 67, 68, 233, 285, 293, 427, 428.
Louis (Saint), 18.
Loze (E.), 19.
Lubersac (marquise de), 201.
Lucas, 90.
Luppé (comtesse de), 197.
Luxembourg (de), 19.
Luynes (duc de), 124.

M

Mac-Donald, 47, 48, 49.
Mackau (baron de), 196, 197.
Mac-Mahon (maréchal de), 69, 75, 76, 77, 87, 88, 279, 280, 330, 429.
Magon, 90.
Maignan (P.), 301.
Maillé (comte de), 225.
Malezieux (vicomtesse), 200.
Mandat-Grançay (de), 200.
Mangin, 79.
Marbot (général), 39, 42, 43, 47, 308.
Marchand (colonel), 78, 79, 80, 310, 330.
Margerie (de), 223.
Margueritte, 73.
Mariotte, 76, 77, 324.
Marquette (P.), 323.
Marrast (A.), 288.
Masséna (maréchal), 33, 35, 36, 37, 47, 49.
Massillon, 361.

Mathieu (Mgr), 110.
Martin (A.), 324.
Mauduit (comte de), 98.
Maximin, 177.
Mechain, 324.
Mecklembourg XXIII.
Megy, 179, 180, 181, 183.
Meissonnier (E.), 49.
Ménard (capitaine), 79.
Ménétrez (colonel), 71.
Mézières (Alfred), 9, 392.
Michelet, 65, 409, 410, 427.
Miclo (A.), 121.
Mirabeau, 343.
Miribel, 390.
Moléon (A.), 168.
Monge, 20.
Monsabré (R. P.), 224, 377, 409.
Montalembert, 285, 286, 287, 288, 308, 402.
Morancé (abbé Léon), III, XIII, XXX.
Mottu, 275.
Mouton (A.), 324.
Mun (de), 392.
Munier (général), 100.
Murat, 33, 39.
Musset (A. de), 2, 3.

N

Napoléon Ier, XIX, 33, 43, 44, 46, 47, 48, 49, 55, 56, 57, 58, 59, 62, 63, 74, 101, 102, 106, 107, 108, 109, 110, 111, 112, 214, 332, 425.
Napoléon III, 68, 69, 81, 80, 428.
Narbone (général de), 330.
Nethelme (Frère), 130, 131.
Neuville (Alp. de), 77.
Ney (maréchal), 60, 330.
Niel (maréchal), 69, 81.
Noailles (de), 380.
Noël, 55, 56, 57.
Normand (Henry), 269.
Normand (Jacques), 5.

O

Olivaint, S. J., 185.
Olivier, 115.

Ollivier (P.) 205, 206.
Orléans (duc d'), 427.
Oudinot (maréchal), 41, 42.
Ozanam, 310, 374.

P

Pacca (cardinal), 109.
Paladines (Aur. de), 70.
Palikao, 69.
Parabère, 127.
Parent (H.), 186.
Parisis (Mgr), 286.
Parquin (vicomte), 39.
Pascal, 8.
Pasteur, 310, 311, 348.
Pelletan, 402.
Pellissier, 81, 82, 83, 84, 85.
Perraud (R.-P.), 189.
Perrin, 61.
Petit (F. Mgr), XV.
Petit (A.), 177.
Pichon, 267.
Pie VI, 362.
Pie VII, 101, 102, 103, 108, 109, 110.
Pie IX, 219, 428.
Philippe (Frère), 128, 129, 130, 132, 133, 135, 136, 138, 139.
Philippoteaux, 52.
Planat, 51.
Planchat (A.), 185.
Plas (cardinal de), 184.
Play (le), 399.
Plessix (Mauduit de), 98, 99.
Pomairols (Ch. de), 54.
Portalis, 106.
Potlman (Al.), 92.
Pressensé (de), 226.
Puech, 392.

R

Radot (général), 109.
Radziwil (princesse), 212.
Ramain, 181, 182, 185.
Ravignan (P.), 286, 287, 377, 381, 387.

Reggio (duchesse de), 40, 41, 52.
Regland (lord), 81.
Renan, 295, 307.
Rendu, 296.
Renneville (de), 119.
Reynier (général), 43.
Ribot, 335.
Richard (Mgr), 212, 227, 228.
Ricard, 138.
Richter, 335.
Rieux (Ab.), 143.
Rigault (Raoul), 176.
Rivarol, 167.
Rivière (C^t), 78.
Robard, 58, 59, 60.
Robespierre, 153, 317, 344, 411.
Rocher (docteur), 200.
Rocafort, 345, 346.
Rochembeau, 33.
Roche, 59.
Rocheblanc, 332.
Rochefoucauld (duchesse), 197.
Rochemontain (P.) 119.
Roger (du Nord), 90.
Rohault (de Fleury), 220, 221.
Rolland-Gosselin, 200.
Roncière-Le-Noury (amiral), 89, 92, 93.
Ronsard, 8.
Rorthay (comte), 304.
Rossel, 8.
Roulland, 130.
Rousseau (J.-J.), 6.
Rouy (H.), 11.
Roullière, 61.

S

Sabatier (abbé), 185.
Sabattier, 261.
Saffray (docteur), 396.
Saint-Amand (maréchal de), 69, 81, 310.
Saint-Didier (baronne de), 199.
Saint-Simon, 8.
Saisset, 92.
Salle (J.-B. de La), 238, 239, 240, 241, 242.

Sand (George), 24.
Sandhurst (lord W.), 329.
Secchi (R -P.), 296, 323.
Ségur (Mgr de), 55.
Serizier, 187, 189.
Scheffer (Ary), 426.
Sicard, 129.
Siéyès, 367.
Simon (Jules), 225, 247, 248, 249, 246.
Solon (Mme), 51.
Sonis (général de), XXIV, XXV, XXVII, 330.
Sorbiès (général), 51.
Sorel, 392.
Soult (maréchal), 61, 66, 67.
Souvestre (Emile), 12.
Suffren (marquis de), 124.
Surat (Mgr(, 168, 185.
Surcouf (J.), 191.
Suze (Mme de), 200.
Syveton, 392.

T

Taine, 108.
Talleyrand, 344.
Talmeyr (Maurice), 158.
Tellier (le), 52.
Temple (général du), 146.
Terrier. 393.
Teyssier, 71, 72.
Thénard, 427.
Thiébaut (général), 36.
Thierry (Aug.), 426.
Thiers, 287, 190, 291, 292.
Thomazan, (Sœur), 200.
Thureau-Dangin, 392.
Tolain, 165, 226.
Tour d'Auvergne (la), 330.
Tournade (P.), 422.
Treskoff (de), 73.

Troussures (de), XXV, XXVI.
Tycho-Brahé, 331.

U

Uzès (duchesse), 119.

V

Vandal, 392.
Vantadour (Mme. de), 315.
Varlin, 186.
Vauban, 8.
Vaugeois, 392.
Vauvernagues, XIII.
Vazeille (Sœur), 148.
Veuillot (François), 274.
Veuillot (Louis), 101, 285, 381.
Vibraye (marquis de), 223.
Victoria (Reine), 204.
Villebois-Mareuil, 305, 320.
Villette (docteur), 128.
Voguë (de), 390, 392.
Voltaire 3, 17, 354, 364.
Voyron (général), 78, 85, 86, 330.

W

Waddington, 332.
Warnet (général), 100,
Wimpfen, 69.
Wolkenstein (comtesse), 204.
Wurmser (maréchal), 36.

Y

Yan Nibor, 15.
Yousouf, 68.

Z

Zi (R. P.), 326.

FIN DE L'INDEX ALPHABÉTIQUE

TABLE DES MATIÈRES

Dédicace. v
Préfaces vii
Introduction. xiii

CHAPITRE PREMIER

LE PATRIOTISME ET LA PATRIE FRANÇAISE

Le siècle qui vient de finir. — A l'aurore d'un nouveau siècle. — Les causes du mal. — Il faut que la France redevienne chrétienne. — La Patrie ! — Le devoir des écrivains catholiques. — Le clergé et l'armée. — L'idée de patrie. — Belle page nationaliste. — Le patriotisme. — Le drapeau. — Nos chères trois couleurs. — En 1814. — Aux Invalides. — Émouvant souvenir. — Les légendes du drapeau. — Le drapeau des zouaves. — A Metz. — Le 28 octobre 1870. — Un récit. — Souvenir de Lorraine. — « La France, on l'aime toujours ! » — François Coppée. — Le régiment qui passe. — A Notre-Dame de Liesse 1

CHAPITRE II

AUX DÉBUTS D'UN SIÈCLE

L'armée française. — Sous le premier empire. — Quels chefs et quels soldats ! — Beaux exemples. — Lasalle. — La charge de Wagram. — Un récit du général baron Fririon. — Murat. — Lettres et souvenirs. — Le maréchal Oudinot, duc de Reggio. — Le courage. — A Wilna. — La retraite de Russie. — Le général Drouot. — « Le plus beau jour de ma vie a été le jour de ma première communion ». — Napoléon. — Masséna. — « Ah ! le brave homme ! » — « Où est Drouot ? » — Le général Curely. 33

CHAPITRE III

QUELQUES SOUVENIRS MILITAIRES

Quelques souvenirs. — Un récit de Mgr de Ségur. — Une revue de Napoléon. — Le sergent Noël. — Le sous-lieutenant Noël. — Le capitaine Noël. — Un type militaire. — Un porte-aigle de la Grande-Armée. — « La croix ? — L'as-tu méritée ? ». — Napoléon et le hussard. — Ce qu'il manquait à ces soldats. — Le maréchal Ney. — Cambronne à Waterloo. — 521 victoires. 55

CHAPITRE IV

POUR LA FRANCE ! — HÉROÏQUES COMBATS

La campagne de France. — Les « Marie-Louise. » — Une belle figure. — Le colonel Fabvier. — L'insurrection de Grèce. — « Choses vues. » — Le maréchal Soult et le roi de France. — En Espagne. — Sous Charles X. — Les guerres d'Afrique. — Glorieux combats. — Une poignée de lions. — Les guerres sous le second Empire. — De beaux noms. — L'expédition de Syrie. — Une proclamation chrétienne. — Les luttes héroïques. — Beaux exemples. — A Bitche. — Le siège de Belfort. — Chateaudun. — La charge de Reischoffen. — « Ah ! les braves gens ! » — La défense de Paris. — Dans les colonies. — Les chefs 65

CHAPITRE V

A PROPOS DES CHEFS

A propos des chefs de l'armée. — Souvenirs du siège de Crimée. — Canrobert et Pelissier. — Deux braves. — A l'Alma. — Au siège de Sébastopol. — Une récompense. — Le prix du dévouement et de l'abnégation. — Le colonel Fleury. — Lutte généreuse. — A propos de l'expédition de Chine. — Dodds et Voyron. — L'armée d'aujourd'hui 80

CHAPITRE VI

LA MARINE FRANÇAISE

Les glorieux souvenirs de la marine. — Pour honorer la mémoire des hommes illustres. — La marine et l'esprit religieux. — Pour Dieu et la Patrie. — Glorieux combats. — Quelques héros. — La marine en 1870-71. — Une page de l'amiral La Roncière le Noury. — Au siège de Paris. — L'infanterie de marine à Bazeilles. — Un grand chef. — L'amiral Courbet. — La fin d'un chrétien. — Un beau récit de Loti. — L'amiral de Cuverville. — Sa protestation. — Le livre d'or. — « La Framée ». — Un brave. — Le capitaine Deloncle. — Le capitaine Mauduit 89

CHAPITRE VII

LE CONCORDAT

Sous la Révolution. — La Constitution civile du clergé. — En 1802. — Une mesure réparatrice. — Le Concordat. — Bonaparte et Pie VII. — Le cardinal Consalvi. *Sustentationem quæ decet.* — *Allocation.* — *Un Pontife prisonnier.* — Les sentiments de Napoléon. — Une pensée de Louis Veuillot. — A Sainte-Hélène. — Une voix auguste s'élevant en faveur de l'exilé 101

CHAPITRE VIII

LE DÉVOUEMENT ET LE PATRIOTISME DU CLERGÉ

Le dévouement chrétien et le patriotisme du clergé de France... — Au début d'une guerre. — Bel exemple. — Les Prélats. — L'émulation. Hymne. — Le curé de Bazeilles. — Braves alliés. — Nos aumôniers militaires. — Les dominicains, les trappistes, les jésuites pendant la guerre. — Sur les murs d'un parloir. — Charmante anecdote. — Les Frères des écoles chrétiennes pendant la guerre. — Dévouement et héroïsme. — Les Sœurs. — Un livre d'or. 113

CHAPITRE IX

LA COMMUNE

Les tristes jours. — La Commune à Paris. — Les origines et les causes d'un mouvement social. — L'éducation athée. — Les ferments de discordes. — Les bas-fonds de la société. — La haine farouche des sectaires. — La persécution. — Souvenirs personnels. — Un cahier de notes. — Pages et souvenirs. — Un club communard. — Dans les églises. — Les otages 149

CHAPITRE X

LES MARTYRS

Pages tristes. — Funèbres souvenirs. — Les crimes et les martyrs. — L'archevêque de Paris. — Anecdotes. — L'arrestation et l'emprisonnement de Mgr Darboy. — Le sacrifice. — A cinq heures du soir, le

25 mai 1871. — Les meurtriers et les victimes. — L'abbé Allard. — Le président Bonjean. — L'abbé Deguerry. — Le R. P. Ducoudray. — Le R. P. Clerc. — La dernière bénédiction d'un archevêque. — Le massacre de la rue Haxo 175

CHAPITRE XI

UN SOUVENIR

Une visite à la prison de la Grande-Roquette. — Avant une démolition. — A la quatrième section. — Les cellules des martyrs. — Le numéro 23. — Vita, Robur, Mentis, Salus. — Un pieux pèlerinage. — Dans le chemin de ronde. — Un mur! — Un nid et des tombes! — Une fleur comme relique. 191

CHAPITRE XII

LES MANIFESTATIONS DE LA FRANCE CATHOLIQUE

Le bazar de la Charité. — Le Sacré-Cœur. — Après la guerre. — Un acte de foi. — Le culte du Sacré-Cœur. — Le mont des Martyrs. — L'origine du *Vœu National*. — MM. Legentil et Rohault de Fleury. — Les archevêques de Paris. — Une loi. — Le Sacré-Cœur de Montmartre. — Les souvenirs. — Les zouaves pontificaux au Sacré-Cœur. — Le monument. — Les dates mémorables. — Les Pèlerinages. 195

CHAPITRE XIII

LES FRÈRES ET L'ÉDUCATION CHRÉTIENNE

Les Frères des Écoles Chrétiennes. — Un rapport de M. le comte d'Haussonville. — L'enseignement agricole et le gouvernement de l'Autriche-Hongrie. — Les « *Petites Écoles* ». — L'enseignement des Frères. — Une parole de M. François Coppée. — Pour la cause de Dieu. — Les Récompenses. 235

CHAPITRE XIV

LES SŒURS ET LEUR DÉVOUEMENT

Nos Sœurs. — Les Sœurs de Charité et les Sœurs enseignantes. — Abnégation et dévouement. — Les Sœurs en France. — Un écrit de M. Jules Simon. — Admirable institution. — Quelques exemples. — Les communautés. 244

CHAPITRE XV

LA FRANCE AU LOIN — NOS MISSIONNAIRES

La France dans les pays lointains. — Un rôle considérable. — Les réflexions de nos adversaires. — Précieux aveux. — Dans le Levant. — Nos missionnaires. — La France chrétienne et civilisatrice. — Les missionnaires catholiques et les protestants. — Les petites sœurs. — Un départ. — Les dévouements. — Au loin. — Les écoles et les orphelinats. — Les Religieux, les Frères et les Sœurs de France à l'Étranger. 252

CHAPITRE XVI

LA PERSÉCUTION

Un retour en arrière. — La Franc-Maçonnerie et l'Enseignement. — Dès 1870. — Quelques beaux jours. — Ferry. — La persécution. — Les Universités catholiques. — La laïcisation. — A la porte les Frères et les Sœurs ! — Les infamies. — Les crochetages. — Une triste période. — Une belle figure de prélat. — La charité chrétienne 274

CHAPITRE XVII

L'ENSEIGNEMENT CHRÉTIEN AU DIX-NEUVIÈME SIÈCLE

L'Enseignement chrétien au dix-neuvième siècle. — Le décret de 1808. — Sous la Restauration. — Mgr de Frayssinous. — De Falloux. — Lacordaire. — Montalembert. — Une parole de Jouffroy. — Le R. P. de Ravignan. — Montalembert et le Prince Napoléon. — L'enseignement est libre. — La loi de 1850. — Un article du R. P. Burnichon. — Les gloires et les savants du Clergé. — Les élèves. — Les grands savants religieux. — L'éducation chrétienne et le Patriotisme. — Pasteur et Victor Hugo. — Une page d'autrefois. 282

CHAPITRE XXIII

CE QU'IL FAUT FAIRE POUR LA FRANCE

Une page de Michelet. — Au lendemain de l'invasion. — La France et les nations. — Quel est l'ennemi véritable ? — Il y a des choses qui ne meurent pas. — Ce qu'il faut faire pour la France. — Le mal social. — Une lettre de l'apôtre saint Paul. — Un enseignement donné par l'Évangile. — M. François Coppée et *le devoir des jeunes*. — L'exemple d'un noble mouvement. — Une admirable mission. — Un discours de l'amiral de Cuverville. Une parole du Saint-Père. — L'esprit de famille. — La religion ou le respect du foyer. — Une vieille prière pour la France. — Il faut travailler pour la France et pour Dieu. — Le Colisée. — *Prière invocatrice*. 409

CONCLUSION

Le but de ce livre. — Un aperçu historique général. — Sous le premier Empire. — Une épopée. — Ce qui manquait à Napoléon. — Le Code et l'Évangile. — L'idée chrétienne absente. — La Restauration. — L'intervention en Espagne. — Un discours de Chateaubriand. — En Algérie. — Le règne de Charles X. — Sous Louis-Philippe. — Les lettres, les sciences et les arts. — Les grands noms. — L'expédition de Rome. — La Prospérité matérielle sous Napoléon III. — Le commerce et l'industrie. — Sous le maréchal de Mac-Mahon. — L'armée. — Le rôle de la France 424